이 책은 서구 교회의 집단적 사고 속 신학적 파편이다. 그러나 이는 거룩한 파편이다. 우리 모두 너무 익숙해져 버린 것보다 선교적 교회에 대한 더 큰 관점을 제시하기 때문이다. 개인적으로 나는 이 개정판의 출간에 깊이 감사한다.
마크 배터슨 내셔널커뮤니티 교회 담임목사, *The Circle Maker* 저자

우리 가운데 많은 이에게 이 책은 교회에 변화를 불러올 희망과 동기 부여의 창이었다. 오늘날 조직화된 교회에서 우리가 희망을 잃기 직전에, 저자들은 교회가 어떠해야 하는지에 관하여 우리가 무심코 발전시킨 제한된 이해를 보여 주면서도 단순히 교회의 문제를 지적하는 데 그치지 않고 동참하여 미래의 교회를 창조할 수 있는 비전과 아이디어를 제시한다. 이 미래의 교회는 유행과 인간적 전략에 기초하지 않고, 세계 선교에 대해 신약에서 제시하는 교회의 비전이 무엇인지를 알아보기 위해 처음으로 돌아가는 것에 기초한다. 『새로운 교회가 온다』는 읽지도 않고 그저 멋지게 선반에 꽂아 둘 책이 아니다. 이 책은 당신의 정신 깊숙이 들어가 오늘날 교회됨이 무엇을 의미하는지, 예수님의 모험적인 사명을 따르는 것이 무엇을 의미하는지에 관한 관점을 변화시킨다.
댄 킴볼 『그들이 꿈꾸는 교회』 저자

마이클 프로스트와 앨런 허쉬의 『새로운 교회가 온다』는 2003년 나를 비롯한 하나님의 사명을 진지하게 받아들이는 많은 이에게 중추적인 책이었다. 새롭게 갱신된 이 개정판은 훨씬 더 많은 지도자와 독자를 선교적 대화에 참여시키는 데 기념비적 역할을 할 것이다. 나는 이 획기적인 본문을 당신이 처음 혹은 두 번째로 살펴봄으로써 예수님의 사명에서 당신의 역할을 발견하기를 권한다.
데이브 퍼거슨 커뮤니티크리스천 교회 담임목사, NewThing 사역자

이 책의 초판은 전 세계 많은 교회 개척자와 회중의 선교적 사고를 새롭게 형성하는 데 도움을 주었다. 이 책은 우리가 교회와 신앙에 대한 접근 방식에 변화가 필요한 정도를 인식하고, 이것이 어떻게 가능할지를 생각하는 데 이바지했다. 이 획기적인 책의 개정판은 우리를 실망시키지 않는다. 개정판은 교회의 재활성화를 위한 희망의 메시지를 담아 우리의 현재 상황을 잘 말해 주는 새로운 통찰과 갱신된 사례를 통해 초판의 메시지를 강화시켰다. 나는 이 개정판이 교회의 사명에 대한 접근 방식을 재창조하려는 기존 교회 안의 사람들에게 특히 큰 도움이 되리라고 생각한다.
크리스틴 사인 Mustrard Seed Associates 공동창립자

선교 운동의 깊이와 폭을 살펴볼 때 나는 계속해서 사람들에게 『새로운 교회가 온다』로 돌아가도록 지시했다. 분명히 이 책의 개념을 중심으로 상황이 형성되었으며, 선교적 사고 리더십과 실천을 위한 다림줄이 되고 있다.

휴 홀터 *Flesh* 및 *Sacrilege* 저자

이 책은 우리가 그리스도의 사랑을 실천해야 할 세상이 급변하고 있음을 서구 교회에 알리는 초기 경고 가운데 하나였다. 이는 불편한 감정을 초래했지만, 우리는 나타난 진실을 직시하고 '성령께서 교회에 말씀하시는 것'에 마음을 열어야 했다. 비록 우리에게 필요한 만큼 효과를 내기 위해서는 아직 다듬어야 할 부분이 많이 남았지만, 선교적 대화는 우리 가운데 많은 이를 크게 변화시켰다.

태미 도너후 포틀랜드 신학교 총장

『새로운 교회가 온다』는 선교적 대화에 깊은 영향을 미친 중요한 책이다. 대화가 현재 어디에 와 있는지 진정으로 이해하려면, 그 뿌리를 되돌아보고 10년 전 저자들이 도입한 개념을 새롭게 수용하는 것이 필수다.

린다 벌퀴스트 교회 개척 촉매자 및 코치, *Church Turned Inside Out* 공저자

열정과 상상력 그리고 명쾌한 분석, 조직이론과 역사적 관점, 성경적 깊이와 문화적 감수성. 처음 이 책을 읽었을 때 나는 깜짝 놀랐다. 이 사람들은 어디서 왔는가? 저자들은 내가 가장 좋아하는 작가들의 글을 인용하여 교회의 포로됨에 대한 예언적이고 목회적인 관점을 엮었다. 그리고 그들은 전 지구적 대화에 참여하면서 현장에서 변화를 위해 노력하고 있었기 때문에, 교회가 어디로 가야 하는지 알고 있었다. 놀라운 점은 이 책이 오늘날에도 얼마나 최신 상태로 남아 있는지다. 이 개정판은 세계가 기독교 이후 세계로 더 깊이 들어가는 때에 계속되는 선교적 회복의 이야기를 기념한다. 이 책을 처음 읽는다면 안전벨트를 매고 마음을 열어 보라. 성령의 소리에 귀를 기울이라. 그러면 당신은 실망하지 않을 것이다.

렌 알마슨 노던 침례신학교 선교학 겸임교수, *Missional Spirituality* 저자

새로운 교회가 온다

IVP(InterVarsity Press)는
캠퍼스와 세상 속의 하나님 나라 운동을 지향하는
IVF(InterVarsity Christian Fellowship)의 출판부로
생각하는 그리스도인을 위한 문서 운동을 실천합니다.

ⓒ 2003, 2013 by Michael Frost and Alan Hirsch
Originally published in English under the title
The Shaping of Things to Come
Revised and Updated edition by Baker Books,
A division of Baker Publishing Group
P.O. Box 6287, Grand Rapids, MI 49516, U.S.A.
All rights reserved.

Used and Translated by the permission of Baker Publishing Group
through rMaeng2, Seoul, Republic of Korea.

This Korean Edition ⓒ 2009, 2023 by Korea InterVarsity Press
156-10 Donggyo-ro, Mapo-gu, Seoul, 04031, Republic of Korea.

이 한국어판의 저작권은 알맹2를 통하여
Baker Publishing Group과 독점 계약한 IVP에 있습니다.
신 저작권법에 의하여 한국 내에서 보호받는 저작물이므로
무단 전재와 복제를 금합니다.

문화 속에 역동하는
21세기 선교적 교회를 위한 상상력

마이클 프로스트 · 앨런 허쉬
지성근 옮김

IVP

♦ 이 책이 출판되기 전 여기 있는 아이디어들을 실험해 보도록
나를 도와준 몰링 대학의 학생들에게 이 책을 드립니다.
- 마이클 프로스트

♦ missional.com(ForgeAmerica, Exponential, Future Travelers, Missio,
New Thing Network, GCM, Entermission을 포함하여 새롭게 형성된
협력 네트워크)*의 여러 동료에게 이 책을 드립니다.
오늘날 여러분이 이 지형을 형성하고 있습니다.
그리고 특히 이 여정을 걷도록 북돋아 준
뎁스(Debs)에게 이 책을 드립니다.
- 앨런 허쉬

* 현재는 유효하지 않은 주소다―편집자

차례

개정판 서문
반드시 이 부분을 먼저 읽으십시오   9

1부 현재 우리의 모습
1장 조금씩 바꿀 것인가, 확 바꿀 것인가?   17
2장 선교적 교회   43

2부 성육신적 교회론
3장 성육신적 접근   73
4장 선교적 교회의 모습   119
5장 상황화된 교회   145
6장 영혼에 속삭이기   177

3부 메시아적 영성
7장 이스라엘의 하나님과 기독교의 갱신   205
8장 성례가 되는 행동   245
9장 매체가 곧 메시지다   267

4부 사도적 리더십
10장 APEST의 발견   299
11장 상상력과 리더십의 과제   327
12장 혁명을 조직하기   359

용어   396
참고도서   403
주   412
옮긴이 후기   429

♦ 끊임없이 새로운 지평을 내다보면서도
 천막을 걷어 내지 않고 터를 잡으려는 교회는
 그 부르심에 신실하지 못한 것이다.…
 [결단코 우리는] 확실성을 바라는 열망을 자제하고,
 임기응변과 실험 정신으로 살아가는 모험적인 삶을 받아들여야 한다.
 – 한스 큉 Hans Küng

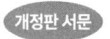
개정판 서문

반드시 이 부분을 먼저 읽으십시오

이 책의 초판은 2003년에 출간되었다. 출간을 위해 수년간 길고 힘든 집필 과정을 거친 결과였다. 그리고 이 책은 곧 독일어와 한국어로 번역되어 전 세계에서 읽혔다. 집필하고 세간에 알려진 지 10년이 넘어가자 사람들은 우리에게 아직도 당시에 쓴 내용에 동의하는지 혹 다시 쓴다면 바꾸고 싶은 부분은 없는지를 자주 물었다. 우리의 대답은 언제나 같다. 우리는 여전히 이 책의 중심 입장을 견지하지만, 다시 쓸 기회가 있다면 세 가지 변화를 주고 싶다.

1. 초판에서 간단히 다룬 선교 프로젝트의 일화나 사례의 단편들을 업데이트하기.
2. 모든 전통적 접근을 당초 선교적이지 않다고 치부한 듯 보이는 책 앞부분의 논쟁적이고 모난 부분을 부드럽게 만들기.

3. 기존 교회의 지도자들이 선교 원리를 자신들의 교회에 받아들이려는 노력에 대해 덜 비판적으로 바라보기.

첫 번째 요점인 이 책의 사례들은 분명히 최신 정보로 바뀌어야 한다. 과거 2000년대 초 우리가 미국과 영국을 가로질러 다니면서 선교적 실험들을 탐구한 지도 10여 년이 지나, 이제는 선교적 패러다임이 널리 회자되고 전 세계 교회 개척가들이 이를 진심으로 받아들이게 되었다. 수많은 새로운 이야깃거리들이 있는데, 특히 우리 동료이자 친구인 랜스 포드(Lance Ford)의 도움으로 이제 이 개정판에 그 내용들을 포함시킬 수 있게 되었다.

두 번째와 세 번째 요점은 서로 연관된다. 전통적인 교회와 그곳의 리더들이 자신들이 기존에 하던 것들을 새롭게 단장하여 다시 선교적으로 만들지 못할 거라고 우리가 너무 쉽게 단정했음을 인정한다. 이렇게 단정한 이유는 부분적으로 이 책을 쓸 때 우리가 염두에 둔 이들이 교회 개척가들과 서구에 있는 선교사들이었기 때문이다. 그들에게는 우리가 처한 상황에서 근대 교회의 성장학적 접근을 넘어서, 진정으로 문화를 가로지르는 선교사(cross-cultural missionaries)가 되도록 이끌어 줄 자료가 필요했다. 이는 우리가 개발한 '포지 선교 훈련 네트워크'(Forge Mission Training Network)의 교육 과정에 입각한 것이었다. 당시만 해도 쓸 만한 교재가 없었다. 우리에게는 "교회개척가 도구 모음"(Church Planter's Toolkit)이라는 교재가 있었는데, 그 교재는 선교적 환경이 아닌 곳에 있는 사람들에게는 좋은 자료였지만, 주류 서구 문화에서 멀어진 우리에게는 더는 도움이 되지 못했다. 우리는 이 책이 기존 교회 지도자들에게 읽히리라고 전혀 생각하지 못했다. 이 책이 선교적 교회 운동 전반을 위한 규범서 같은 것이 되었을 때 가장 놀란 사람은 다름이 아니라 우리였다.

결과적으로 초판의 논조는 (누군가 매우 불쾌해하며 그렇게 말하듯) 기존 교회 형태에 대해 약간 도외시하는 것으로 읽힐 수도 있다. 그래서 우리는 『새로운 교회가 온다』가 원래 의도했던 혁명적 초대의 어조를 그대로 유지하면서도 사람들이 거슬려 하는 부분을 누그러뜨리는 것이 좋겠다고 생각한다.

사실 어느 정도는 교회가 대규모의 변화를 수용해야 한다고 우리가 요란스럽게 요구했기 때문에 이 책이 독자들을 그렇게 끌어모을 수 있지 않았나 생각한다. 숨기는 것 없이 보이는 그대로다. 많은 사람이 이를 좋아하지 않기도 했지만, 그것이 사람들로 하여금 이 책을 읽게 했다. 2003년으로 돌아가 생각해 볼 때, 어쩌면 우리의 논조는 충격적일 만큼 적절했다. 하지만 10여 년이 지난 뒤에 우리는 좀 덜 거슬리면서도 여전히 급진적인 요청이 이 시대에 잘 맞으리라고 생각한다.

또 기존 교회 내부에서 선교적 패러다임을 대거 수용하는 방향으로 고무적인 변화가 일어나는 것을 우리는 지켜보고 있다. 2003년 당시에 우리는 새롭고 문화적으로 다양한 선교적 공동체들이야말로 교회가 나아가야 할 최선의 길이라는 믿음을 고백하면서, 서구의 선교적 상황의 도전 때문에 완전히 성육신적 입장을 견지할 필요가 있다고 인정했다. 그러면서도 우리는 대부분의 기존 교회가 이런 성육신적 입장을 채택하기 힘들 거라고 대놓고 의심했다. 당시에도 몇몇 교회들이 새로운 활력을 얻는 것을 볼 수 있었지만, 그런 성공은 그다지 흔하지 않았기에 선교적 교회 개척 운동이야말로 오히려 더 큰 희망이라고 느꼈다. 그렇다고 우리가 이제 이런 교회 개척 운동이 일어나는 것에 관한 희망에서 물러선 것은 분명 아니다. 오히려 우리는 기존 교회 내부에서 선교적으로 새로운 활력을 찾는 현상을 훨씬 더 낙관적으로 바라보게 되었다.

사실 특히 앨런은 대형 교회들 안에서 선교적 입장을 채택하기 위한 원칙들을 탐구하면서 '퓨처 트래블러스 프로젝트'(the Future Travelers project)를 통해 미국 전역에 세워진 대형 교회들과 함께 일하고 있다. 이 원칙은 그가 데이브 퍼거슨(Dave Ferguson)과 함께 쓴 책 『경계에 서서』(On the Verge, Zondervan, 2011)에 상세히 쓰여 있다. 그 징후들은 우리가 2003년에 기대한 바보다 훨씬 밝은 전망이다.

그런데도 우리는 『새로운 교회가 온다』의 이 두 번째 판이 10여 년 전에 그랬던 것처럼 여전히 교회에 도전적인 자극이 되기를 희망한다. 초판 서문에 우리는 이렇게 썼다.

이 책에서 맞닥뜨리게 될 혁명적인 생각들은 당신을 낙담시킬지도 모른다. 우리는 성경적 신앙의 핵심에 있는 사도적 상상력을 일깨우고, 우리가 사는 시대 속에서 담대한 선교적 참여에 나서도록 하나님의 백성들을 격려하고 싶다. 문화적 상황과 **동떨어져** 제도에 헌신하는 데 급급하기보다 문화적 상황 **속에서** 복음을 살아내도록 말이다. 이 책에서 우리는 그리스도인들이 교회를 **하고**(doing) 교회가 **되는**(being) 지금까지의 방식을 완전히 바꿀 것을 주장한다. 그러므로 분명 이 책은 대중적인 메시지는 아닐 것이다.

우리는 이 대중적이지 않은 메시지를 오늘날에 맞추어 상냥하게 만들고 싶지 않았고, 각성시키는 논조와 거기에 담긴 명쾌한 요청을 망가뜨리지 않도록 주의했다. 우리는 이 책이 처음 등장했을 때와 마찬가지로 개정판 또한 폭발력이 있을 거라고 믿는다.

1부

현재 우리의 모습

1장 조금씩 바꿀 것인가, 확 바꿀 것인가?

> 새로운 사물의 질서를 만드는 것보다 더 수행하기 어렵고, 성공하기 힘들고, 다루기 힘든 일은 없다. 개혁자들에게 구질서로부터 이익을 누리던 모든 사람들은 적이 되지만, 새로운 질서로부터 유익을 누릴 사람들은 기껏해야 미온적인 지지자 정도가 될 뿐이기 때문이다.
>
> — 마키아벨리

블랙록과 위기의 시대

르노시 외곽 네바다 사막에서 어떤 일이 벌어지고 있다. 한 운동이 힘을 결집하고 있고 여기에 참여한 사람들은 반드시 영향을 받게 되며, 이제 그 영향력이 미국 전역에 미치고 있다. 전 세계 예술가와 음악가들에게 블랙록(Black Rock) 사막이라 알려진 400평방마일의 평평한 분지에서 열리는 버닝맨(Burning Man, 사람의 형상을 태우는 데서 비롯한 축제 이름 혹은 문화 현상—옮긴이)을 향한 순례자의 수가 매년 상승 곡선을 그리고 있다. 버닝맨은 아마 최고의 포스트모던 축제라 할 수 있을 것이다. 매년 수천 명의 예술가, 음악가, 보헤미안, 펑크족, 그래피티 아티스트, 래퍼들과 다른 유의 아티스트들, 혹은 그저 흥미를 지닌 구경꾼들이 단지 축제를 위해 40도가 넘는 사막으로 들어온다. 이 축제는 나눔, 환경주의, 경축, 영성 그리고 무엇보다도 예술에 헌신한 사람들의 일시적 공동체다. 버닝맨은 지난 약 20년 동안 매우 성공적이었고, 기독교회에 있어야 할 가장 중요한 것으로 여겨지는 요소들을 보여 주다 즉 용납과 공동체, 신에 대한 경험, 구원 그리고 대속을 당당히 제공한다. 간단히 말해서, 교회가 제공한다고 생각하는 모든 것들을 제공한다고 할 수 있다. 게다가 많은 사람은 버닝맨의 변혁적 능력이 교회에서 경험하는 어떤 것보다 훨씬 더 낫다고 여긴다.

그리스도인들은 버닝맨의 명백히 이교적인 요소들에 초점을 맞추어 비난하고 싶은 유혹을 받을 수 있다. 그러한 요소들이란 곧 사람 형상과 '고해 카드'를 모두 태우는 유사 종교 의식은 물론이고, 예술과 자연, 개인을 거의 신격화하는 것들을 말한다. 우리는 비난하기보다 왜 매년 수천 명의 사람들이 이 행사에 모여드는지 알아보기 위해 버닝맨에서 무슨 일이 일어나는지를 조사해 보아야 한다. 사실 버닝맨을 가짜 종교 체험이라고 폄하하기는 아주 쉽지만, 이쯤에서 만족하는 그리스도인들은 블랙 록 사막에 있는 사람 형상의 감시하는 시선 아래서 지내도록 참여자들을 끌어들이는 요소가 정확히 무엇인지에 대해서는 결코 이해하지 못할 것이다. 그러한 그리스도인들은 오늘날 사람들이 무엇을 찾아 헤매는지 결코 발견하지 못할 것이며, 따라서 사람들이 갈망하는 진정한 영적 경험을 결코 제공하지 못할 것이다.

이 경험과 그 배후에 있는 갈망이 무엇인지 이해해 보려는 열정으로 앨런과 그의 아내 데브라는 최근 직접 그 사막을 다녀왔다. 버닝맨 그 자체를 경험하고 일종의 인류학적 연구를 할 목적으로 그들이 속한 교회 'L.A. 지파'(The Tribe of LA) 구성원들과 함께 여기에 제대로 참여했다. 무엇이 사람들을 버닝맨으로 끌어당기는 걸까? 블랙록 사막 현장에서는 도대체 어떤 갈망이 채워지고 있는 걸까? 이들이 발견한 것은 이전에 우리에게 이야기해 준 참가자들의 말을 확증했다. 이 포스트모던적 축제에 참여하는 사람들에 따르면, 여기에는 여섯 가지 중요한 요소들이 있다.

소속감 belonging 버닝맨 공식 웹사이트에는 이렇게 되어 있다.

> 당신은 여기에 속하며 참여합니다. 여기에는 당신이 한 번도 생각해 보지 못한 것을 생각하는 사람들이 모여 있기에, 당신이 제일 튀는 사람은 아닐 것입니다. 당신은 예술을 호흡할 것입니다. 사막에서 우아한 음악을 뿜어내는 얼음 조각을 상상해 보십시오. 공동체를 내려다보면서 당신을 맞이하는 네온과 자비가 가득히 흘러넘치는 그 사람(네온을 주입하여 만든 버닝맨 조형물―옮긴이)을 상상해 보십시오. 여기서 당신은 당신을 필요로 하며 당신에게 의존하는 공동체를 세우게 될 것입니다.[1]

경제적 합리주의, 세계화, 인종 갈등, 이념의 차이, 두려움, 폭력 등으로 일그러진 사회 속에서 버닝맨 공동체는 사람들을 위로하고 환영하며 수용할 수 있다고 주장한다.

살아남기 survival 버닝맨은 심약한 사람들을 위한 것이 아니다. 그곳에는 사막에서의 모험이 있고 식당, 에어컨, 쇼핑몰 없이 생존해야 한다. 이것이 왜 중요한가? 집이 주는 모든 편안함을 벗어 버린 상태에서 참가자들은 어쩔 수 없이 자기 내면의 깊은 곳을 보게 되고, 진짜 자신이 누구인지를 발견하게 되며, 사막에서 그리고 그들이 바깥세상으로 돌아간 이후에 자신 안에 있는 생존의 의지와 힘을 불러일으킬 수 있게 된다.

힘을 줌 empowerment 다시 웹사이트를 보면 이런 말이 있다.

> 여기에 당신은 창조하기 위해 있습니다. 버닝맨에서는 누구도 구경꾼일 수 없기에 당신은 여기서 당신 자신의 새로운 세상을 짓게 됩니다. 사람들은 달걀처럼 생긴 집을 짓기도 하고, 막대 전구로 만든 옷, 상어 지느러미 모양의 차를 만들기도 합니다. 온몸에 은을 덮어쓸 수도 있고, 밀짚모자를 쓰고 진주 목걸이를 하고 생애 처음으로 치마를 입을 수도 있습니다.

어떤 아티스트들은 거대하고 매우 복잡한 설치 예술품을 만든다. 어떤 이들은 조그만 작품들을 만든다. 또 어떤 사람들은 자신의 벗은 몸에 색칠하거나 단순히 차에 그림을 그린다. 그저 구경하러 온 사람들도 그 주간 동안은 창의적으로 자신을 표현하도록 격려받는다. 어떤 사람도 재능이 없다는 비평을 받지 않는다.

감각성 sensuality 버닝맨은 고도로 감각적이고 경험적인 공동체다.

> 당신은 경험하기 위해 여기 있습니다. 망망대지에서 눈을 가리고 자전거를 타 보십시오. 여러 테마 캠프들을 경험해 보십시오. '비이성적 장소'(Irrational Geographic)에 가거나, 비앙카의 검댕이 오두막에서 숯불

에 구운 치즈 샌드위치를 먹어 보십시오. 연인을 찾아서 둘이 함께 서로를 알아가며 양산을 쓰고 산책해 보십시오. 밤에는 플라야(물이 말라 버린 웅덩이 광야－옮긴이)에서 먼지 날리는 길을 헤매어 보십시오.

경축celebration 축제는 캠프의 한가운데 놓여 있는 사람 형상의 조형물을 태우는 의식에서 고조된다. 참가자들은 버닝맨이 화염 속에서 올라갈 때 깊은 영적 감각을 경험한다고 말한다. 버닝맨의 창시자 래리 하비(Larry Harvey)는 이렇게 말한다.

순서가 시작되면 원이 만들어지고 버닝맨에 불이 붙습니다. 그러면 무언가 인격적인, 무언가 새로운, 이전에는 경험하지 못한 어떤 것을 경험하게 됩니다. 그것은 일종의 에피파니(epiphany, 신의 현현－옮긴이)이고 근본 경험이요, 새로 태어남입니다. 그리고 전적으로 개인적인 경험입니다.

예술가들은 자신의 작품을 화염 속으로 던진다. 분명 그 행위에는 정화와 대속과 해방과 기쁨의 감각이 있다.

경계성liminality 라틴어 *limen*(문지방)에서 온 단어 *liminal*은 끼어 있는 시간(in-between time)을 의미한다. 인류학자들이 종종 유아기와 성인기 사이의 기간을 지칭하는 말로, 인간 발달에서 이행기의 잠정적인 기간을 말하는 것이다. 버닝맨 공동체는 8월에 생겨나 인간의 손이 거의 닿지 않은 것 같은 플라야를 뒤덮고 나서는, 9월에는 거기 뭐가 있었냐는 듯 어떤 흔적이든 제거하고 떠나 버린다. 버닝맨은 처음 온 사람들에게 이렇게 가르친다.

당신은 여기 왔듯이 그렇게 떠날 것입니다. 버닝맨을 떠날 때는 아무런 흔적도 남기지 않습니다. 당신이 만든 모든 것은 당신이 없애야 합니다. 당신의 쓰레기나 당신이 소모한 것들은 함께 가지고 갑니다. 물론 자원봉사자들이 몇 주 동안 남아서 블랙록 사막 지역을 원래의 상태로 돌려놓을 것입니다. 그러나 당신이 만든 세계는 당신이 가져가십시오. 흙길을 따라 당신의 집으로 운전하여 돌아갈 때, 당신은 떠나온 세계로 다시 서서히 진입하는 것입니다. 당신은 같은 공동체를 경험한 먼지 덮인 다른 차들과 동지애를 느낄 것입니다. 날씨만 바뀌어도 계속해서 생생한 이미지들이 여전히 당신의 뇌리에 춤추면서 떠오를 것입니다. 당신의 친구들이든, 새롭게 알게 된 이들이든, 버닝맨 프로젝트든, 이 버닝맨 공동체가 당신을 품을 것입니다. 버닝맨을 향하던 여행과 집으로 돌아오는 여행은 끝나겠지만, 결국 당신은 전혀 다른 여행을 영원히 시작하게 됩니다.

버닝맨 현상에 대한 인상으로 이 책을 시작하는 것은, 버닝맨 및 이와 유사한 전 세계 축제들이 이 세상에 대해 그리고 특별히 교회에 대해 말하는 바가 있다고 생각하기 때문이다. 버닝맨은 그저 "블랙록에서의 운 나쁜 하루"(a bad day in Black Rock, 존 스터지스 감독의 고전 영화 〈배드 데이 앳 블랙록〉에서 빌린 표현—옮긴이) 정도가 아니다. 그것은 (새롭게 등장한 포스트모던 세대가) 소속감을 주고, 영적이며, 감각적이고, 힘과 자유를 제공하는 공동체를 갈망하며 쏟아 내는 일종의 울부짖음이다. 네바다주 사막이 버닝맨 같은 압도적 경험을 제공할 수 있다면, 지금의 전통적 교회들은 무엇을 주고 있는가? 이 책을 쓰는 우리는 예수 그리스도의 복음에 담긴 변화시키는 능력이 블랙록이 줄 수 있는 능력보다 훨씬 크다고 믿는다. 그러나 교회가 전복적인 선교적 운동체로서의 역할을 회복하지 않는다면, 버닝맨에 참가한 사람 중 어느 누구도 교회에 대해 눈곱만큼도 관심을 가지지 않을 것임을 현실적으로 인정한다. 우리 두 사람은 본질적으로 선교사다. 그리고 모든 선교사들이 그렇듯, 우리도 지금 현실의 교회가 원래의 모습과 다르게 점점 창백하게 빈혈기를 보이는 모습을 가만히 보고 서 있을 수만은 없다. 버닝맨 세대들에게 다가가고자 필요한 것은 다름 아닌 서구 교회의 철저한 패러다임 전환이다.

우리에게 처음 버닝맨에 관한 이야기를 해 준 사람들은, 브래드 피트와 에드워드 노튼이 등장하는 유명한 영화 〈파이트 클럽〉(Fight Club)을 제일 좋아한다고 흥분하며 말했다. 그 영화에서는 카리스마 있는 인물인 타일러 더든(피트와 노튼이 모두 연기했다)을 중심으로 젊은이들의 전복적인 공동체가 모이기 시작한다. 그의 광적인 지도력하에 클럽 멤버들은 서로 싸우기도 하고 아무 이유 없이 세상에 선동적인 폭력을 가하기도 한다. 이들은 매우 강한 반소비주의적 정서를 지니고, 남성적 힘을 격려하며 일종의 공동체를 이룬다. 버닝맨 축제처럼 이들 역시 소속감과 자유, 반항, 중산층 미국인의 가치에 대한 거부감을 특징으로 한다. 더든의 파이트 클럽에는 원초적 에너지와 반체제적 야생성이 있다. 수많은 젊은이가 이 영화에 매우 깊은 영향을 받았다.

버닝맨이나 〈파이트 클럽〉 같은 사례를 살펴보면서 새로운 선교적 교회의 필요성을 깨닫도록 요구하는 것은 많은 그리스도인에게 불편할 수 있다. 그러나 확신하건대 이 두 가지 사례는 지난 수십 년 동안 서구 세계에서 분출된 절박한 갈망을 보여 주는 가장 중요한 사례들이다. 이 기간 동안 서구 사회에서는 포스트모더니즘의 도래로 경험적이고 행동주의적인 형태의 종교적·신비적 경험에 대한 기대가 생겨났다. 잠깐은 오순절주의 교회가 다른 교회보다 이런 기대에 좀 더 가까이 다가갔다고 주장할 수 있겠으나, 전반적으로 기독 교회는 이런 기대들을 채우지 못했다. 예술적 감수성을 지녔고 정치적으로는 전복적이고 행동 지향적이며 신비적인 신앙 공동체를 찾는 이들이 현대의 전통적 교회를 선택할 가능성은 점점 더 없어 보인다. 교회는 새로이 등장하는 버닝맨 세대들을 그저 작은 하부 문화일 뿐이라고 평가 절하해서는 안 된다. 버닝맨에서 하는 활동들이 굳이 모든 사람들의 관심이라 말할 수는 없다 해도 그 채움에 대한 갈망은 교회가 생각하는 것보다 훨씬 일반적인 것이다. 로런스(D. H. Lawrence)는 오래전 1924년에 이렇게 말했다. "기독교적 과업(venture)에서 모험(adventure)이 사라졌다." 이렇게 말하고 나서 그는 사람들이 희망을 향한 새로운 시도를 하고 있다고 말했다. 그의 생각은 우리 시대에도 여전히 적용된다.

조금씩 바꿀 것인가, 확 바꿀 것인가?

21세기 초두라는 상황에서 교회가 탈출구를 찾기 위해 필요한 것은, 근본적으로 기존 구조를 개혁하지 않고도 성장할 수 있는 방법을 제시하는 이런저런 이론이 아니라는 것을 우리는 점점 확신하게 되었다. 교회가 필요로 하는 것은 혁명적이고 새로운 접근법이다. 우리는 세계를 다니면서 만났던 각 지역의 영웅들 이야기를 하려고 한다. 그러나 교회 개척과 성장에 관해 모든 상황에 맞는 마술적 방법을 찾았다고 주장하지 않을 것이며, 따라서 여기서 소개하는 다양한 모델들은 만병통치약도 아니며, 이것들이 **전부**라고 말할 수도 없다. 다만 여러 선교사(단순히 해외 선교사들을 의미하는 것이 아니라 선교적 의식을 갖고 살아가는 그리스도인을 일컫는다—옮긴이)들이 멜버른, 샌프란시스코, 로스앤젤레스, 글래스고와 서구의 다른 많은 도시에 복음을 가지고 나아가면서 행한 사례들을 제시하고자 한다. 우리는 최근 '선교적 교회'라는 말로 널리 알려지고 있는 그런 종류의 교회를 이루고자 하는 교회 지도자들을 위해 몇 가지 원칙과 제안을 주려고 한다. '복음과 문화 네트워크'(The Gospel and Our Culture Network, 이하 GOCN)는 이렇게 말한다. "선교적 교회는 하나님을 인간 문화와 하나님의 만남 속에서 제시한다. 교회는 인간의 목표나 욕망 때문이 아니라 세상 속에서 지금도 창조와 구원의 사역을 행하시는 하나님의 일하심의 결과로 존재한다. 교회는 인간의 삶을 향해 예수 그리스도의 복된 소식을 전하고, 인간의 문화를 창조 세계를 향한 하나님의 의도를 더욱더 충실하게 반영하도록 변화시키는 하나님의 방법이 가시화된 것이다. 교회는 예수님이 은유적 언어를 사용하여 세상의 소금, 누룩, 빛이라 하셨던 것처럼 하나님의 활동에 가시적이며 효과적으로 참여하는 공동체다."[2]

이 말은 모든 교회 ('선교적' 의식이 있든 없든 간에)에 대한 명령처럼 들리는데, GOCN은 이 정의를 더 확장시켜 선교적 교회란 "전체 공동체와 그 구성원들을 위해 하나님이 특별히 주신 소명을 찾으려고 애써야 한다"라고 덧붙인다. 달리 말하자면 선교적 교회는 그 사명을 최우선으로 삼고 끊임없이 "**하나님은 우리로 하여금 현재의 문화적 상황에서 어떤 존재가 되고 무엇을 하라고 부르시는가**"라고 자문한다. 선교적 교회는 하나님 나라를 위해 상황을 변화시키고자 상황에 맞게 자신의 모습을 갖추기에, 문화적 상황은 핵심 주제가 된다. 그 정의상 선교적 교회는 항상 외부 지향적으로 보이며 항상 변화하며(문화가 끊임없이 변화하듯) 항상 하나님의 말씀에 충실하다. 많은 경우 이런 교회는 매우 급진적이어서 우리가 평소에 아는 교회와는 다르게 보인다. 또 어떤 경우는 전통적 모습을 하고 있지만 실제로는 놀랍고도 흥미로운 공동체적 특징을 가진다. 우리는 무엇보다도 상상력과 창의성과 혁신과 대담성을 가치 있게 여기는 기독교적 리더십이 필요하다는 점을 확신하게 되었다.

역사상 최고의 석학 알베르트 아인슈타인이 한번은 이렇게 말했다. "세상의 문제를 해결할 수 있는 사고방식은 원래 그 문제를 만들어낸 사고방식과는 다른 종류의 것이다." 이는 아인슈타인의 단순한 말장난이 아니었다. 이는 그가 패러다임을 바꾸는 사람으로 살게 된 결정적인 동인이었다. 타고난 독창성을 가지고 사고하는 그의 능력은 물리학과 우주를 이해하는 데 적어도 두세 가지의 중요한 패러다임의 변화를 가져왔고 그 결과 역사의 과정을 바꾸고 수세대 사람들의 사고를 형성했다. 우리는 이렇게 패러다임을 깨뜨리는 상상력이 21세기 선교적 교회의 출현을 위해 필요하다고 주장한다.

만일 아인슈타인이 옳다면, 다른 상황에서 일어나는 모든 문제들처럼 교회가 처한 문제는 애당초 그런 문제들을 일으켰던 동일한 인식 수준에서는 해결될 수 없다. 다른 말로 하자면, 단순히 현재 틀과 비슷한 사고만 가지고는 그 틀 자체와 연루된 문제를 해결할 수 없다. 우리가 21세기의 과제들을 진정 선교적 효력을 가지고 맞닥뜨리려면 일종의 아인슈타인적 창조성이 절박하게 필요하다. 이제는 크리스텐덤(Christendom, 기독교 제국—옮긴이)으로 야기된 문제들을 해결하기 위해 크리스텐덤의 틀에서 밖으로 나와야 할 때다.

크리스텐덤을 극복하라!

크리스텐덤은 20세기 말까지 적어도 11세기 동안 유럽 사회를 지배했던 종교적 문화를 일컫는 말이다. 그 연원은 콘스탄티누스 대제가 로마 제국의 권좌에 올라 그리스도인들에게 완전한 예배의 자유를 주고 기독교를 편애하여 제국의 다른 모든 종교들을 훼손시켰던 그 시기까지 올라간다.³ 이제 기독교는 가정이나 카타콤에서 비밀스럽게 모이던 비주류의 전복적이고 핍박받던 자리에서 순식간에 제국의 총애를 누리는 자리로 옮겨 갔다. 모든 것이 변했다! 황제는 기독교를 앞장서서 핍박하던 자리를 떠나 교회의 가장 중요한 보호자가 되었다. 밀라노 칙령을 기해 선교적-사도적 교회(missional-apostolic church)는 그 명을 다했고, 모든 것이 달라졌다.

5세기에서 10세기 사이에 서구 유럽의 기독교는 유아 단계에서 성인 단계로 자랐고 11세기에는 완전히 성장해서 문화를 지배하게 되었다. 중세에는 교회와 국가의 공생 관계가 오늘날 서구 유럽에 해당하는 신성로마제국의 지배자와 교황 사이의 제도적인 상호 의존 관계로 공식화되었다. 교회와 국가의 이 제도적 동반자 관계는 유럽의 사회적 행동 양태와 종교적 패턴을 영구적으로 변화시켰다. 기독교 세계(corpus Christianum, 즉 크리스텐덤)에서는 교회와 국가가 종교적 문화의 두 기둥이 되어 서로를 지탱했다. 심지어 교회와 국가의 갈등이 있어도 그것은 언제나 크리스텐덤이라는 거대한 지형 **내부의** 갈등이었다. 이 단계에서 크리스텐덤은 자체의 독특한 정체성을 발전시켰고, 이는 교회와 국가 양자를 이해하는 환경이 되었다. 그것은 결국 모든 시대에 적용되는 **유일한** 메타내러티브(the metanarrative, 대서사)가 되었다. 메타내러티브란 모든 문화, 모든 시대의 모든 사람들에게 적용할 수 있는 진리를 내포한다고 주장하는, 전체를 아우르는 이야기를 말한다. 크리스텐덤의 이야기는 더 이상 서구 문화를 규정짓지 못하지만, 여전히 특별히 미국을 포함한 모든 서구 국가에서 교회가 자신을 이해하는 주된 잣대가 되고 있다.

그 메타내러티브는 단순히 교회와 국가를 규정할 뿐 아니라 그 영향권 안에 있는 모든 개인과 사회 구조까지 규정했다. 그 사회의 구성원들은 자신의 선택과는 상관없이 그저 나면서부터 그리스도인이라 여겨졌다. 기독교는 유럽 기성 문화의 공식적인 일부였다. 어떤 나라에서는 왕이나 왕비가 실제로 교회의 수장이었다. 결국, 역동적이고 혁명적이며 사회적이고 영적인 운동이었던 기독교가 구조와 사제 조직과 성례식을 갖춘 종교 제도가 되어 버린 것이다.

사회정치적 실재로서의 크리스텐덤은 지난 250년 동안 사양길에 접어들어서, 최근 서구 문화는 많은 (세속 및 기독교) 역사가들에게 **후기 기독교 시대**(post-Christendom)라 불릴 정도가 되었다. 공공연한 비기독교적 표현으로 말하자면, 사회는 크리스텐덤을 '극복'했다. 그렇지만 서구 교회 내부에서는 상황이 좀 다르다. 이해의 패러다임으로서 혹은 메타내러티브로서 크리스텐덤은 여전히 교회 안에서 현존하는 신학적, 선교학적, 교회론적 이해에 과도한 영향력을 행사하고 있다. 여전히 우리는 교회와 그 사명을 '크리스텐덤' 차원에서 생각한다. 실제로는 '크리스텐덤 이후'라는 상황에 있으면서도 서구 교회는 여전히 그 주된 부분에서는 크리스텐덤 방식으로 움직이고 있다. 우리 상상 속에서는 콘스탄티누스 대제가 여전히 황제인 것 같다.

사도 시대와 사도 이후 시대 방식(주후 32-313년)	크리스텐덤 방식의 발전과 승리(313년-최근)	새로이 등장하는 선교적 방식(지난 20+년간)
봉헌된 종교적 건물을 소유하지 않았다. 종종 지하에서 핍박받았다.	건물이 교회 개념과 교회 경험의 중심이 되었다.	봉헌된 '교회' 건물에 대한 관심과 필요를 거부한다.
리더십은 5중 사역 리더십 정신으로 행사되었다.	리더십은 제도적으로 안수 받은 목회자에 의해 수행되었고 목사-교사 방식으로 행사되었다.	리더십은 5중 사역 리더십 정신을 포함하는 개척-혁신 방식을 포괄한다. 비제도적 방식을 선호한다.
뿌리로부터의 분권적인 운동	리더십과 구조에 대한 제도적이고 계층적인 개념	뿌리로부터의 분권적인 운동
성찬은 거룩한 공동체 식사로 경축된다.	각종 성례(sacraments)를 통한 제도화된 은혜의 방편이 증가했다.	성찬을 포함한 새로운 상징과 행사들을 재발견하고 의식으로 만든다.
교회는 사회의 변방과 지하에 존재한다.	교회는 사회와 주변 문화에서 중심부로 인식된다.	교회는 다시 사회와 문화의 변두리에 존재한다. 교회는 문화와 관련하여 다시 선교적 태도를 품는다.
선교적이고 성육신적인 보내는 교회	끌어모으는(attractional) / '끄집어내는'(extractional) 교회	선교적이고 성육신적인 보내는 교회

두 술집 이야기

크리스텐덤류 사고와 선교적 모델의 차이를 이해하기 위해 다음 예가 도움이 될 것이다. 최근 호주의 한 작은 시골 교회가 그 동네에 영향을 주기 위해 혁신적인 발걸음을 내디뎠다는 소식이 들렸다. 멜버른의 한 신문은 이렇게 전했다. "해밀턴 호텔의 단골 고객들은 곧 새로운 분위기를 맛보게 될 것이다. 흥미롭게도 절대 금주를 지키는 지역 침례교인들이 여섯 개의 술집 중 하나를 인수한 것이다."4 해밀턴 지역 주민들은 우체국 건너편 시내에 있는 술집이 침례교인들에게 팔리고 교회와 모임 센터로 재건축되는 것을 놀란 눈으로 지켜보았다. 프런트 바는 젊은이를 위한 레크리에이션 장소가 되었고 댄스 공간은 예배실과 모임방으로 꾸며졌다. 바는 커피바로 변했고 옛 술집이 이제 금주 빌딩이 되어 버렸다.

이 기사에서 멜버른의 여러 교회 지도자들과 해밀턴 침례교회의 목사가 이 사건을 두고 혁신적이며 창의적이고 용감한 일이라 말했다. 그런데 한 가지 신랄한 언급도 있었다. 기사의 중간쯤 해밀턴 한 주민의 말이 인용되고 있었다. "호텔의 단골 손님 중 한 사람이었던 71세의 농부 브루스 맥켈라 씨는 바에 있던 자신의 자리를 잃게 되었다고 말했다. '난 늘 그 자리로 곧바로 걸어 들어가곤 했어요. 우리 모두는 자신만의 공간을 가졌던 셈이지요.'" 이 논평이 암시하는 슬픔을 잊어서는 안 된다. 농부인 맥켈라는 바의 자기 자리를 박탈당했으며, 아마도 다른 술집으로 가겠지만 그가 좋아하던 이곳에서는 다시는 환영받지 못할 것이다. 영국이나 호주에서 동네 술집(pub)은 수용과 우정의 장소다. 손님들은 자신의 단골집을 계속 다니면서 일종의 충성을 바친다. 때때로 다른 곳에 가기도 하지만 그들은 그야말로 자신의 **단골집**에 깊은 연대감을 느낀다. 미국의 바는 비교적 덜 친근하며 훨씬 금지된 장소지만, 성공한 텔레비전 쇼인 〈치어스〉(Cheers)에 깔려 있는 "모든 사람이 당신의 이름을 아는" 곳에 관한 신화는 적어도 영국이나 호주의 술집에서는 통하는 것이었다. 해밀턴에서는 농부, 상인, 비즈니스맨들이 침례교인들에게 자리를 내주고 해밀턴 호텔에서 쫓겨났다.

겉보기에 혁신적인 이 프로젝트는 실은 크리스텐덤류의 사고방식을 드러낸다. 이 사고방식에서는 교회가 반드시 대로변의 중심되는 자리에 있어야 한다고 생각하며, 교회는 공공장소를 차지해서 지역 주민을 몰아내고 소위 거룩한 종교적 영역을 만들어 낼 권리가 있다고 주장한다. 술집에 있든 학교 강당에 있든 200년 된 대성당에 있든 같은 사고방식이다. 나중에 이야기하겠지만 필요한 것은 세상에서 거룩한 영역과 속된 영역을 나누어 긋는 엄밀한 선을 포기하는 일이다. 오늘날 사람들이 찾는 것은 소속감과 힘과 구원을 제공하는 관계의 공동체임을 깨달아야 한다.

지구의 다른 편에 있는 영국의 브래드퍼드(Bradford)라는 마을에서도 그리스도인들이 술집을 변화시키고 있었다. '더 콕 앤 보틀'(The Cock & Bottle)은 브래드퍼드 마을 내 도로 맨 아래에 있는 노란 2층짜리 술집이다. 2년 전 브래드퍼드 그리스도인 술집 협회(Bradford Christian Pub Consortium)에서 이 건물을 빌렸다. 브래드퍼드는 적은 임금으로 겨우 먹고사는 노동자 계급의 마을로, 최근 인종 갈등과 노상 폭력으로 유명해졌다. 그렇지만 '더 콕 앤 보틀'은 주민들의 피난처와 위안처가 되었다. 협회는 말콤 윌리스(Malcolm Willis)를 이 술집의 경영자로 고용했고 그는 아내와 함께 바의 위층에 산다. 그는 자신이 진정한 선교적 지도자라는 것을, 다음과 같은 말을 통해 보여 주었다. "예수님은 온 세상으로 가라고 말씀하셨습니다. 그리고 거기에는 술집도 포함됩니다. 교회에 앉아서 사람들이 오기만을 기다리라고 말씀하시지 않았지요."[5] 윌리스 부부와 직원들(모두 그리스도인)은 지역 주민들을 돌보고 그들의 말을 들어주고 사역할 수 있는 사랑스럽고 환영하는 분위기의 환경을 만들어 내기 시작했다. 윌리스는 이렇게 말한다. "많은 사람들이 처음에는 예수님에 관해 말하는 것을 불편해합니다. 먼저 열 번, 스무 번,

지칠 정도로 그들의 이야기를 들어 준 다음에야 그들이 '나를 위해 기도해 줄 수 있어요?'라고 말하지요. 그러고 나면 무언가 일이 벌어지는 것이지요!"[6] 선교적 교회는 항상 빠른 해결책보다는 장기간의 노력을 염두에 둔다.

물론 그리스도인으로서 술을 팔아도 되는지의 문제가 없을 수 없다. 윌리스 자신은 절대 금주론자이지만 술 마시는 문제에 관해서 실제적이고 현실적인 견해를 갖고 있다. "그래요, 우리는 술 없이 살 수 없는 사람들에게 술을 팔고 있지만, 우리가 아니면 그들은 다른 곳에 갈 겁니다. 적어도 여기서는 우리가 그들 곁에 있어 줄 수 있습니다. 내가 여기 왔을 때, 사람들에게 개인적으로는 술을 마시지 않는 사람으로 보여야 한다는 것을 알았어요. 그렇지만 모든 사람이 나 같을 수는 없지요. 언젠가 누군가 잠언 31장을 보여 주었어요. 거기 이런 말이 있었습니다. '독주는 죽게 된 자에게, 포도주는 마음에 근심하는 자에게 줄지어다. 그는 마시고 자기의 빈궁한 것을 잊어버리겠고 다시 자기의 고통을 기억하지 아니하리라. 그러나 너는 말 못하는 자와 모든 고독한 자의 송사를 위하여 입을 열지니라.' 그래서 난 예수님이라면 어떻게 하셨을까 물었어요. 주님도 술집에 계셨으리라 전 생각합니다."[7]

'더 콕 앤 보틀'과 해밀턴 호텔 간에는 (단순히 지리적 차이뿐 아니라) 세계관의 차이가 있다. 전자는 선교적이며 성육신적이며 매우 위험하다. 후자는 안전하며 재정 운용에서도 건전함을 보인다. (새 교회 건물을 짓는 것보다 술집을 개조하는 것이 싸게 먹힌다.) 그렇지만 이것은 고전적인 크리스텐덤 사고다.

앞에서 언급한 GOCN(복음과 문화 네트워크)은 문화적 트렌드와 교회에 대한 새로운 선교적 접근과 관련하여 많은 연구를 장려했다. 이들은 선교적 교회의 열두 가지 특징을 다음과 같이 제시했다.

1. 선교적 교회는 복음을 선포한다.
2. 선교적 교회는 공동체이며 모든 구성원들이 예수의 제자가 되기 위해 배우는 데 동참한다.
3. 성경이 이 교회의 삶의 규범이다.
4. 교회는 주님의 삶과 죽음과 부활에 참여했기 때문에 스스로를 세상과 다른 존재라고 이해한다.
5. 교회는 공동체 전체와 구성원 각자를 하나님의 특별한 선교적 소명을 분별하려 애쓴다.
6. 선교적 공동체의 표지는 그리스도인들이 서로를 어떻게 대하는가에 따라 드러난다.
7. 화해를 실천하는 것이 공동체다.
8. 공동체 내부의 사람들은 사랑 안에서 서로 책임지려 한다.
9. 교회는 환대를 실천한다.
10. 예배는 공동체가 하나님의 임재와 하나님이 약속하신 미래를 기쁨으로 경축하며 감사하는 중요한 행위다.
11. 이 공동체는 활발히 공적 증거를 한다.
12. 교회 자체는 하나님 통치의 불완전한 표현이라는 것을 인식한다.

앞에 열거된 특징들에서 흠을 찾을 수는 없지만, 여기에 에너지와 방향을 제공해 줄 수 있는 더 포괄적인 원리 세 가지를 제안하고 싶다. 사실 이 세 가지 특징을 우리는 이 책 각 부의 제목으로 사용하려 한다. 세 가지 원리는 다음과 같다.

1. 교회론의 측면에서 선교적 교회는 사람들을 끌어모으려(attractional) 하지 않고 **성육신적**(incarnational)이고자 한다. 성육신적이라 함은 불신자들이 복음을 만나려면 반드시 와야 하는 거룩한 장소를 따로 만들지 않는다는 의미다. 오히려 선교적 교회는 흩어져서 그리스도를 모르는 사람들에게 그리스도가 되기 위해 사회의 틈과 갈라진 곳에 스며든다.

2. 선교적 교회는 영성의 측면에서 이원론적(dualistic)이 아니라 **메시아적**(messianic)이다. 즉 그리스-로마 제국의 세계관이 아닌 메시아 예수의 세계관과 실천들을 채택한다. 세상을 거룩한(종교적) 것과 속된(비종교적) 것으로 나누어 바라보지 않고 그리스도처럼 세상과 그 안에 있는 하나님의 처소를 총체적·통합적으로 본다.

3. 선교적 교회는 리더십 형태의 측면에서 위에서 아래로의 단방향이기보다는 **사도적**(apostolic)인 형태를 채택한다. 사도적이라 함은 에베소서 6장에서 바울이 자세히 묘사한 5중 모델을 인정하는 리더십 형태를 말한다. 이것은 전통적 교회의 삼각형식 계층 구조를 버리고, 현재 일반적으로 중요시되는 목양 및 가르치는 은사 외에도 전도와 사도직과 예언의 은사를 자유롭게 인정하는 성경적이고 수평적 리더십의 공동체이다.

우리는 교회의 핵심 DNA에 기본적인 변화가 가해질 때만 교회의 선교적 특질이 드러날 것이라고 확신한다. 이것은 교회론, 영성, 리더십 같은 핵심 사안을 다루는 것을 의미한다. 이것은 사람들을 끌어모으려 하고 이원론적이며 계층적인 크리스텐덤 사고에서 확실히 돌아서는 것을 의미한다.

많은 그리스도인이 옛날의 크리스텐덤에 기초한 전제들을 포기하는 데 엄청난 어려움을 겪는 것 같다. 이들은 크리스텐덤을 포기하는 일이 결국 교회를 망각이나 혼란 속으로 밀어 넣는 것이 아닐까 두려워한다. 이들은 어떻게 브래드퍼드의 술집을 운영하는 그리스도인들이 교회가 될 수 있느냐고 묻는다. 글쎄, 우리는 그들이 교회가 될 수 있다고 생각한다. 선교적 교회들이 나타내는 모습 중 많은 것이 어지럽고 혼란스러우며 또한 역동적이다. 이들은 주일 예배를 위해 늘 같은 장소에서 모이지는 않아도, 하나님을 예배하고 그리스도인 공동체를 만들며, 주변 세상을 섬기고 있다. 이들은 교회에 대한 성경적 기준을 만족시키고 있지만 우리가 익숙하게 생각하는 교회의 모습이 아닐 때도 있다. 크리스텐덤 이후의 교회를 보는 유용한 방식은 무질서(disorder)를 보지 말고 흩어짐(diaspora)을 보라는 것이다. 이것은 신학자인 더 글라스 존 홀(Douglas John Hall)의 견해인데, 그는 현대 교회를 제도로 보기보다 흩어짐으로 보려 한다. 그는 이것을 크리스텐덤의 종말을 혼돈으로 보는 패배주의나 체념적 태도보다는 더욱 적극적인 재구성의 태도로 이해한다.

그 이면에 거의 아무것도 없는 오래된 허울을 지키려는 수고를 포기할 용기가 있다면, 공적 영역에서 절대적인 크리스텐덤이라는 허식을 주장하기를 포기한다면, **모든 사람**에게 세례를 주고 **모든 사람**이 교회에서 결혼식을 하게 하며 이름을 교적부에 올리는 데(그렇게 했다고 해도 진실한 믿음과 내적 확신이 없는, 전통과 관습과 가문의 승리일 뿐이다) 바짝 신경 쓰기를 그만둔다면, 기독교는 '모든 사람의 종교적 자기 치장'이며 민속 종교(민속 의상과 같은 수준에서)일 뿐이라는 인상에서 기독교를 가시적으로 구출해 낸다면, **그제야** 우리는 진정 선교적인 과업을 위한 그리고 사도적인 자기 확신을 위한 자유를 얻을 것이다.⁸

제대로다! 이보다 더 잘 표현할 수 없을 것이다. 그렇다면 크리스텐덤이 교회와 그 사명에 관한 우리의 이해에 미친 영향은 무엇이며, 그것을 '극복하는 것'이 왜 그렇게 중요한가?⁹

크리스텐덤은 본질상 그 처한 상황에 관련된 특정한 한 가지 입장이며, 참여의 한 형태이자, 교회에 관한 한 가지 사고방식이다. 선교에 대한 크리스텐덤 관점은 문화의 중심에 자리 잡은 그 특권적 입장 때문에 근본적으로 왜곡되어 있다. 나아가 교회에 대해 매우 구체적이면서도 **고정적인** 개념을 지니고 있다. 여기서 교회란 대개 (독특하게 설계된) 건물이나, 예배 순서(예전)나, 혹은 교단 형태나 목사와 연관된다. 선교의 방식은 보내는 것이거나 성육신적이기보다 대개는 끄집어내고 끌어모으는 식이다. 교회가 문화의 공식 종교로서 어떤 중심에 있다고 생각하기에 건물(대개 중세적 상황에서는 가장 높은 건물)의 배치도 그 중심성을 상징한다. 리더십 형태도 주로 사제적 서열 방식으로 묘사되며, 간혹 내부인들에게는 예언적이지만 외부인들에게는 전혀 예언적이지 않고('바깥에 있는' 이들은 듣지 않는다 생각하기에) 사도적이지도 않다. 크리스텐덤은 기독교를 유지관리 방식(a maintenance mode)로 바꾸어 버렸다.

크리스텐덤은 선교학적인 견지에서 볼 때 결국 신약 시대의 규범적인 사도적-선교적 형태를 없애 버린, 교회와 국가의 공생적 관계 그 이상의 무엇이다. 313년 기독교가 인정되고 받아들여지자 곧바로 제국의 궁정에서 괜찮은 자리를 얻게 되었고 그것은 교회의 근본적인 자기 이해의 **방식**(mode)과 세상에서의 특별한 과업에 대한 개념을 바꾸어 버렸다. 교회와 정치권력 간에 일종의 '계약'이 생기고, 그래서 국가, 문화, 사회에 대한 교회의 자기 이해가 크게 변했다. 우리가 5세기에서 10세기 사이에 드문드문 일어났던 위대한 선교 운동들을 무시하는 것은 아니다. 그렇지만 11세기 크리스텐덤의 승리로 선교는 더 이상 유럽 안에서는 필요치 않은 것으로 여겨졌다고 말하는 게 옳을 것이다. 선교는 다만 제국의 영역 바깥 혹은 내부의 확실한 비기독교적 종교에만 한정하여 적용되었고 공식적으로 교회에서 세례를 받은 이들은 선교 대상에 해당되지 않았다.

신학은 바야흐로 힘 있는 정치적 도구로 사용되었다. 선교도 마찬가지였다. 선교는 식민지 개척 운동과 국가의 이익을 증진하는 수단으로 사용되었다. 크리스텐덤은 정치, 지리, 교회, 영성, 선교 영역들의 연합과 관련하여 모종의 상호 관계와 복합적인 전제를 세우게 되었다. 결과적으로 복음은 정치화되고 지역화되고 동시에 **인종적**이 되었다(racial-ized). 이제 더 이상 신약의 복음과 연관된 전복적인 활동의 여지가 없어져 버렸다. '혁명'은 내부에서 억눌려졌다. 그 이후로 역사 속에서 제도적 교회는 제국 내에서 교회가 가진 엘리트적 지위를 위협하는 정치 영역으로부터의 어떤 예언적 비판도 참지 못했고 그 반대도 마찬가지였다.

파산한 크리스텐덤

크리스텐덤 패러다임이 지난 17세기 동안이나 서구를 주도했다는 사실을 고려할 때, 그 성공과 실패를 따져 볼 필요가 있다. 21세기의 시작에 선 우리는 그 패러다임을 약간만 바꾸어 거대하게 변화하는 서구 교회의 선교적 상황에 맞추려는 식의 시도로는 안 된다고 생각한다. **그건 한마디로 소용이 없었다.** 사실 우리가 현재 처해 있는 매우 복잡한 상황 속에서 그것은 문제를 해결하기보다 오히려 더 많은 문제를 낳는 듯하다. 교회는 제1세계의 거의 모든 상황에서 사양길에 접어들었다. 이런 상황에서 전통주의적 패러다임의 순진한 적용은 문제를 낳았으면 낳았지…해결하지는 못했다.[10] 크리스텐덤 양식을 고수하려는 사람들은 마치 우주를 코페르니쿠스 이전의 관점으로 세상을 해석하려는 사람들과 같다. 그 패러다임은 적절하지 않았다. 임금님이 벌거벗고 나타난 셈이다.

서구 교회가 영향력을 잃은 또 한 가지 이유는, 근대성과 계몽주의의 이상과 함께 놀아났기 때문이다. 존 드레인(John Drane)은 이렇게 말한다. "근대성은 지난 2천 년간 교회를 황폐하게 한 어떤 적이나 박해자보다 더 큰 파괴력을 교회에 행사했다."[11] 근대 말엽이라 할 수 있는 20세기 중반에는 기독교 신앙을 더 이상 서구 문화의 중심이라 할 수 없게 되었다. 근대성과 친구가 되려다가 바로 그 운동 때문에 휩쓸려 버린 것이다. 한때 유럽에서 교회는 막강한 영향력을 행사했지만, 20세기 말에는 거의 힘을 못 쓰게 되었다. 유럽과 영국 그리고 그들의 식민지 전초 기지였던 호주, 뉴질랜드, 캐나다에서 이제 교회는 그 중심 자리를 빼앗기게 되었다.

마틴 로빈슨(Martin Robinson)은 스웨덴 교회를 예로 든다.[12] 그는 1860년 스웨덴 국민이 교회를 떠나는 것을 금지하는 법이 제정되었지만 별 실효성이 없었다고 말한다. 사실 이 나라는 자그마치 인구의 95퍼센트가 국가 교회의 신자다. 그러나 최근 연구에 의하면 단지 8퍼센트만이 기독교 세계관을 가지고 있을 뿐이다. 이 수치에는 분명 다든 형태의 교회를 선택하는 인구가 적어도 5퍼센트는 될 것이기에 스웨덴 교회의 교리를 신봉하는 공식 신자는 매우 적을 것이다. 국가 교회는 이름으로만 존재할 뿐이다. 이건 하나의 속임수이며, 다른 서구 유럽 국가들도 마찬가지다.

우리는 크리스텐덤이 특별히 교회론적·선교론적으로 실패한 실험임을 인정해야만 한다. 되풀이해 말하지만 크리스텐덤이라는 용어는, 교회가 일시적이고 세속적인 권력과 결탁하여 영향력을 행사하던 시기를 의미한다. 그 최고점은 중세였고 종교개혁을 거쳐 18세기까지 이어져 왔다. 그리고 계몽주의의 등장으로 사양길에 접어들어 결국 20세기 말엽에 사라지게 되었다. 이제 기독교는 그 진로를 바꾸어 주변 상황을 이해하고 참여하는 새로운 양식을 발견할 때가 되었다. 더 이상 과거에 대한 역사적 향수 혹은 심지어 중독에 머물러 있을 수 없다. 크리스텐덤은 교회의 성경적인 양식이 **아니다**. 그것은 단지 교회가 과거에 그리고 현재까지 자신을 이해해 온 한 가지 방식일 뿐이다. 이것이 교회의 유일한 모습으로 소중히 여겨지다가 우리의 상상력을 가두고 우리를 교회의 역사적이고 문화적인 한 가지 표현에 속박해 버리는 우상이 되어 버렸다. 그 우상 버리기를 거부했기 때문에 우리는 시대의 도전에 정확히 응답하지 못했다. 그러나 이제는 반드시 변해야 한다. 서구 선교의 문제에 대한 해답은 쓸모없는 구식 모델을 가지고 어떻게 해 보려는 것이 아닌, 훨씬 근본적이고 급진적인 것이어야 한다. 교회의 개념(교회론)과 세상에서의 중심 과업(선교학)에서 우리는 더욱 초대교회를 닮은 모습을 취해야 한다.

선교적 교회의 등장

한 문화가 거대한 변화를 겪을 때는 언제나 교회에 대한 개념이 재정립되었다. 문화적 변화가 크면 클수록 교회 자체의 개념도 더욱 철저히 변화했다. 가장 두드러진 예는 15세기 르네상스 운동과 16세기 초엽 종교개혁 간의 내재적 연관성에서 찾아볼 수 있다. 르네상스는 새로운 해석학이 가져다준 문화적 힘으로 루터의 개혁을 추동했고 그 후 교회의 신학과 실천에서 어마어마한 재조정을 초래했다. 교회는 문화적 환경과 불가분의 관계에 있으며, 이것은 우리 시대에 중요한 교훈을 던져 준다. 포스트모던 시대로 이행하면서 서구(그리고 전 세계)가 새로운 신기원을 이루는 시점을 살아가고 있다. 모든 점에서 이 문화적 이행은, 크리스텐덤의 후견 가운데 이루어진 르네상스로 촉발된 변화보다 훨씬 심대하고 급진적일 것이라는 조짐들이 있다. 현재 일어나고 있는 일들은 철저히 기독교의 영향력 바깥에 있다.

현재 포스트모던으로의 사회적·역사적 이행 속의 혼란 가운데서 교회가 사도적 운동으로서의 정체성을 재발견한다면, 제2의 종교개혁과 같은 일이 일어날 것이다. 또 만약 서구 교회가 그런 철저한 재조정을 수용하지 않는다면 큰 위험에 처하게 될 것이다. 표준적 크리스텐덤 모델은 결코 새로운 세대와 함께하지 못할 것이다.[13] 그들을 비롯한 무수히 많은 다른 모든 하부 문화에 영향을 미치려면 교회는 고착된 제도로서의 역할을 포기하고 선교적 운동으로서의 본래적 부르심에 순종해야 한다. 무엇이 이 사도적 운동의 본질인가? 크리스텐덤은 서구 문화에 사로잡힌 덕분에 해체되었지만, 선교적 교회는 문화에 속지 않으면서도 문화와 의미 있는 관련을 맺을 수 있는 존재로 자신을 이해해야 힌다. 이것이야말로 초문화적 선교사(cross-cultural missionary)의 전형적인 과업이다. 즉 복음을 타협하지 않고 문화에 관여하는 것이다. 이 점은 아무리 강조해도 지나치지 않다. 사실 이 책의 전체 방향은 크리스텐덤 이후의 교회로 하여금 스스로를 제도가 아닌, **선교적 운동**으로 다시 규정하도록 요청하는 것이다.

원래 초대교회는 철두철미하게 선교 운동이었다. 초대교회에서 개인의 회심이란 하나님의 선교(missio Dei)를 받아들이는 것을 의미했다. 하나님의 선교는 메시아가 하신 일을 통해서 온 세상을 향한 하나님의 구속하시는 사역이다. 우리가 **사도적**(apostolic)이라는 말을 사용하는 것은 이런 의미에서다. 그리고 우리 시대에 회복하려는 것이 바로 이 구속적 사명이다. 사도적 운동을 추진하려면 크리스텐덤에 기초한 교회는 엄청난 패러다임의 변화를 필요로 한다. 교회의 존재 방식과 행동을 새로운 양식으로 혁신하고 그 리더십 개념과 구조와 사명을 새롭게 만들어 내려면 전혀 다른 차원의 사고가 요구된다.

본래 교회는 주변 문화 상황과 뗄 수 없는 관계에 있다. 이 관계가 교회의 사명에서 실제적인 본질을 규정한다. 그러나 사명의 이유는 다른 곳에서 나온다. 좀 더 신학적으로 말하자면 기독론(Christology)이 선교학(missiology)을 결정짓고, 선교학이 교회론(ecclesiology)을 결정짓는다. 이 교회론은 계속되는 갱신의 순환 속에서 또다시 기독론으로 돌아간다. 교회가 이 순서를 바로 이해하는 것이 매우 중요하다. 우리는 다음 장에서 기독론 문제를 다루고 그다음 장에서 그 실제적인 의미를 제시하려 한다. 세상 속에서 우리의 목적과 사명 즉 제자도를 결정하는 분은 그리스도시다. 그다음으로 세상에서 우리가 어떤 모양으로 있을지를 이끌어 내는 것은 우리의 사명이다.

"조금씩 바꿀 것인가, 확 바꿀 것인가?" 하는 질문으로 우리는 이 책을 시작했다. 사실 어느 정도는 조금씩 천천히 바꾸는 것도 필요하지만 진짜 대답은 **확 바꿔야 한다**는 것이다. 예수께서 의도하신 교회는 분명히 끊임없는 혁명이지, 잘 정비된 시민 종교가 되거나 지배 제국에 종교적으로 복무하는 것이 될 수는 없다. 다음 장에서 언급하겠지만 지금 우리는 서구 문화사에서 가장 위대한 영적 각성의 시대라 묘사될 만큼 엄청나게 중요한 시대를 살고 있지만, 교회의 메시지는 별 영향력을 미치지 못한다고 느끼고 있다. 안 쓰는 술집을 개조하는 정도로는 서구 문화에 영향을 미치리라 기대할 수 없다. 완전히 다른 모델이 필요하다. 이 점에서 실패한다면 역사는 우리를 매우 신랄하게 판단할 것이다. 적어도 우리 저자들의 고향인 호주에서는 중요한 영적 영향력을 행사하던 교회가 결국 몰락하고 역사의 각주 정도로 치부되어 버릴 것 같다. 통계적으로 이것은 전 서구에 걸쳐서 똑같이 적용되는 말이다. 이 시대는 옛날 모델을 필사적으로 재작동시켜서 문제를 고치고 부흥을 꾀하는 것처럼 조금씩 개선하는 방식으로만 되는 시기가 아니다. 지금은 우리가 교회를 하고 교회가 되는 방식에 혁명이 필요한 시기다.

2장   선교적 교회

교회는 자신의 입장을 완전히 재고하여
서구에서 선교하는 교회가 되도록 해야 한다.
—마틴 로빈슨

크리스텐덤 이후의 희망

선교적 교회는 크리스텐덤 이후 시대의 소망이다. 최근 일어난 수많은 개신교 운동들은 낡은 크리스텐덤 모델의 변용일 뿐이다. 새로운 예배 스타일, 성령의 능력의 나타남, 구도자들을 향한 전도, 성경적 가르침을 강조한다 할지라도 이들, 소위 새로운 운동들은 여전히 교회란 도심 중앙에 즉 서구 문화의 중심에 확고히 서야 한다는 잘못된 가정을 가지고 있다. 이렇듯 교회의 위치에 관한 잘못된 신념에 기초했다면, 교회 개척이든 재생산이든 모든 것이 이 잘못된 신념을 반영하는 것 밖에 안 된다. 공공연하게 '전도의 10년'이라 부르던 1990년대를 돌이켜 볼 때, 우리는 깊이 우려하게 된다. 서구에서는 온갖 활동들이 돌풍처럼 휩쓸었지만, 특히 미국과 영국 교회는 그 수가 계속 줄어들었다. 한때 포스트모던 시대에 영향력을 끼치는 전략은 교회 개척이라고 생각했는데, 교회 성장 전문가들은 이제 다른 생각을 가지게 되었다. 교인들은 줄어들고 전도의 10년 동안 교회 개척은 점점 줄었다. 스튜어트 머리(Stuart Murray)와 앤 윌킨슨헤이즈(Anne Wilkinson-Hayes)는 『변방으로부터의 소망』(Hope from the Margins)이라는 책에서 왜 교회 개척 붐이 사라져 버렸는지 몇 가지 이유를 든다.

- 1990년대 초반에는 교회를 개척할 역량이 있었던 많은 교회가 이 일을 다시 할 힘을 충분히 되찾지 못했다.
- 새로 개척된 교회가 다른 교회를 개척할 만큼 빠르게 자라지 못했다.
- 교회 개척에서 인적 자원 집약적 모델이 지배하여 작은 교회가 동참하기 어려웠다.
- 꽤 많은 수의 교회 개척이 실패하거나 규모가 작거나 약한 채로 남았고, 이미 그리스도인인 사람들을 끌어모았다.
- 교회 개척이 도시와 농촌의 미개척 지역은 그대로 남겨둔 채 교회가 이미 잘되고 있는 지역에 국한되어 있었다.[1]

문제의 핵심은 교회 개척이 이미 위험에 처해 있고 무너져 버린 크리스텐덤 방식의 교회를 그대로 복사하는 식이라는 것이다. 크리스텐덤 바이러스가 퍼졌다. 이건 마이크 마이어즈의 조롱 섞인 영화 〈오스틴 파워즈〉(Austin Powers)에서 미니미(Mini-Me)라는 복제 인간을 만드는 닥터 이블(Dr. Evil) 같은 것이다. 실패한 시스템을 복제하면서 어디에선가 파던 것과 똑같은 구멍을 더 깊게 파고 있다. 사실 이것은 선교적 예수 공동체가 아니라 주일 예배를 개척하는 것과 같다. 이와 달리 선교적 교회는 낡은 크리스텐덤의 전제를 포기하고, 자신의 임무를 전복적이고 경축하며 열정적이고 공동체적인 지하 운동으로 인식한다. 선교는 단지 교회의 활동이 아니다. 선교는 바로 하나님의 심장 박동이며 하나님의 일이다. 선교사적 과업의 근거는 바로 하나님의 존재 안에 있다. 하나님은 보내시는 하나님이시며 인류와 피조물이 화목케 되고 구속되고 치유되는 것을 보기 원하신다. 그래서 선교적 교회는 보냄받는 교회다. 이것은 **나가는** 교회이며 깨어진 세계에 치유를 가져다주기 위해 보냄받은 하나님의 백성을 통하여 행하시는 하나님의 운동이다. 지구상에 있는 다른 여러 나라와 종족처럼 북미도 선교지다. 한 장소에 뿌리박아 매우 굳어진 제도화된 기성 교회가 선교적 교회가 되기 위해서는 그 **보냄받았다는 사실**을 다시 회복해야 한다.

크리스텐덤 방식의 교회를 재생산하는 것은 그 핵심에서 몇 가지 근본적인 결함이 있다. 이는 이 모델의 DNA 자체에 내재하는 결함이다. 앞으로 전진하려면 외적인 모양을 서투르게 수선하는 것이 아니라, 전혀 다른 토양 위에서 새로운 운동을 탄생시켜야 한다. 크리스텐덤 방식의 결함은 대략 광범위하게 세 가지 범주로 나눌 수 있을 것이다. 여기서는 간단히 소개하지만 앞으로 이 책의 여러 곳에서 더욱 충분히 다루게 될 것이다.

끌어모으기, 이원론적, 계층적

이미 언급했듯이 크리스텐덤 방식의 교회는 그 DNA에 끌어모으기식,

이원론적, 계층적이라는 세 가지 결함을 지니고 있다. 첫 번째로, 끌어모으기식이란 전통적 교회가 특정한 동네와 이웃과 장소에 교회를 세우고 나면 사람들이 하나님을 만나고 다른 사람과 교제하기 위해 제 발로 올 것이라 기대하는 방식이다. 매력적인 교회가 되어 불신자를 오게 하는 것이 비성경적이라는 말이 아니다. 초대교회는 비록 초기에는 나쁘게 매도당해 사람들이 피했다는 증거가 더 많지만, 전체 공동체에서 분명 매력적인 존재였다(행 2:47). 그런데도 교회가 매력적인 모습으로 사람들을 끌어모으려 하는 것이 결점이라고 하는 것은 교회가 그 속한 지역에서 취하는 입장에 대해 할 말이 있어서다. 만일 좋은 특징들을 갖춤으로써 사람들이 예배에 몰려들 것이라 기대한다면, 교회는 매력적이게 되려는 정신 속에서 믿음을 저버리게 된다. 이건 마치 영화 〈꿈의 구장〉(Field of Dreams)에서 케빈 코스트너가 보이지 않는 음성을 들었던 것과 같다. "짓기만 하면, 사람들이 몰려올 거야." 이런 관점에서 볼 때 우리는 이 접근 방식을 "끄집어내는" 또는 심지어 "탈육신적"(excarnational)이라고 부르는 것이 가장 적절하다.

전통적 교회는 보이지 않는 고객의 비위를 맞추어 프로그램과 행사를 만들어 내느라 얼마나 많은 에너지를 쓰고 있는가? 편안한 좌석, 넓은 주차장, 아이들을 위한 재미난 프로그램을 갖추고 설교를 잘하고 멋진 음악을 들려주면 사람들이 올 것이다. 이런 생각은 세상에서 우리가 어느 정도 괜찮은 위치를 차지하고 있다고 여기며, 사람들이 그리스도인이 되기를 원하지만 교회에 오지 않는 것은 우리가 제공하는 결과물에 만족하지 못하기 때문이라고 가정하는 것이다. 선교적 교회는 교회가 지역 사회에서 영예로운 자리를 차지하지 않는다는 것을 인식하며 교회는 그 선교적 명령에 순종하여 자기 자신을 벗어나 소금과 빛이 되어 지역 사회 속으로 나아가야 한다는 것을 인정한다.

지역 사회에서 이런 선교적 자세를 취해야 할 필요를 인식한 교회들과 상담할 때, 그들에게 선교적 교회가 되기 위하여 스스로를 재정비할 특별한 방법을 토론해 보라고 요청하면 주일 예배를 어떻게 바꿀 것인가부터 이야기하는 경우가 너무 많아 우리는 놀라곤 했다. 이는 끌어모으려고 하는 그들의 기본적인 성향을 무심코 드러내는 것이다. 우리는 자생적이고 상황에 맞는 예배란 그 지역 사회 출신의 새신자들과 협력할 때 가능하다고 믿는다. 예배 형태를 조정하는 것은 선교적 교회 지도자들의 우선순위 목록에서 한참 밑에 있는 것이다. 매력적인 모습으로 사람들을 끌어모으려는, 크리스텐덤 시기에 걸쳐서 형성된 '와 보라'(Come-To-Us) 식의 자세는 비성경적이다. 그것은 복음서에서도 서신서에서도 발견할 수 없다. 예수님과 바울과 제자들과 초대교회 지도자들은 모두 '세상을 향해 가라'(Go-To-Them) 식의 자세를 가지고 있었다.

두 번째, 크리스텐덤 방식의 교회는 이원론적이다. 성스러운 것과 세속적인 것, 거룩한 것과 거룩하지 않은 것, 안과 밖을 분리한다. 조금 전까지 설명한 끌어모으기식 태도의 뿌리는 교회의 이원론적 영성에서 찾을 수 있다. 이 책의 제3부에서 이것을 선교적 교회 모델에 더 철저히 적용할 것이다. 우선 여기서 간단하게 말하자면, 교회는 이원론적 영성 때문에 그러한 끌어모으기식의 자세를 철저히 취하게 되었음을 우리는 확신한다. 사람들은 습관적으로 '저 바깥세상'이라고 말한다. 이는 교회 다니는 사람이 '여기 안에 있는' 자들이란 말이 아니고 무엇이겠는가! 이런 이원론은 지난 1,700년 동안 그리스도인들로 하여금 내적 신앙을 외적 실천과 연결시키지 못하도록 만들었고, 이는 그들의 윤리와 생활양식과 다른 사람들에게 자신의 믿음을 진실하게 나누는 능력에도 영향을 미쳤다. 로버트 뱅크스(Robert Banks)는 그의 독창적인 책 『일상생활 속의 그리스도인』(Redeeming the Routines, IVP)에서 신앙과 일상생활 사이의 엄청난 간격을 분명하게 지적했다. 그는 이 간격이 열 가지 우려할 만한 방식으로 나타난다고 말한다.

1. 우리 신앙을 일 혹은 일의 결핍에 적용할 줄 아는 사람이 적다.
2. 우리 신앙과 여가 활동 사이에 연관성을 만들지 못한다.
3. 집안일 같은 일상 활동에 대해 기독교적으로 어떻게 접근할 것인지 별다른 의식이 없다.
4. 매일의 삶에 대한 우리의 태도는 어느 정도 우리 사회의 지배 가치의 영향을 받는다.
5. 우리가 지닌 많은 영적 어려움은 우리가 경험하는 매일의 압박에서 나온다(시간 부족, 피로, 가족의 압력 등).
6. 교회는 우리의 일상생활에 별로 관심을 가지지 않는다.
7. 신학자들은 아주 가끔씩만 일상적인 활동에 대해 언급한다.
8. 이들이 그것을 언급할 때조차 일상생활의 문제를 너무 이론적으로 접근하는 경향이 있다.
9. 오직 소수의 그리스도인만이 종교 서적을 읽고 신학 공부를 한다.
10. 교회에 출석하는 이들은 대부분 자신의 신앙과 삶의 방식 사이에 간격이 있다는 것을 인정하지 않는다.[2]

뱅크스는 대형 철강회사 영업부장이었던 윌리엄 딜(William Diehl)이 쓴 오래된 책 『기독교와 현실의 삶』(Christianity and Real Life)을 언급한다. 닐은 평신도(쓰기 싫은 단어지만 여러분은 그 의미를 이해할 것이다)로서 교회라는 범주 안에 있는 세속적인 것과 거룩한 것 사이의 간격에 대해 썼다.

거의 30년 동안 일을 해 왔지만, 교회는 한 번도 내가 일하는 것이 다른 사람을 위한 사역이 될 수 있다고 말해 주지 않았다. 교회는 내가 일터에서 더 좋은 사역자가 될 수 있는 기술을 개발하도록 도와주지도 않았고, 내가 하는 일에서 무슨 도움이 필요한지 한 번도 묻지 않았다. 내가 맞닥뜨려야만 하는 여러 윤리적 결정에 관련된 물음도 없었고, 내 신앙을 같이 일하는 이들에게 이야기하는지도 묻지 않았다. 나는 내가 일을 통해 사역하고 있음을 공적으로 인정해 주는 교회에 다녀 보지 못했다. 간단히 결론적으로 말해서 나의 교회는 매일의 일터에서 사역을 해야 하는지 말아야 하는지, 어떻게 사역하는지에 대해 정말 최소한의 관심도 가지지 않았다.[3]

교회의 세계와 실제 세계 사이의 이런 불신의 간격은 신학자 헬무트 틸리케(Helmut Thielicke)가 말했듯이 현대판 가현설(docetism)이다.[4] 우리는 이 생각이 오늘날 교회에 너무나도 널리 퍼져 있어서 교회 생활의 모든 측면에 속속들이 들어가 그 영향을 미치고 있다고 생각한다. 이 가현설 혹은 이원론을 교회로부터 제거한다면 지난 1,700년 동안 교회가 쌓아 오고 발전시켜 온 수많은 것들이 허물어져 내릴 것이다. 선교적 교회는 본질상 그 속한 지역 사회 속에서 유기적으로 존재하기 때문에, 총체적인 삶으로서의 영성을 선택하기 위해 서구 기독교의 이 원론적 세계관을 포기해야만 한다.

셋째로, 전통적 교회(크리스텐덤)는 계층적이다. 과도하게 종교적이고 관료적이며, 아래로부터의 의제를 중심으로 구성되는 것이 아니라 위로부터 행사되는 리더십에 의존한다. 어떤 교파는 대주교, 주교, 사제, 교구 위원회로 이어지는 극단적인 계층적 모델에 이념적으로 몰두하지만 또 다른 교파들은(스스로를 '저교회파'라 부르는) 이와 똑같이 노회, 담임 목사, 부목사, 교육목사, 집사 같은 위로부터 아래로의 접근에 의존한다. 오순절파부터 정교회까지, 침례교에서 감리교와 장로교에 이르기까지 이 계층적 모델은 보편적인 것 같다. 그렇다면 바울이 사제와 평신도 간, 공직자와 일반 성도 간, 거룩한 사람들과 평범한 사람들 간의 전통적인 구별을 근본적으로 없애 버린 것을 얼마나 더 오래 무시할 것인가? 영국의 목사 롭 워너(Rob Warner)의 말을 들어 보자.

> 초대 그리스도인들은 '제사장 제도'나 '희생 제사'라는 말을 근본적으로 재정의했다. 한편으로는 모든 이가 사제다. 신자는 그리스도 안에서 하나님의 은혜에 즉각적으로 다가갈 수 있기에 스스로 제사장이다. 이전에 다른 사람을 위해 제사장이 행하던 일을 이제 신자라면 자신을 위해 행할 수 있다. 다른 한편으로 보면 기독 교회에서 누구도 제사장으로 임명될 수 없다. 왜냐하면 그리스도께서 영단번에 제사장의 직무를 완수하셨기 때문이다.[5]

몇몇 젊은 지도자들은 이런 계층적 모델이, 새롭게 부상하는 지구촌의 문화 상황 속에서 평등주의와 공동체에 가치를 부여하는 세대에게 별로 할 말이 없다는 사실을 발견하고 있다. 오리건주 포틀랜드시의 '서밋 펠로십'(Summit Fellowship)에서 사역하는 댄 메이휴(Dan

Mayhew)는, 새롭게 자라나는 젊은 세대들에게 진정성 있는 사역을 하려면 철저하게 자신의 조직적 리더십 스타일을 죽여야 한다는 점을 깨닫게 되었다. 그는 이렇게 말한다. "나는 계층(hierarchy)과 '**상속자 연합**'(heir-archy)을 구별합니다. 우리는 모두 동료 상속자들이어야 합니다. 이것은 일종의 말장난입니다만 매우 실제적인 것을 전달한다고 생각합니다. 우리는 사물에 대한 제도적인 접근에 익숙해져서 계층을 만들어 냅니다. 그러나 유기체적 접근은 모든 사람이 하나님의 은혜를 얻은 동료 상속자들이기에 오히려 상속자 연합을 만드는 것입니다."[6]

그렇다면 대안은 무엇인가?

적절한 시기에 나온 책 『레트로 미래』(RetroFuture)에서 제라드 켈리(Gerard Kelly)는, 현재 통용되는 교회 개념에 문제를 제기하면서 이렇게 말한다. "나는 교회가 반드시 변해야만 한다고 믿는다. 교회는 유행을 따라가서는 안 된다. 교회는 하나님의 가족으로서 다른 법칙에 따라 살아가야 한다. 그렇지만 교회는 또한 문화적이고 사회적인 기관으로서 주어진 장소와 시간에 뿌리내리고 있다. 우리가 새로이 떠오르는 세대에 관심을 가지고 그 세대를 잇는 다음 세대에까지 관심을 가진다면 반드시 우리 교회의 미래의 모습에 대해 긴박감을 갖고 주목해야만 한다."[7] 이어서 그는 탐 사인(Tom Sine)의 잘 알려진 경고를 인용한다. "내가 함께 일했던 교파와 종교 기관들은 모두 장기 계획을 세운다. 그러나 모순적이게도 그들은 마치 미래가 단순히 현재의 연장인 양 장기 계획을 꾸린다.…결과적으로 우리는 변화를 보고 깜짝 놀라는 데 만성이 되어 버린다. 미래에는 이런 사치를 더 이상 누릴 수 없을 것이다."[8]

그렇다면 미래의 교회는 어떤 모습일까? 우리가 제안한 것처럼 미래의 교회가 선교적 교회의 형태를 띤다면, 교회의 모습은 여러 상황 속에서 엄청나게 다양한 모습을 지닐 것이다. 그러나 우리가 확신할 수 있는 것은 대개는 몇 가지 공통된 가치를 지니게 되리라는 것이다. 공동체적 삶에 높은 비중을 둘 것이며, 리더십 구조를 더욱 개방하고 모든 하나님의 백성들이 무언가를 이바지하는 데 가치를 둘 것이다. 구체적으로 모든 부분에서 세세하게 1세기 교회를 재구성해야 한다고 생각하지는 않겠지만, 지역에 기반을 둔 신앙 공동체의 삶에 대한 성경적 명령에 급진적으로 순종하려 할 것이다. 우리가 믿기로는, 선교적 교회는 모험적이고 즐거우며 놀라운 경험이 될 것이다. 레너드 스윗(Leonard Sweet)은 '카오딕'(chaordic, chaos + order —편집자)이란 말을 차용하여 선교적 교회가 전반적인 성경적 가치의 틀 안에서 혼돈(chaos)과 즉흥의 경향성을 가진다는 점을 표현했다. 이런 교회는 감각적, 경험적, 참여 지향적 예배로 모이게 되며, 정의를 추구하고 자비를 행하는 문제에 관심을 가질 것이다. 이런 교회는 다양성 속에서의 일치를 위해 애쓸 것이다. 즉 개인적인 차이를 인정하고 독특성을 가치 있게 여기며 동시에 공동체를 매우 중시하게 될 것이다. 글래드윈 주교(Bishop Gladwin)는 포스트모던 교회에 관한 책에서 새로이 등장하는 선교적 교회는 네 가지 공통되는 특징을 지닐 것이라고 주장했다.

1. 신앙의 여정과 하나님을 경험하는 것에 초점을 맞춤
2. 덜 구조적이고 더 직접적인 참여를 열망함
3. 유연한 직제와 비계급적 문화
4. 교회의 경험은 제자의 삶을 지원하기 위한 것이라는 인식

그는 이렇게 결론 내린다. "이리하여 교회는 핵심적 신앙, 최소한의 본질적인 직제, 사람들과 그들의 은사, 성찬에서 하나가 되는 유연한 삶의 형태, 공유된 공동체 의식 등에 초점을 맞추게 될 것이다."[9] 그런데 이런 생각이 주교로부터 나왔다!

실제적인 모델들은 이론보다 훨씬 더 많은 정보를 주기 마련이다. 이제부터 전 세계에서 일어나고 있는 선교적 교회에 대한 몇 가지 사례 연구를 보기로 하자.

선교적 양식의 교회

2001년 미주리주 세인트루이스 북쪽 지역에서 팀 코빌라스와 크리스티 코빌라스(Tim and Kristy Cobillas)가 교회를 시작할 때는 그 교회가 불법 폭주족의 피난처가 되리라고는 생각하지 못했다. 조슈아 하우스(Joshua House)는 팀과 크리스티의 집이 위치한 2에이커 넓이의 교외 벌판의 뒤뜰 모닥불 근처로 자유롭게 예배하러 모이기 시작했는데, 이는 일종의 스포츠 클럽 하우스이면서 예배 처소이기도 한 2층짜리 개조 창고였다.

팀의 '진짜 직업'은 오토바이 제작자인데 이 덕분에 오랜 세월 오토바이를 타는 사람들의 문화와 연결되어 있었다. 조슈아 하우스가 신앙 공동체로 발전해 가자, 더 많은 팀의 고객들이 모닥불 주위로 모여들기 시작했다. 팀은 이 수많은 오토바이 애호가들 때문에 마침내 '페이스풀 퓨'(Faithful Few)라는 거친 폭주족 그리스도인 클럽을 만들고 인도하게 되었다.

'페이스풀 퓨'는 주말이 되면 거친 녀석들이 되는 공상을 실현하고

자 하는 중산층 중년 아빠들의 모임이 아니다. 이런 모습과는 거리가 멀다. 이 사람들은 진짜배기들이다. 팀은 우리가 그를 방문한 날 바로 며칠 전에, 5년 동안 관계 맺은 폭주족에게 세례를 베푼 일을 이야기해 주었다. 바로 이 사람은 한마디로 **깡패**(enforcer)로 알려진 사람이었다. 그 말이 무슨 의미인지는 여러분의 상상에 맡긴다. 팀은 "이 친구들이 그리스도께 돌아올 때는 매우 과격하게 돌아옵니다. 폭주족으로서 이 사람들의 생활 방식이 과격했듯이 그리스도께 나올 때도 과격하게 나옵니다"라고 이야기한다. 이 불법 폭주족 회심자들을 제자로 훈련하는 데 있어 가장 어려운 것은 회심하지 않은 자기 친구들에게 그리스도를 '강요'(enforce)하지 않는 것이다. 훈련의 목표는 불법 폭주족으로 생활해 온 사람들 사이에 관계 집단을 만들고, 오토바이를 타는 사람들의 문화에 여전히 몸담으면서도 그리스도의 신실하고 헌신된 제자가 되게 하는 것이다.

팀은 조슈아 하우스가 그 자체로 오토바이를 타는 사람들의 교회가 아니라는 점을 강조한다. "우리는 우리 교회의 강조점이나 주장하는 바에 대한 징표로 오토바이를 타는 사람들을 생각하지는 않습니다. 그저 그들은 여기서 피난처와 공동체를 발견한 것입니다." 조슈아 하우스는 말쑥한 대학생들과 중년 부부들, 혼자 아이를 키우는 엄마들과 오토바이를 타는 사람들로 구성된다. 조슈아 하우스의 주일 아침 예배가 일반적인 교회 예배가 아니라고 말하는 것은 지나치게 절제된 표현일 것이다. 계절에 따라 사람들은 야외의 가까운 친환경 정원이나 모닥불에서 모이기도 하고, 실내 아래층 클럽 하우스에서 팬케이크나 베이글 또는 다른 아침거리를 나누면서 모인다. 그리고 마지막에는 모든 사람들이 **위층**에 올라가 찬양하고 기도하고 전형적인 가르침 형태의 설교를 듣는다.

　조슈아 하우스는 웹사이트도 없고 다른 사람들에게 광고하지도 않지만, 거기에는 기독교 사상에 적대적인 문화 가운데서 복음의 메시지를 구현해 내기 위해 살아가는 사람들의 삶이 있다. 조슈아 하우스와 페이스풀 퓨의 조합에 대해 팀은 이렇게 말한다. "우리는 그리스도의 몸에서 겨드랑이를 맡고 있습니다. 우리는 그저 **모두를 위한** 교회(everybody church)가 아닙니다. 우리는 **특별한 사람을 위한** 교회(anybody church)입니다. 예수님은 바깥으로 나가셔서 세리들과 버림받은 자들을 부르시고 그들과 함께하셨습니다. 우리도 그렇게 합니다."

　이것이 선교적 교회의 사고방식이다. 전통적이고 끌어모으려는 교회를 개척하는 대신 팀과 크리스티는 사람들의 희망과 두려움을 듣기 위해 자기가 속한 문화의 리듬과 삶에 참여하고 있다. 비슷한 실험으로 바로 영국 울버햄프턴의 '호프 커뮤니티'(Hope Community)가 있다. 세 명의 가톨릭 수녀들이 교구 교회의 요청으로 9개의 고층 건물로 이루어진 허물어져 가는 공동 주택 히스 타운(Heath town) 주민들을 표본 조사했다. 그들은 그저 마을 사람들의 이야기를 듣는 것으로 시작했다. 이들이 들은 것은 고통과 아픔과 엄청난 사회적 필요에 대한 장황한 이야기들이었다. '조사'하기 위해 나갔다가 근처 교외의 편안한 아파트로 다시 돌아오기가 번거로워서, 그들은 황량한 탑 같은 이 아파트 한 동의 3층을 임대했다. 거기서 이들은 규칙적인 공동체 생활과 기도 생활을 하면서 지역 주민들을 위해 자신들을 내주었다. 선교적 교회는 소속된 지역 공동체에 가까이 가는 것이 필수적이라고 여긴다.

　마거릿 왈쉬(Margaret Walsh) 수녀가 전해 주듯이 수녀들 중 누구도 무엇인가를 시작하려고 시도하지 않았다는 점이 흥미롭다.[10] 그들은 그저 이웃들과 함께 지내며 이야기를 들어 주었다. 그런데 이들의 아름다운 함께함이 수많은 사회적 변화를 만들어 내었다. 공동 주택 교회가 시작되었고 지역 주민들이 이를 계획하고 이끌어 나갔다. 수녀들은 컴퓨터 교육과 읽기 교육을 제공하고 공휴일 행사들을 진행했는데 이 모든 것들이 주민들의 삶의 질을 향상하는 데 엄청나게 이바지했다. 이 공동체의 고결함과 사명 의식의 힘이 지역 공동체의 소금과 빛이 되었다. 이 수녀들은 그들이 '교회'를 세웠다는 말을 거부하겠지만 지역 주민들은 분명히 수녀들의 아파트를 그들의 교회로 여겼다. 팀과 크리스티처럼 이 수녀들도 그들이 속한 지역 공동체에 무언가를 부과하려 하지 않았다. 그 대신 각 그룹 속에서 그 자신들이 그리스도가 되어, 하나님이 이미 그곳에 계시며 사람들의 삶을 만지고 계신다는 사실을 보여 주었다. 이들은 자신들이 하나님을 세인트루이스나 히스 타운에 모셔 오는 것처럼 여기지 않고 이미 거기 계시는 하나님이 그리스도를 위하여 개인과 문화를 변혁시키시도록 성령이 자신들을 사용하시기를 바라고 있다.

근접 공간

이 두 가지 실제 모델들을 배경으로, 다양한 선교적 교회들에서 볼 수 있는 공통된 특징을 몇 가지 밝혀낼 수 있는데, 다음 네 가지 특징이 특별히 고려할 만하다. 바로 근접 공간(proximity spaces), 공동 프로젝트, 영리사업, 새로이 등장하는 자생적 신앙 공동체다. 근접 공간은 그리스도인과 미(未)그리스도인(not-yet Christian, '비그리스도인'과 구별하기 위해 아직 그리스도인이 되지 않았다는 열린 의미의 원어를 우리말로 표현하고자 만든 용어-편집자)들이 서로 의미 있게 상호 작용할 수 있는 장소나 행사를 말한다.

캔자스주 뉴턴의 작은 중서부 마을(인구 1만 5천 명의)에는 놈스 커피 바(Norm's Coffee Bar)가 있다. 로버트 파머(Robert Palmer)가 다양한 배경의 사람들이 모여서 공동체를 경험할 수 있는 장소로 그 커피 바를 만들었다. 그는 또 스톤 크릭 커뮤니티 교회(Stone Creek Community Church)를 목회하는데, 놈스 커피 바가 위치한 건물에서 교회로 모이지만, 교회가 거기서 모인다는 사실을 모르는 사람은 그에 대해 알 길이 없다. 그 공간에는 교회와 관련된 광고는 찾아볼 수 없다. 말하자면 **기독교화**되지 않은 공간이다. 그곳은 중립 지대다.

파머의 팀은 1980년대 텔레비전 쇼에 나오는 보스턴의 가상 선술집 치얼스(Cheers)에서 묘사된 형태의 공동체를 만들어 내는 공간을 꿈꾸면서, 그 공간을 치얼스의 단골인 놈 피터슨(Norm Peterson)의 이름을 따서 놈스(Norm's)라고 붙였다. 거기에서 놈 피터슨이 시간이 되어 선술집에 올 때마다 거기 있는 사람들은 "하이 놈!" 하고 놈에게 인사했다. 로버트는 "바는 실제로는 교회의 모사품입니다. 모든 이들이 환영받습니다. 모든 이들이 당신의 이름을 압니다. 모두가 용납받습니다. 배경이 무엇인지 어디 출신인지는 문제가 되지 않습니다. 그리고 항상 당신을 판단하지 않고 이야기하며, 당신의 이야기에 귀 기울여 주는 사람이 있습니다. 우리의 이상은 놈스 커피 '바'를 만들어 이런 일이 일어나는지를 보자는 것이었습니다. 그리고 실제로 그렇게 되었습니다. 사람들이 이곳으로 옵니다. 그들은 자신의 이야기를 나눕니다. 나는 이 바 테이블 뒤에 서 있고 사람들은 자신의 마음을 엽니다." 놈스 커피 바는 상공 회의소를 포함하여 그 도시의 많은 단체와 조직체가 활용하는 공공장소가 되었다.

세계를 둘러보면 그리스도인들이 카페나 나이트클럽, 갤러리, 디자인 스튜디오, 축구팀 등을 만들어서 이런 근접성과 상호 교류를 꾀하고 있다. 만일 교회 예배 시간만이 우리가 불신자들과 의미 있게 상호 교류할 수 있는 유일한 장소라면 문제가 있다. 영국의 버밍엄에서는 '원 스몰 바킹 도그'(One Small Barking Dog, 기가 막힌 이름이다!)라는 디자인 스튜디오의 설립자인 피프 파이퍼(Pip Piper)가 동네 카페 '메디신 바'(the Medicine Bar)에서 한 달에 한 번 모임을 꾸린다. 그는 건물 주인에게 이곳을 '영적인 공간'처럼 꾸미도록 허락받았다. 그는 향을 피우거나 이미지를 프로젝트로 비추거나 분위기 있는 종교 음악을 사용하여 '마지'(Maji)라고 부르는 영적인 공간을 구상했다. '메디신 바'의 단골인 예술가들이나 친구들은 그곳의 분위기를 경험하고 신앙과 종교, 영성에 관해 이야기를 나누게 된다. 이곳도 전형적인 근접 공간인 셈이다.

공동 프로젝트

둘째로, 선교적 교회는 기독 공동체와 그 공동체가 속한 지역 공동체 간의 공통되거나 함께할 수 있는 프로젝트의 개발을 가치 있게 여긴다. 근접 공간이 우연하게 이루어지는 상호 교류에 탁월하다면, 공동 프로젝트는 그리스도인이 지역 공동체에서 비신자들과 파트너가 되어 유용하면서도 본질적으로 가치 있는 활동들을 할 수 있게 해 준다. 이런 파트너십을 통해 의미 있는 관계가 형성된다. 교회는 이런 공동 프로젝트를 전체 지역 공동체의 사업으로 제안하는 방식으로 시작할 수 있다. 혹은 기독 공동체가 단순히 기존 사업을 후원할 수도 있다. 중요한 것은 그리스도인과 미그리스도인들이 어깨와 어깨를 맞대고 장기간의 파트너 관계를 누릴 수 있는 프로젝트를 찾는 것이다. 문제는 시간이다. 우리는 의미 있는 우정이 형성될 만한 시간을 가질 수 있는 프로젝트를 찾아야 한다.

앨런 티블스(Allan Tibbels)가 1980년대 중반 볼티모어의 가장 험악한 이웃들이 살고 있는 샌드타운으로 이사 왔을 때 그는 26세의 전신마비 환자였다. 그와 아내 수잔은 전도자이며, 시민 인권 운동가인 존 퍼킨스(John M. Perkins)의 글에 감동받아 그 마을로 이사하여 성육신적 삶을 살기로 했다. 샌드타운에 와서 이들이 알게 된 것은 다름이 아니라 임대료가 지나치게 비싸다는 사실이었는데, 모든 이가 그곳에 살지 않는 임대인에게서 화재 비상구도 없는 건물을 빌려 살고 있었다. 떠돌이, 노숙자 생활, 계속되는 퇴거의 위협 같은 것들이 그곳에서는 일상적 경험이었다. 게다가 동네는 빈집들로 듬성듬성 비어 있었다. 티블스는 비록 사지를 움직일 수 없었지만, 이 토지 위에 이웃들을 위한 거주 공간을 지을 수 있으리라는 신념을 가졌다. 그래서 해비타트에 도움을 요청했다.

주택에 대해 아무것도 몰랐고 심지어 망치질 하나 스스로 할 수 없었지만, 티블스는 1990년에 해비타트 주택 공사를 할 수 있는 충분한 후원금과 지역 자원봉사자들을 모았다. 이 작은 기적에 대한 반응이 볼티모어 전역에서 일어나기 시작했고, 더 많은 주택을 지을 수 있는 기금이 모였다. 마침내 티블스는 당시 임대 가격의 절반인 월세 300불짜리의 또 다른 수백 가구를 짓게 되었다고 발표했다. 샌드타운의 실거주자들과 협력하기로 했기에 티블스는 동네 사람들을 고용했으며 이는 출소자, 약물 중독자, 마약 판매상 출신의 직원이 점점 늘어났음을 의미한다. 또 이는 건물의 효용성이나 탁월함의 측면에서는 무언가를 잃게 된다는 말이었지만, 그곳에서 사랑이 자라기 시작했다. 이 어리석은 모험에 깨어진 남녀들이 신뢰로 함께하게 된 것은 아마도 티블스의 깨어짐에서 영감받았기 때문일 것이다.

결과적으로 20년 넘는 세월 동안 자신의 팔조차 들 수 없었던 한 사람이 286채의 집을 건축했다. 또한 그와 그의 아내 수잔이 이웃과 형성한 관계에서 시작되어 성장한 뉴 송 커뮤니티 교회(the New Song Community Church)의 개척을 앨런이 도울 수 있었다. 2010년 그의 장례식에는 천 명의 인파가 참석했고 마약상 옆에 정치가가 앉아 있는 것을 볼 수 있었다. 「뉴욕타임스」 기사에는 이렇게 적혀 있다. "언젠가 누군가가 티블스를 '샌드타운의 구원자'라고 말하자 그는 이 말을 불편해했다. 하나님은 구원하셨고, 이웃들이 나누었다."11

샌프란시스코에 있는 동안 우리는 떠돌이 예술가이면서 그 지역에 교회를 개척하러 이주해 온 마크 스칸드레테(Mark Scandrette)와 같이 히스패닉 선교 지역을 걸을 기회가 있었다. 그는 (그 나라에서 가장 오래된) 동네 벽화 조합에 들어가 전 도시를 다니면서 벽화를 그렸고, 그야말로 문자 그대로 어느덧 비그리스도인들과 어깨와 어깨를 맞대고 서 있게 되었다. 또한 샌프란시스코의 공공 예술을 만들어 내는 데 일조하게 되었다. 공공 예술 문화가 강력하지 않은 곳에서는 기독 공동체가 그런 협력을 시작할 수 있을 것이다. 선교적 교회는 곧바로 전략의 관점에서 생각하지 않고 사람과 장소의 관점에서 생각한다. U2의 보노가 말했듯이 "만일 예수님이 이 땅에 오신다면 여러분은 그분을 샌프란시스코의 게이 바에서 보게 될 것이다. 그분은 에이즈로 고통받는 사람들과 함께 일하신다. 이 사람들은 신종 문둥병자들이다. 만일 여러분이 예수님을 찾는다면 그분은 언제나 문둥병자들과 함께 계실 것이다."

영리사업

셋째로, 영리사업이 중요하다. 적극적이고 눈에 보이는 변화는 지역 주민들에게 많은 것을 이야기해 준다. 만약 우리가 특정 장소에 교회를 개척하려 한다면, 어느 누구도 우리가 그들에게 호의를 베푼다고 여기지는 않을 것이다. 그러나 만일 우리가 카페나 인터넷 세탁소나 탁아소를 시작하면 그 동네에 진짜 유익을 가져다준다고 여길 것이다. 우리는 보냄받은 곳에 있는 사람들을 섬긴다.

영국 셰필드에서 제인 그린노노(Jane Grinnoneau)라는 한 여성은 '퍼니발'(Furnival)이라는 공동체 기반 사업체를 같은 이름의 버려진 영국식 술집에 세웠다. 그녀의 이야기는 하나님의 섭리와 순수한 노력의 완벽한 조화를 보여 준다. 제인이 어느 날 악명 높은 번그리브(Burngreave) 공공 주택 단지에서 길을 잃고 헤매다가 술집 퍼니발에 이르렀을 때 그곳은 파괴되고 버려진 상태에 있었다. 그녀가 어떻게 그 건물을 얻게 되었고 이를 통해 지역 공동체의 필요를 완벽하게 채울 수 있었는지는, 하나님의 기적적인 은혜의 이야기다. 현재 퍼니발은 실습용 주방과 카페를 갖춘 지역 젊은이들의 기술 센터가 되어 있다. 세탁실과 건강 상담 센터를 만들 계획도 있다. 번그리브는 너무나 사악한 곳이어서 제인이 거기 오기 수년 전에 감리교회마저 철수하고 공식적인 기독교 전도가 끝난 곳이다. 누가 그 주택 단지에서 전통적 교회를 개척한다고 말하면 그 동네에서는 의아하게 여길 것이고, 교파 교회들은 자원 낭비라고 문제를 제기할 것이다. 그렇지만 퍼니발은 그 속한 지역을 섬기며 전통적인 교회가 결코 보지 못한 식으로 하나님 나라가 확장되는 것을 보게 되는 그리스도인 공동체다.

교단 차원에서도 지역 공동체 안에 세워지는 서비스 산업의 성육신적 가치를 보기 시작하고 있다. 로버트 파머가 발견한 것처럼 제대로 된 지역 사업은 교회에 기반을 둔 프로그램에 흥미를 느끼지 못하는 사람들과 의미 있고 친밀한 관계를 맺게 해 준다.

새로이 등장하는 자생적 신앙 공동체

넷째로, 토착적인 신앙 공동체가 하부 문화와의 이런 모든 상호 작용으로부터 생겨나야만 한다. 그리스도인 사업가가 신발 가게를 운영하면서 고객들에게 그리스도가 되기 위해 애쓰는 일은 정말 고귀하고 경건한 활동이지만, 그리스도인 신앙 공동체가 또 다른 편에서 균형을 잡지 않으면 무언가 빠진 것이다. 그리스도인 실업가가 동료나 고객들 혹은 내방객들과 신앙의 주제를 가지고 이야기를 나눌 수 있겠지만 최선의 복음 해석은 말씀을 따라 살아가는 그리스도인 공동체의 몫이다. 로버트 팔머나 마거릿 왈쉬나 앨런 티블스나 제인 그린노 혹은 피프 파이퍼는 근접 공간과 영리사업을 선교적 도구로 발전시켰다. 이들의 소망은 하나님 나라가 임하는 것이며 그리스도의 능력으로 삶이 변화되는 것이다. 어떤 이들은 그 성육신적 활동으로부터 이미 신앙 공동체를 발전시켰고 어떤 이들은 아직 초기 단계에 있다.

선교적 교회를 비판하는 어떤 이들은 이렇게 말한다. "성경은 언제 배운답니까? 교리는 어떻게 배우나요?" 우리는 이것이 정당한 질문이라고 인정한다. 그렇지만 그리스도인 신앙 공동체가 적극적으로 선교에 개입할 때 그런 배움이 훨씬 더 효과적으로 일어난다고 믿는다. 오늘날 성경 교육은 많은 경우 어떠한 모험적인 선교적 활동에도 참여하지 않는 수동적인 그리스도인 그룹들 속에서 일어나고 있다. 선교적 교회는 그 구성원들을 지역 공동체로 동원하여 보낸다. 예수님의 첫

세자들이 발견했듯이 배움이란 자신이 처한 상황 속에서 정보의 필요성이 제기될 때 일어나는 것이다. 이 말은 공식적인 교육 시간이 없어야 한다는 것이 아니다. 다만 이런 공식적인 시간에 교회 자신의 선교적 경험과 연관된 가르침이 주어져야 한다는 말이다.

새로이 등장하는 선교적 교회는, 자유주의 교회들이 보통 주장하는 지역 개발에 대한 관심과 복음주의 운동이 보통 주장하는 개인적이고 공동체적인 변화의 욕구를 함께 엮는다는 사실에 주목하는 일이 중요하다. 신학, 교리, 교회 안의 이데올로기 간에 존재하는 구시대의 구분 선을 흐려 놓는 이 작업으로, 훨씬 더 통합된 선교가 일어날 수 있는 길이 열리게 될 것이다. "그것은 우리는 복음주의자처럼 준비하고 오순절주의자처럼 설교하며 신비주의자처럼 기도하고 사막 교부처럼 영적 훈련을 행하며 가톨릭처럼 예술을 사용하며 자유주의자처럼 사회 정의를 실천하고 싶다고 말하는 것과 같다."

실제로 우리는 수많은 선교적 교회 지도자들과 사상가들이 대개는 서로 반대되는 것으로 여기는 생각들 간에 균형을 잡으려는 데 관심이 있음을 발견했다. 이것을 양자를 다 택하는(both/and) 사고라 하는데, 이는 새로이 등장하는 포스트모던 문화의 특징이다. 선교적 교회의 사고방식은 **상황**을 중시하는 자유주의와 우리의 **이야기**를 제대로 다루어야 한다고 주장하는 하우어워스(Hauerwas)나 브루그만(Brueggeman) 같은 후기 자유주의자들(Post-liberals) 사이의 대화를 허용한다. 선교적 교회는 상황을 진지하게 여기면서도 성경의 이야기에 깃든 풍부함과 그 이야기가 오늘날의 세계를 향해 지닌 가능성을 회복하고자 애쓴다. 이야기와 상황을 같이 품을 때 우리는 선교적으로 생각하고 행동하기 시작할 수 있을 것이다.

샌프란시스코에서 '리이매진'(ReImagine)이라 부르는 한 그룹이 이런 대화가 실제적으로 어떻게 수행될 수 있을지 탐구하기 위해 모였다. '리이매진'은 서로 다른 색을 칠한 영역에 관해 이야기한다. 노란색 영역은 신앙의 개인적이며 내적인 세계에 대해서만 관심을 가지는 기독교 영성을 말한다. 이것은 개인 경건의 시간이나 성경 공부, 교회 출석, 개인적인 도덕적·윤리적 행동에 초점을 맞추는 전통적인 개인화된 신앙 형태를 말한다. 파란색 영역은 상황을 진지하게 고려하며 사회 참여나 정의 추구, 행동주의, 공적인 도덕적·윤리적 행위와 같은 행동들로 특징지어지는, 전적으로 다른 초점을 가진 기독교 영성의 형태를 말한다. 그림에서 볼 수 있듯이 우리가 성경적인 선교적 행위와 영성에 근접하려면 오직 이 둘 사이의 대화를 통해서만 가능하다고 '리이매진'은 말한다.

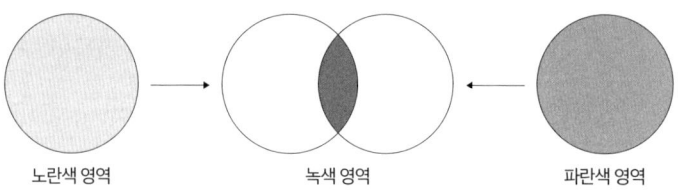

노란색 영역   녹색 영역   파란색 영역

노랑과 파랑이 합해지면 녹색이 되는데, 이것은 선교적 영역에 대해 생각하는 좋은 방식이다. 선교적 영역은 **녹색 영역**이다. 선교적 그리스도인들을 **녹색의 사람들**이라 불러도 좋을 것이다. 녹색 영역에서는 이야기와 상황이, 개인과 공동체가, 내부 세계와 외부 세계가, 종교적인 사람들과 비종교적인 사람들이 진정한 만남을 찾을 수 있다. '리이매진'에서는 녹색의 사람들이나 녹색 공간이라는 말을 흔하게 쓴다.

올바로 이해하기

로스엔젤레스의 조용한 교외 도시 포모나에는 주택마다 앞뜰의 잔디가 잘 깎여 있고 가장자리도 잘 다듬어져 있다. 고요한 저녁, 거리의 불빛은 따스한 호박빛으로 비치고 있다. 거리의 게시물에는 '포모나시는 이웃끼리 서로 방범하는 곳'(a neighborhood-watch zone)이라는 표시가 있고 "어떤 의심스런 사람이나 행동이라도 경찰서에 신고할 것입니다"라고 적혀 있다. 그러나 포모나 시내 2번가에는 무언가 다른 것이 있다! 몇 년 전 2번가는 예술의 거리로 바뀌었고(거리에 달린 표지판이 그걸 말해 준다) 이제는 많은 댄스장과 나이트클럽과 예술 작업실과 히피 옷가게들이 있다. 시내에는 예술 대학이 있고 거리는 보헤미안, 펑크족, 힙합족, 태거(벽에 그래피티를 그리는 사람들), 행위 예술가들로 들끓고 있다. 창문마다 붙어 있는 포스터에는 연극 수업부터 스테인드글라스 제작, 시 낭송, 모자이크 책상 만들기 같은 각종 활동의 광고가 있다. 우리가 포모나시를 방문했을 때 그곳에는 '초보 마법사 과정' 워크샵이 있었고 그날 밤에는 '예술과 여성'이라는 패널 토의가 열렸다. 블루스, 힙합, 록, 하우스, 펑크, 로커 빌리, 라틴 같은 다양한 음악 스타일을 만날 수 있었다.

예술과 음악, 뉴에이지, 상업주의가 흥청대는 분위기의 정중앙인 2번가 181호에서 밀레니아(Millenia) 조합을 찾을 수 있다. 이제 더는 존재하지 않지만, 우리는 그 동네에서의 조합의 응집력이 신앙 공동체의 몇 가지 놀라운 요소들을 통해 동네 전체를 섬기게 되었음을 발견했다. 이는 급진적 선교사들인 존 젠슨(John Jensen)과 고인이 된 브라이언 올만(Brian Ollman)의 발상의 소산이었으며, 근접 공간과 공동 프로젝트, 영리사업과 자생적 신앙 공동체를 아우르는 선교적 실험이었다. 그 사명 선언문에는 이렇게 되어 있다. "밀레니아 조합은 문화적 갱신과 개인적 변화를 예술과 공동체와 영성과 사업과 공공 봉사를 통합함으로써 발전시킨다. 밀레니아 조합은 포모나 시 예술 거리에 있는 몇 동의 연결된 건물들로 이루어진다. 각각의 밀레니아 조합 건물은 창조적인 표현과 고용 기회를 제공하며 예수님을 중심으로 치유하는 공동체로 연결되는 기회를 제공한다."

밀레니아 조합 건물들은 위에서 언급한 네 가지 특징 중 하나 이상을 실현하도록 설계되어 있었다.

밀레니아 아트 라운지 이 라운지는 밀레니아 조합에서 문자 그대로 가게 전면에 배치된 프로젝트였다. 2번가를 바로 면한 상점 1층은 주중의 밤 행사나 라이브 밴드, 힙합 음악, 하우스 음악 행사를 여는 공연장이나 춤추는 장소로 바뀌었다. 모든 정기 행사는 무료 혹은 싼값에 참여할 수 있었고, 다양한 그룹의 젊은이들이 머물러 공동체를 형성할 수 있는, 술과 마약이 없는 공간을 제공했다. 또한 밀레니아 라운지는 노숙인들을 포함한 지역 예술가들이 그들의 작품을 공개하고 표현할 수 있도록 비정기적인 전시회를 주관하기도 했다(특징: 공동 프로젝트의 요소가 더해진 근접 공간).

밀레니아 아트 스튜디오 이 공간은 초보자와 숙련된 예술가들이 함께 공동체적 환경에서 창작 활동을 하는 공간을 제공했다. 무료로 스튜디오 공간이 주어지고 예술 워크샵이나 직업 훈련 과정도 제공되었다. 스튜디오를 사용하는 예술가들은 그리스도인이든지 아직 그리스도인이 아니든지 간에 가끔 작품을 들고 벽화를 그리러 거리로 나가거나 예술적인 설치를 통해 도시 미관을 아름답게 했다. 라운지에 전시되는 많은 작품이 이 스튜디오에서 나왔다(특징: 공동 프로젝트와 근접 공간).

밀레니아 디자인 그룹 전시관 위, 제일 꼭대기에 있는 탁 트인 사무실에 만들어진 이 연구실은 포모나 시와 기타 지역의 다양한 사업체로부터 고객을 유치하기 위해 창의적인 그래픽 디자인을 전문적으로 하는 곳이었다. 명함, 웹사이트, 인쇄된 봉투, 기타 업무에 필요한 것들을 만들어 냈다(특징: 영리사업).

이너월드 Innerworld 밀레니아의 일렉트릭 댄스 문화 집단은 매주 하우스 음악 행사를 라운지에서 주관한다. 또 쓰레기 줍기나 노숙자 봉사 등의 프로젝트를 통해 지역에 적극적인 영향을 미친다(특징: 공동 프로젝트).

밀레니아 주짓수 전시관 아래 지하의 전면에서는 매주 주짓수 수업이 열려 공동체 관계를 증진하고 체력 단련을 도왔다(특징: 영리사업과 근접 공간).

익투스 Ichthus 밀레니아 조합의 핵심부에는 익투스라 불리는 자생적 신앙 공동체가 있다. 원래 브라이언 올만의 집에서 모이던 한 소그룹이 세 개의 셀교회로 자랐고 계속해서 싹을 틔우고 있다. 교회의 멤버들은 밀레니아 프로젝트를 맡았고 리더십 네트워크(선출직이 아니라 그냥 인정되는)는 선교의 미래 방향을 고민하기 위해 정기적으로 만났다. 우리가 만난 익투스의 멤버들은 자신들의 참여를 선교사의 사역과 같은 것으로 생각했다. 익투스에 와서 그리스도께 헌신한 사람들은 처음에 라운지, 주짓수, 스튜디오를 통해서 접촉하기 시작했다. 사실 그리스도께 나온 사람들 중 일부는 서구의 젊은이들이 그런 것처럼 그동안 교회와 매우 멀리 떨어져 있던 사람들이다.

포모나 시 밀레니아 조합의 시도를 **유일한** 방법으로 소개하거나 선교적 교회의 유일한 모습으로 제시하는 것은 아니다. 그것은 선교적 교회가 취하는 형태 중 **하나**이며 우리가 영향을 미쳐야 할 하부 문화나 그룹의 사람들이나 이웃들만큼이나 수많은 형태들이 가능할 것이다. 그리고 우리는 브라이언과 그의 팀이 밀레니아 조합과 같이 효과적인 일을 해내며 보여 준 용기와 끈질김과 창의성에 찬사를 보낸다. 밀레니아 조합은 진정한 녹색 공간이었다.

성육신적이고 메시아적이며 사도적인

우리가 제안하는 것은 크리스텐덤 형태의 교회가 행해 온 세 가지 실수를 뒤집는 것이다. 선교적 교회는 본질상 기존의 전통적 모델의 반대쪽 짝이 될 것이다. 무엇보다 선교적 교회는 끌어오려 하기보다 성육신적이 될 것이다. 자신의 편안한 종교적 영역을 떠나서, 교회에 가지 않는 사람들과 직접적으로 접촉하여 문화 속으로 빛처럼 소금처럼 스며드는 것이다. 그것은 침투하는 변혁적 공동체가 될 것이다. 두 번째로 선교적 교회는 이원론적이 아니라 메시아적 영성을 받아들일 것이다. 이것은 메시아가 하셨던 것처럼 문화와 세상에 참여하는 영성이다. 그리고 세 번째로 선교적 교회는 전통적이고 위계적인 리더십 모델이 아니라 사도적 리더십 형태를 발전시킬 것이다.

이제 이 책의 다음 세 부분에서 이렇게 선교적 교회가 되기 위한 세 가지 모습에 대해 탐구하려 한다. 사실 우리는 모습(mode)이라는 말을 모델이라는 말보다 선호한다. 우리는 새로운 모델을 권할 의향이 없다. 교회는 이미 교회 성장 이론가들이 제시하는 최신 모델들에 신물이 나 있다. 지금 우리가 말했듯이 선교적 교회는 다양성에 가치를 두게 될 것이며 교회가 섬기라고 부름받았다고 생각하는 하부 문화가 어디인지에 따라 분명 그 모습이 달리 보이게 될 것이다.

# 2부

성육신적 교회론

3장 성육신적 접근

> 이반 일리히가 한 번은, 사회를 바꿀 수 있는
> 가장 혁명적인 방법이 무엇인지 질문을 받았다.
> 폭력적인 혁명입니까? 아니면 점진적 개혁입니까?
> 그는 사려 깊게 대답했다.
> 어느 것도 아닙니다. 만약 사회를 바꾸기를 원한다면
> 대안적인 이야기를 말해야 합니다.
> ― 팀 코스텔로

교회를 새롭게 하기

최근 우리는 교회를 다시 새롭게 하겠다는 내용의 책 표지를 보았는데, 그 표지 그림은 우리가 크리스텐덤 이후 교회의 문제라고 생각하는 바로 그 모습이었다. 높은 첨탑과 긴 스테인드글라스 창, 하얀 울타리를 두른 전형적인 교회 건물 뒤에 흰 와이셔츠를 입고 넥타이를 맨 거인(우리는 그가 목사를 의미한다고 확신했다)이 앞으로 기대서서 손에는 거대한 렌치를 들고 있었다. 그는 첨탑 앞쪽의 커다란 볼트를 조이고 있었다. 교회를 새롭게 한다고 말할 때 많은 사람들은 볼트를 조이고 틈새에 기름을 칠하고 새로 페인트칠을 하는 것처럼 단순한 일을 생각한다. 그러나 우리는 지금 교회가 되고 교회를 하는 것에 대한 사고방

식에 기념비적인 변화를 제안하고 있다.

    현재 진행되고 있는 모든 형태의 땜질 처방으로는 문제를 해결할 수 없다. 교회 의자를 더 편안한 것으로 바꾸거나 찬송가 대신 CCM을 부르는 것 같은 작은 수리로는 서구 교회 운명의 근본적인 쇠락을 막지는 못할 것이다. 교회를 차라 생각한다면 단순히 서비스 센터에 맡기는 것만으로는 안 된다. 완전히 새로운 모델이 필요한 것이다. 아니면 구식 DVD 플레이어를 생각해 보자. 만일 여러분이 새로 나온 블루레이 디스크를 갖게 된다면 그것을 DVD 플레이어에서 작동시킬 수는 없다. 완전히 다른 기계가 필요한 것이다. 지난 장에서 말했듯이 이 새로운 모습은 성육신적이며 메시아적이며 사도적이어야 한다고 우리는 믿는다. 이제 우리는 선교적 교회의 이 주된 측면들 중 첫 번째 항목에 관심을 돌리려 한다.

성육신적이 된다는 것

우리에게 성육신 교리는 절대적으로 근본적인 교리다. 단순히 그리스도인의 고백에서 축소할 수 없는 부분이라서가 아니라 그것이 세상 속에서 우리의 선교적 과업 전체를 보게 되는 신학적인 프리즘이기 때문이다. 그래서 우리가 성육신적 선교라는 말을 통해 의도하는 바는, 실제적인 의미로 하나님이 예수 그리스도의 인격 속에서 우리가 사는 세상과 우리 인간의 조건 속으로 들어오신 그 특별한 행위로부터 영감과 동기를 얻고자 하는 것이다.

    그러므로 우리가 살고 있는 세상에 참여하는 일과 관련된 성육신의 심오한 의미를 끌어내기 전에, 이 특별한 사건에 관한 묵상이 먼저 필요하다. 대문자 I로 시작되는 성육신(Incarnation)은 하나님과 인간 사이의 화목과 그에 따르는 연합을 위해 하나님이 우리 세계와 삶과 실재의 심층부로 들어오시려고 스스로 취하신 숭고한 사랑과 겸손의 행위를 뜻한다. 하나님의 이런 '육신이 되심'(enfleshing)은 매우 근본적이고 총체적이어서 이후 세상에서 행하신 모든 하나님의 행위가 발원하는 기초가 된다. 하나님께 가는 어정쩡한 중간 지점은 길을 잃은 인류에게 아무 의미가 없기에, 하나님은 중간쯤이 아니라 확실하게 인간에게 내려오신 것이다.

이 사건이 참된 기독교 신앙을 품는 데 기본적이라 말하는 것은 분명히 일종의 억제된 표현이다. 이 사건 없이는 예수님의 사역이 지니는 구속의 효력이 떨어지게 된다. 정통 기독교 신앙은, 구속은 그리스도의 신성과 인성에 직접적으로 연계된다고 명확히 강조한다. 우리를 죄에서 끌어올리기 위해서는 예수님이 하나님이셔야 했다. 하지만 그런 구속이 일어나기 위한 조건을 만들기 위해서 그분은 온전히 인간이셔야 했다. 하나님이 인류의 구원을 위해 필요한 그분의 요구 사항을 충족시키려면 그것은 인간의 조건과 경험 **내부에서** 가능했다. 그러므로 우리는 반드시 하나님은 사랑이시라는 것과, 이 사랑이 우리를 기필코 추적하여 우리 죄와 잃어버린 바 된 그 심연으로부터 우리를 다시 취하셨다는 것을 고백해야 한다. 그러므로 인간의 죄의 행로가 하나님의 사랑의 역사를 결정한다.

성육신이라는 개념에는 설명하기 힘든 거룩한 신비와 역설이 있음을 인정하면서, 우리는 이 책의 맥락에서 고려해야 할 몇 가지 신학적 의미들을 강조하고자 한다.

동일시 identification   성육신은 전체 인류와의 심오한 동일시의 행동을 포함한다. 매체가 곧 메시지다. 하나님이 예수님 안에서 취하신 인간의 모습은 시골 마을 거지 소녀의 사랑을 얻기 위해 거지 옷을 입은 왕과 같이 왕의 신분을 숨기기 위해 걸쳐 입은 겉옷과 같은 것이 아니다. 오히려 그것은 그분의 진짜 형태요 진짜 모습이다. 말로 다할 수 없는 겸손 가운데 하나님은 실제로 인간의 모든 조건, 심지어 그 한계와 갈등과 의심까지 취하셨다(빌 2:6-8; 히 5:7-8). 나아가 예수님 안에서 하나님의 사랑은 위대하고 강한 자들만이 아니라 구석에서 잠잠히 고통받고 있는 가장 작고 비천한 사람들까지 끌어안아 하나님의 특별한 광대하심을 보여 준다. 하나님은 아무리 미천한 것도 지나치지 않으신다. 하나님은 인간이 되시기까지 하셨다. 그분은 우리를 사랑하시고 인간이 된다는 것이 무엇인지를 조건 없이 경험하기까지 하셨다. 그러므로 우리가 그 사랑을 믿을 수 있고 그분이 우리를 절대적으로 **위하신다**는 것을 확신할 수 있다.

지역성 locality   "일을 실제적으로 하려면 지역에 맞게 하라"는 말이 있다. 이것이 바로 하나님이 예수 그리스도 안에서 하신 일이다. 신적 사랑이 공간에 거하시고 이름을 취하셨다. 우리 가운데 하나님의 오심은 그저 순간적인 신의 현현이 아니라 실제로 우리 가운데 '거주'하시는 것이었다(요 1:14). 그런 거주의 관점에서 장소 혹은 지리 그 자체가 거룩한 의미를 취하게 된다. 그분은 **나사렛** 예수로 알려지게 된 것이다. 고대 이스라엘의 가난한 마을이었던 나사렛 그 자체가 과연 예수님을 형성했고 또 그분을 통해 세계를 형성하는 역할을 했는지 깊이 생각해 보는 것은 흥미로운 일이다. 예수님 인성의 의미를 신학적으로 바르게 알려면, 그분이 하나님이시기 때문만이 아니라 그분이 자신의 사회적 상황에 실제로 참여하심으로써 형성되었기 때문에 그런 모습으로 존재하셨다는 것을 인정해야 한다. 예수님이 정확히 바로 그 예수님이었던 것은 마리아와 요셉과 열두 제자들과 사역의 대상이었던 가난한 자들과 인간의 삶에 공통된 다양한 방식으로 교류했던 또 다른 모든 사람들 때문이다. 예수님은 우리가 관계로 인해 변화를 겪듯이 (좋은 쪽으로든 나쁜 쪽으로든) 그와 똑같은 방식으로 관계를 맺은 사람들로 인해 어느 정도 변화를 경험하셨다. 진정한 인간이 되기 위해 예수님은 그런 관계적 만남을 가지셔야 했고 인격을 계속 유지하기 위해 (지금도 여전히 그렇지만) 그 관계들을 계속 지켜 가셔야 했다. 이것이 사실이 아니라면 예수님의 인성이란 가짜이며 공상의 이야기다. 더불어 예수 안에 육체로 거한 하나님의 생명은 그분의 마음속에만 비밀스럽게 갇혀 있지 않았다. 오히려 그 생명은 예수님이 중심이 되고 그의 동료들에게 연결되어 확장되는 **인격적 존재의** 복합체가 되었다. 앞으로 보게 되겠지만 이 점이야말로 우리가 세상과 우리를 둘러싼 사람들과 관계 맺는 방식에 대해 커다란 암시를 준다.

함께 거하시는 초월자 the Beyond-in-the-midst, 고후 5:19 성육신의 중심에는 역설이 있다. 영원하고 초월하시는 하나님이 우리 가운데 계셨고 지금도 계신다. 예수님 안에서 하나님은 그토록 사랑하는 인류와의 직접적이고 인격적인 만남 속으로 들어오셨다. 하나님은 더 이상 우리 '위에' 계셨거나 계신 분이 아니다. 그분은 우리 중 하나가 되셨다. 예수님 안의 하나님 임재가 이제부터 세상을 향한 하나님의 선교를 규정짓게 될 것이다. 하나님을 찾는 자들은 인간이신 예수님 안에서 그분을 발견하게 될 것이다. 성육신은 하늘의 사건인 동시에 땅의 사건이다. 하나님은 우리 각 사람을 개인적으로 만나신다. 이제부터 누구든지, 언제, 어디에 살든지 모든 사람들은 하나님과 개인적이고 인격적인 관계를 누릴 수 있게 되었다.

인간의 형상을 지닌 하나님 the Human image of God, 골 1:15 신약의 관점에서 놀랄 만한 진리는, 예수님이 하나님과 같다는 것이 아니라 하나님이 그리스도와 같다(하나님은 실제로 그리스도와 같으며 그분 안에 그리스도와 같지 않은 것은 전혀 없다)는 점이다. 신약 계시의 견지에서 하나님이 누구이신지 또 누구와 같은 분인지 알기를 원한다면 바로 예수의 인격을 주목해야 한다(요 1:18; 14:9). 이제부터 하나님에 대한 올바른 시각은 나사렛 예수라 불린 사람이라는 매우 특별한 렌즈를 통할 때만 가능한 것이다. 좀 더 기술적으로 말하자면 모든 신학은 이제 기독론을 통해서만 이해되어야 한다. 이러한 측면에서 신약 계시의 핵심은, 하나님이 우리가 그분을 닮을 수 있는 기초를 예수님 안에 두셨다는 것이다. 이것 역시 교회의 삶과 선교에 엄청난 의미를 가져다줄 것이다.

위의 요점들은 '**육신이 되신 하나님**'의 신학적 의미 중 몇 가지 윤곽을 우리가 인지할 수 있는 대로 그리려는 부족한 시도일 뿐이다. 그리고 이렇게 시도한 이유는, 하나님의 세상 속에서 행하는 우리의 선교를 성육신이 특징짓는 방식, 즉 하나님의 성육신의 열매인 우리가 **성육신적**으로 존재하고 성육신적으로 변화하는 방식을 추적하기 위해서다. 우리가 **성육신적**이라는 단어를 사용할 때는(이 책에서 계속 사용하겠지만) 이 주제들을 염두에 두고 쓰는 것이다. 우리는 이 성육신이 우리가 어떤 상황에서든 행하는 선교의 방식을 규정하고 변화시켜야 한다고 믿는다.

첫째, 성육신은 어떤 그룹의 사람들에게 의미와 역사 감각을 제공하는 고유한 문화적 틀을 해치지 않고 복음이 진짜로 그들의 것이 될 수 있게 하는 선교적 수단을 제공해 준다. "새로운 세기에는 기독교 신앙 역시 새롭고 다른 방식으로 인식되고 경험되어야 한다고 해서 불편하게 여기지 말아야 한다. 기독교 신앙은 원래 성육신적인 것이다"라고 한 데이비드 보쉬(David Bosch)의 말은 옳다.[1] 그러므로 교회가 성육신적 선교의 요구에 적극적으로 반대하지 않는 한, 항상 자신이 처한 상황 속으로 깊숙이 들어가야 한다. 예를 들어 아프리카 한가운데 서구식 예배 형식과 상징 체계와 세계관으로 가득 찬, 정통 교단 교회를 개척하는 것이야말로 선교의 성육신적 원리를 왜곡하는 일이다. 이것은 최근 매우 소수집단화된(tribalized) 서구 문화의 경우를 포함하여 모든 선교적 상황에 마찬가지로 적용된다. 성육신적 기준이 모든 다양한 상황에 처한 교회들에게 문화적 표현의 지침이 되어야 한다.

둘째로, 성육신적 선교는 어떤 그룹에 다가가고자 할 때 복음의 진리 자체를 타협하지 않고 가능한 모든 방식으로 그들과 동일시(identify)해야 함을 의미한다. 이 동일시에 함축된 힘은 〈신과 인간〉(Of Gods and Men), 〈미션〉(The Mission), 〈꿈꾸는 도시〉(The City of Hope), 〈로메로〉(Romero) 같은 종교적인 영화들에 강렬하게 묘사되어 있다. 동일시의 행동에는 위대한 '마술'이 있기 때문에 이는 신화에서나 일반 순수 문학에서도 중요한 주제다. 복음을 위하여 한 그룹의 일부가 되어 가는 행동에는 신비로운 힘이 있다. 왜 그런가? 거기에는 인격적으로 되사는 행위(buy-in), 참여, 투자, 진정한 공감이 있기 때문이다. 그리고 이는 모든 상황에서 선교를 위한 강력한 도구다. 예를 들어 멜버른의 우노(UNOH, Urban Neighbours of Hope)나 샌프란시스코의 이너체인지(InnerCHANGE)의 사역자들에게는 가난한 이들과의 동일시가 그들의 선교 사명에 절대적인 기본 원칙이다. 이 두 기관의 사역자들은 모두 자발적으로 가난의 경계선 아래에서 살며 "당신은 돈을 받으니 우리에게 친절하지요"라는 말을 듣지 않도록, 조직에서 사역비를 받지 않는다. 그들은 가난이 힘들고 밑천 없는 사람들에게 가하는 모든 어려움과 문제들을 함께 나누며 그들과 더불어 살기로 작정했다. 이런 성육신적 행동은 선교사에 대한 신뢰를 낳을 뿐 아니라 신앙을 인간적으로 의미 있게 나눌 수 있는 관계적·사회적 환경을 만든다. 사실상 이들은 자신이 다가가고자 하는 그룹의 실제적인 일부가 되었고 복음을 전하는 일에 매우 중요한 문화적 장애물을 극복한 것이다. 성육신적으로 사람들과 동화한다는 것은 그들의 문화적 삶 속으로 들어간다는 것이다. 그들의 관점, 그들의 슬픔과 그 이유, 그들의 현실의 삶을 이해하고자 애써야 하며, 이는 하나님이 예수님 안에서 우리와 동일시하신 행위를 진정으로 반영하는 것이 되어야 한다.

그러나 성육신적 동일시가 가난한 사람들 가운데서 일하는 것으로만 국한되어서는 안 된다. 어떤 상황에서든 모든 형태의 진정한 선교에는 다 적용되어야 한다. 이것이 '유용'해서만이 아니라 그리스도의 성육신에서 고유한 부분인 동일시라는 주요한 행동을 반영하는 것이기 때문이다. 서구에서의 선교 과업 가운데 우리가 부딪히는 여러 형태의 하부 문화들을 변혁하는 일에서 성육신적 동일시가 지닌 고유한 복음의 능력 때문이다.

선교의 사명을 성육신적으로 수행하지 못할 때 가장 큰 위험은 문화적 제국주의다. 이런 형태의 제국주의는 그 자체로 죄악인데, 많은 나라에서 서구 선교사들이 섣불리 그들의 문화로 표현된 복음을 심고 이를 강요하는 사례에서 쉽게 찾아볼 수 있다. 결국 회심은 일어나지만 장기적으로는 순수하게 지역적이고 토착적인 문화가 상실되는 결과를 낳게 된다. 그러한 그룹에 속한 그리스도인들은 자신의 인종 그룹 속에 서 구체화된 기독교 신앙을 표현하는 것이 아니라 서구인이 되고 **싶어 하는** 것처럼 보인다. 그래서 '교회'는 사람들에게서 고립되고 이질적인 존재가 되어 버린다. 이처럼 서로 공유된 문화의 상실로 인해서 안타깝게도 의미와 연대마저 무너진다. 최악의 결과는, 관계의 연결점이 끊어져 서로가 공유하는 의미 체계인 문화와 분리해서는 이해될 수 없는 복음이 결국 본래의 그룹 내에서는 유기적이고 의미 있는 요소가 되지 못한다는 것이다.

그러므로 단기적 성공이 결국 장기적으로는 비효율적인 실패가 되고, 성육신적이지 않은(탈육신적?) 모든 선교는 결국 그 뜻한 바를 이루지 못한다. 아마도 수많은 선교사들의 노력이 실패로 끝나는 이유가 여기에 있을 것이며, 결국 많은 선교사들과 교회는 그들이 섬기고자 하는 그룹과 성육신적으로 함께하기보다는 오히려 멀리 떨어져 있게 된다. 이제 비서구권의 상황과 관련하여 분명해진 사실이 끔찍하게도 우리 자신의 상황과 관련해서도 명백해지고 있다. 예수 그리스도의 사랑을 가지고 나아갈 때 우리는 너무나 쉽게 사람들에게 어떤 문화적 형태를 강요한다. 우리는 너무나 자주 복음을 부드러운 중산층적인 삶과 같은 것으로 만들어서 수많은 사람들로 하여금 그리스도를 만나지 못하도록 한다. 공적인 여론 조사들을 보면, "예수는 좋아! 그렇지만 교회는 아니야!" 하는 태도가 얼마나 자주 드러나고 있는가!

셋째로 성육신적 선교는 한 그룹의 사람들 가운데서 **현실적이고 영속적으로** 성육신적 동참을 실천하는 것이다. 아주 단순히 말해서, 만일 지역 **갱단**의 일원에게 나아가려면 그들이 사는 곳에 살고 그들이 출입하는 곳에 출입해야 한다는 것이다. 혹은 교외의 어떤 곳에 교회를 개척하고자 한다면 진짜로 거기에 살 생각을 해야 한다는 것이다. 왜 그래야 하는가? 거기에 살지 않고 그 문화적 리듬, 그들의 삶, 그 지역성을 경험하지 않으면 그 지역 공동체의 유기적인 삶의 일부가 될 수 없기 때문이다. 성육신적 동참의 개념은 앞에서 예수님의 성육신에 관해 고찰하면서 개략적으로 말한 지역성 개념과 일치한다. 예수님은 이웃 속으로 들어가서서 외부인이 아닌 **내부자로서** 그들의 삶과 리듬과 그 사람들을 경험하셨다. 예수님이 실제로 사역을 시작하시기 전 30년 동안이나 이런 함께함을 훈련하셨다는 것은 신선한 깨달음을 준다. 나사렛은 실로 그분의 삶 일부가 되었고 설명하기 힘든 수많은 방식으로 예수님을 규정하는 곳이 되었다. 예수님이 이 정도라면 우리 역시 관계를 맺으려는 그룹과 사람들 속으로 들어가 동일시하는 선교적 훈련이 필요하다. 그들이 동네 불량배들이건 보헤미안 예술 집단의 일원이건 스포츠 클럽이나 동호회나 학부모 그룹의 사람이건 간에, 그들에게 예수님을 정말 의미 있는 방식으로 나누기를 기대한다면 먼저 전적으로 그들과 동일시될 필요가 있다.

넷째로, 상황과 관련한 선교적 자세의 측면에서 성육신적 선교는 데려오기보다 **보내는** 추진력을 의미한다. 그러므로 신약의 선교적 추진력은 구심적이 아니라 원심적이다.[2] 하나님은 선교사시다. 그분은 아들을 세상으로, 우리의 삶으로, 인간의 역사 속으로 보내셨다. 그러므로 성육신은 제자들이 살게 될 다양한 상황 속에서 철저하게 구체화

될 수 있도록 하기 위한 모종의 보냄을 내포한다. 우리는 모두가 타문화 선교에 부름받은 것은 아니지만 모두가 신앙을 어떤 형태로든 성육신적으로 표현하는 데 부름받았음을 안다. 우리는 모든 상황에서 똑같이 보고 똑같이 말해서는 안 된다! 우리는 숨막힐 것 같은 단일 문화에 속하도록 지음받지 않았다. 왜 그런가? 하나님이 우리 이웃으로 오시면서 의미 있는 방식으로 다가오신 바로 그 행동이 언제나 선교의 절대적인 조건이기 때문이다. 다음 단락에서 크리스텐덤 교회의 선교적 양상은 '끌어모으고-끄집어내는'(attractional-extractional) 방식이라는 점을 더 다룰 것이기에 여기서는 이 정도로만 하겠다. 그러나 이 지점에서, 서구의 대다수 교회가 사람들을 끌어모으기 위해 그들이 있는 곳에서 **끄집어내는** 식으로 행동하고 있다는 점을 지적하고 싶다. 이런 통찰은 미국, 영국, 호주에서의 아웃리치나 전도가 왜 그렇게 자주 비효율적이고 실패하는지 한 가지 실마리를 제공한다. 우리가 새천년 시대에 신실한 증인들이 되려면 이런 상황이 **반드시** 변해야 한다고 생각한다.

　마지막으로, 성육신적 선교란 복음을 성육신적으로 합당한 방식으로 구체화하여, 사람들이 자신의 문화(의미 체계)와 삶 **속에서** 예수님을 경험하게 하는 일을 의미한다. 이것은 우리가 진정 서구 세계를 재복음화(reevangelize)하려고 시도할 때 고려해야 할, 아마도 가장 중요한 측면일 것이다. 만약 예수님이 대부분의 사람들에게 너무나 낯선 분이 되어 버렸다면, 이는 많은 사람이 예수님을 유순한 '종교인' 혹은 상투적인 도덕 선생 정도로 생각하기 때문이다. 이 문제에 관한 대부분의 태도 연구에 의하면, 외부인(교회에 안 다니는 사람들)의 관점에서 보면 그리스도인이 된다는 것은 행복하지만 어딘지 무미건조한, 대개는 백인이고 거의 언제나 중산층 중도 성향의 사람이 되는 것과 같은 말이다. 매트 그로닝(Matt Groening)의 유명하고도 통찰력 넘치는 문화비평인 〈심슨 가족〉(The Simpsons)에서 네드 플랜더즈(NedFlanders)가 이러한 부류의 좋은 예다. 네드는 일종의 풍자적 인물이지만 모든 풍자에 들어 있는 리얼리티를 과장하는 것이 그의 역할이라고 혹자는 잘 이야기했다. 네드 플랜더즈는 너무나 실제적이어서 불편함을 느끼게 만든다. 우리가 당면한 문제는 이것이 정확하게도 우리 주변의 비그리스도인들이 복음주의자들에 대해 생각하는 방식이라는 점이다. 이런 현실에서, 예수님 그분이 미국과 영국과 호주에서 일반적으로 볼 수 있는 교회로부터 멀리 떨어져 계셨으리라 생각하면 정신이 번쩍 든다. 이는 "볼지어다, 내가 문밖에 서서 두드리노니"라는 말씀에 대한 새로운 각도의 해석을 제공한다.

전 세계에 걸쳐 등장하는 선교적 교회들은 지금 복음을 성육신적인 방식으로 구현할 길을 찾으려 애쓰고 있다. 언제나 일반 공공장소에서 모이고 종교적인 건물을 따로 갖지 않기로 작정한 호주 태즈메이니아(Tasmania)주의 '서드플레이스 커뮤니티'(Third-Place Communities)도 있고, 이 책의 저자인 마이클이 속한 한 교회(이름도 멋진 Small Boat, Big Sea)에서는 사람들이 문화적으로 멋지게 표현된 예수님을 경험할 수 있으며, 혹은 아침 식탁에서의 자연스러운 대화를 중심으로 세워진 교회인 포모나 시의 '브렉퍼스트 클럽'(The Breakfast Club)도 있다. 적어도 서구에 복음의 희망이 있다면 그것은 이렇게 애쓰고 있는 작은 공동체들 안에 있을 것이다. 어둠 가운데 사는 사람들이 다시 한번 위대한 빛을 볼 것이라는(마 4:16), 예수 안에 나타난 하나님의 성육신에 대한 성경적 예언이, 이러한 노력들 가운데서 다시 한번 우리 시대에 사실로 나타날 것이다.

복잡하고 포스트모던하고 세분화된 서구 상황에서, 현존하는 수천 가지 하부 문화 속에 복음이 구체화되는 것은 너무나도 중요하다. 다양한 모습의 사람들과 하부 문화가 자신의 문화 **안에서** 그리고 자신의 공동체 **안에서** 예수님을 만나는 것이 중요한 이유는, 그렇게 할 때에만 그들이 진짜 예수님을 이해할 수 있을 것이기 때문이다. 이들이 자신의 유기적 그룹에서 분리되지 않은 채, 그들 자신의 역사와 경험을 통해 복음을 이해하며, 삶과 완전히 연관된 방식으로 그분을 만나 구원을 경험하게 하는 것은 복음 그 자체를 위해서도 중요하다.

그러나 결국 성육신적 선교의 사례를 말할 때 가장 위대한 논증은 하나님 자신이 선교적 모습을 취하셔서 세상에 동참하셨다는 부인할 수 없는 사실에 있다. 이것이 반드시 우리의 모습이 되어야 한다.

끌어모을 것인가, 성육신적으로 할 것인가

이미 지적했듯이 전통적인 크리스텐덤 유형의 교회와 그 주변 세상의 관계는 기본적으로 **끌어모으는 것**으로 가장 잘 설명할 수 있다. 즉 교회는 문화의 중심부에 위치한 종교 기관으로 사람들이 제 발로 와서 복음을 듣고 반응하고 양육되기를 기대하고 있다. 교회는 사람들에게 교회 공동체의 거룩한 경계선 안으로 **와서** 복음을 **들으라**고 주문한다. 이것이 열일곱 세기나 이어져 온 크리스텐덤을 경험한 우리에게는 자연스러운 일로 여겨지지만, 그러나 계속 그렇게 하는 게 무슨 소용이 있다는 말인가? 만일 우리가 예배, 성경 공부, 청년 모임, 여전도회와 같은 공식적인 활동들에만 실제로 하나님이 계시는 것처럼 행동한다면, 자연히 선교와 전도란 단지 사람들을 교회와 관련된 활동에 초대하는 일이라는 결론에 이르게 될 것이다.

사실, 하나님은 교회의 공식 모임 밖에서는 만날 수 없는 분이라는 가정, 혹은 적어도 이런 (공인된) 모임들만이 하나님에 대해 배울 수 있는 가장 좋은 장소라는 전제가 끌어모으기식 교회가 바탕으로 삼는 핵심 전제들 중 하나다. 그러므로 전도란 대개 교회의 구성원들이 불신자를 유인하여 하나님을 경험할 수 있는 교회로 데려오는 일을 말한다. 전도는 '밖으로 뻗어 나가는'(out-reach) 것이라기보다 효율적으로 '안으로 끌어오는'(in-drag) 것이 되어 버렸다.

지금 우리는 교회의 예배 속에서 사람들이 하나님을 경험할 수 없다고 말하려는 게 아니다. 물론 하나님의 말씀이 선포되고 그분의 백

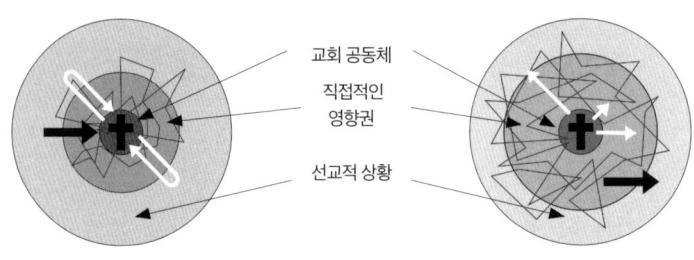

크리스텐덤과 교회성장형	성육신적-선교적 교회
• 선교의 양식과 추진력은 내부 지향적이다(끌어모으기).	• 선교의 양식과 추진력이 외부 지향적이다(보냄).
• 소그룹과 전도는 사람들을 교회로 데려오기 위해 존재한다.	• 소그룹과 전도는 선교적 상황 가운데 유기적 신앙 공동체를 만들기 위해 존재한다.
• 그리스도인들은 중심에 몰려 있다.	• 그리스도인들은 상황 속으로 퍼져 나간다.
• 직접적인 영향권에 대한 아웃리치에 적절하다.	• 모든 형태의 선교에 적절하다.

성이 예배하는 가운데 사람들은 하나님의 진리의 말씀을 들을 수 있다. 그렇지만 만약 교회가 세상 속에서 하나님을 만날 수 있는 장소를 수많은 비그리스도인이 다가갈 수도 없고 참여할 생각도 없는 특정 시간과 장소에 제한해 버린다면 그것은 복음을 확실하게 방해하는 것이다. 복음은 교회의 문화적 시스템 안에 확실하게 갇혔고, 교회 문화를 해석하지 못하는 대다수 서구 사람들에게 하나님은 아무 말을 하지 못하는 벙어리가 되어 버렸다. 사람들을 복음화할 수 있는 유일한 수단은 세상으로 나가서 사람들을 구하여 '교회'라는 안전 지대로 데려오는 소수의 '순찰대'를 조직하는 것이다. 크리스텐덤 이후 시기를 사는 많은 서구인은 교회를 경험해 보았지만 무언가 부족했다고 말한다. 그들이 다시 돌아가지 않으려 한다면 어떻게 해야 하는가?

이들이 우리에게 오지 않으려 한다면 우리가 그들에게로 가야 한다. 성육신적 접근법은 끌어모으기식과 정반대다. 이것은 선교와 전도에서 '그들에게 가라'(Go-To-Them) 유형의 방식이다. 비그리스도인들에게 '와 보라'(Come-To-Us)고, 우리 예배로, 우리 모임으로, 우리만의 용어로 된 우리 프로그램으로 들어오라고 요청하는 대신, 성육신적 교회는 그리스도를 세상 가운데 드러내기 위해 사회 속으로 침투하려고 애쓴다.

이것이 바로 우리가 이 시대에 끌어모으는 방식에서 성육신적 모습으로 근본적인 변화가 필요하다고 제안하는 이유다. 서구 교회의 대다수(95퍼센트 정도?)가 성육신적이지 않은 선교 방식으로 운영되고 있기에 이것은 간단한 요청이 아니다. 성육신적 방식은 관계와 우정과 친밀감이 역동적으로 어우러진 교회를 만들어 낸다. 그 교회는 자신이 속한 지역 공동체의 생생한 사회적 짜임새를 무시하지 않고 오히려 그것을 고양시키고 거기에 '풍미'를 더한다. 그래서 복음이 소통될 수 있는 살아 있는 관계의 매체를 만들어 낸다. 성육신적 방식은 소금과 빛처럼 그리스도인 그룹이 지역 공동체로 침투해 들어가는 일의 중요성을 강조한다. 거기서 사람들과 창조적으로 관계를 맺고 그 속에서 하나님을 이야기하고 경험을 공유하는 가운데 진정한 타문화적 기독교 선교가 일어나게 되는 것이다.

선교적-성육신적 교회는 기본적인 신학적 이해에서 출발한다. 하나님은 언제나 가장 예상치 못한 사람들에게 오신다. 예를 들면 히브리인들은 세상에서 버림받은 자들이었다. 하나님은 그들을 택하셨다. 구약의 룻 이야기는 심오하리만큼 선교적이다. 그것은 하나님의 미래 계획이 가장 이상하고 가장 예상치 못한 사람과 장소에서 나온다는 연속적인 이야기의 일부다. 이 이야기에서 하나님은 이스라엘을 위한 그분의 미래가 이방인(룻)을 통해, 그 안에서 이루어질 것이라고 계시하셨다. 만일 우리가 성육신적 선교를 진지하게 여긴다면 하나님의 미래 혹은 그분의 새 창조가 교회를 다니고 있는 '그 백성' 속에서가 아닌, 평범한 사람들 즉 탕자와 문제아들, 버림받은 사람들 가운데 있을 것이라는 사실을 간파해야 한다.

무시받는 사람들에게로

얼마 전 나(마이클)는 딸이 마을 공원에서 축구를 하는 것을 지켜보고 있었다. 그 옆 공터에는 아스팔트가 깔린 자리에서 모형차 애호가들이 모여 트랙을 만들고 리모콘을 조종하며 레이스를 벌이고 있었다. 모형차들의 계속되는 소음에 못 이겨 우리는 그들이 무얼 하는지 보기 위해 어슬렁거리며 가 보았다. 우리는 그들이 교외에 살고 있는 '탕자들'의 패거리라는 사실을 금방 알게 되었다. 그들은 모두가 똑같은 차림새였다. 모두 꽉 끼는 검은 청바지에 체크무늬 운동복 셔츠를 입고 차를 만든 사람의 로고가 새겨진 야구 모자를 쓰고 있었다. 그들은 자신의 차들을 트랙 옆에 세워 두었는데 모두 작은 트럭들이었고 그들의 아내 혹은 애인들은 한 차의 트럭 짐칸에 앉아 크게 떠들며 웃고 있었다. 이들은 옷차림이나 쓰는 말이나 문화나 관습 모든 면에서 말 그대로 하나의 '종족'이었다. 이들은 한 달에 한 번, 일요일 아침에 만나 경주를 벌이고 최신 모형 자동차에 대해 이야기하고, 웃고 마시면서 공동체를 형성하고 있었다.

만약 근처에 있는 교회가 이 교외의 패거리에게 그리스도의 구원하시는 사역에 대해 들려주기로 결정한다면 어떻게 이들에게 접근할 수 있을까? 끌어모으는 교회는 모형차 경주자들을 위한 특별 예배를 기획할 수 있을 것이다. 예수님은 모형차 애호가들을 사랑하신다는 내용의 특별 광고지를 만들고 이들의 트럭 와이퍼에 이 광고지를 끼워 둘 것이다. 최근에 회심한 모형차 애호가를 찾아보고 그를 불러다가 주일날 아침 간증을 하게 할 것이다. 끌어모으는 교회는 갖은 노력을 들여서 어떻게든 차 경주를 즐기는 패거리를 교회 건물로 데려오려 할 것이다. 아마 교회 건물과 지리적으로 가까운 지역에 기반을 둔 동아리라면 이것이 통할지도 모른다. 그렇지만 모형차 동호회는 항상 엄청나게 넓은 범위에서 사람들을 모은다. 모형차 동호회는 아마도 도시 여기저기에 흩어져 있는 사람들의 모임일 것이다. 회원들은 매달 먼 거리를 운전해서 올 것이다. 이들은 지리적으로 가까워서 함께 모이는 것이 아니라 공통의 관심사 때문에 서로 가까워진 것이다. 문제를 더 복잡하게 만드는 것은 이들이 주일 아침에 모인다는 것이다.

끌어모으는 교회는 곤경에 처해 있다. 교회 문 바로 밖에 매우 밀접한 관계를 유지하는 공동체(아마도 비그리스도인들의)가 있는데도 이들에게 그리스도를 나눌 메커니즘이 없다. 모형차 동호회 회원들은 일요일 하루 교회 예배를 드리러 나타나지는 않을 것 같다(끌어모으는 교회가 말하는, 의미와 목적을 찾아서 기적적으로 교회 예배에 돌아오게 된 이야기를 **좋아하지 않기 때문에**). 그리스도의 사랑을 이들과 나눌 수 있는 유일한 길은 그들에게로 가는 것이다.

만약 지역 교회의 몇몇 교인들이 길 저편의 열광적인 모형차 마니아들에 대한 깊은 동정심으로 모형차를 사고 동호회에 들게 되었다면 이것이야말로 결정적인 성육신적 선택이 될 것이다. 이것이야말로 우리가 지금 말하고 있는 유의 생각이요 행동이다. 선교하시는 하나님의 영이 그 교회를 휩쓸고 지나가신다면, 교회가 모형차를 몇 대 사서 교인 몇 사람으로 하여금 주일 예배를 빠지고 그곳으로 가도록 하여 그들의 공동체 안으로 온전히 들어가도록 보낼 것이라고 우리는 믿어 의심치 않는다. 그리하여 모형차 경주를 벌이고 차를 수리하면서, 삶에 대한 생각과 예수님에 대한 그들의 사랑을 나눌 수 있도록 관계의 끈을 얻게 될 것이다. 이것이 행동하는 성육신적 교회다. 만약 몇 명의 카레이서들이 그리스도와 관계를 맺게 된다 해도 이들로 하여금 동호회를 떠나 교회에 등록하도록 권하지 말아야 한다. 오히려 가정교회를 세운다면 새로운 그리스도인이 된 차 마니아들은 자신의 동아리의 정체성 가운데 하나님을 예배할 수 있을 것이다.

선교적 교회는 성육신적이다

선교적-성육신적 교회는 끌어모으는 교회와는 아주 다른 입장을 취한다. 사람들이 하나님을 만날 수 있도록 거룩한 종교적 공간을 만들고 개발하는 데 시간을 투자하기보다, 구시대의 크리스텐덤 방식에 비해 훨씬 더 유기적이고 역동적이며 비제도적인 관계로 교회를 인식한다. 끌어모으는 방식이 세상을 '안'과 '밖' 두 부분으로 나누어 본다면 성육신적 방식은 세상을 거미줄과 같은 서로 연결된 그물망으로 보는데, 이는 친밀감과 우정과 관계의 네트워크로, 교회의 구성원들도 그 일부가 된다.

예수님은 자신의 신앙 공동체의 첫 구성원들 즉 제자들을 부르시고 사람을 낚는 어부가 되라고 초청하셨다(막 1:16-18). 어부들에게 사람을 낚는 어부가 되라고 하실 때 예수님은 상대방이 알아들을 수 있는 언어를 사용하신 것이었다. 그분은 단순히 사람을 '잡아채는' 데 관심이 있었던 것이 아니라 더욱 위대한 의미를 전달하려고 이 이미지와 은유를 사용하셨다. 예수님은 어부들이 정규적으로 하는 활동을 들어, 장차 이루어질 선교적 공동체의 의미를 창조하신 것이다.

서구 문화에서 고기잡이를 말할 때는 달랑 낚싯대 하나를 든 사람이 그 줄 끝에 낚싯바늘을 하나 달고 있는 모습을 떠올린다. 낚시꾼은 낚싯줄을 던질 때 한 마리의 고기를 낚으려고 시도한다. 순전히 이것은 일대일의 작업이다. 좋은 어부란 한 마리 고기를 잡기 위해 날씨와 조류와 해초가 있는지와 어떤 미끼를 쓸지를 잘 아는 사람이다. 그래서 우리는 예수님이 첫 번째 제자들(그리고 추론하여 우리들)을 사람을 낚는 어부로 부르시는 모습에서 이런 방식과 비슷한 일대일 작업을 생각하게 된다. 최근 몇 년 동안 전도는 이와 같은 것으로 여겨졌다. 우리는 누군가를 낚아 교회로 데리고 오기 위해 보냄을 받았다. 어떤 사람을 데려와 함께 예배에 참석하거나 전도를 위한 조찬 모임이나 학생 집회에 초대하는 일들이 서구적 전도의 기초를 형성했다. 그러니 불행히도 서구 문화의 수많은 사람들이 교회를 경험해 보았지만 만족하지 못했고 이제는 교회 출석에 전혀 관심이 없다.

그러나 예수님 시대의 고기잡이를 생각해 보면 그건 낚싯대나 릴과는 전혀 상관이 없다. 그것은 일대일 작업도 아니었다. 예수님의 제자들은 고기잡이를 그물과 관련된 것으로 생각했다. 그들은 그물을 던져서 바다 밑을 훑어 내어 그 그물을 배로 끌어올렸다. 그물 속에서 헤엄치고 다니던 모든 것들을 갑판에 끌어올리는 것이 고기잡이였다. 고기잡이에 성공하는 열쇠는 기술적으로 조류나 기상을 상세하게 아는 데 있지 않고 다만 그물이 얼마나 튼튼한가에 있었다. 이런 이유로 고기 잡는 제자들은 일하는 대부분의 시간을 호수 위에서가 아니라 해안에서 그물을 수선하면서 보내고 있었다. 그들의 그물이 강력하고 탄탄하다면 그 안에 잡히는 것은 무엇이나 도망가지 못할 것이다.

이 이미지를 오늘날의 선교적-성육신적 교회에 연결한다면 매우 중요한 함축을 지닌다. 이것은 그리스도인 한 사람이 종교적인 구역에서 나가 한 사람을 데리고 다시 그 구역으로 돌아오는 방식 대신에, 교회로 하여금 '고기잡이'를 더욱 관계적인 행위로 여기게 만든다. 제자들이 고기를 잘 잡도록 그물을 확실하게 정비하는 데 시간을 많이 보냈다면, 오늘날 우리에게 그 그물은 무엇일까? 바로 그리스도인들의 일상적인 관계와 우정과 친밀함의 망이야말로 미그리스도인들이 헤엄치고 다니게 될 그물이 될 수 있을 것이다. 우리는 선교적-성육신적 교회는 종교적인 프로그램을 기획하는 것보다 훨씬 많은 시간을 우정을 쌓는 데 보낼 것이라고 믿는다.

필리핀 신학교의 찰스 링마(Charles Ringma)는 관계보다 프로그램을 강조하는 세태에 대해 이렇게 말했다.

교회 운영위원회가 지역에서 할 수 있는 봉사나 활동에 대한 특별한 계획을 세우고 나서 교인들에게 거기에 참여하고 도우라고 광고하는 것이 그 한 예다.…사람들의 주목을 끌고 기도와 교회 재정을 요구한다. 이는 공식적인 프로젝트다.[3]

대부분의 교회 구성원들이 끌어모으는 교회의 이런 프로젝트에 참여한다. 당회나 집사들이 브롬프톤의 홀리트리니티 교회의 알파코스가 해답이라고 결정하거나 윌로우크릭 교회처럼 구도자 예배를 기획할 필요가 있다고 결정한다. 그러면 모든 교회의 에너지가 그런 프로그램이 굴러가는 쪽으로 향한다. 보통 이런 전략이나 프로그램들은 다른 곳에서부터 옮겨 심은 것들이다. 그 프로그램이 건전하고 성경적이며 그 원래 상황에서는 효과적이었을지 몰라도, 그럼에도 인공적인 냄새가 난다. 이는 그것이 자생적이거나 지역에 기반을 두거나 토착적인 독창성이 있는 것이 아니기 때문이다. 하지만 찰스 링마는 계속해서 이렇게 말한다.

그러나 교인들이 그들의 이웃이나 일터에서 늘 마주치는 일들에는 아무 생각이 없다. 예를 들면 그저 의약품 치료만 하지 않고 환자에게 상담이나 실제적인 지원을 하는 의료인들의 새로운 시도들을 인정하려는 시도가 없다. 지역 공무원으로서 중요한 삶의 질 문제나 지역 사회의 이슈로 씨름하는 교인들을 인정해 주려는 어떤 시도도 없다. 비공식적으로 이웃과 성경 공부를 하는 부인을 지원하려는 시도도 전혀 없다. 깨어진 가정의 학생들이 많은 도심의 학교에 막 부임한 교사를 기도로 지원하는 시도도 없다. 장애인 자녀를 기르는 가족을 돕는 일을 교회가 지원하고 기도할 가치가 있는 사역으로 여기는 시도도 없다.[4]

더 나아가 사업가, 학생, 학생 사역자, 교수, 배관공, 전기공, 주부들을 그들이 속한 세계 속에서 선교적 역할을 지닌 존재들로 보지 않는다. 만일 한 사업가가 그 지역의 어떤 식당에서 조찬 기도 모임을 시작한다면 교회는 교인들에게 이를 광고하고 그 프로그램을 지원할 것이다. 그러나 한 사업가가 자신의 영향력을 사용하여 도움이 필요한 사람들을 섬기고 실업자들을 위한 일자리를 마련하기 위해 윤리적인 사업 계획을 세울 때, 전통적으로는 이것을 선교로 보지 않는다. 우리는 부모들이 지역 학교에서 끈끈한 우정을 만들어 나가는 일을, 적어도 그들을 교회로 데려오지 않는 한 선교와 관련된 것이라고 보지 않는다. 우리는 윈드서핑 동호회의 정기 모임을 사람들을 하나님의 나라로 낚는 그물이라고 보지 않는다.

신학 활동가이자 저자인 레너드 스윗과 나눈 대화를 통해, 우리는 교회의 입장이 왜 그렇게 항상 내부 지향적이었는지를 생각하도록 자극을 받았다. 그는 자신이 인도하는 수련회에 온 그리스도인들에게 종종 큰 원을 그리며 빙 둘러서도록 시킨다고 한다. 그러면 사람들은 항상 안쪽을 향하여 어깨를 마주하고 선다고 그는 말했다. 그가 이 사실을 지적하면 이내 이들은 반대로 서서 얼굴을 바깥쪽으로 향한다. 그러면 그는 완전히 바깥으로 향한 교회가 교회의 전부는 아니라고 일러 준다. 그는 사람들에게 서로 마주 본 채 한쪽 어깨는 원의 중앙을, 다른 쪽 어깨는 바깥쪽을 향하도록 하게 한다. 작은 변화인 것 같지만 이렇게 약간은 부자연스런 위치로서 보면서 이들은 선교적 입장에 대해 강력한 암시를 얻게 된다. 안으로 보는 동시에 바깥으로도 보는 것이다.

유유상종

위르겐 몰트만(Jürgen Moltmann)은 교회에 관해 쓴 위대한 책에서 오늘날 대부분의 교회에서 행하는 것 이면에 '유유상종'의 원리가 있다고 주장했다.[5] 우리가 보기에 이 원리는 끌어모으는 방식의 교회에 내재된 것이다. 교회가 세상과 완전히 분리된 특별한 범주라고 여길 때 자연스럽게 '우리 대 그들'이라는 정서가 생겨난다. 이와 달리 성육신적인 접근을 하는 선교적 교회는 '그들에게 가는' 입장에서 생각한다. 스스로를 닫힌 체계로 여기지 않고 침투해 들어가는 공동체로 생각한다. 그러므로 같은 부류끼리 모이는 유유상종의 원리를 받아들일 수 없다. "'유유상종'이라는 말이 있다. 왜 그런가? 같은 생각을 하고 같은 물건을 갖고 있고 같은 것을 원하는 사람들 즉 우리와 같은 사람들은 우리를 인정해 준다. 그렇지만 생각과 감정과 원하는 바가 우리와 다른 사람들은 불안한 느낌이 들게 한다."[6] 이 말은 군중 심리학의 기본 원리처럼 들린다. 그렇지만 여기에는 교회에 대한 심각한 현실이 함축되어 있다. 만일 교회가 단지 같은 생각을 가진 사람들의 공동체이고 같은 생각을 가진 또 다른 사람들을 참여시키려고 초청하는 곳이라면, 그리스도를 위해 세상을 얻으려는 교회의 노력은 심각한 어려움에 봉착하게 될 것이다. 몰트만에 따르면 이런 유의 교회에는 자신의 힘이나, 자기 확신은 전혀 없고 일종의 자기 정당화(self-justification)만 있을 뿐이다. 몰트만은 성경적 방식은 매우 다르다고 말한다. 교회는 같은 유의 사람들이 모이는 곳이 되기보다 교회를 향한 바울의 명령을 들어야 한다. "그리스도께서 우리를 받아 하나님께 영광을 돌리심과 같이 너희도 서로 받으라"(롬 15:7). 다른 사람을 받아들이는 것은 교회를 위한 그저 지혜롭고 유익한 명령에 그치지 않는다. 다른 사람을 받는 것은 우리가 그리스도께 받아들여졌다는 사실에서 직접적으로 나온다. 주께서 우리를 받으셨다는 것을 알 때 자기 정당화의 필요에서 자유케 되고 이것이 우리를 해방시켜 다른 사람을 받아들이게 한다. 몰트만은 이렇게 말한다.

> **그리스도께서 너희를 받으신 것같이** 서로 용납하라. 오직 이런 태도만이 우리에게 새로운 방향성을 주며 우리의 한계를 뚫고 좁은 그늘 너머로 도약하게 해 준다. 이것은 다른 사람의 있는 그대로의 모습에 마음을 열고 그들에 대해 열망과 관심을 갖게 해 주는 태도다. 그 결과 우리는 진정 자신을 잊어버리고 그리스도께서 우리를 받으셨던 그 방식에 초점을 맞추게 된다.[7]

선교적-성육신적 교회는 관계와 우정과 친밀함의 망이 선교를 위해 중요하다는 것을 아주 잘 인식하고 있다. 그리스도인의 선교는 인간관계라는 통로를 통해 일어나는 관계적 활동이다. 성육신적 교회는 그저 타인의 인정을 바라는, 비슷한 생각을 가진 사람들로 가득 찬 교회에 반대한다. 그리스도인이든 아니든 다른 사람을 받아들이는 것은 명령이다. 교회가 다른 그리스도인들, 비그리스도인들과의 우정의 망을 더 견고하게 할수록 효과적인 선교는 그 가능성이 더욱 커지게 된다.

우물과 울타리

여기서 중심 구조(centered sets)와 경계 구조(bounded sets)의 구분이 중요한데, 이것이 지금 우리가 논의하고 있는 두 교회의 핵심 차이에 바로 닿아 있기 때문이다. 끌어모으기식의 교회는 경계 구조다. 즉 한 무리의 사람들이 거기 속하지 않는 사람들과 분명한 경계선을 긋는다. 교회들은 여러 다양한 방식으로 선을 긋는다. 등록 교인 명부를 가지는 것이 제일 분명한 예다. 이런 장치는 누가 안에 있고 누가 밖에 있는지를 결정한다. 그렇지만 선교적-성육신적 교회는 중심 구조다. 이 구조는 누가 속했는지 아닌지를 결정하는 경계를 긋기보다는 그 핵심 가치로 규정되고, 사람들이 안에 있는지 밖에 있는지가 아니라 그 중심에서 얼마나 가까이 있는지 멀리 있는지를 본다. 그런 의미에서 모든 사람이 안에 있으며 누구도 바깥에 있지 않다. 비록 어떤 사람은 중심에 가까이 있고 어떤 사람은 멀리 있지만, 모두가 넓은 의미에서 공동체의 잠재적인 일원이다.

우물과 울타리의 차이는 유용한 예가 될 것이다. 농촌 마을에서 농부는 자기의 가축을 안에 넣고 이웃 농장의 가축은 바깥에 두도록 자신의 토지에 울타리를 칠 수 있다. 이것이 경계 구조다. 그런데 농장이나 목장이 어마어마하게 넓은 지역에 걸쳐 있는 지역에서는 울타리를 치는 것이 아예 불가능하다. 호주에 있는 우리 고향에서는 목장이 너무 커서 울타리를 칠 수가 없다. 이런 상황에서는 농부가 땅을 파 우물을 만들어서 황야에 소중한 물을 공급한다. 그러면 가축들은 여기저기 헤매더라도 죽지 않으려면 우물에서 너무 먼 곳으로 가지는 않을 것이다. 이것이 중심 구조다. 깨끗한 물이 공급되는 한 가축들은 우물 가까이 머물러 있을 것이다.

<u>스스로</u>를 중심 구조로 이해하는 교회들은 복음이 호주의 황야에 있는 우물처럼 너무나 값지고도 신선해서 그리스도를 사랑하는 자들이 너무 멀리 떨어지지 않을 것이라고 본다. 이것이 진정한 그리스도 중심 모델이다. 우리는 그리스도인인가 비그리스도인인가, 안에 있나 바깥에 있나를 보기보다는 중심되신 그리스도와의 거리로 사람들을 보려고 한다. 이런 방식에서, 선교적-성육신적 교회는 사람들을 그리스도인과 미그리스도인으로 이해한다. 미그리스도인들이 기독 공동체에 기여하는 바를 인정하고 모든 사람의 공헌을 가치 있게 여긴다. 예수님의 신앙 공동체는 그분을 중심에 모신 중심 구조였다. 제자 중 몇 사람(베드로, 야고보, 요한)은 다른 사람보다 중심에 좀 더 가까웠고 적어도 한 제자는 중심에서 멀어졌다. 복음서는 이들과 함께 여행한 여인들에 대해 기록하고 있으며, 사도행전도 수많은 신앙 공동체에 대해 언급한다. 그리스도의 공동체는 예수님을 포함한 열세 사람이 시골 마을을 이리저리 돌아다녔던 단순한 공동체가 아니었다. 누구는 중심에서 더 가깝고 누구는 좀 더 먼 매우 다양한 관계의 교차점이 있었으며, 그런데도 모두가 왕국을 건설하는 사업에 참여하도록 초대받았다. 만약 현대 교회가 이런 성경적 모델을 따랐다면, 숫자보다 관계에 더욱 관심을 기울였을 것이다.

다시 그물의 은유로 돌아가 본다면, 다양한 상황 속에서 많은 미그리스도인들과 친구가 되려는 헌신된 그리스도인 그룹들을 볼 수 있다.

어떤 이들은 서로 잘 알고 어떤 이들은 그렇지 않지만, 우정의 관계만은 다양한 수준과 정도로 서로 교차될 것이다. 미그리스도인들 중 몇몇은 점차 스스로 그리스도인이라 여기게 될 것이고, 몇몇은 그것을 전혀 원하지 않을 것이다. 그렇지만 선교적-성육신적 방식이 가장 잘 기능하는 것은 이런 식의 유대를 강화하는 헌신 속에서다. 이미 보았듯이 몇몇 성육신적 교회들이 댄스장, 서점, 카페와 같이 관계가 자연스럽게 일어나는 장을 운영하고 있다. 잘 운영되는 카페를 통해 사역하는 앨런이 좋은 예가 된다. 이 카페의 단골손님에는 중심에 가까이 있는 이도 있고 멀리 있는 이도 있지만 카페에서 함께 먹고 마시는 이 성육신적 공동체에는 그 관계의 망이 하나님을 추구하는 길로 이끌리는 커다란 기회가 있다.[8]

우리에게 중심은 분명 예수님이다. 복음은 그리스도인의 선교에서 중심 과제다. 중심 구조의 핵심에는 그리스도가 있기 때문에, 교회는 그 구성원들의 삶이 예수께 가까이 가도록 하는 데 관심을 쏟아야 한다. 중심 구조의 교회는 그리스도와 그분의 가르침에 뿌리박은 매우 명확한 신앙 체계를 가져야 한다고 우리는 믿는다. 이 신앙 체계는 타협할 수 없는 것이어야 하며 중심에 가장 가까운 공동체는 이것을 강하게 붙잡아야 한다. 중심 구조의 교회는 경계 구조가 전통적으로 부가하는 인위적인 경계선에 관심이 없다. 경계 구조의 교회에서는 예비 구성원들을 받아들이거나 거부하는 온갖 종류의 기준들(흡연, 음주, 혼외 동거, 재림에 대한 여러 견해들)을 정한다. 중심 구조의 교회에서는 우리 모두가 죄인이며 모든 사람이 최선의 삶을 살고자 애쓰고 있음을 인정한다. 그러나 중심이신 그리스도께 가까이 가는 사람일수록 그 행동이 더 그리스도를 닮게 된다는 것 역시 우리는 믿는다. 그러므로 교회의 핵심 구성원들은 그리스도의 급진적인 삶의 특질(사랑, 관대함, 치유, 환대, 용서, 자비, 평화 등)을 보이게 될 것이며 이제 막 그리스도를 향한 여정을 시작한 사람들(앞에 언급한 특질들을 보이지 않을 수도 있는)도 여전히 '공동체에 속한' 사람으로 여겨진다. 담배를 피우건 혼외 동거를 하건 그 누구도 공동체에 소속될 가치가 없다고 여겨지지 않는다. 중요한 가치는 공동체에 속하는 것이다. 중심을 향해 성장하는 것은 제자도의 과정과 같은 것이다.

    존경받을 만한 교회에 다니면서 '죄 가운데 살고 있지'는 않지만 탐욕과 식탐으로 가득 찬 삶을 살고 있는 수많은 정통 교인들이 있다는 사실을 인정하자. 경계 구조의 교회는 어떤 사람을 내쫓을 수 있는 사회적인 기준을 정한다. 반면 중심 구조의 교회는 모든 사람을 다 같이 타락한 존재로 볼 것이다. 모든 사람을 받아들이되 그리스도를 닮아가는 것을 공동체의 가장 중요한 목표로 삼을 것이다. 그리스도를 닮아가는 일은 고립된 상태보다 공동체 안에서 훨씬 더 잘 일어나는 것 같다. 미그리스도인들과의 관계가 깊어지며 이들이 우리 공동체의 사람들을 만나게 될 때 그들은 우리가 가치를 어디에 두는지를 금세 발견한다. 이 사람들이 그리스도를 닮아가고자 하는 우리의 소명을 받아들이지 않을지는 몰라도, 그것을 우리의 중심된 가치로 보게 될 것이다. 선교적 교회에 예수님의 삶의 방식을 반영하지 못하는 구성원이 있을 수 있는가? 물론이다. 그렇지만 그것은 전통적인 교회도 마찬가지다. 그러나 전통적인 교회에서는 자신의 결점이나 타락을 숨기기가 더 쉽다. 선교적 교회에서는 관계가 선교를 위한 통로가 되기 때문에 상황이 다르다. 선교적 교회는 투명성과 근접성이 주요한 가치이기 때문에, 우리는 전통적인 교회보다 선교적 교회에서 제자도가 훨씬 더 엄격하다고 생각한다.

경계 구조의 교회와 중심 구조의 교회는 전도에 대한 입장 역시 근본적으로 다르다. 경계 구조에서의 전도는 사람들을 종교적인 영역으로 데리고 오는 데 과도한 초점을 둔다. 이미 지적한 것처럼 경계 구조의 전도는 사람들을 교회에 데려오는 일에 무조건 충성한다. 우리가 사람들을 예배 모임에 초청하는 것을 반대하지 않는다는 사실을 다시 한번 강조하겠다. 선교적(중심 구조) 교회에서도 미그리스도인들을 초청하여 기독 공동체와 예배를 경험하게 하는 계기가 있어야 한다. 그러나 성육신적 모습 속에는 문화를 뛰어넘어 '그들에게로 다가가는' 자세에 더 많은 강조가 있어야 한다. 모든 인간에게는 자신의 존재 이유와 삶의 목적을 알고자 하는 열망이 있다. 레오 톨스토이가 한번은 이렇게 절망하며 말했다. 질문은 이것이다. "왜 살아야 하는가? 혹은 덧없고 사라져 버릴 내 삶에 무슨 참되고 사라지지 않을 것이 있는가? 혹은 이 무한한 우주 속에서 유한한 내 존재가 무슨 의미를 가지는가?" 톨스토이처럼 어떤 사람들은 정직한 절망에서 나오는 에너지를 가지고 추구의 길을 간다. 어떤 사람들은 추구하기를 거부하고 물질의 소유나 개인적인 성취나 새로운 경험을 하는 등 다양한 형태로 관심을 바꾸는 일에 몰두한다. 또 다른 사람들은 추구해야 한다는 사실 자체를 알지 못한다. 중심 구조의 선교적-성육신적 교회는 자신의 역할이 한 방에 그리스도를 '제시하는' 것이 아니라, 미그리스도인들로 하여금 애가 타게 하여 그러한 추구를 시작하게 하는 데 있다고 여긴다. 오래전 1970년대에 빈센트 도노반(Vincent Donovan)이 청년 사역에서 이런 접근을 주장했다. "젊은이들을 그들이 늘 있던 자리로 데리고 가지도 말고, 아무리 그 자리가 좋게 보이더라도 당신이 서 있는 자리로 불러내려 하지도 마십시오. 당신도 그들도 이전에 한 번도 가보지 않은 곳으로 그들을 데려갈 수 있는 용기를 가져야 합니다."[9] 경계 구조에서는 그리스도인들이 불신자로부터 하나님이나 인생이나 믿음이나 진리나 정직 등과 같은 것들에 대해 배울 수 있다는 생각을 전혀 할 수 없다. 중심 구조의 열린 태도는 이것을 실제로 가능하도록 해 준다. 다음의 표는 이 두 접근 사이의 차이를 잘 요약한 것이다.[10]

경계 구조의 접근	중심 구조의 접근
복음 전하는 사람은 하나님에 대해 특별한 지식을 가진 전문가이며, 잃어버린 영혼은 반드시 구원하기 위해 데려 와야 한다.	각 사람은 인생의 전문가이며 진리를 찾는 데 하나님이 주신 능력을 가지고 있다. 복음 전도자는 이 점을 존중한다.
'잃어버린' 영혼은 성품에 흠이 있으며 죄가 많다.	각 사람이 다 하나님의 형상으로 지음받은 고귀하고 가치롭고 하나님의 사랑을 받는 존재다.
잃어버린 영혼과 구원받은 사람으로 단순하게 경계를 만들며, 죄인을 '고치려' 하거나 우리처럼 만들려 한다.	사람들을 추구자로 보며, 구하고 찾고 두드리도록 자극한다. 우리가 모든 것을 안다고 생각하지 않는다.
목표는 그들을 데려와서 교회에 등록 하고 신앙을 고백하여 우리 팀의 일원이 되도록 하는 것이다.	목표는 그리스도를 발견하는 과정에 있으며 개인 안에서 진리 추구가 진전되도록 한다.
'회심'이라 불리는 대격변이 사람 속에서 일어난다.	회심을 또한 그리스도에 대한 신앙을 고백하는 것으로 시작하거나 끝나는 것이 아니라, 한 사람의 인생에서 성령의 먼저 행하시는 은혜로 시작하여 일생 동안의 회개를 통해 계속되는, 하나님의 나라가 임하는 일종의 과정으로 본다.
그리스도인들은 모든 진리를 알며 소유하고 있다.	우리는 인생이나 하나님에 관해 모든 것을 알지 못한다. 겸손과 경외가 있을 뿐이다.

교회 속에서 중심 구조의 접근이 작동하려면 성육신적 양식이 기반이 되어야 한다. 끌어모으기식 접근을 고집하면서 자신의 교회를 중심 구조라 생각한다면 아무에게도 나아갈 수 없다. 만일 당신이 전통적인 끌어모으는 형태를 고수할 수밖에 없다면 당신의 교회는 경계 구

조라고 보아야 한다. 이 경우 전도와 아웃리치는 타인에게 구조 속으로 들어오는 것이 바깥에 있는 것보다 낫다고 말하는 일이 될 것이며, 경계선 바깥에 있는 이들을 교회로 데리고 오는 일이 될 것이다. 이와 달리 신앙 공동체가 자신만의 공간을 떠나서 자기와 전혀 다른 하부문화에 들어갈 준비가 되어 있을 때 비로소 스스로를 중심 구조라고 제대로 여길 수 있을 것이다.

여기서 실제적인 예가 도움이 될 것이다. 아담과 에이미(실제 인물에 실제 이야기다)는 젊은 그리스도인 커플이다. 아담의 생일에 에이미는 경비행기에서 낙하산을 타고 점프할 수 있는 레저 상품권을 선물했다. 아담이 점프를 즐기기 위해서는 집에서 몇 시간 떨어져 있는 시골로 운전해 가야만 했다. 토요일 이른 아침 길을 떠나면서 그들은 지평선에 떠 있는 시커먼 먹구름을 보았고 소형 활주로에 올랐을 때에는 강렬한 뇌우가 몰아쳤다. 스카이다이빙 교관이 그들을 격납고로 인도하며 이런 날씨에는 비행을 할 수 없다고 말했다. 그러나 교관은 일기 예보에 의하면 소나기가 점심 때에는 그칠 거라고 했다. 그리고 그들이 괜찮다면 격납고에서 스카이다이빙 클럽 회원들과 함께 폭우가 지나기를 기다리며 아침을 먹을 수 있다고 했다. 아담과 에이미는 그의 제안을 받아들였다.

아담과 에이미는 조종사, 스카이다이버들, 베이스 점퍼들(건물에서 낙하산으로 낙하하는 사람들), 그 아내나 여자 친구들, 아이들과 함께 맛있는 식사를 나누었다. 아침 시간이 지나면서 점점 더 많은 사람들이 시골 들판 가운데 있는 고립된 격납고로 몰려들었다. 아담은 자신과 에이미가 이 공동체에서 열렬히 환영을 받았다고 말했다. 어떤 사람은 비행기 엔진과 관련된 일을 하고 어떤 사람은 다양한 형태의 장비들을 수리하고 유지하는 일을 했다. 격납고 양철 지붕에 비가 억수같이 쏟아 내리는 가운데 웃음이 만발했고 거기에는 일종의 진짜 가족과 같은 느낌이 있었다. 그들은 아담과 에이미에게 매주 토요일에 오라고 여러 번 권했다. 엄밀히 말해 이 익스트림 스포츠 동호회가 자신들을 철저하게 '전도'했다고 아담은 말한다.

그러면 에이미와 아담이 복음을 가지고 이 하부 문화, 이렇게 손색 없는 공동체에 영향을 잘 미칠 수 있으려면 어떻게 하면 될까? 끌어모으는 방식으로라면 교회 예배를 기획하거나 교회에 비슷한 모임을 만들어 '스카이다이버 환영회'를 열 것이다. 광고에는 스카이다이빙 용어들을 사용하고, 그 모임에서 강연을 할 만한 그리스도인 스카이다이버를 초대할 수도 있을 것이다. 심지어 아예 교회에 스카이다이빙 클럽을 만들 수도 있을 것이다. 이런 일들이 효과적으로 보이는가? 반면 성육신적 방식은 그 지역 스카이다이빙 협회가 미전도 종족 그룹이며 그곳에서 사역하기 위해서는 타문화적(cross-cultural) 기술이 필요하다는 점을 심각하게 고려할 것이다. 성육신적 교회라면 아담과 에이미 그리고 다른 몇몇 그리스도인들을 그 스카이다이빙 클럽에 참여하도록 보내어, 그들과 매주 토요일 아침 식사를 하며 우정의 망을 형성하고 신앙을 나누며 기존의 클럽 회원들 속에 싹트고 있을 진리를 향한 추구를 활성화하도록 도울 것이다. 그러고 나서는 그리스도를 중심으로 하는 교회, 신앙 공동체가 그 격납고 안에 효과적으로 개척될 것이다. 목표는 새로 회심한 스카이다이버 몇 명을 교회로 데려오는 것 이 아니라(그렇게 해서 그들의 동호회 친구들을 점차 교회 다니는 사람들로 바꾸고 그래서 원래 그룹에는 있을 자리가 없도록 하는 것이 아니라), 스카이다이빙 동호회 안에 성육신적 기독 공동체를 세워 나가는 것이다.

이런 성육신적 행동을 위해서는 신약 저자들이 경험하고 규범으로 가르쳤던 모든 요소들이 필요하다. 안전한 자리 떠나기, 희생, 힘든 일, 박해의 위험, 인내 그리고 다른 사람을 나보다 낫게 여기는 태도 등이다. 반면 전통적인 교회 안의 그리스도인들은 실제적인 값을 전혀 치르지 않고도 그저 예배에 참석할 수 있다.

동질집단원리?

선교적 교회가 성육신적이며 하부 문화들에 초점을 맞추어야 할 필요가 제기될 때마다 교회 지도자들은 동질집단원리(the homogeneous unit principle)의 폐해를 상기시킨다. 이 원리는 1970년대 풀러 신학교 세계 선교학부의 선교사들이 고안한 것이다. 동질집단원리는, 사람들은 같은 언어와 관습과 문화와 신념을 가진 집단에서 복음으로 가장 큰 영향을 줄 수 있다는 입장을 취한다. 이 원리를 비판하는 사람으로 매우 유명한 남아프리카공화국의 선교학자 데이비드 보쉬(David Bosch)는, 동질집단원리에 대한 맹목적인 헌신으로 인해 교회가 다양성 속의 통일성, 나와 다른 사람을 용납하는 것, 형제 사랑과 같은 성경적 원리에서 떠나 똑같은 생각을 가진 사람들의 교회가 되어 버린다고 믿는다. 동질집단원리에 대한 보쉬의 비판이 매우 설득력이 있기에 오늘날 많은 교회 지도자들은 이질성을 교회의 성경적인 적합성에 대한 궁극적인 시금석으로 여긴다.

선교적-성육신적 교회에 관한 우리의 생각을 들은 교회 지도자들은, 우리가 결국 그리스도인들과 관계를 맺을 수 없는 문화적 게토같이 되어, 철저히 동질적인 교회가 될 것이라고 주장하며 공격한다. 우리는 이를 가능한 위험 가운데 하나라고 인정하고 데이비드 보쉬 박사의 학문적 성과에 경의를 표하지만, 동질집단원리를 비판하는 이들이 어떠한 효과적인 선교적 대안을 내어놓는 것을 들어 보지 못했다. 가장 비판적인 교회 지도자들은 세대적으로는 다양하긴 하지만 전체적으로 백인 중산층 가정으로 구성된 교회를 이끌고 있다. 우리는 나이 많은 분들과 어린아이들이 함께 예배드리는 것이 좋은 일임을 인정하지만, 교외에 사는 중산층 교회의 리더들이 다양한 그룹의 사람들에게 나아가라는 선교적 명령 때문에 선교적 교회에 대한 제안을 거부하는 것을 볼 때 그것을 위선이라고 느낀다.

유일한 해결책은 동질집단원리를 선교적 전략으로 포용하면서 공동체 안의 성숙한 그리스도인들과 함께 다양성을 위해 애쓰는 것이라고 생각한다. 다른 말로 하자면 이질성(다양성)은 제자도의 문제이지 선교적 문제가 아니라는 말이다. 이런 균형을 세우는 데 애를 쓴 교회가 영국 셰필드 크룩스에 있는 세인트 토마스 교회다. 우리는 어느 춥고 쓸쓸한 겨울날 무거운 발걸음으로 언덕을 올라 오래된 석조 예배당에서 지도자 가운데 하나인 맬 캘러딘(Mal Calladine)을 만나 바로 이 문제를 나누었다. 커피와 핫초콜릿을 마시며 그는 우리에게 다음과 같은 그림을 보여 주었다. 그림의 왼쪽은 불신자다. 맬은 이 사람이 그리스도인의 제자도에 대한 요구를 수용할 수 있기 전에 두 개의 분수령을 넘어야 한다고 말한다.

이 사람이 충분히 성숙하여 다른 사람을 다른 문화적인 맥락 속에서 받아들이고 다양성 속에서 통일성을 끌어안는 지점에 이르려면 반드시 이 두 간극을 뛰어넘어야 한다. 첫 번째는 문화의 간극이다. 이 간격을 넘어서야 하는 사람이 그리스도인이 아니기 때문에 이 과제의 책

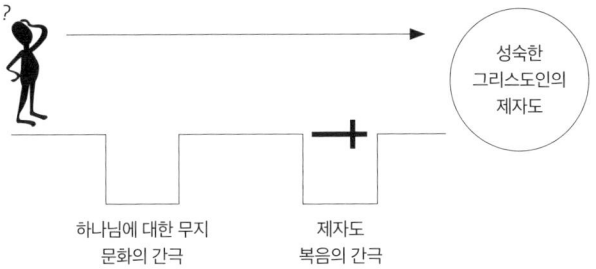

하나님에 대한 무지
문화의 간극

제자도
복음의 간극

성숙한
그리스도인의
제자도

임은 **우리**에게 있지 그 사람에게 있지 않다. 지배 문화 속에서 문화적으로 특수하고 동질적인 선교의 과업을 시작함으로써 우리는 미그리스도인들을 도와 문화적 간극을 넘어서 복음의 본질적인 주제로 가까이 나아가도록 할 수 있다. 이 두 번째 간극은 그리스도의 십자가 사역(그림을 보라)과 성령의 사역을 통해 넘어갈 수 있다. 그들의 삶 속에서 일하시는 하나님에 의해 변화될 때에만 그들은 이질성을 그리스도인의 교제의 중요한 가치로 받아들일 수 있는 위치에 있게 된다.

세인트 토마스 교회는 동질적 모임과 이질적 모임의 조화를 이루도록 조직되었다. 이 교회는 교제, 예배, 선교의 세 단계를 강조한다. 이 교회를 자신의 교회라 주장하는 모든 사람들은 셀에 속해야 한다. 이 셀들은 전적으로 동질적이며 매우 선교적이다. 이들은 셰필드에 있는 특별한 그룹의 사람들을 섬기며 사역하는 데 헌신한다. 실내 암벽 등반 동호회에 초점을 맞춘 셀도 있고 축구인들이나 심지어 나이트클럽에 모이는 사람들을 향한 셀도 있다. 셀은 교제와 선교를 위한 가장 기본적인 단위이며 한 주에 한 번 모인다. 다음 단계는 회중인데 이는 셀들이 모여 조금 더 큰 모임을 이루는 것이다. 한 회중은 다섯 개 이상의 셀로 구성되고 숫자는 100명 정도가 넘지 않으며, 한 주에 한 번 모인다. 회중에서는 셀들이 예배하고 가르침을 받고 자원을 나누며 교제한다. 회중은 셀보다는 덜 동질적이지만 그렇다고 완전히 이질적이지도 않다. 이질성과 다양성의 장은 모든 회중이 지역 나이트클럽에서 다 같이 일주일에 한 번씩 모이는 축제 모임이다. 이 모임은 참석하는 사람이 2,000명까지 이르기도 한다. 축제는 대규모 예배의 시간이며 동기부여와 비전을 제시하는 시간이다. 맬은 우리에게 셀 모임 참석은 매주 해야 하는 헌신으로 여겨지지만 교인들이 축제 모임에 한 달에 한 번이나 두 번 이상 출석하기를 기대하지는 않는다고 말했다. 제자도와 선교의 기본적인 사역은 셀 수준에서 일어난다. 이런 식으로 동질성과 이질성의 균형이 가능하다.

성육신적 전도를 위한 성경적인 접근

기독 교회가 성육신적이고 선교적이 되려면, 우리가 신약 성경의 가르침이라고 믿는 바대로 '우리와 그들'이라는 정서를 포기하려면, 주변 세계에 영향을 주기 위한 성경적인 방식을 재발견해야 한다. 끌어모으는 전통적 교회는 전도를 교인들을 밖으로 보내 다른 사람들에게 신앙을 나누고 그들을 교회로 데리고 오는 것으로 이해한다. 그렇지만 신약 저자들은 전도를 더욱 유기적으로 보았다.

신약은 전도자의 은사를 인정하면서도 교회가 속한 세상에 동참하는 일에는 두 개의 층이 있는 것으로 본 듯하다. 즉 복음 선포를 위한 자리와 은사를 가진 복음 전도자의 역할도 있지만(비록 그가 꼭 설교단에 서서 설교하는 사람일 필요는 없지만), 모든 그리스도인이 사회에 성육신적으로 침투하는 두 번째 층도 있다. 이런 침투가 선교적이 되기 위해서

(단지 사회적일 뿐 아니라)는 다음과 같은 헌신의 표지들이 있어야 한다.[11]

거룩

예수님은 "이같이 너희 빛이 사람 앞에 비치게 하여 그들로 너희 착한 행실을 보고 하늘에 계신 너희 아버지께 영광을 돌리게 하라"고 말씀하셨다(마 5:16). 하나님 나라의 확장에 관한 신약 성경의 가르침에서 핵심 구조를 이루는 것은, 바로 그리스도인 공동체가 경건하고 거룩한 생활양식을 취할 때 그들이 속한 지역의 사람들을 자극하여 하나님을 찾게 할 것이라는 생각이다. 그렇지만 근본주의적 복음주의 교회 가운데 소위 전형적인 성결 운동이 보여 주었던 많은 사례가 정반대의 효과를 가져왔다. 그리스도 안에서의 삶의 경이로움이 술을 완전히 금하는 차원으로 축소된다면 세상은 우리에 대해 큰 관심을 기울이지 않게 되는 것 같다. 거룩함을 단지 술 마시지 않고 담배 피우지 않고 춤추지 않는 것으로 이해한다면 이는 매우 제한된 관점이다. 디도서에서 바울은 디도에게 성도들을 존경받을 만하며 신중하며 친절하며 사랑할 만하며 신실하도록 가르치라고 권면하고 디도 자신도 고결하고 신중하고 온전할 것을 권면했다. 왜 그런가? "이는 범사에 우리 구주 하나님의 교훈을 빛나게 하기" 때문이다(딛 2:1-10).

선교적-성육신적 교회는 그리스도인의 교훈을 아직 받아들이지 못한 사람들의 눈앞에서 그 교훈을 그대로 살아냄으로 그것을 빛나게 할 것이다. 사회에서 물러난 교회가 그 사회에 무슨 영향을 줄 수 있겠는가? 전통적-끌어모으는 교회는 세상에서 소금과 빛이 되라는 예수의 명령과는 반대로, '나와서 분리되라'는 말을 자주 한다. 그러나 우리 삶은 정의를 행하고 인자를 사랑하며 겸손히 하나님과 함께 행하는 데 헌신된 표지를 통해 우리가 다가가려는 사람들 가까이에서 드러나야 한다(미 6:8). 술을 금하기로 작정하는 것이 하나님께 드리는 헌신의 행위로서 매우 좋은 일일 수 있지만, 삶이 탐욕과 자기중심성과 교만과 두려움으로 드러난다면 어떻게 우리의 빛이 비칠 수 있겠는가? 크리스텐덤 이후 시대의 문화에 영향을 주려 한다면 교회는 부를 버리고 가난한 자와 함께하며 학대받는 자들을 위해 목소리를 발하고 따스하고 사랑스런 공동체로 살아가야 한다. 몰트만은 이것을 다음과 같은 특징을 분명히 지닌 '새로운 종류의 공동 생활'이라 불렀다.

- 누구도 자신의 문제를 홀로 가지고 있지 않으며,
- 누구도 자신의 무능을 감출 필요가 없으며,
- 누구는 말할 것이 있고 누구는 할 말이 없는 상태와 거리가 멀고,
- 나이 많은 이나 어린이나 소외되지 않으며,
- 심지어 즐겁지 않을 때도, 일치되지 않을 때도 서로를 받아 주고,
- 때때로 필요로 할 때 평안히 놓아 줄 수도 있다.[12]

기도

교회는 거룩한 삶을 사는 것과 동시에 또한 기도하도록 명령을 받았다. 관계망 속에 있는 미그리스도인들을 위해 기도할 때 우리가 무엇을 기도해야 하는지 신약 성경은 분명히 가르쳐 준다.

우선 하나님이 교회에 더 많은 전도자들을 선물로 주시기를 기도해야 한다. 우리는 전도자(evangelist)의 직분이라는 영적 은사가 있음을 믿는다. 흥미롭게도 성경은(믿음과 신유와 가르침 등과 같이) 전도(evangelism)의 은사에 대해서는 말하지 않고 오직 (교회에) 전도자(evangelist)의 은

사가 있다고 말한다. 이 책 후반부에 나오는 리더십 관련 부분에서 성육신적 교회 안의 전도자의 역할에 대해 더 자세히 다룰 것이다. 여기서는 다만 우리가 전도자의 성경적 역할을 무시할 수 없다는 점을 말하는 것으로 충분하다. 하나님은 이들을 교회에 선물로 주셨고, 이들이 더 많이 일어나도록 기도하는 것이 우리에게 주어진 임무다. (풀러 신학대학원의 교회 성장 연구는 성도의 약 10퍼센트가 자신을 전도자라고 생각한다는 것을 보여 준다.)[13] 마태복음 9:36-38에서 예수님은 제자들에게 하나님께 더 많은 추수꾼(전도자와 선포자들)을 보내 달라고 기도하라고 요청하셨다. 이 본문은 전형적으로 해외 선교에서 돌아온 선교사들이 교회에서 더 많은 선교사들을 동원할 때에만 인용된다. 그들이 그렇게 하는 것은 매우 적절하지만 동시에 이것은 지역 회중에도 적용될 수 있다. 각 교회는 하나님께 은사를 가진 전도자들을 더 보내 달라고 요청해야 한다.[14]

다음으로 전도자의 사역에 하나님이 복을 주시도록 기도해야 한다. 당신은 더 많은 선포자들을 위해 기도할 때 하나님이 여러분의 교회에 주시는 사람들을 보며 놀라게 될 것이다. 그렇지만 지역 교회에 주신 명령은 그들이 하는 사역의 성공을 위해 기도하라는 것이다. 에베소 교회에 편지를 쓰면서 바울은 이렇게 요청한다. "나를 위하여 구할 것은 내게 말씀을 주사 나로 입을 열어 복음의 비밀을 담대히 알리게 하옵소서 할 것이니"(엡 6:19). 아마 당신은 바울과 같은 비상한 은사를 받은 이들을 위해 기도하기가 더 쉽지, 교회에 있는 평범한 전도자를 위해 기도하기는 어렵다는 사실을 깨달을 수도 있다. 그렇지만 바울 역시 그 당시에는 특이한 성격의 소유자였으며 다른 그리스도인과 갈등에 빠지고 설교 능력의 부족, 평범함으로 인해 비난받았다는 것을 유념하라. 성육신적 교회는 더 많은 전도자를 위해 그리고 그들의 성공을 위해 기도하는 일에 매진한다.

마지막으로 교회는 미그리스도인 친구들과 이웃의 구원을 위해 기도해야 한다. 디모데에게 편지를 쓰면서 바울은 왕들과 권력자들을 포함하여 **모든 사람**을 위해 기도하라고, 그들이 예수님이 하나님과 인간 사이의 유일한 중보자가 되신다는 것을 알도록 기도하라고 권면한다 (딤전 2:1-6).

사회적 사귐

이것이 선교적-성육신적 교회가 사회에 침투하는 세 번째 주요한 헌신의 영역이다. 교회가 복음을 매력적으로 만드는 착한 행실로 사람들의 관심을 자아내는 새로운 삶의 방식을 살아 내고자 할 때, 이것이 정말 효과적이기 위해서는 미그리스도인들 가까이에 다가가서 이런 삶을 사는 일이 따라와야 한다. 바울은 우상에게 바쳐진 음식을 먹는 문제와 관련하여 생겨난 고린도 교회의 분열을 중재하면서 이 문제를 심각하게 고려했다(고전 10:27-11:1). '깨끗한' 음식과 '부정한' 음식에 관한 논쟁은 한편으로는 철학적이고 신학적인 문제다. 그것은 물질 세계가 본래 선한가 아니면 뭔가 부족한가 하는 문제와 관련된다. 그렇지만 다른 한편으로는 사회적이고 선교적인 문제다. 이것은 '누구의 식탁에서 먹을 수 있는가?' 하는 질문과 연관된다. 바울은 그 문제를 신학적인 차원에서도 언급했지만(고전 10:25-26) 그의 주된 관심은 선교적인 관점인 것 같다. 그는 고린도 교회가 우상에게 바쳐진 음식이라는 이유로 미그리스도인들의 환대를 거부하여 그들과의 끈이 끊어지지 않을까 하는 문제에 관심을 두고 있다. 그는 이렇게 썼다. "불신자

중 누가 너희를 청할 때 너희가 가고자 하거든 너희 앞에 차려 놓은 것은 무엇이든지 양심을 위하여 묻지 말고 먹으라"(고전 10:27). 바울은 그리스도인의 양심에 관하여 신학적인 입장을 방어하고 있지만 동시에 선교사처럼 편지를 쓰고 있다.

바울은 그리스도인을 적극 격려하여 아직 신앙 공동체 밖에 있는 이들과 밀접한 상호 관계를 맺는 일에 열심을 내라고 명백히 말했다. 고린도전서 5:9-10에서 그는 당시의 성적 부도덕을 언급하면서 멸망을 받을 부도덕한 그리스도인을 징계하는 일과 미그리스도인들을 향한 교회의 태도 사이에 구별을 두었다. "내가 너희에게 쓴 편지에 음행하는 자들을 사귀지 말라 하였거니와, 이 말은 이 세상의 음행하는 자들이나 탐하는 자들이나 속여 빼앗는 자들이나 우상 숭배하는 자들을 도무지 사귀지 말라 하는 것이 아니니 만일 그리하려면 너희가 세상 밖으로 나가야 할 것이라." 사우스 멜버른 회복 공동체(South Melbourne Restoration Community)에서 앨런이 한 사역은 멜버른의 게이 그룹과의 의미 있는 접촉이 특징이었다. 바울의 권고를 따라 이 교회는 할 수 있는 한 그 그룹과 우호적이고 열린 관계를 유지했다. 그런데 자신을 그리스도인이라 지칭하는 한 사람이 교회 모임에 나와서, 그리스도를 따르기 위해 게이의 생활 양식을 떠난 새신자와 공개적으로 성적 물의를 일으킨 사건이 있었다. 이 상황에서 교회의 리더들은 수많은 미그리스도인 게이들과 관계를 유지하면서도, 그 '부도덕한 형제'(바울이 그렇게 불렀듯이)를 올바르고 적절하게 다루어야 한다는 판단을 내렸다.

로버트 뱅크스(Robert Banks)는 초대교회에 관한 두 권의 책 『1세기 교회 예배 이야기』(Going to Church in the First Century)와 『바울의 공동체 사상』(Paul's Idea of Community)에서 가정과 식탁을 중심으로 형성되는 초대교회를 회복하고 애찬의 중심적인 지위를 되찾는 일에 일조를 했다.[15] 식탁을 함께 나누는 것은 친밀감과 관대함과 용납의 강력한 상징이다. 많은 교회가 불신자를 식탁(여기서는 성찬을 의미하기도 한다―옮긴이)에 받아들이지 않아 '우리와 그들'식 정서를 고착시킨다.

시드니의 신흥 주택가에 있는 한 교회는 주일날 두 번의 예배를 드리는데 저녁 예배가 점점 힘을 잃어 가고 있었다. 아침 예배에는 많은 사람이 오지만 저녁에는 보통 6명에서 10명 정도만 모습을 드러냈다. 제한된 자원을 이런 식으로 쓴다는 것이 어리석다고 생각한 그들은 저녁 예배를 하지 않기로 결정했다. 이건 특별한 이야기가 아니다. 수많은 작은 교회 혹은 개척 교회가 주일 예배를 한 번만 드린다. 그런데 이들이 예배를 그만둔 방식이 독특했다. 그들은 저녁 예배에 참석하던 여남은 명의 사람들을 초대하여 교회에 있었을 시간에 무언가 선교적인 일을 하겠다는 언약을 하도록 했다. 어떤 사람은 지역의 배식 봉사에 지원했고 또 다른 사람은 어린이 보호 프로그램에서 전화를 받는 일에 자원했다. 한 부부는 주일 저녁 교회에 앉아 있는 그 시간에 새로 태어난 아기를 유모차에 태우고 동네 거리를 걷기로 결정했다. 물론 거리의 모든 사람들이 새로 난 아기에게 관심을 가지고 젊은 부부 앞에 멈춰 섰다. 잔디에 물을 주고 세차하면서 사람들은 이 그리스도인 부부와 대화하기 시작했다. 그들은 교회에 안 가고 유모차를 끌고 다니면서 친구를 더 만들고 예수님을 더 자주 소개하고 마을에서 훨씬 더 효과적으로 빛과 소금으로 살아갈 수 있게 되었다고 말했다. 저녁 예배를 없애고 성도들이 주일 저녁에 마음껏 방황할 수 있게 된 교회가 많지만, 이 교회는 대체적인 활동을 **선교**로 보게 함으로 많은 새로운 가능성을 보게 되었다. 우리의 요점은, 사회적 사귐(socializing)은 의도적이고 선교적이며 은혜가 넘치고 관대해야 한다는 것이다. 이러한 사회적 사귐도 지역 공동체에 침투하는 광범위한 형태로 보아야 한다.

지금까지 논의한 세 가지 광범위한 헌신에서 한 가지 유형을 발견하게 된다. 선교적-성육신적 교회는 주변의 지역 공동체와 밀접하게 함께 살고 먹고 일해야 하며, 그리스도인과 미그리스도인들 간에 강한 연결 고리를 만들어야 한다는 것이다. 이런 일을 미그리스도인들의 집에서나 그들이 좋아하는 공공장소(스카이다이빙 격납고나 좋아하는 커피숍 등)에서 하는 것이 최선이지만 그리스도인의 집에서도 할 수 있다. 깊고 애정 넘치는 우정 관계를 만들어 냄으로써 더 많은 사람이 공동체에 들어오게 될 것이다(이것이 사교에 대한 헌신이다). 이런 관계가 형성될 때, 그리스도인들은 가난한 이들과 고통 가운데 있는 이들에게 관심을 주고 조롱받는 이를 사랑함으로 관용과 양선의 행위를 통해 거룩한 삶의 방식을 보여야 한다(이것이 거룩함에 대한 헌신이다). 이 복잡하고 산만한 관계들 속에서 성육신한 그리스도인 공동체는 지속적으로 친구들의 구원을 위해 그리고 하나님이 더 많은 전도자들을 일으키시고 복 주시도록 기도해야 한다(이것이 기도에 대한 헌신이다).

이런 우정의 관계와 섬김이 깊어지면서 은사를 가진 복음 전도자의 사역이 따르기 시작한다. 이 복음 전도자는 교회 예배에 초대된 설교자가 아니라 관계망에 연결되어 있는 사람이어야 한다. 우리는 그리스도인과 미그리스도인 친구 사이에 더 밀접한 관계를 형성해 갈 때 하나님이 우리 교회에 예수님을 상황에 맞고 매력적인 태도로 효과적이면서 자연스럽게 전할 수 있는 전도자를 선물로 주실 것이라고 믿게 된다. 관계의 그물이 보수되고 탄탄해지면 미그리스도인 친구는 나의 복음 전도자 친구와 접촉하게 되어 있다. 우리의 미그리스도인 친구들이 다수의 성육신적 그리스도인과의 우정 관계로 들어오고 그중에 적어도 한 명이 복음 전도자라면 하나님은 사람들을 그분과의 관계로 이끌어 주실 것이다. 이제 네 번째 성경적 요소를 볼 차례다.

복음 전도자를 지원하기

"성전의 일을 하는 이들은 성전에서 나는 것을 먹으며 제단에서 섬기는 이들은 제단과 함께 나누는 것을 너희가 알지 못하느냐. 이와 같이 주께서도 복음 전하는 자들이 복음으로 말미암아 살리라 명하셨느니라"(고전 9:13-14). 바울은 이렇게 쓰면서 곧바로 자신이 사욕을 채우려 하는 것이 아니라고 언급한다. 그는 고린도인들에게 자신이 개인적으로 보상을 바라는 것이 아니며 단지 교회가 일반적으로 복음 전도자의 사역을 재정적으로 지원해야 한다고 말했다. 이 본문이 초대교회의 사도 직분에만 특별히 해당되지 더 이상 우리에게 적용되지 않는다는 논쟁이 있다. 만일 이것이 오늘날에도 적용된다면 전임 교역자들에게 지급되는 사례의 근거가 될 수 있다. 그러나 선교적-성육신적 교회는, 은사를 받은 복음 전도자가 저녁 파티와 점심과 심야 토론과 방과 후 부모 모임 등을 위해 많은 물질이 필요하다는 사실을 인식한다. 전도자가 서핑을 한다면 정기적으로 해변에 나가야 한다. 만일 그가 (앞의 예를 들어) 스카이다이빙을 한다면 매주 토요일에 활주로로 나가야 한다. 전도자가 예술가라면, 클래식 차 수집가라면, 훌륭한 요리사라면, 전문 정원사라면 그는 같은 마음을 지닌 사람들의 공동체에서 자유롭게 상호 관계를 맺어야 한다. 교회가 만들어 놓은 우정 관계의 망을 돕기 위해 이 사람이 파트타임으로 일한다면 교회는 그 전도자를 재정적으로 지원하는 것을 고려해야 한다.

오늘날 서구 문화의 경우, 복음 전하는 이들에 대한 지원이 일과 가정과 교회라는 쳇바퀴 속에서 소모되어 미그리스도인들과 우정 관계를 만들지 못하는 많은 사람에게 건강한 교정책이 될 수 있다. 모순적이게도 전통적-끌어모으는 교회의 전임 목회자들은 다양한 위원회를 섬기며 수많은 모임에 참석하고 예배 순서를 인도하느라 너무 바빠서 불신자와 사회적 접촉을 거의 갖지 못한다. 목회자가 이웃 마을과의 가벼운 사회적 접촉도 하지 못하는 것, 이것이 제도적 교회의 커다란 폐해 중 하나라고 우리는 생각한다. 목회자가 정기적으로 다른 교구로 옮기는 제도 또한 많은 이가 한 지역에서 오래 지속되는 우정을 나누지 못한다는 것을 의미한다. 그리고 목사가 동네 조깅 클럽이나 서점의 독서 모임에 참여하면 교인들은 주의 일에 소홀하다며 공격한다.

예수 이야기

복음을 전하는 일이 은사를 받은 복음 전도자의 주된 역할이지만 신약은 모든 신자에게 예수님을 이야기할 것을 권면한다. 그러나 우리는 이런 이야기가 이미 만들어진 사영리 같은 것을 통해 소개되어야 한다고 생각하지 않는다. 오히려 신약 저자들은 예수님 이야기를 친구들 간의 일상적인 대화 속에서 일어나는 일로 생각한 것 같다. 베드로는 이렇게 말했다. "너희 마음에 그리스도를 주로 삼아 거룩하게 하고, 너희 속에 있는 소망에 관한 이유를 묻는 자에게는 대답할 것을 항상 준비하되 온유와 두려움으로 하고"(벧전 3:15). 우정의 관계망이 확장될수록 평상적이고 일상적인 방식으로 우리 소망에 대해 이야기를 꺼낼 수 있어야 한다. 함께 본 영화에 관한 대화일 수도 있고 공통된 경험을 돌아보면서 혹은 슬픔과 고통, 심지어 더할 수 없이 기쁜 시기에 나누는 대화가 될 수도 있다. 베드로는 이런 일을 일상적인 방식으로 일어나는 것으로 인식했다. "외인에게 대해서는 지혜로 행하여 세월을 아끼라. 너희 말을 항상 은혜 가운데서 소금으로 맛을 냄과 같이 하라. 그리하면 각 사람에게 마땅히 대답할 것을 알리라"고 쓴 바울도 이 일을 역시 일상적인 것으로 인식했다(골 4:5-6). 바울의 이 말에는 분명 앞에서 언급한 이중적 접근이 들어 있다. 3절과 4절에서 바울은 자신이 전도자(선포자)이고 골로새 사람들은 자신이 전도하는 것을 위해 **기도해야** 하며(4절) 불신자 앞에서 **거룩한 삶**을 살아야 하고(5절) 불신자의 질문에 정중하게 **대답을 해야** 한다고 말했다(6절).

우리는 거룩한 삶을 살고, 미그리스도인 친구들을 위해 기도하고 정기적으로 사귀며 우정을 쌓고 그들을 복음 전도자 친구들에게 소개함으로써, 하나님이 사람들에게 믿음이라는 선물을 주시는 그분만의 일을 하실 수 있는 비옥한 토양을 만들어 드릴 수 있다. 이것이 전도에 대한 성육신적 접근이다.

4장　선교적 교회의 모습

> 제가 기억할 수 있는 유일한 통계 자료는,
> 교회에서 졸고 있는 사람들을 죽 이어 눕혀 주면
> 훨씬 더 편안해할 것이라는 내용입니다.
> ─빅토리아 여왕에게 바친 어떤 글

초콜릿 가게 교회

선교적-성육신적 교회가 무엇을 의미하는지 더욱 잘 이해하고 싶다면 라세 할스트롬(Lasse Halstrom)의 재미있는 로맨스 코미디인 〈초콜릿〉(Chocolate)을 보라. 이 영화는 고압적인 시장 레이노 백작이 관할하는, 엄격하고 억압적인 형태의 가톨릭이 철저하게 지배하는 작은 프랑스 마을을 배경으로 한다. 백작은 지배적이고 위협적인 성격으로, 마을 전체가 온통 두려움과 불안 가운데 살아가고 있다. 영화의 미술 감독이 제작한 마을 중앙에는 한 그루의 나무나 꽃도 없으며, 돌벽과 자갈들은 먼지, 눈, 바람으로 뒤덮여 있다. 온통 회색인 배경은 백작이 엄격한 종교적 수단으로 사람들을 침묵시키는 이 영화의 메마른 분위기를 반영하고 있다. 엄숙한 공기 속에서 마을 사람들의 관계는 깨어지고 뒤틀려 있다.

그 마을에는 아무런 열정 없이 집을 치우거나 음식을 준비하는 것으로 결혼 생활을 유지하는 한 부부가 있다. 마을의 카페를 운영하는 또 다른 부부는 폭력과 술로 갈기갈기 찢겨 있다. 백작의 비서는 몇 년 전에 있었던 단순한 불화 때문에 자신의 아들과 조모 사이를 갈라놓고 있다. 한 과부를 사모하는 노인은 자신의 사랑을 표현하지 못하는데, 그녀가 40년 전에 죽은 남편을 여전히 애도하고 있기 때문이다. 백작 자신은 부인에게 버림받았다. 이를 솔직하게 말할 수 없어서 그는 부인이 이탈리아에서 휴가를 보내고 있다고 말한다. 기만과 공포가 백작의 엄격하고 고지식한 종교적 신념의 산물이다.

이 딱딱한 회색빛 마을에 비앙 로쉐(줄리엣 비노쉬)가 "음산한 북풍에 밀려" 들어온다. 예고 없이 어린 딸을 데리고 도착한 그녀는 딸과 함께 밝고 붉은 망토를 걸치고 나타나는데 이들의 붉은색은 돌로 된 회색 마을의 황량함과 충격적인 대조를 만들어 낸다. 무모하게도 그녀는 이 우울한 마을에 초콜릿 가게를 내려는 심산이다. 설상가상으로 마침 사순절 기간이 시작되는 때다. 이 기간에 마을 사람들은 그리스도께 헌신하고 회개하는 표현으로 즐거움을 거부해야 한다. 백작은 사순절을 엄격하게 지키면서 거의 모든 음식을 거절한다. 비앙의 초콜릿 가게는 이 마을 분위기와는 전적으로 상반된다. 그녀의 가게는 가장 퇴폐적이고 이국적인 초콜릿 작품으로 채워진다. 그녀와 백작은 마을 사람들의 영혼을 얻기 위한 대결을 시작한다.

몇몇 평론가들은 백작은 전통적인 기독교를, 비앙은 전형적인 이교주의를 대표한다고 말했다. 그런 관점에서 이 대결은 그리스도와 이

교주의의 대결이다. 그러나 우리는 이를 좀 다르게 본다. 우리는 백작과 마을 광장 중앙의 석조 성당을 크리스텐덤식의 끌어모으는 교회를 상징하는 것으로 본다. 그들은 스스로 세상의 중심에 서서 복종과 참여를 요구하고 있다. 한편 비앙과 초콜릿 가게는 선교적-성육신적 교회를 나타낸다. 그녀는 마을 변두리의 오랫동안 버려져 있던 빵집에 자리잡았다. 그녀는 초콜릿 파는 일은 미루어 두고 마을 사람들과 먼저 우정을 쌓는다. 즉 그녀는 우리가 지난 장에서 말한 우정의 관계망과 유사한 상황을 만들고 있다. 그녀는 잠재적인 고객들이 저마다 좋아하는 초콜릿이 무엇인지 알아내는 놀라운 재능을 갖고 있다. 그리고 마을 사람들의 병을 고쳐 주기 위해 초콜릿 치료를 처방한다. 결혼 관계가 냉담해진 우울한 중년 부부에게는 "열정을 깨우는" 칠리 장식 초콜릿을 처방한다. 이내 그들의 사랑은 다시 살아난다. 한 노인과 그가 연모하는 과부 마담 오델을 맺어 주는 데도 그녀는 직접 만든 초콜릿을 사용한다. 그리고 마침내 자기 집 주인 아르망데 포이진이 딸의 반대를 무릅쓰고 유약한 손자와 비밀스럽게 만나도록 해 준다.

관계들을 회복하고 솔직하고 개방적인 분위기를 만들어 가던 비앙은 조세핀 무스카와 관련된 사건으로 큰 도전에 직면한다. 남편 세르지에게 심한 학대를 받아 온 조세핀은 처음에 그녀가 볼 때에는 정상적인 인간관계가 불가능할 것 같았다. 그녀는 세르지의 폭력으로 완전히 망가졌고 공포에 휩싸여 있다. 그녀가 남편에게서 도망쳐 초콜릿 가게에 처음 나타났을 때 비앙은 그녀를 받아 주고 재기를 도와 그녀에게 초콜릿 제작 방법과 판매를 가르쳐서 힘을 북돋워 준다. 이에 백작이 자극을 받아 행동에 나선다. 그는 헌신된 그리스도인 남성으로서 거룩한 혼인 관계를 갈라놓는 것을 참지 못하고 동시에 가정 폭력도 용납할 수 없다. 비앙이 상처 입은 조세핀을 일으켜 주자 백작은 폭력적인 세르지를 선한 그리스도인으로 만드는 도전을 받아들인다. 그는 세르지에게 고해 성사를 강요하고 새 옷을 사 주고 교리 교육을 시킨다. 경쟁에 돌입한 것이다. 비앙은 조세핀을 사랑과 용납과 자비로 회복시킨다. 백작은 세르지를 교육과 회개와 훈련으로 회복시키려 한다. 놀랍게도 비앙은 사랑스런 조세핀이 활기를 되찾게 하는 데 성공하지만 비열한 세르지를 향한 백작의 노력은 절망적으로 실패하고 만다.

비앙 로쉐의 초콜릿 가게는 성육신적 교회를 향한 우리의 비전이다. 그녀는 문제투성이 마을에 은혜와 평화를 가져다주고 따뜻하고 판단하지 않으며 동정적이다. 그녀의 가게는 일종의 피난처이지만 단순히 사람들이 찾아오기만을 기다리지 않는다. 그녀는 사람들의 삶과 고통에 동참하고 실제적인 도움을 제공하며 솔직하고 진리를 말할 수 있는 공간을 제공한다. 그녀는 삶과 좋은 음식(아르망데의 70세 생일 파티에 엄청나게 실험적인 메뉴를 선보인다)과 큰 웃음과 사랑과 로맨스와 이야기와 판타지와 상상을 즐거워한다. 사실 아르망데의 생일 파티는 버림받은 자와 죄인과 세리들이 함께 즐겼던, 예수님을 위한 마태의 파티를 연상시킨다(막 2:15). 예수님처럼 비앙은 버림받은 자와 부적응자들을 모아 그들을 영예롭게 할 만큼 근사한 잔치를 벌인다. 교구 사제인 앙리 신부는 진실을 말하면서, 마을이 "우리가 배척한 사람 때문에 선을 경험하게" 되었다고 인정한다.

영화의 부차적인 줄거리는 배를 타고 강둑에 도착하여 천막을 친 집시 그룹이 만들어 간다. 그들은 비앙의 열정적인 삶과 경축과 용납과 사랑의 비전을 나눈다. 그렇지만 이들은 떠돌아다니는 사람들이다. 이들의 리더인 루(조니 뎁 분)는 비앙을 구슬러서 이 숨막히는 마을을 떠나자고 하지만 비앙이야말로 진짜 선교사다. 유혹을 못 이긴 비앙은 결국 다음 북풍이 불 때 떠나겠다고 하지만 조세핀의 간청 때문에 결국 그 유혹을 거부한다. 루는 순회 선교사와 같다. 그가 마을에 미친 영향은 제한적이다. 그는 사람들의 세계관에 의문을 던지고 마을 사람들을 불편하게 만들지만 그들의 행동에 아무런 변화도 만들어 내지 못한다. 그러나 비앙은 마을에 대한 헌신과 그들 곁에 있겠다는 각오와 동정심으로 결국 마을을 변화시키고 조세핀 안에서 그녀 자신을 재생산해 낸다. 이것이 선교적-성육신적 교회가 생각하는 방식이다.

처음부터 다시 시작할 수 있다면?

앨런이 지역 교회 회중과 교회 활성화 자문 모임을 진행할 때 제기하는 가장 전복적인 질문 중 하나는 이것이다. "처음부터 전부 다시 시작할 수 있다면 똑같은 방식으로 하시겠습니까?" 그리스도 교회(Churches of Christ) 교단의 선교와 호주 교회 활성화 책임자로서 앨런은 교회를 개척하고(선교) 죽어 가는 교회들을 다시 세우는 일을 돕고 있다. 특정한 지역에 존재해야 하는 목적을 재발견하려고 노력하는 교회의 초대를 받을 때 그는 이 질문을 하며 시작했고, 이에 대한 통상적인 대답은 "아니오"였다. 교회를 처음부터 다시 한다면 그들은 지금까지 했던 식으로는 하지 않을 것이라고 말한다. 그러면 앨런은 이렇게 반응한다. "그렇다면 지금 당장 바꾸지 않을 이유가 없습니다."

만약 당신이 한 지점에서 구멍을 파고 있는데 아무래도 다른 곳에 파야겠다고 생각한다면 같은 지점에서 더 깊이 파지는 않을 것이다. 그런데 교회는 끌어모으는 옛날 방식이 통하지 않음을 깨달으면서도,

그저 좀 더 나은 방식으로 개선하면 통할 것이라고 믿는 것 같다. 문제를 제대로 직면해 보자. 수많은 교회 성장 세미나와 컨퍼런스는 단지 전통적인-끌어모으는 방식을 재포장해서 그것이 작은 교회, 문제 많은 교회, 죽어가는 교회의 성장을 위한 유일한 방법이라고 선전한다. 어려움을 겪고 있는 교회를 격려해서 같은 구멍을 더 깊이 파게 하는 컨퍼런스, 그런 식의 자료를 만들어 내는 전문 산업이 있기까지 하다. 반면 그 구멍을 떠나 다른 곳에 구멍을 파는 것은 지역 교회로서는 엄청난 헌신을 해야 하는 일이다. 교회가 자체의 리듬과 생명을 가지고 있을 때는 DNA를 바꾸기가 매우 어렵다. 틀은 빨리 개발된다. 그러나 끌어모으는 형태에서 성육신적 형태로 변화하는 것은 엄청난 일임을 우리는 이해한다. 그래서 우리는 이 일을 가볍게 추천하지 않는다. 그러나 이미 지적한 것처럼, 크리스텐덤의 종식과 포스트모더니즘의 출현과 새로이 등장하는 전 지구적 문화는 기성 교회가 파산했으며 교회가 서구 사회에 긍정적인 영향을 줄 수 없음을 폭로하고 있다.

전부 다시 시작할 수 있다면 어떻게 다른 식으로 할 것인가? 몇 가지 제안을 하고자 한다.

환자에게 귀기울이기

우리는 교회에서 행하는 많은 일이 '유기적이지 않다'는 결론에 도달했다. 이 일들은 너무나 자주 인위적인 경험처럼 느껴진다. 많은 교회의 공동체 경험은 그들의 일상적 경험, 신념과 갈등, 승리의 경험 같은 풍부한 복잡성을 반영하지 못한다. 만일 교회의 사역이 유기적이라면 우리가 영향을 미치려는 사람들의 문화적 지배력, 유형, 구조, 에너지에 훨씬 민감할 것이다. 우리는 선교사들처럼 생각할 것이며 우리가 사역하려는 이웃이나 하부 문화에 귀 기울이고 함께 먹고 마시며 함께 놀 것이다. 우리는 어떤 그룹이 모이고 합치는 '자연스런' 방식을 알게 되고 분별할 때까지는 교회나 공동체 생활의 특정한 모델을 개발하려 하지 않을 것이다. 다른 말로 하자면 우리는 외부에서 가져온 모델을 심는 게 아니라 본래의 유기적이고 현존하는 문화 자체를 구속하려 한다. 오늘날 많은 교회 개척자들이 교회의 공식 예배를 시작하기 전에 특정한 이웃이나 하부 문화 속에서 교제하며 상당한 시간을 보내지만, 이들 개척자들이 특정 지역에 대한 기본적인 '조사'를 하고 나서는 전통적이고 끌어모으는 모습의 교회, 기본적으로 서구의 모든 다른 교회와 똑같은 교회를 개척한다는 사실을 발견하게 된다. 우리가 영향을 미치려는 사람들의 삶의 리듬과 생활양식이 우리의 공동체적 삶과 예배 모임을 결정하면 안 되는 것일까?

선교사로서 우리는 이렇게 물어야 한다. "무엇이 이 사람들에게 복된 소식인가?"(무엇이 이 사람들이 하나님 앞에서 붙들고 있는 실존적인 문제인가?) 그리고 "이 사람들에게 교회는 어떤 모습이어야 하는가?" 이에 대한 대답이 복음의 어떤 요소를 먼저 전달해야 하는지 단서를 줄 것이다. 청진기를 발명한 사람이 이렇게 말했다고 한다. "당신의 환자들에게 귀 기울이십시오. 당신이 어떻게 치료해야 할지를 그들이 말해 줄 것입니다."

크리스텐덤 형태의 교회는 지난 장에서 말한 풍부하고 다양한 상호적인 우정을 발전시키는 대신, '성공'의 정신에 전염되어 있기 때문에 교회 안에 진정한 관계가 항상 부족하다. 그러다 보면 이내 하나님과 진실된 관계를 맺는 역량도 감소하게 된다. 우리의 신앙 공동체와 우리가 영향을 미치기 위해 애쓰는 미그리스도인들 간에 밀접한 연결

고리가 반드시 있어야 한다. 이는 분명 같은 지역 공동체에 사는 것을 의미할 것이다. 또는 동네 카페에서 일하거나 주유소에서 기름을 넣거나 의료 행위를 하거나 지나가는 길에 '맥주 한 잔 하면서 장미 정원을 어떻게 관리하는지' 이야기하는 것을 의미할 수도 있다. 속도를 줄이고 사람들에게 귀를 귀울이라. 시인으로서 노자는 이렇게 말한다.

> 사람들에게 가
> 그들과 함께 살고
> 그들에게 배우고
> 그들을 사랑하라.
> 그들이 아는 것으로 시작하고
> 그들이 가진 것으로 세우라.
> 최고의 지도자들과 함께라면,
> 일이 끝나고 과업이 완수될 때
> 사람들은 말할 것이다.
> 우리가 스스로 해냈다고.[1]

어떤 집단과의 이런 강한 유대감을 묘사할 때 선교학자들이 사용하는 용어는 **상호 감정**(interpathy)이다. 이는 동정(sympathy)이나 감정이입(empathy)과는 다르다. 이 단어는 특정한 공동체의 외부인이 그 공동체를 향한 마음의 부담을 발전시킬 때의 관계의 깊이를 묘사한다. 달리 말해 어떤 공동체가 무엇으로 아파하고 무엇을 향하고 있는지, 어떤 가치관을 가졌는지를 익히는 외부인의 역량을 말한다. 이것은 일종의 심오한 동일시로서, 손님이나 선교사가 거의 그 집단의 일원이 되어 버리는 것이다.

'평화의 사람들을 찾기'

누가복음 10장에서 예수님은 수많은 마을들을 방문하시면서 70인의 제자들을 선발 부대로 보내신다. 그러면서 각 마을에서 평화의 사람을 찾으라고 가르치신다. "어느 집에 들어가든지 먼저 말하되 이 집이 평안할지어다 하라. 만일 평안을 받을 사람이 거기 있으면 너희의 평안이 그에게 머물 것이요, 그렇지 않으면 너희에게로 돌아오리라. 그 집에 유하며 주는 것을 먹고 마시라. 일꾼이 그 삯을 받는 것이 마땅하니라. 이 집에서 저 집으로 옮기지 말라"(눅 10:5-7). 이것이 예수님의 교회 개척 전략이었다. 특별히 그분은 이 집 저 집으로 옮겨 다니지 말라고 가르치셨다. 예수님은 전도할 때 포괄적인 접근(a blanket approach, 모든 사람을 다 아우르려는 접근—옮긴이)을 취하지 말라고 권면하신다. 오히려 선발 부대는 '평화의 사람'을 만날 때까지 다양한 가정들을 방문해야 했다. 그렇게 하고 나서 이 한 가정과의 우정에 집중해야 했다.

찰스 브록(Charles Brock)이나 조지 패터슨(George Patterson) 같은 선교학자들은 이 '평화의 사람'을 찾는 것이 건강한 교회의 출발 과정에서 중심이 된다고 말한다. 그러나 많은 교회들이 이렇게 출발하지 않는다. 많은 교회는 예산의 엄청난 부분을 광고(인쇄, 전자, 우편)에 쏟아붓고, 할 수 있는 한 많은 사람을 (교회 모임에 오게 하려고) 다 아우르려 한다. 평화의 사람을 찾아 거기에 우리 사역의 기초를 놓는 것은 단기적으로는 덜 효과적인 방법처럼 보인다. 그렇지만 장기적으로는 지역에 있는 토착적 지도자의 가정에서 시작되는 교회 개척 프로젝트가 훨씬 더 풍성하고 효과적이다. 바울은 고린도에 있으면서 그 지역의 천막장이인 브리스길라와 아굴라의 집에 초점을 맞추면서 이 모델을 따랐다. 평화의 사람들이란 영적으로 열려 있고 좋은 평판을 듣고 있으며 마을에 영향을 미치는 주요 인사들이다. 이들이 믿는 사람이 되면 자신의 믿음을 우정의 관계망 안에서 확신 있게 나누게 되며 새로운 가정에 기초한 교회가 시작된다. 우리는 새로운 교회를 개척하는 사람들이 단발적인 접근을 취하지 말고 이런 평화의 사람들의 효과적인 역할을 진지하게 고려할 것을 제안한다. 이는 교회 건물 안에서 프로그램을 굴리다가 어쩌다 생긴 회심자를 교회 문화 속으로 끌어왔다가 다시 다른 사람들에게 나가도록 보내는 것과는 근본적으로 차원이 다르다. 보통 이런 접근에서는 새신자들이 자신의 소중한 사회적 배경으로부터 즉시 뽑혀 나와 우정의 관계망에서 단절되어 버린다.

평화의 사람-성육신적 방식을 이용하면 새신자들이 자신의 관계망에 머물면서 훈련과 양육과 지원으로 친구들을 그리스도께 이끌며 종종 (끔찍한 말로) '저 바깥 진짜 세상'에서 교회를 시작하기도 한다. 이 유형이 훨씬 생산적이며 지속 가능하며 상황에 맞다.

더하기가 아닌 곱셈 번식

성육신적 방식에서는 '조직화된 종교'에 대해 훨씬 더 신중하다. 우리는 더 큰 것이 꼭 더 좋은 것이 아님을 점점 더 확신하게 되었다. 사실 이것은 모더니즘의 전제다. 우리는 포스트모던 상황에서는 문화적 열정으로 이루어진다면 작은 것이 더 낫다는 생각을 하게 되었다. 더 큰 것은 더 많은 프로그램을 의미하며, 더 많은 프로그램은 더 조직화되는 것과 더 통제하는 것 즉 덜 자유로워지는 것을 의미한다. 선교적-성육신적 교회는 더하기(addition)가 아닌 곱셈 번식(multiplication)의 관점으로 생각한다. 같은 시간에 같은 방 안에 더 많은 사람을 모으는 것은 성육신적 관심사가 아니다. 이런 방식은 전후 미국에서는 통했을 것이다. 1950년대 미국 교외 지역의 문화는 훨씬 단색적이었다. 베이비 붐 세계에서는 천편일률적인 교회 모델이 훨씬 잘 작동했다. 이것을 서구의 **하위문화화** 혹은 **부족화**라고 부른다. 사실 미국의 대형 교회는 대개 단색적인 베이비 붐 세대가 사는 교외에서 번성했다고 주장할 수 있다. 이것이 지나친 일반화일 수 있음을 인정하며, 대형 교회 현상의 성공을 그렇게 간단하게 설명하려는 것은 아니다. 그렇지만 우리는 대부분의 서구 사회 평론가들이 말하는 것처럼 지금 교외에 있는 사람들조차 무수한 하부 문화로 분화되고 있음을 예측하고 있다. 선교사들처럼 교회는 하부 문화의 사회적 관습과 습속을 이해해야 하며, 자신이 부름받았다고 느끼는 특정 그룹의 사람들이나 '부족'(tribe)의 리듬 속으로 성육신할 필요가 있다.

누군가 좀 더 작고 타깃이 분명한 성육신적 공동체를 시작하려고 할 때, 분명히 어떤 사람들은 이들이 충분히 복음전도적이지 않다고 문제를 제기한다. 그렇지만 우리는 관점에서나 실제의 삶에서나 강력하게 복음전도적이다. 우리가 주장하는 바는, 요즈음 강조하는 것처럼 가능한 한 많은 좌석을 채우는 것이 아니라 성육신적인 회중을 재생산하는 것이다. 조너선 캠벨(Jonathan Campbell)의 배턴 교회(Baton Church) 모델은 이 점에서 우리에게 영감을 준다. 배턴의 이미지를 통해 캠벨은 복음과 교회에 대한 성경적 비전은 기동성이 있고 전달 가능하며 상황에 맞아야 한다고 주장한다.

그분의 나라를 세우시는 하나님의 전략은 선교하는 공동체들의 성장과 승법 번식을 통한 것이다. 비록 상황과 방법은 변하겠지만 교회의 선교는 시간을 초월한다. 교회는 성령의 능력 가운데 사회의 모든 그룹들 안에서 예수 그리스도의 복된 소식을 나누며, 그에 반응하는 사람들을 제자 삼는 공동체 안으로 모아야 한다. 새로운 교회들은 공동체적 상황 안에서 제자 삼는 일을 통해 자연스럽게 생겨난다.[2]

만일 어떤 교회가 제자 삼기(복음 전도를 포함하는)를 통해 성장한다면 그것은 자연스럽게 평화의 사람들을 사용하여 성장하고 새로운 회중을 출발시키는 순환의 한 부분이 될 것이다. 캠벨은 이것이 사도행전(13:1-14:28) 그리고 아래와 같이 요약된 성경적 교회의 유기적 리듬이라고 믿는다.

기성 교회가 교회 개척 팀을 위임한다
⇩
이 팀이 전략상 중요한 사람들을 전도한다
⇩
새로운 제자들과 함께 그 팀이 토착적인 교회를 설립한다
⇩
이번에는 이 토착적 교회가 교회 개척 팀을 위임한다
⇩
이 팀이 전략상 중요한 사람들을 전도한다
⇩
이렇게 순환이 계속된다
⇩

선교적-성육신적 교회는 스스로를 목적으로 여기지 않고 계속되는 과정의 일부로 본다. 교회들이 석조 건물을 짓고 몇 년도부터 존재해 왔다고 큰소리치던 시대는 끝났다. 이제 교회들은 스스로를 복음

증거의 유기적인 리듬의 전략적 일부분으로 볼 것이다. 어떤 교회는 특정 기간 동안에만 존재할 것이고 다른 교회는 몇 세대를 위한 실체로 남아 있을 수 있을지 모르지만, 목표는 그 자체를 유지하는 것이 아니라 재생산하는 것이다. 이것이 보내고-모으고-제자 삼고-재생산하는 형태다.[3] 교회를 제도가 아니라 운동으로 생각하는 것은, 현재의 교회 지도자들에게는 완전한 패러다임의 전환을 요구하는 일일 것이다. 그렇지만 그 일은 오랜 시간이 걸리는 변화다. 서구의 교회는 자신의 환경 속에서 선교적 운동이 되어야 한다.

리더십이 중요하다

만약 우리가 교회를 처음부터 완전히 다시 시작할 수 있다면, 상상력이 풍부하고 경건하며 성경적인 리더십이 절대적으로 중요하다는 점을 인식하고 분명한 리더십 철학과 비전을 세울 것이다. 이것이 변화를 위한 지렛대의 전략적 지점이며, 처음부터 여기에 초점을 맞추고 계속 그 초점을 유지할 것이다. 성육신적 교회를 개척하는 일에서 지도자들은 명백히 제시된 철학과 비전에 대해 분명하고 눈에 보이는 헌신에 근거하여 팀을 선택하는 것이 중요하다. 우리는 머리로는 성육신적 교회 방식의 철학에 동의하는 사람들이, 실제로는 엄청난 어려움을 가지고 있음을 알게 되었다. 끌어모으는 방식이 서구 교회에 너무 널리 퍼져 있고 뿌리가 깊어서, 그 안에서 자라난 사람들은 때로는 자신의 상상력 안에 일종의 원상 복구 프로그램을 가지고 있다. 의미심장한 변화의 필요에 동의할 수 있지만 현실에서는 원래 하던 식으로 금방 다시 물러선다. 브라이언 맥클라렌이 소문자 교회 전통(church tradition)과 대문자 교회 전통(Church Tradition)으로 명명했던 것 사이의 차이를 인식하는 과정을 통해 리더십 팀을 선택하는 것이 필수적일 것이다.[4] 지도자들은 교회의 관례와 전통들은 문화적으로 물려받은 요소임을 이해해야 한다. 이는 충분히 문화에 적응 가능하고 융통성 있는 것들이다. 따라서 절대 변할 수 없고 물러설 수 없는 성경적 가르침과 혼동하지 말아야 한다.

이 책 제4부에서 성육신적, 사도적, 성경적 리더십 문제를 다룰 것이므로, 여기서 미리 다루지는 않겠다. 대신 신약은 5중 리더십 매트릭스를 가르친다는 우리의 신념을 우선 소개하려 한다. 이것은 사도, 선지자, 전도자, 목자, 교사들(엡 4:11-13)로 구성된 리더십 공동체를 의미한다. 우리는 교사의 역할을 하는 목사를 그 정점으로 하는 삼각형 구도의 성직 계급 관점에서 그리스도인 공동체를 보는 것은 크리스텐덤 방식의 유산이라고 생각한다. 크리스텐덤 이후 시대의 세계는 평등하고 은혜로운 신앙 공동체를 향한 갈망을 갖고 있으며 리더십도 마찬가지로 평등주의적이고 협동적일 것을 요구한다. 신약에서 **담임 목사**라는 용어를 발견할 수가 없고, 다만 교회는 성도들을 성경적이고 균형 있게 구비하기 위해 함께 협력하는 다섯 가지 리더십의 지도를 받아야 한다는 바울의 말을 발견할 뿐이다. 오늘날 교회가 목사와 교사들을 지나치게 강조하는 풍조는, 좋은 가르침과 목회적 돌봄에 대한 관심 때문에 다른 문화를 향한 사도들과 선지자들의 선교적 열망이 식어 있음을 의미한다. 소위 '좋은 가르침'이란 그 목적이 그리스도인들에게 섬김을 구비시키는 데 있기에, 그 속한 지역 공동체에 대한 열망이 없는 교회에서는 일어나지 않는다.

이것은 경건한 지도자들(정확히 말하면 '장로들')이 실제적으로 교회를 목양해서는 안 된다는 뜻이 아니다. 다만 우리는 그리스도인 리더십이 공동체성을 가질 때 가장 잘 작동한다고 본다. 기독 교회에 '성직자'라는 구별된 계층이 있어야 한다는 주장은 어떤 것이든지 명백히 바울의 가르침에 모순된다. 이것은 단지 감독 교회에만 해당되는 비판이 아니다. 나름의 목회자 계층 구조를 지닌 복음주의와 오순절 교회들도 이름만 다르지 전적으로 성직자 제도로 움직이고 있다. 신약은 모든 신자가 제사장이며 그들의 삶을 하나님께 드리는 제사로 여길 수 있고 하나님의 은혜에 개인적으로 들어갈 수 있다고 말함으로써 제사장주의의 용어를 근본적으로 새롭게 고쳤다. 신약에서는 성직자와 평신도, 성과 속, 종교적인 삶과 매일의 삶에 차이가 없다. 오직 다섯 가지 리더십의 모든 기능들이 동등하게 균형을 이룰 때 에베소서에 나타난 바울의 비전에 합당한 리더십 팀을 가지게 되는 것이다. 새로운 교회는 처음부터 제대로 갖춰진 리더십 매트릭스를 확립해야 한다.

건물 사용에 유의하라

마이클은 바깥 정문에 "모든 성도들이 사역자다!"라고 자랑스럽게 알리는 게시판이 있는 교회에 가 본 적이 있다. 물론 방금 위에서 언급한 것처럼 이것은 모든 신자가 사역에 능동적으로 참여하는, 교회에 대한 매우 성경적인 관점이다. 그러나 교회에 들어가 보니 전혀 다른 메시지가 작동하고 있었다. 모든 회중석은 높은 곳에 있는 설교단을 향하고 있었다. 교구 목사는 하얀 가운에 사제들의 칼라를 하고 있었다. 전체 예배 시간 중 이 목사가 말하는 시간이 약 90퍼센트나 되었다. 교인들 각자가 일상적인 삶 속에서 사역에 잘 참여할 수도 있겠지만 그날 공적인 교회 예배는 매우 분명한 신호를 보내고 있었다. 교회의 소개 책자나 게시판을 통해 목사와 평신도 간에 구별이 없다는 메시지를 전달할 수는 있겠지만 메시지는 매체를 통해서 가장 핵심적으로 전달된다. 즉 매체가 곧 메시지다. 다음 장에서 우리는 비언어적인 다양한 메시지에 대해 이야기할 것이다. 일단 지금 교회의 모습에 대해 생각할 때, 교회 건물과 우리의 습관들이 우리가 그리스도인 공동체에 대한 근본적인 성경의 가르침을 거부하고 있음을 드러낸다고 할 수 있을 것이다.

교회를 개척하는 이들에게 우리는 건물 문제에 신중하라고 충고한다. 독자적인 예배당을 가지지 못한 대부분의 교회가 건물을 얻으려고 노력하는 것 같은데 우리는 건물이 그렇게 필요한지 확신이 들지 않는다. 교회 개척가인 앤드류 존스(Andrew Jones)는 "건물과 재정과 유급 사역자가 없이는 돌아가지 않는다면 그 교회는 완전한 교회가 되지 못한다"라고 현명하게 말했다. 건물과 공동 기금과 유급 직원을 갖추는 일이 좋은 교회가 되는 데 장애물이 되는 것은 아니지만 만약 당신의 교회가 이 요소가 없다고 헤맨다면 거기에는 중요한 문제가 있다. 교회가 번창하고 있는 아시아와 아프리카와 라틴 아메리카에서는 많은 교회가 가정집, 나무 아래, 강가, 카페, 공공 모임 장소에서 모인다. 제도적인 교회가 서서히 죽어가고 있는 서구에서는 지나치게 교회 건물에 의존하는 것 같다. 이것이 바로 교회의 **건물 컴플렉스**라 부르는 것이다.[5]

하워드 스나이더(Howard Snyder)는 『새 포도주는 새 부대에』(*The Problem of Wineskins*)에서 교회 건물은 서구 교회에 관한 다섯 가지 사실을 증명한다고 썼다. 즉 부동성(immobility), 경직성(inflexibilty), 교제의 부족, 자만, 계층 분할이다. "복음은 '가라'고 하지만 교회 건물은 '머물라'고 한다. 복음은 '잃어버린 자를 찾으라' 말하지만 우리의 교회는

'잃어버린 자들이 교회를 찾게 하라'고 말한다."[6] 매체가 곧 메시지다. 설상가상으로, 건물이 세워지면 교회 프로그램과 재정은 대개 이 건물에 의해서 결정된다. 대출금을 갚기 위해 교회는 좌석을 채워야 하고 헌금액을 올려야 하고 그래서 끌어모으는 방식이 더 강조되고 확고해진다. 어떤 교회의 예배에 참석하게 될 때 우리가 하나님을 '만나러' 교회 건물에 왔다는 믿음을 저버리는 모든 언어들에 귀기울여 보라. 건물은 아주 미묘하게 그 안에서 제시되는 신학을 이끌기 시작한다. 하나님을 예배하는 예배당을 짓고 나면, 그 건물은 서서히 우리에게 성과 속의 이분법적 세계관을 강요한다. 다윗 왕에게 하나님이 무슨 말씀을 하셨는가?

> 가서 내 종 다윗에게 말하기를 여호와께서 이와 같이 말씀하시되 네가 나를 위하여 내가 살 집을 건축하겠느냐. 내가 이스라엘 자손을 애굽에서 인도하여 내던 날부터 오늘까지 집에 살지 아니하고 장막과 성막 안에서 다녔나니 이스라엘 자손과 더불어 다니는 모든 곳에서 내가 내 백성 이스라엘을 먹이라고 명령한 이스라엘 어느 지파들 가운데 하나에게 내가 말하기를 "너희가 어찌하여 나를 위하여 백향목 집을 건축하지 아니했느냐"고 말하였느냐. (삼하 7:5-7)

백향목으로 된 집에 살던 다윗은 하나님께 더 나은 일을 해 드려야 한다고 생각했다. 그러나 성전은 하나님의 생각이 아니었다. 비록 인간의 연약함에 맞추어 다윗에게는 성전을, 중세 교회에는 대성당을, 현대 교회에는 예배당을 허용하셨지만, 하나님은 집을 필요로 하지 않으신다. 스데반은 순교의 순간에 말하기를 "지극히 높으신 이는 손으로 지은 곳에 계시지 아니하시나니"라고 했다(행 7:48). 오늘날 많은 목사가 이 말씀을 알고 하나님은 교회 건물에 살지 않으신다는 데 동의한다. 그렇지만 그들의 건물 배치, 예배에서 사용하는 언어, 목회자들이 던지는 수많은 비언어적 메시지들은 교회 건물이 신성함에 대한 무의식적인 신앙을 드러낸다. 다음과 같은 문구는 오래된 교회 건물의 로비에서 흔히 볼 수 있다.

이 곳은 하나님의 집이니
경외감과 정숙함으로 들어갈지니라.

물론 어떤 교회가 경외감과 엄숙한 예배 모임을 선호하는 것을 트집 잡으려는 것은 아니다. 다만 그 교회가 공동체에 보내는 무언의 메시지 즉 하나님은 여기에 거하신다('오직 여기에만' 계신다는 전제)는 메시지를 문제 삼는 것이다.

영국의 교회 지도자 롭 워너는 『21세기 교회』(21st Century Church)에서 이러한 생각을 구시대 성전 사고방식이라고 말했다.[7] 그런 생각은 일곱 가지 전제로 이루어지는데 여기서 우리가 적절하게 다시 조금 풀어쓴다면 아래와 같다.

1. 대다수 문화가 종교적 건물을 활용한다. 그러므로 우리 그리스도인들이 그것을 주님의 집이라고 하는 것은 매우 자연스럽다.
2. '올바른' 예배는 공인된 종교 건물에서만 가능하다는 생각이 지배적이다.
3. 유일하게 공인된 예배 장소이기 때문에 교회 건물은 거룩한 장소여

야 한다는 생각은 합리적이다.

4. 그러므로 제대로 된 교회 건물만이 그리스도인들이 하나님을 만나거나 그분의 음성을 들을 수 있는 유일한 장소다.
5. 교회 건물들은 언덕 위에 있는 등대처럼 영구함과 안정성의 상징으로 부각된다.
6. '기독교' 국가에서는 이런 교회 건물의 **등대** 페르소나가 하나님의 임재를 표현한다.
7. 교회 건물들이 하나님을 드러내기 때문에 다른 종교의 건물보다 훨씬 장엄해야 한다.

이는 사실상 기독교가 다른 종교가 하는 관례대로 움직이려 한다는 말이다. 이웃 종교에게 지지 않으려고 허세를 부리는 일이 일어나고 있는 것이다. 그러나 프랑스의 신학자인 자크 엘륄(Jacques Ellul)은 이렇게 지적한다. "로마인들에게 태동기의 기독교는 새로운 종교가 전혀 아니었다. 오히려 그것은 '반종교'(antireligion)였다. 이러한 관점은 그 근거가 충분하다. 첫 번째 그리스도인 세대가 재판에 회부된 이유는 자주 말하듯이 황제 종교 때문만이 아니라 당시의 모든 다른 종교들 때문이었다."[8] 기독교는 다른 종교들과 경쟁하는 또 하나의 종교가 아니라 유일한 길이라고 주장하는 반종교다. 예수님과 그분의 초기 추종자들은 스스로를 새로운 종교가 아니라 훨씬 더 근본적인 무엇인가로 진입하고 있다고 보았다. 예수님은 이것을 하나님의 나라라고 불렀고 새로운 기관이나 종교에 대해 말하는 것과 전혀 다른 방식으로 이에 대해 말씀하셨다. 롭 워너는 이렇게 말한다.

그리스도는 새로운 모퉁잇돌이시며, 그 안에 있는 우리는, 하나님을 향한 예배로 가득 찬 성령의 거주하시는 곳이며 영적인 성전이다. 다른 종교 시스템의 태도나 건물을 흉내 낼 아무런 이유가 없다. 거룩한 건물에 의존하는 것은 쓸모없는 일이 되었다. 웅장하고 거대하며 사치스런 성전은 꼭 필요한 것이 아니다. 우리는 진부한 종교적 본능에 편승할 이유도, 그럴 필요도 없는데 왜냐하면 살아 계신 하나님이 우리에게 구원을 가져다주시어 종교적 순응주의를 깨뜨리셨기 때문이다. **그리스도의 죽음으로 우리는 인간 종교의 폐지를 맞이하게 되었다.**[9]

예수님과 초대교회가 성전 예배라는 개념에 완전히 혁명을 일으켰지만 교회는 이 혁명을 유지하지 못했다. 초대교회에서는 당연히 가정이 모임 장소였다. 사실 로버트 뱅크스는 목적을 갖고 지어진 첫 번째 교회 건물에 관해서 흥미로운 사실을 말한다. "그리스도인들의 모임을 위해 건축된 특별한 건물은 3세기가 되어서야 나타난다. 심지어 3세기에도 전형적인 로마와 그리스 가정의 손님맞이 방을 모델로 삼았다."[10] 교회가 자체 건물을 세울 때에도 약 30명 정도를 수용할 수 있는 당시 거실의 모델을 따랐다. 매체가 곧 메시지다. 거실은 친교와 환대와 안전의 장소다. 그곳은 누구든지 서로 이야기하는 것을 들을 수 있는 장소다. 그곳은 음식을 나누고 솔직한 토론을 할 수 있는 장소다.

교회 모임을 가정에만 한정하려는 것이 아니다. 우리는 다양한 환경(나이트클럽, 차고, 양조장)에서 모이는 교회를 알고 있다. 다만 물리적인 환경을 통해 우리가 어떤 메시지를 보내고 있는지 기억하는 것이 중요하다. 우리가 전부 새로 시작할 수 있다면 건물과 프로그램에 신경을 쓸 것이다. 우리가 행하는 미묘한 것들에 유의할 것이다. 그것이

많은 것들을 전달하기에.[11]

끄집어냄/한 회심자/'성장' 모델	성육신적/재생산 모델
교회 문화	선교 문화
우선적 초점	
개인 회심자들	그룹의 회심, 예를 들면 가족, 관계망
신자들의 영역, 예를 들면 교회 예배	불신자들의 영역
그리스도인을 예배로 오도록 설득함	평화의 사람을 찾음
교회 건물에서 시작	가정이나 제3의 장소에서 시작
큰 모임-예배	작은 모임-셀 교제
성경은 학문적인 지식 정보로 가르침	성경은 실제적 적용 위해 가르침
프로그램을 만들고 건물을 세움	리더들을 세움
리더십	
목사 혹은 독불장군	APEST(사도, 선지자, 복음 전하는 자, 목자, 교사) 팀
초빙된 전문 목회자	토착적인 새로운 제자가 리더가 됨
청중의 리더	새로운 리더를 구비하고 재생산하는 자
재정	
교회 개척자들에게 사용됨	교회 개척자들은 복수의 직업을 가짐
과도한 재정적 투자	최소한의 재정적 투자
자원을 밖에서 끌어옴	자원은 지역에서 얻음
구조	
교회의 필요	공동체의 필요
목회자 중심/지향/의존	평신도 중심/지향/의존
완만한 성장을 지향(정체로 이어짐)	급속한 재생산을 지향

교회를 행하는 데 있어 끌어모으는 접근과 성육신적 접근의 중요한 차이를 요약하면서 캐럴 데이비스(Carol Davis)의 도표를 참조하고자 한다. 그녀는 끌어모으는 교회를 *끄집어내는*(extractional)이라는 말로 표현한다. 그녀가 의미하는 바는 교회가 회심자를 한 명씩 세상에서 끄집어내어 교회에 편입시킨다는 것이다. 데이비스는 성육신보다

재생산이라는 용어를 좋아한다. 그럼에도 불구하고 앞의 도표는 우리가 지금까지 이야기한 것을 요약하는 데 매우 도움이 된다.[12]

성육신적 선교의 목표

앞에서 언급한 네 가지는 교회들이 그 방향에 관한 한 성육신적이 되기 위해 유의해야 할 것들이다. 이미 분명하게 설명한 것 같지만 이를 좀 더 명쾌하게 해 보려 한다. 앞에서 우리는 대상자(환자)에게 귀 기울일 필요를 이야기했다. 이것은 사역에 대한 성육신적 접근을 의미한다. 그런데 매우 많은 교회 개척자가 리서치를 하고 나서는 그냥 표준적인 모델을 채용하는 것을 보았다. 그리스도인의 사역은 정의상 성육신적이다. 우리는 지역 공동체 바깥 안전한 곳에 멀리 떨어져 복음을 말하기만 할 수는 없다. 그것은 신빙성과 적실성과 언어적 차이의 문제를 무시하는 것이다(서구 사회의 다문화적 상황에서, 다른 하부 문화는 서로 다른 언어를 사용한다). 선교사는 자신이 소통하는 사람들과 관계를 가져야 한다. 먼 곳에서 '복음의 수류탄'을 투척하는 것은 적대감만 일으킬 뿐이다. 멀리 떨어져 있으면서 어떻게 듣고 돌볼 수 있겠는가?

여기서 성육신적 선교의 네 가지 광범위한 목표들을 볼 수 있다.

진정한 연결 이 목표는 비그리스도인들로 하여금 예수님이 그들이 속한 공동체를 '위하시는' 분임을 보게 하는 것이다. 즉 예수님은 그 지역 공동체에 대한 최선의 관심을 가지고 계신다. 예수님이 그들 편에 계시며 그들에게 해를 끼칠 만한 모든 것에 대항하신다. 많은 불신자가 하나님은 자기들을 싫어하신다고 생각하는 세상에서(아마도 하나님의 백성들이 자기들을 미워한다는 인상을 받았기 때문에), 성육신적 교회 개척의 목표 중 하나는 사람들로 하여금 그들을 찾으시고 그들과의 우정을 원하시는 하나님과 관계를 맺을 수 있도록 돕는 것이다. 이 목표를 이루기 위해 세 가지 기본적인 전략을 사용할 수 있을 것이다.

1. 함께함(선교).
2. 협력. 상당히 많은 기독교 사역이 이미 지역 공동체 자체에서 시행되고 있는 프로젝트나 프로그램의 중복에 지나지 않는다. 성육신적 접근은 기독 공동체가 지역 그룹과 더불어 가정과 가난한 이들과 청소년과 편모들을 돕는 일에 협력하는 것이다. 이런 협력은 예수님이 미그리스도인들이 하는 선한 일들을 기뻐하시며 의미 있는 우정을 발전시키는 장을 제공하시는 분임을 보여 준다. 정기적으로 지역 공동체나 프로젝트에 접촉하여 다음과 같은 세 가지 질문을 하는 것이 도움이 된다. (a) 당신들이 가장 큰 관심을 가지는 것이 무엇입니까? (b) 그런 관심을 갖는 이유가 무엇입니까?(문제의 뿌리) (c) 당신들을 돕기 위해 우리가 무엇을 함께할 수 있겠습니까?
3. 탐구 그룹(그리스도를 발견할 장소). 그리스도인들과 복음을 더 추구하기 원하는 미그리스도인들이 함께 모여, 안전하고 존중받는 환경에 있을 기회가 필요하다.

진정한 보여 줌 이 목표는 예수님이 지역 공동체와 '함께하심'을 보여 주는 것이다. 첫 번째 목표는 소규모의 팀이 채워 줄 수 있는 반면에 이 두 번째 목표는 일정 정도 규모의 교회, 꽤 큰 대중이 필요할 것이다. 속한 지역 공동체 안에서 철저하게 사랑하고 은혜로운 존재가 되면 그리스도에 대한 태도를 변화시킬 수 있을 것이다. 선교적-성육신적 교회는 하나님의 사랑을 겸손과 자비와 정의를 향한 관심을 통해 보여 주어야 한다. 어떤 의미에서 성육신적 교회는 지역 공동체가 예수님과 교회에 대해 가지고 있는 관점을 새롭게 바꾸어야 한다. 서구의 많은 불신자는 교회가 가부장적이며 통제적이고 탐욕적이며 지배하려 한다고 생각한다.

진정한 다가감 이 목표는 예수님이 지역 공동체 '안에' 계심을 보여 주는 것이다. 교회 공동체가 성장함에 따라 예수님이 지역 공동체 안에 계신다는 인식은 몇 가지 중요한 지표에 주목함으로써 가능할 것이다. 첫째는 토착적인 리더십 개발의 중요성이다. 교회를 '외부인들'이 이끌게 되면, 그들이 아무리 성육신적이 된다 해도 의구심이 남게 될 것이다. 비록 예수님이 그 지역 공동체에 들어오시더라도 그분이 실제로 그 공동체의 일원이 되지는 않으리라는 의심 말이다. 토착적인 리더들은 그 문화의 그리스도 중심성을 상징한다. 두 번째는 첫 번째와 마찬가지로 중요한데, 순회 지도자 혹은 외부에서 들어온 리더들은 언제 리더십을 교체하여 지역 리더들에게 완전히 이양해야 할지 알 필요가 있다. 세 번째로, 진짜 토착적인 교회는 자기 신학을 가진 교회라는 사실에 주목해야 한다. 그리스도는 공동체가 자기들만의 풍미와 울림을 지닌 자신들만의 용어와 상징과 갈망을 사용하여 자신만의 신학을 개발할 때 그 공동체 안에 계신다. 물론 이 말에는 위험이 있다. 그렇지만 이는 기독교의 기본 교리를 재고해야 한다는 말이 아니다. 토착적인 교회가 성장할 때 그들은 하나님 말씀의 백성이 되어야 하지만 성경적인 신학을 문화적으로 적실하게 표현할 필요도 있다.

진정한 만남 이 단계에서 지역 공동체는 예수님이 자신들의 공동체에 '속했다'는 것을 이해하게 된다. 처음 팀을 시작해서 두 세대의 리더가 나올 때쯤에서야 예수님이 지역 공동체 안에서 '자연스럽게' 받아들여지는 것 같다.[13]

호주의 최남단 도시인 호바트에서 자신들을 서드 플레이스 커뮤니티즈(TPC)라 부르는 어떤 그리스도인 그룹이 이런 과정에 참여하는 시도를 해 왔다. 이들은 어떤 술집에서 걸어서 2-3분 거리에 있는 아파트를 빌렸다. 독신과 아이 없는 부부 몇몇은 같이 살고 다른 부부들은 따로 살지만 모두 서로 가까운 곳에 산다. 이들이 하는 일은 주중에 여러 번 술집에 모여 그저 함께 앉아서 지역 주민들을 만나는 것이다. 그들은 술집이나 그와 비슷한 다른 모임 장소를 '제3의 장소'라고 부른다. 교회는 '우리의' 장소이며 미그리스도인들의 집은 '그들의' 장소다. 그렇지만 술집, 클럽, 카페, 스포츠 팀은 제3의 장소다. 이곳은 그리스도인과 미그리스도인들이 의미 있고 안전하게 상호 교류할 수 있는 공동의 장소다. TPC는 사업을 시작하여 호주의 태즈매이니아주에 그와 비슷한 실험을 하려고 한다. 술집 가까이 살고 있기 때문에 사람들에게 식사나 커피나 더 깊은 대화를 위해 자기 집으로 가자고 말할 수 있다.

이들의 다른 프로젝트 중 하나는 호바트 시내에 카페 혹은 모임 장소를 만드는 것이다. 이들은 CD 발매 모임이나 음악 연주회, 예술 전시회, 혹은 쉬는 모임을 열고 마음 편한 제3의 장소에서 지역 공동체에 참여한다. 이것이 바로 '진정한 보여 줌'이다. 그들은 아직 진정한 다가감, 진정한 만남까지는 아니지만 길을 제대로 잘 가고 있는 것이다. 젊은이들로 구성된 TPC의 멤버들은 복음화되지 않은 지역 공동체에 복음을 육화시키는 새로운 방식을 개척하고 있는 중이다. 우리는 그들의 에너지와 상상력과 그리스도께 드리는 헌신에 상당히 감명을 받았다. 그런 프로젝트들이 서구 세계 전체에서 터져 나오고 있다. 이제 질문은 이러한 실험을 장려해야 할 것인가 말 것인가가 아니다. 이 일은 계속 일어날 것이다. 다만 어떻게 그들에게 격려와 돌봄을 제공할 것인가에 대해 질문해야 한다.

5장 상황화된 교회

> 교회는 그 구성원들에게 속한 것도 아니고…
> 그들이 속한 지역에 속한 것도 아니고…
> 오히려 교회가 있도록 하신 분(즉 하나님)
> 혹은 교회가 생기게 된 통로가 되신 분(즉 그리스도)께
> 속한 것으로 묘사된다.
> ─ 로버트 뱅크스, 『바울의 공동체 사상』

교회론 기초 강좌

교회에 대한 우리의 주장이 아무런 형태도 없고 구조도 없는 접근 아닌가 하고, 우리 학생들이나 인턴들이 오해를 하는 경우가 종종 있다. 언젠가 교회의 미래의 모습에 대한 세미나를 하고 난 후 마이클이 몇 명의 젊은이들과 함께 저녁을 먹으러 갔다. 식사 중에 한 사람이 말했다. "교회에 관한 당신의 견해에 동의합니다. 철저한 정밀 검사가 필요해요. 말하자면 여기 우리 여섯 명이 함께 먹고, 예수님에 대해 이야기하고 있지요. 바로 지금 우리가 교회지요!" 크리스텐덤 사상을 교회에서 제거하려는 노력을 하다가 정도가 지나쳐서, 오래 사귄 한 무리의 신자들이 그저 같은 방에 모여앉아 있는 것이 교회라고 믿는 것, 이것

은 하나의 유혹이다. 그러나 그날 밤 식탁에 둘러앉은 우리 여섯 명은 교회가 아니었다. 상호 헌신도 없었고 함께 공유하는 장기간에 걸친 소명도 없고 서로 책임지지도 않았고 그저 친교를 나누기 위해 모였을 뿐이었다. 물론 그리스도인으로서 우리의 대화는 기독교적 주제에 맞추어져 있었고 그날 저녁 헤어지기 전에 서로의 신앙과 개인적 소명을 일깨워 주었다. 교회라면 할 만한 것을 **몇 가지** 하긴 했지만, 우리의 참여가 영구적인 것은 아니었다.

우리는 오래 사귄 한 무리의 신자들이 어쩌다 우연히 서로 만나는 것을 교회라 생각하지 않는다. 동시에 특별한 선교적 목적을 가지고 모인 그리스도인 그룹일지라도 그것이 필연적으로 교회라고 생각하지도 않는다. 신학교의 원우회나 교회 여름 캠프의 아이들이나 단기 선교 여행에 참여한 사람들이 일시적으로 교회 형태를 취할 수 있겠지만, 이를 교회라 할 수 없는 것은 그 공동체들이 영구적이지 않다는 바로 그 이유 때문이라고 생각한다.[1] 우리는 교회라는 용어를 신약 성경과 같은 방식으로 사용한다. 바울의 서신에서 '에클레시아'(ekklesia, 교회)라는 용어를 사용할 때 그는 어떤 오묘한 신학적 개념을 말한 것이 아니라 실제 사람들의 모임을 언급할 때만 사용했다. 그것은 정식으로 구성된 하나님 백성의 모임이다. 그러나 그는 '에클레시아'가 그저 사람들의 또 다른 회합이나 클럽이라는 인상을 주지 않으려고 마음을 썼다. 또한 그의 언어에서는 많은 경우 '에클레시아'를 하나님이 선택하신 모임으로 말한다. 로버트 뱅크스는 이렇게 쓰고 있다. "교회는 그 구성원들에게 속한 것도 아니고…그들이 속한 지역에 속한 것도 아니고…오히려 교회가 있도록 하신 분(즉 하나님) 혹은 교회가 생기게 된 통로가 되신 분(즉 그리스도)께 속한 것으로 묘사된다."[2] 바울에게 교회란 모인 사람들이었다. 그런 모임에서 무슨 일이 일어났는지는 사도행전 2:42-47에서 명쾌한 한 장면을 볼 수 있다. 신자의 정기적인 모임을 들여다볼 수 있는 이 창에서 우리는 서로 긴장 관계에 있는 세 가지 큰 요소들을 본다.

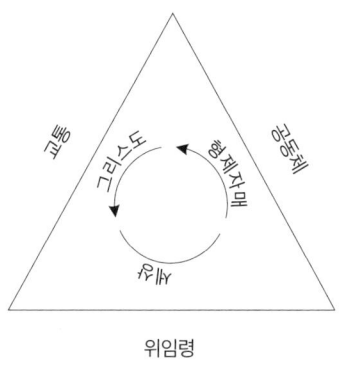

초창기 교회는 하나님과의 관계와 서로의 관계 그리고 세상과의 관계를 촉진하기 위해 동등하고도 균형 잡힌 헌신을 하는 데 관심이 있었다. 세 변 길이가 모두 같은 정삼각형처럼 초대교회는 이 세 가지 광범위한 헌신이 동등하게 중요하다고 인식했다. 이런 점에서 교회의 본질은 관계이며, 이 세 유형의 관계가 너무나 밀접해서 서로를 구별하는 것이 힘들 정도다.

우리는 하나님을 향한 우리의 사랑을 타인을 향한 사랑으로 나타낸다. 만일 우리가 하나님과 그분의 백성과 건강한 관계 가운데 살지 않는다면 세상과도 올바른 관계에 있을 수 없다. 어떤 기독 공동체는 주로 **위임령**에 관심을 두고 어떤 곳은 **교통**(찬양과 경배 컨퍼런스)에, 어떤 곳은 **공동체**(가정 교회 운동)에 주된 관심을 두지만, 우리가 믿기는 지역의 신자 모임은 세 가지 모두에 똑같이 헌신하려고 노력해야 한다. 다른 것을 희생하고 하나만 강조하는 것은 어리석은 일이다. 한 교회가 예배 혹은 가르침에 '특화'되었다고 주장하는 것은 신약 성경 전체의 의도를 무시하는 일이다. 어떤 모습이든 선교에서 분리된 예배는 가짜 예배다. 마찬가지로 경건한 예배를 통해 가르침 받고 감동받고 새로워지는 일 없이 선교하는 공동체는 마땅히 되어야 할 교회 모습의 창백한 그림자일 뿐이다.

우리는 교회 안에서 선교하는 공동체와 예배하는 공동체를 분리하는 일이 기독교의 비극 중 하나라는 것을 알게 되었다. 대기업이 전체 사업에서 특정 영역을 맡는 특수한 부서를 만드는 것은 말이 되지만 교회는 회사가 아니다. 교회의 예배 공동체가 선교의 책임을 교회 병행 단체나 해외 선교 단체에 맡겨 버리면 그것은 교회의 일부를 죽이는 일이다. 예배와 선교와 그리스도인 공동체는 밀접하게 그리고 정기적으로 서로를 채워 줘야 한다.

사도행전 2장에 나오는 초대교회에 대한 스냅 사진을 보면 이 세 가지 광범위한 헌신들을 설명하는 여섯 가지 특성을 볼 수 있다.

교통(그리스도와의 관계)

- 하나님의 말씀: 그리스도인 공동체는 하나님의 말씀을 들을 수 있는 기회를 확장한다. "사람마다 두려워하는데 사도들로 말미암아 기사와 표적이 많이 나타나니"(43절). 이런 경외감과 놀라움은 그저 기적들로 인해서만 생겨나는 것이 아니었다. (초대 교회는 하나님의 임재를 다른 때보다 그들의 모임에서 더 예민하게 느낀 것 같다. 사도행전의 나머지 부분에서 보면 초기 그리스도인들은 모든 상황에서 하나님을 느끼고 그분의 말씀을 들었던 게 분명하지만, 또한 공동체가 모일 때 그 모임에 하

나님의 함께하심을 공동체적으로 느끼기를 기대한 것 같다.) 그런 일은 사도들의 가르침과 떡을 떼는 의식을 통해서도 일어났다(42절).

- 예배: 초기 그리스도인들에게 예배는 하나님께 반응할 수 있는 기회였다. 집에 있든지 성전에 있든지(46절) 그들은 하나님을 찬양할 수 있는 기회를 잡았고 분명히 좀 더 넓은 지역 사회가 유익을 얻을 수 있는 방식으로 그렇게 했다. 거기에는 또한 그리스도 안에서 하나님과 강력하게 직접적으로 교통한다는 의식이 있었다.

교제(서로의 관계)

- 학습: 근대적 교회에서는 강조점이 종종 가르침에 있지만, 초기 그리스도인들의 강조점은 학습 즉 개인과 그리스도인 공동체가 전체적으로 그리스도를 닮아 가며 형성되는 것에 있음을 우리는 발견한다. 이는 사도들의 가르침과 학습하는 동료들의 공동체와 기독교 애찬에 중점을 둔다(42, 46절).
- 교제/우정: 이것은 반종교로서의 특징이다. 초대교회는 참여하는 데 계급의 차별이 없었던 것 같다. "믿는 사람이 다 함께 있어 모든 물건을 서로 통용하고"(44절). 초기 그리스도인들은 제사장, 서기관, 교사, 집사 등의 직분을 제정하지 않고, 종교적인 장소를 짓기를 거부하고, 제단을 두지 않고, 안수받은 거룩한 직분을 두지 않는 것을 통해 전통적인 인간 종교를 타파했다. 교회는 친구들의 진정한 공동체였다. 처음부터 유기적인 우정의 네트워크 혹은 우정의 관계망으로서의 교회라는 개념을 가지고 있었던 것으로 보인다.

위임령(세상과의 관계)

- 섬김/줌: "또 재산과 소유를 팔아 각 사람의 필요를 따라 나눠 주며"(45절). 관대함과 환대는 처음부터 기독 운동의 특질이었다. 그리고 이것은 희생적이고 급진적인 나눔의 형태를 취했다. 음식 나누기나 크리스마스 바구니처럼 대부분의 교회에서 실천하는 관대함이라는 것이 사실 신자들에게는 대단한 값을 치르는 일이 아니다. 이기심 없고 겸손하며 자비로운 진정한 환대는 교회를 지역 공동체에서 유일한 빛과 소금의 원천으로 자리매김하게 해 줄 것이다. 예수님에 대한 사도들의 가르침에 중심을 둔 초대교회는, 관대함을 그리스도를 닮아가는 분명한 표지로 보았다.

- 복음을 말함/나눔: 이 구절에는 신자들이 복음을 '전했다'는 언급이 없다. 그렇지만 분명히 성전 뜰에서의 그들 존재와 예배와 봉사와 공동생활은 굉장한 영향을 끼쳤다. 이는 사도들을 통한 복음의 공적 선포와 함께(38절) 엄청난 수확을 거두었다. "주께서 구원받는 사람을 날마다 더하게 하시니라"(47절). 이것이 바로 우리가 주장해 온 모델이다. 친교, 나눔, 환대, 함께 기도함(42절)으로 확장된 우정의 관계망과 사도들의 가르침은 그 방향성에서 완전히 성육신적이고 철저히 선교적인 강력한 공동체를 만들어 낸다.

지금까지 말한 것들이 너무나 기초적인 내용이라 '교회론 기초 강좌'처럼 들릴 것이다. 그러나 우리 경험으로는 많은 사람이 자기 교회의 예배가 성경 어딘가에 적혀 있는 모습이라고 생각하기 때문에 현재 행해지고 있는 교회를 그대로 받아들인다. 이 세 가지 요소가 나타나고 유지되는 한, 어떤 그룹의 그리스도인들도 어디에서든지 합법적으로 교회가 될 수 있다. 오랜 친분이 있는 그리스도인들이 가끔 함께 저녁을 나누는 것이 교회가 아닐 수 있다고 말했지만, 만약 그들이 앞에서 말한 여섯 가지 특질을 지니고 이를 성취하기 위해 정기적으로 만난다면 그들을 '교회'라 부를 수 있을 것이다.

- 교회 건물에서 모여야 하는가? 꼭 그럴 필요는 없다.
- 매주 모여야 하는가? 꼭 그럴 필요는 없다. 초대교회 그리스도인들은 매일 만났다. 교회는 앞에 기록한 헌신을 완수하기 위해 필요한 만큼 자주 만날 수 있다.
- 목사가 필요한가? 꼭 그렇지는 않다. 신약 성경은 책임과 권면과 배움의 필요에 대해서는 분명하다. 성경은 한 공동체를 위해 겸손하고 애정 깊은 돌봄을 행사하는 리더들(장로들)에 관해 말한다. 그러나 그가 꼭 안수 받은 목사일 필요는 없다.
- 찬송을 불러야 하는가? 꼭 그럴 필요는 없다. 신약 성경은 영적인 노래들을 부르는 일의 가치를 언급한다. 그렇지만 여러분이 만났을 때 목표가 예배와 배움이 일어나는 것이라면 조금 사용할 수도 있고 필요한 만큼 많이 사용할 수도 있다(혹은 전혀 사용하지 않을 수도 있다).
- 누군가 설교를 해야 하는가? 꼭 그럴 필요는 없다. 하나님의 말씀이나 다른 수단을 통해 사람들이 하나님의 음성을 들을 기회를 가질 수 있다면 한 사람이 30분 설교하든 30명이 각각 1분씩 기여하든 그것은 중요하지 않다. 배움과 예배와 하나님의 말씀을 위한 기회는 필수적이다. 어떻게 이것들을 풀어내야 할지는 얼마든지 실험할 수 있다.

이렇게 자문해 보라. "우리가 처음부터 전부 새로 시작할 수 있다면 지금 하는 방식대로 할 것인가?" 그러고 나서 무엇이 교회가 꼭 지녀야 할 사항이고 무엇이 선택 사항인가를 자문해 보라. 조녀선 캠벨의 배턴 교회는 도움이 될 만한 아래의 기준을 발전시켰다.

권위 영역	설명	유연성의 정도
그리스도의 명령(핵심)	예수님은 우리의 궁극적인 권위시다. 그분의 명령은 재론의 여지가 없다.	어떠한 개조도 불가능하고 협상할 수도 없다.
성경적 원칙(본질)	사도적이고 성경적인 가르침에서 나온 문화를 초월한 원칙들이다.	그 본질은 변하지 않는다. 역동적 대응을 유지하기 위해서만 바꾸는 것이 가능하다.
사도적 양식(적용)	초대교회의 행위, 실천, 생활 방식	문화에 맞도록 해석하거나 상황화가 가능하다.
교회의 실천(표현)	교회에 관한 확립된 사고의 방식과 교회를 하는 방식	문화에 따라 전적으로 바꿀 수 있고 유연하다.

교회를 개척하는 모든 이들은 그리스도가 명령하셨기에 하는 일, 사도들이 가르쳤고 초대교회가 본을 보였기 때문에 하는 일 그리고 상대적으로 최근 교회의 전통으로 이어받은 일을 상당한 시간을 들여서 구별해 내야 한다. 핵심은 확실히 붙들되 그 표현에서는 과감하게 실험하라. 선교적-성육신적 교회는 혁신과 실험과 창의성에 전적으로 열려 있다. 그것은 성격상, 교회라는 것을 어떤 문화에서든지 똑같은 맛의 햄버거를 파는 맥도날드와 같이 교회의 새로운 체인점을 여는 일로 보지 않는다. 성육신적 공동체로서 교회는 속한 곳의 풍미와 맛과 색감을 반영하며, 자신이 속한 곳의 문화에 민감하며 열린 분위기와 공동체적 정신을 계발하는 데 관심을 가진다. 선교적 공동체로서 교회는 복음의 진리를 포기하거나 그 의미를 희석하지 않도록 조심한다. 이것을 **비판적 상황화**(critical contextualization)의 과정이라 하는데 이

제 우리의 관심을 그 과정으로 돌리는 일이 중요할 것이다.

선교를 생각하라

"교회를 생각하지 말고 선교를 생각하라!" '포지'(Forge) 선교 훈련 네트워크에서 강의할 때 얼마나 많이 이 문구를 사용했는지 모르겠다. '포지'는 호주 멜버른에 있는, 선교적 교회를 만드는 데 관심 있는 급진적 교회 개척가들을 위한 1년짜리 인턴 과정이다. 젊은 지도자들이 교회를 운영하는 방식에 대해 관습적으로 사고하지 않고 자신의 상황 속에서 선교사처럼 생각하도록 돕는 것이 목적이다. 우리는 사람들에게 제1세계를 향한 선교의 의미를 이해시키기가 엄청나게 어렵다는 것, 그렇지만 그렇게 할 수 있는 사람들은 '교회 되기'와 '교회 하기'의 새로운 접근을 창의적으로 꿈꾸면서 해방감을 느낀다는 것을 발견했다. 서구의 교회가 살아남으려면 자기가 처한 환경 가운데서 선교적 교회가 되어야 한다는 생각에 이제야 모든 사람들이 익숙해지는 것처럼 보인다. 물론 제도적으로 볼 때 이것은 표준화된 사역 초점으로부터 거대한 패러다임 전환을 의미한다. 진지하게 복음을 상황화하려는 작업을 교회가 계속 거부하거나 저항하는 것은 교회의 가장 큰 실수 중 하나이며, 이것은 교회의 서구 사회에 대한 영향력 감퇴를 애석하게도 더 가속화시킬 것이다. 이는 일반적인 타문화 선교의 원리들을 진지하게 여기지 않는 태도이며 그러므로 동시에 복음을 심각하게 여기지 않는 태도다.

우리는 서구에서 성육신적 양식의 교회가 나와야 함을 강력하게 주장해 왔다. 그런 형태의 교회가 등장하려면, 일반적으로 끌어모으는 방식의 교회에서는 나타날 수 없는 완전히 새로운 유의 기술과 전제들이 필요하다. 이는 우리가 적당한 때에 살펴볼 기독교 영성과 리더십에 관한 새로운 사고방식도 포함한다. 그러나 이것은 또한 상황화와 같은 기술들을 최우선에 두어야 한다는 점을 의미한다. 선교적-성육신적 교회는 특정한 문화적 상황에 민감하고 영향을 끼칠 수 있도록 자신의 언어와 예배와 상징과 의식과 공동체적 생활을 상황화해야 한다.

엉뚱한 문을 두드리다

남아프리카의 당시 로디지아(Rhodesia)라 불리는 곳에 예수님에 대한 좋은 소식을 전하기 위해 초기 영국 선교사들이 도착했을 때, 그들은 식민 시대의 온갖 부속물들을 다 가지고 갔다. 그들의 선포에 밀접하게 연관된 전제와 내적 신념 체계는 그들이 보기엔 그리스도인이 되기 위한 것이었지만 지금 우리가 보기에는 그저 빅토리아 시대 영국 문화를 반영하는 것이었다. 예를 들면 그들은 빅토리아식 정숙함이 그리스도인의 미덕이라고 생각했기 때문에 빅토리아 호숫가에 사는 자나키(Zanaki) 종족이 처음 기독교로 회심했을 때 서구식 의복을 입게 했다. 자나키 사람이 세례를 받으면 제임스, 윌리엄, 찰스 같은 '기독교'식 이름을 받았다.

식민주의 방식의 선교사들이 저지른 실수는 이외에도 더 있다. 제임스 미치너(James A. Michener)의 『하와이』(*Hawaii*)나 피터 마티에센(Peter Mattiessen)의 『주님의 뜰에서 놀 때』(*At Play in the Fields of the Lord*) 혹은 콩고에 간 미국 침례교 선교사가 근처 강가에서 침례 예식을 고집하는 내용이 들어 있는 바바라 킹솔버(Barbara Kingsolver)의 『포이즌우드 바이블』(The Poisonwood Bible, 알에이치코리아) 같은 대중 소설에 이런 사례가 묘사되어 있다. 이 침례교 선교사는 아무도 침례를 받지 않으려 하자 그것을 불신앙으로 보았다. 그러나 그가 몰랐던 것은 악어가 강에 우글거리고 있다는 사실이었다. 자기가 일하고 있는 곳의 문화를 이해하고 존중하지 못하는 많은 선교사의 이야기는 이제 악명 높은 사례가 되어 버렸다. 이 중 한 가지 분명한 예만으로 충분할 것이다. 영국의 전도자들은 지금은 짐바브웨라 불리는 자나키 사람들에게 전도할 때 "볼지어다. 내가 문밖에 서서 두드리노니 누구든지 내 음성을 듣고 문을 열면 내가 그에게로 들어가 그와 더불어 먹고 그는 나와 더불어 먹으리라"는 요한계시록 3:20을 인용했다. 전도자들이 이 구절을 사용한 예는 특정 상황 가운데서 복음을 의미 있게 전달하지 못한 형편없는 상황화에 대한 매우 적절한 사례 연구가 될 수 있다.

정중하고 예의 바른 영국 문화에서는 누가 다른 사람의 집을 방문하면 문은 닫혀 있거나 아마도 잠겨 있고, 그 안에 있는 사람은 은밀하고 편안하게 지낼 것이다. 그렇기에 그 집에 들어가려면 문 앞에서 크게 노크해야 한다. 자나키 문화에는 집에 문이 없다. 당신이 마을 친구의 집에 들어가려면 입구에서 크게 부르면 된다. 작은 마을에서는 당신의 목소리를 금방 알아들을 수 있고 그래서 들어오라고 할 것이다. 노크하는 사람들은 오직 도둑뿐이다. 이들은 알려지기를 원치 않는다. 도둑은 몰래 노크를 해 보고 집 안에서 움직임이 있으면 도망가 버린다. 만약 예수님이 문을 두드리며 음성을 내신다는 요한계시록 3:20을 전할 때 당신이 자나키 문화를 안다면 무엇을 강조하겠는가? 영국 선교사들은 자나키 문화에 대한 지식이 없었기 때문에 경솔하게도 예수님이 문을 두드리신다고 그냥 선포했다. 그렇게 해서 의도와 상관없이 예수님을 비열한 도둑으로 만들어 버렸다. 뜻이 통하려면 진리를 전달하려는 상황에 따라 은유나 언어를 다르게 사용해야 한다.

우리는 그저 '적실성 있는' 복음 선포를 하자고 온갖 수단으로 유혹하려는 게 아니다. 그리스도를 우리가 사는 세계에 제시하려고 할 때, 사용하는 상징과 언어와 은유와 방언, 관용어를 완전히 재조정하고 급진적으로 재고하자는 것이다. 더 이상 상황을 고려하지 않는 선교에 대해 교회는 변명의 여지가 없다. 문화적으로 상황화된 선교만이 가치 있는 기독교 사역이다. 기독교 사역은 진리의 사역이면서도 동시에 이해할 수 있고 믿을 수 있고 접근할 수 있는 진리의 사역이어야 한다. 데이비드 보쉬의 말처럼 "교회의 선교적 본질은 주어진 순간에 교회가 속한 상황에만 의존하는 것이 아니라, 복음 그 자체에 근거한다."

상황화: 실제적인 정의

어떤 이유에서인지, 교회에서 상황화는 좀 보수적이거나 온건한 부류들로부터 미덥지 못한 취급을 받아 왔다. 어떤 보수주의자들은 우리가 그저 복음을 전하기만 한다면 서구 세계는 하나님의 말씀의 능력으로 변할 것이라고 주장한다. 우리는 유명한 복음주의 리더 몇 명이 이렇게 말하는 것을 들었다. "당신들은 당신들 좋을 대로 문화를 검토해 보고 최신 트렌드를 연구하세요. 그러나 나는 성경만을 전하겠습니다." 자신들이 고상한 주장을 하고 있다고 생각하는지 모르겠지만 이들의 말투는 어딘지 과시하는 것 같다. 그렇지만 많은 경우 상황화의 원칙을 무시하면서 성경을 선포하는 것은 영어를 사용하는 사람들에게 마치 스와힐리어로 설교하는 일과 같을 것이다.

1972년에 발표한 "상황 속의 사역"(Ministry in Context)이라는 제목의 문서는, 어떤 사역이 일어나는 문화적 상황을 가장 잘 존중하고 가치 있게 여기는 일과 관련된 어려운 문제를 다루고 있다. 그 문서의 주요한 관심은, 사역의 대상이 되는 사람들의 (물질적, 정치적, 기타) 필요와 관심과 흥미에 효과적으로 관련을 맺도록 지도력을 구비하지 못한 교회나 교단에게 있는 것 같았다.

그 문서에서 처음 사용한, 당시로서는 매우 새로웠던 선교학적 용어가 **상황화**(contextualization)다. 이 용어는 우리가 몇 가지 전제들에 동의할 때에만 이해할 수 있을 것이다. 첫째, 상황화의 지지자로서 우리는, 복음의 핵심이 모든 문화와 시대에 유효하다는 것을 믿는다. 둘째, 그러나 그 복음이 소통되고 이해되기 위해서는 특정한 시간의 문화적 형태의 옷을 입어야 한다는 것을 인정한다. 그러므로 상황화는 변함없는 복음의 메시지가 특수하고 상대적인 인간적 상황과 상호 작용하는 역동적인 과정이라 정의할 수 있다. 여기에는 받아들이는 사람들의 세계관의 관점에서 복음을 검토하는 일, 그들에게 의미가 있도록 코드를 바꾸고 메시지를 바꾸는 일까지 포함된다. 상황화는 복음을 말과 행위로 소통하며, 지역 문화 상황 가운데 사람들이 이해할 수 있는 교회를 세우고자 시도하는 일이다. 이것은 사람들의 가장 깊은 필요를 채우고 그들의 세계관에 침투해서 그들이 그리스도를 따르면서도 자신의 문화에 남아 있게 하는 방식으로 기독교를 제시하는 것과 주로 관련이 있다. 타문화 선교사들은 이런 표현을 잘 쓴다. "상황화는 복음이 제시되는 때와 응답이 요구되는 때에 관한 것인데, 그것이 틀린 말이어서가 아니라 맞는 말이어서 마음을 불편하게 만든다." 남미의 신학자 르네 빠디야(René Padilla)는 이렇게 말한다.

복음을 상황화한다는 것은, 예수 그리스도의 주되심이 추상적인 원리나 단순한 교리가 아니라 모든 측면에서 삶을 결정하는 요인이자 인간 삶의 핵심적인 실체를 형성하는 모든 문화적 가치 평가의 기본적인 기준이라고 말 하는 것이다. 상황화가 없이는 복음이 곁길로 새어나가든지 아니면 심지어 통째로 적실성이 없는 것이 되고 말 것이다.[3]

복음은 항상 인간을 향한 하나님의 '좋은 소식'이기 때문에 인간의 상황을 언급하지 않고는 정의될 수 없다. 그러므로 비록 복음은 변하지 않지만 복음이 연관을 맺는 상황들은 끊임없이 변한다. 그 복음이 **소식**이 되려면 잘 전달될 수 있어야 한다.

서구에서의 전도에 대한 상황화된 접근을 고민할 때, 간단하게 교회의 상징들이나 언어의 겉모양만 고쳐 제시해서는 안 된다. 이미 밝혔듯이 교회의 선교나 전도에 대한 팔방미인식의 접근은 버려야 한다. 그리 새로운 이야기가 아니겠지만, 서구권 교회들은 전도에 대한 공식화되고 잘 포장된 '성공적인' 모델들을 이전보다 더 간절히 원하는 것 같다. 우리의 경험상 지리적 영역 혹은 하부 문화에 명확하게 상황화된 전도 사역을 스스로 개발하는 교회는 극소수인 것 같다. 복음은 사회 경제적 상황, 인종적 상황과 연령 그룹이 어떠하든지 간에 상관없이, 인간의 전 상황과 연관되어야 하며 이는 상태적(situational) 상황과 경험적(experiential) 상황 모두를 포괄한다.

상태적 상황은 사람들의 과거와 현재와 미래를 다 포괄하는, 문화와 국적과 언어와 법 등 각자에게 주어진 실제 삶의 처지를 뜻한다. 그것은 또한 하나님이 보시는 타락과 아름다움도 포함한다. 그러나 복음은 그들의 상태적 상황에서 나오는 **경험적** 상황 즉 불안이나 희망 그리고 두려운 감정 같은 주관적인 인간의 경험과도 연관되어야 한다. 상황의 전체성은 분명 매우 광범위하고 유동적이다. 그러므로 복음이 선포되고 복음을 살아내는 곳이 어디든지 간에 상황화의 개념은 지속적이고 역동적인 과정이 된다.

이것은 단지 타문화적으로 사역하는 선교사들만의 딜레마가 아니다. 레슬리 뉴비긴(Lesslie Newbigin)을 따라 우리도 교회는 자신이 서 있는 자리를 철저하게 다시 생각하여 서구 상황 속에서 선교적인 교회가 될 필요가 있다고 말할 수 있다.

왜 상황화인가?

지금까지 이야기한 바에 따르면, 교회가 성육신적 입장을 채택할 준비가 되기 위해서는 상황화 문제를 심각하게 고려해야 한다는 것이 분명해 보인다. 그렇다면 이제 상황화된 선교가 필요한 몇 가지 근본적인 이유들을 생각해 보자. 이 부분은 우리의 친구이자 선교사인 로버트 러튼(Robert Lutton)의 도움을 받았다.

그리스도가 그렇게 하셨다!

자신의 정체성을 그대로 유지한 채 다른 문화 안으로 들어간 사람의 전형적인 예가 예수님 자신이시다. 이는 자주 인용되는 빌립보서 2:5-11에 분명히 드러난다. 그분이 바로 하나님의 본체이시지만 자신의 권리를 하늘에 두고 타락한 세상으로 들어오셔서 큰 희생을 치르시고 우리와 같이 되셨다. 더 나아가 그분의 삶의 방식은 경건한 종교적 인물들보다는 평범한 사람들의 삶에 우호적으로 함께하신 것이 특징이었다. 예수님은 마태와 그의 친구들과 파티를 벌이셨고, 어린아이들과 노셨고, 생선을 구워 베드로와 아침을 드셨고, 가나의 결혼식에서는 포도주를 제공하셨다.

초대 그리스도인들이 그렇게 했다

사도행전에 있는 설교 스타일과 내용에 대한 연구들은 복음의 메시지가 대상에 따라 다른 방식으로 전달되었다는 사실을 보여 준다. 회당에 있는 이들에게 복음은 구약 예언의 성취로서 제시되었고 예수님을 다윗의 합법적인 자손으로 보여 준다. (행 2:14-40과 3:11-26의 베드로의 설교와, 사도행전 7장의 스데반의 설교 그리고 사도행전 13장의 바울의 안디옥 설교를 보라.) 이것을 사도행전 17:16-34에 나오는 바울의 접근법과 비교해 보라. 거기서 바울은 자신이 공부했던 헬라 사상을 이용하여, 알지 못하는 신에게 바쳐진 우상을 전략적으로 들어 아레오바고에 있는 사람들의 마음을 움직여 열게 했다. 상황화 과정의 실제를 보기 위해 바울의 설교 두 편을 비교하는 것도 재미있다. 안디옥에서 바울은 유대인 공동체를 향해 연설했고 아테네에서는 이방인 청중에게 말했다. 이를 다음 표와 같이 정리할 수 있을 것이다.

주제	안디옥	아덴
신	이스라엘의 언약의 하나님	초월적/내재적 창조주
인간	약속된 다윗의 자손을 거절함	창조주를 피조물의 일부로 그릇되게 표현함
예수	다윗의 자손/하나님의 아들	부활하신 심판자
반응	복음을 받아들임	우상 숭배에서 돌아섬
약속	죄의 용서	다가오는 진노를 피함

의미가 잘 다가온다. 그렇지 않은가? 그런데 서구 교회들이 상황화에 대하여 이야기할 때는 그저 음악 스타일을 바꾸거나 드럼을 들여놓거나 의자를 새로 바꾸는 것 정도를 의미한다. 상황화한다는 것은 자신들이 속한 지역 공동체의 언어와 필요와 생활 양식과 세계관을 이해하는 것을 말하며, 복음을 타협하지 않고도 실천 방식을 적절히 바꾸는 것을 의미한다. 많은 교회가 자신들이 속한 지역 공동체에 대해 연구하지 않고 그저 주일 예배 형식만 바꾼다. 상황 속에서 타문화 선교를 하고자 하는 열망 때문이 아니라, **우리가** 변화를 원하기 때문에 이것저것 자주 바꾸는 것이다.

빌러봉(billabong)이란 한때 강이나 계곡의 굽은 부분이었다가 강의 방향이 서서히 바뀌어서 끊겨 나가 생긴 연못이나 호수를 말하는 호주의 용어다. 많은 2세대 혹은 3세대 그리스도인은 자신이 교회라는 일종의 빌러봉 한가운데 있다고 느낀다. 한때 그들의 부모 혹은 조부모들은 흐르는 시내 같은 교회의 일부였지만 이제 그들은 정체된 역류에 발이 묶여 버렸다. 그들은 그리스도인으로 자라서 중산층의 관점을 갖게 되었고 교회를 운영하는 특정한 방식을 가지게 되었다. 그들이 교회에 속하는 동기는 더 이상 세상에서 그리스도의 부르심을 성취하기 위해서가 아니라 자신들의 필요를 채우기 위해서다. 만일 교회가 상황화의 과정을 통하여 사역하지 않는다면 이 세대의 그리스도인들은 자신의 취향을 복음에다 갖다 붙이는 '신식민주의자들'이 되고 말 것이다. 식민 시대 많은 선교사들이 서구의 민주주의와 자본주의, 교회 의자와 강대상, 주일의 공식적인 의복과 서구적 조직 시스템과 규칙들을 복음에 첨가했듯이 오늘날의 2세대(혹은 3, 4세대) 그리스도인들도 자신들의 취향을 그리스도의 복음의 본질에 갖다 붙일 수 있다.

교회는 고립된 빌러봉이 아니라 조수 간만의 영향을 받는 웅덩이여야 한다. 대양의 끊임없이 소용돌이치는 파도로 인해 만들어진 깊은 바위 웅덩이에는 해초들과 바위에 사는 게들과 각종 연체동물로 가득한 완전한 생태계가 만들어진다. 대양의 영향을 받지 않으면 대양열로 인해 바다 생물들이 죽고 고인 웅덩이가 되어 버린다. 이 웅덩이에 필요한 것은 정기적으로 조수가 올라올 때 바닷물이 왈칵 들어와 기존의 물을 깨끗하게 쓸어 버리는 일이다. 보냄받은 곳에 대한 사명을 향한 열망은 있지만 상황화 작업에 동참하지 않는 교회는 과열되고 결국은 정체되고 만다. 우리는 미그리스도인들과의 접촉 가운데서 정기적으로 우리의 언어와 우리가 잘 쓰는 말들과 관습과 강조점과 예배하는 삶을 그들에 맞추어 바꾸어 가야 한다. 새로 들어오는 그리스도인들로 인해 정기적으로 쓸려나갈 필요가 있다.

통하기 때문이다!

교회가 그저 통한다는 이유만으로 전략을 택할 수 있다고 주장하려는 게 아니다. 이런 식의 실용주의가 서구 교회에 말할 수 없는 상처를 주었다. 그러나 그간의 경험과 관찰을 통해 볼 때, 서구 교회가 성경적인 상황화 과정에 동참할 때 그것은 자신의 유산에도 부합할 뿐 아니라 자신이 속한 지역 공동체 속에서 훨씬 효과적인 일이 될 것이다. 새로운 급진주의자들이 복음을 상황에 맞게 전달하려 하는 등 하나님의 놀라운 일하심이 세계 곳곳에서 일어나고 있다. 우리가 미그리스도인들이 주도하는 지역 공동체로 들어가 스스로 성육신하고, 우리의 메시지와 일들을 그 지역 공동체에 상황화할 때, 우리는 그것이 하나님을 영화롭게 하는 일이라고 믿는다. 왜냐하면 이는 우리가 하나님의 메시지를 너무나 사랑할 뿐 아니라 우리가 사역하는 대상인 그들을 너무나 사랑하여 그 메시지를 효과적으로 전달할 수 있도록 할 수 있는 모든 일을 다 한다는 것을 보여 주는 태도이기 때문이다.

복음과 상황은 떼려야 뗄 수 없다

복음주의 학자인 찰스 크래프트(Charles Kraft)는, 물고기가 물에 있는 것처럼 인간은 문화에 잠겨 있다는 말을 통해 문화가 인간 상황의 가장 기본적인 측면을 구성한다는 점을 바르게 지적했다.[4] 복음주의 학자들은 일반적으로, 복음이 모든 인간 문화 상황의 외부에 계시는 하나님의 마음으로부터 나온 것이기 때문에 어떤 중대한 의미에서 복음은 문화를 초월해 있다는 데 동의하는 것 같다. 그러나 이미 보았듯이, 복음은 자신의 문화적 맥락 바깥에서는 진리에 도달할 수 없는, 인간을 위한 좋은 소식이다. 그러므로 크래프트나 또 다른 사람들은 하나님은 문화를 넘어 계시지만 그분의 목적을 이루시기 위해 문화 속에서 일하기로 작정하셨다는 기본적인 전제를 가진다.

올랜도 코스타스(Orlando Costas)는, 상황은 모든 이해가 일어나는 장이기 때문에 상황에 대한 언급 없이 복음은 정의될 수 없다고 주장한다. "상황은 모든 지식을 함께 묶고 만들어 내는 실재다.···우리는 능동적으로든 수동적으로든 거기에 참여한다. 우리 중 누구도 상황 바깥에서 있을 수 있다고 주장할 수 없다. 문제는 우리가 복음을 해석하고 전달하는 노력에 의식적으로 또 비평적으로 상황을 통합할 수 있는지 여부다. 이것이 우리가 하는 상황화 작업이다."[5] 동시에 문화적 상황 바깥으로부터 복음이 왔다는 사실은, 하나님의 목적에 부합하는 문화적 요소들을 긍정할 수 있는 능력을 주고 그 문화의 구성원들이 복음을 이해할 수 있게 해 준다. 그러나 복음은 또한 모든 사회에서 하나님의 뜻에 어긋나는 악한 요소들을 심판하기 위해 제시된다. 하나님의 형상으로 인간이 창조되었다는 것은 어떤 문화라도 복음이 표현될 수 있는 고결한 요소들을 갖고 있음을 의미하며, 은혜를 떠난 인간의 타락은 어떤 문화도 완벽하게 고결할 수 없음을 의미한다. 서구 문화를 기독교의 표준적 표현으로 제2세계와 제3세계에 강요한 많은 식민 시대의 선교사들은 이런 이해를 결여한 자민족 중심주의(서구 문화는 고상하며 기독교적이라고 가정하는)의 죄를 저질렀다.

우리가 성경에서 발견하는 복음의 메시지는 모든 사람과 모든 나라와 모든 하부 문화들을 위한 것이다. 그러나 복음은 1세기 유대와 그리스-로마의 문화적 맥락으로 표현되어 있다. 그러므로 하나님의 메시지를 당시의 맥락에서 우리 시대 맥락으로 전달하기 위해, 혹은 복음 전도의 사역에서 우리의 상황으로부터 다른 사람들의 상황으로 전달하기 위해, 복잡한 상황화 작업이 반드시 필요하다.

상황화의 성경적 예들

모든 성경은 하나님의 상황화를 보여 주는 예라고 말할 수 있기에, 상황화의 성경적인 예들을 찾기는 그리 어렵지 않다. 모든 인간 문화 위에 계신 영원하고 전능한 영이신 하나님이 우리에게 인간의 언어로 말씀하시고 인간의 상상력을 사용하시고 인간의 갈망과 두려움을 다루신다는 것은, 궁극적으로 하나님이 상황화하시는 분이라는 의미다. 올랜도 코스타스는 "성경의 각 페이지를 자세히 볼 때…우리는 성경이

처음부터 끝까지 상황적이라는 것을 주목하게 된다"고 말한다.[6]

찰스 크래프트는 성경에 나오는 상황화의 사례를 살펴보는 네 가지 원리를 다음과 같이 제시한다.

1. 성경은 단지 지적 진리나 정보에 대한 계시를 훨씬 넘어선다. 성경은 진리가 어떻게 전달되는지를 보여 준다. 크래프트는 "우리 하나님은…우리와 상호 작용하시는 대화의 하나님이시지 그저 우리에게 선포하시는 독백의 하나님이 아니다"라고 말한다.[7]
2. 인간과 하나님의 의사소통은 인간에게 친숙하고 인간이 기대하는 방식으로 이루어지는 것으로 성경에 묘사되어 있다(비록 메시지 그 자체는 종종 예기치 못한 것이지만 말이다).
3. 하나님이 자기를 계시하시는 수단은 참여다.
4. 성경에서 하나님의 계시 행위는 상황에 특화되어 주어진다.

만약 이런 원리들을 채택한다면, 우리는 성경 저자들이 하나님의 계시된 진리를 제시할 때 그것을 상황화하는 역할을 했다는 것을 논리적으로 인정하는 데 이르게 된다. 다른 말로 하면, 성경에는 상황화의 과정이 메시지 그 자체만큼이나 확실하게 기록되어 있다. 때로 하나님은 자신과 그 뜻을, 시내산에서 우레같이 드러내시기도 하고 때로는 바울 사도의 체계적인 논쟁을 통해 나타내기도 하신다. 이 일들이 기록될 때 정보뿐 아니라 그 전달 과정까지 계시된다.

하나님이 상황 속에서 자기 계시를 하신 가장 심오한 예는 바로 성육신이다. 만약 칼 바르트가 말한 것처럼, 성육신 속에서 참된 하나님 자신이 궁극적으로 계시되었고 인간의 참된 정체성 역시 계시되었다고 믿는다면 두 가지 결론이 따라올 것이다. 첫째, 모든 사람은 자신의 진정한 인간성을 예수님 안에서 발견하게 된다. 둘째, 예수님을 통해 사람들은 참 하나님을 알게 된다. 이를 다르게 표현해 보자.

성육신은 신에 대한 연구와 인간에 대한 연구를 기독론의 문제로 만든다. 그러므로 성육신은 상황화가 기독교 메시지의 정확한 전달을 위한 본질적이고 피할 수 없는 과정이 되게 한다. 예수님의 인격과 사역을 이해하지 않고는 하나님과 인간을 이해할 수 없다는 의미에서 상황화는 신학적인 필연이 되었다. 우리는 하나님을 전체 그림에서 떼어내어 우리가 늘 그리하듯 임상적이고 추상적인 방식으로 그분을 현미경으로 관찰할 수 없다. 우리는 하나님을 상황 속에서 완전히 알 수 있으며 그 상황은 그리스도시다. 그러고 나면 전도는 선교학적인 과업이 된다. 전도는 사람들이 상황적으로 자신을 계시하신 하나님께 주목하도록 상황적인 수단을 사용하는 일이다. 이것은 그리스도의 중심성에 대한 엄중한 헌신과 인간 문화에 대한 부단한 탐구를 요구할 것이다.

타문화 사역에서는 이 일이 어떻게 이루어질 것인가? 다시 반복하자면, 우리는 서구에서의 **모든** 사역이 타문화 사역이라고 믿으며 서구 안에서 타문화적 상황화를 심각하게 고려해야 한다고 생각한다. 이처럼 상황화가 중요하다면 마땅히 그 과정을 탐구해야 할 것이다.

1987년에 선교학자 폴 히버트(Paul Hiebert)는 복음을 비그리스도인의 상황에 **비판적으로** 상황화하는 틀을 제시했는데, 그의 모델을 전 세계 타문화 선교에 참여한 사람들이 채택했다. 이것은 서구의 하부 문화들을 포함하여 다양한 상황에 적용할 수 있는 네 단계 방법이다.

비판적 상황화 이론

히버트의 모델은 혼합주의나 복음을 배반할 수 있는 위험과 한계를 최소화하기 위해 안전장치를 세우려는 것이다. 첫째로 그는 우리가 지금까지 주장한 것처럼 교회로 하여금 자신이 속한 문화를 진지하게 검토하는 일에 참여하도록 격려한다. 둘째로 성경의 권위에 분명히 헌신할 것을 강력하게 권한다. 선교적 교회는 하나님의 말씀을 배우는 학생으로 가득 차야 한다. 그는 이렇게 말한다.

> 사람들이 성경의 메시지를 원래 의도한 대로 분명하게 파악하지 못한다면 복음에 대한 왜곡된 관점을 가질 것이기에 이 단계가 중요하다. 목사나 선교사는…성경적 진리를 이해하고 그것을 다른 문화들 속에 알리는 일에서 가장 큰 역할을 해야 한다. 일반 사람들도 스스로 진리를 분별하는 능력이 성장하도록 성경을 연구하는 일에 참여해야 하지만, 리더는 문화들(성경의 문화와 현재 문화—옮긴이) 사이를 오갈 수 있는 상위 문화 잣대(the meta-cultural grids)를 가져야 한다.[8]

그러므로 선교적 교회에서 리더십의 역할은 자신이 영향을 미치려 하는 지역 공동체를 연구하는 일과 성경의 진리를 지역 회중에게 가르치는 일을 포함한다. 세 번째 단계는 "사람들이 성경을 공동체적으로 새롭게 이해한 눈으로, 자신들의 과거 관습을 비판적으로 평가하고 새롭게 발견한 진리에 반응하기로 결심하는 일이다."[9] 히버트가 제안한 이 세 번째 단계는 쉽게 들리지만 사실은 매우 큰 노력이 요구되는 일이다. 두 번째 단계에서 전도자 혹은 선교사의 전문성이 가진 중요성을 강조했다면 이제 그는 그 과정을 일반 사람들에게 돌린다. 이것이 그의 모델에서 중요한 특색이다. 이 모델은 회중 공동체에 기반을 두며 '전문가'에게 의지하지 않는다. 그리고 새로운 회심자들과 오랫동안 헌신한 그리스도인들의 공헌을 인정한다. 성경을 가르치는 초기 단계에서만 지도자들의 역할을 강조할 뿐이다. 그는 이렇게 말한다. "(복음)은 사람들이 반응해야 하는 메시지다.···필요한 변화에 대해 리더들이 확신하는 것으로는 부족하다. 리더들은 자신의 개인적 확신을 나누고 다양한 결정의 결과를 알려 주어야겠지만, 사람들이 자신의 과거 관습을 평가하는 일에서 직접 최종적인 결정을 하게 해주어야 한다."[10] 그의 전제는 새로운 회심자들이 바깥에서 문화를 탐구한 우리보다 자신의 문화를 훨씬 잘 이해한다는 것이다. 만일 우리가 성경을 효과적으로 가르치고 문화를 창의적으로 탐구했다면, 복음을 정말 잘 상황화하기 위해 다루어야 할 요소들, 즉 언어와 습관과 행습과 신념의 변화를 평가하는 일에서 그리스도인 공동체를 신뢰해야만 한다.

히버트가 제일 급진적이 되는 지점이 바로 여기다. 그는 리더들이 회중을 신뢰해야 한다고 하는데, 이 점이야말로 과거에 목회자들이 정말 형편없었던 영역이다. 그는 이 과정이 효과적으로 진행된다면 회중은 과거의 신념과 관습들에 다음의 몇 가지 방식으로 반응할 것이라고 말한다.

비성경적이지 않은 것은 유지하라

문화적 행습들 중 많은 것이 기독교적이지도 비기독교적이지도 않다. 이런 것들은 성경에서 허락하지도 정죄하지도 않기 때문에 이에 대해 그리스도인들은 양면적일 수 있다. 교회 건물에 특정한 종류의 예술품을 거는 것이 한 예다. 그런 행습을 유지하면서 교회는 자신의 문화적 정체성과 유산을 재확인할 수 있다.

그리스도인들에게 적절하지 않은 것은 거부하라

때로 우리는 특정한 노래나 관습이나 신념을 거부하는 일이 얼마나 중요한지를 이해하지 못하기 때문에 그런 것이 거부되는 상황을 보고 놀라게 된다. 또 어떤 경우에는 회중이 문화적으로 보지 못하는 영역을 지각하도록 돕기 위해 전도자들은 왜 어떤 관습은 거부되지 않았는지를 입증할 필요가 있을 것이다.

해 오던 행습들에 명백한 기독교적 의미를 부여하여 수정하라

히버트는 찰스 웨슬리(Charles Wesley)가 술집에서 불리던 노래에 기독교 가사를 붙인 일이나 초대 그리스도인들이 회당 형태의 예배를 사용하면서 그것을 자신들의 신앙에 맞게 고친 일을 언급한다. 우리의 상황에서 젊은이들에게 다가가려 할 때, 우리는 '록 콘서트에서 몸을 부딪혀 가며 격렬하게 추는 춤'(moshing)을 개인주의를 강조한다는 이유로, 그리고 밀치고 떠밀고 점프하는 것을 포함하는 다분히 공격적인 형태라는 이유로 거부할 수 있을 것이다. 혹은 그것을 인정하면서 함께함과 공동체와 활력을 표현하는 방식으로 수정할 수 있을 것이다. 힐버트는 이러한 수정을 가하는 세 가지 또 다른 방식을 다음과 같이 제안한다.

현재 행습들 중 비성경적인 것을 거부하고 바꾸라

함께 동거하고 있는 커플이 그리스도인이 되었을 때 결혼을 하거나 혹은 헤어져 각자 살라고 권면할 수 있다. 친밀한 관계를 거부하지 않으면서 기독교 도덕에 더 일치하는 구조로 대체하는 것이다.

기독교적 유산에서 끌어낸 의식들을 채택하라

성찬과 세례를 채택하는 것은 회중을 그리스도인으로서의 새로운 역사와 자연스럽게 연결시킨다. 문화적으로 민감하게 표현된 성만찬과 입교 의식으로서의 세례는 교회가 철저하게 성경적으로 상황화해야 한다.

새로운 상징과 의식을 창조하라

마지막으로 그리스도인 경험의 새롭고 신선한 표현들을 발전시키라. 1960년대 말에서 1970년대 초의 예수 운동(Jesus Movement)은 1990년대에 부흥을 경험했는데 이들은 일련의 수신호와 격언들, 슬로건, 심지어 기독교 신앙을 소통하기 위한 장신구들을 만들어 냈다. 아직도 젊은이들 사이에서는 대중적 도구들과 공예품들과 마찬가지로 오색 묵주가 유행하고 있다.

이러한 힘들지만 중요한 과정을 거치고 나면, 선교적인 팀의 리더십 아래서 회중은 직접 선택하고 수정하고 기독교적 의미를 상황에 맞게 표현하는 새로운 형태의 의식을 창조하며 신앙적 실천들을 구비하게 될 것이다. 그게 어떤 모양이 될지는 각각의 상황에 따라 다를 것이다. 우리가 바라는 것은 서구의 교회들에게 새로운 틀을 제시하려는 것이 아니라 새로운 선교적-성육신적 교회 운동을 알리고 그것이 전 세계에 걸쳐 취하는 여러 가지 형태를 보여 주는 데 있다.

비판적 상황화 이론의 위대한 선구적 사상가이자 실행가 중 한 사람으로, 아시아 무슬림 공동체에 40년 이상 미국 선교사로 있었던 필 파샬(Phil Parshall)이 있다. 파샬은 무슬림 세계관 내부에서 복음을 급진적으로 육화함으로써 상황화의 영역에서 앞서가는 사상가로 세계적인 명성을 얻었다. 어떤 사람들은 그가 '메시아적 무슬림'(messianic Muslim)이라는 공동체들을 세운 일은 너무 많이 앞서간 것이라고 하지만 또 다른 사람들은 그의 모범에 자극을 받아 더 나아가 무슬림들에게 모스크에서 예배를 계속 드리면서 비밀 신자 혹은 지하 신자로 있도록 격려하기 시작했다. 그를 헐뜯는 이들이나 그가 아직도 부족하다고 생각하는 이들 모두에 대한 응답으로, 파샬의 동료인 존 트레비스(John Travis)는 상황화가 가능한 여러 수준을 보여 주는 일종의 스펙트럼을 개발했다.[11] 어떤 실천을 새롭게 상황화해야 할 때, 아래에 제시된 스펙트럼을 염두에 두면 도움이 될 것이다. 이는 무슬림의 상황에서 최근 발견되는 그리스도 중심 공동체의 여섯 가지 유형을 규정하는 실제적인 도구다. 이 여섯 유형은 서구의 상황에도 쉽게 적용될 수 있을 것이다. 사실 여섯 유형 모두 현재 미국 어디에선가 발견할 수 있다.

트레비스가 말한 C1에서 C6까지의 여섯 유형에서, 'C'는 그리스도 중심적 공동체(Christ-centered communities)를 말한다. 내부자와 외부자란 각각 무슬림과 비무슬림을 말한다. 서구에서 우리는 이 용어를 각각 우리가 속한 지역 공동체의 토착적인 멤버들과 선교사/교회 개척자들을 언급하는 데 사용할 수 있을 것이다.

C1-외부자의 언어를 사용하는 전통적인 교회

이것은 아시아 무슬림의 상황 속에서 서구 문화를 반영하는 교회다. 비토착적인 언어(영어)와 수입해 온 상징들을 사용한다. 종종 교회와 주변 지역 공동체 사이에 거대한 문화적 단절이 존재한다. C1 신자들은 자신을 '그리스도인'이라 부른다.

C2-내부자 언어를 사용하는 전통적인 교회

본질적으로 언어를 제외 하고는 C1과 같다. 트레비스는 "비록 내부인의 언어를 사용하지만 종교 적 어휘는 대개 비이슬람적(특별히 기독교적)이다"라고 말한다.[12] 주류 지역 공동체와 선교적 교회의 문화적 간극은 여전히 크다. 그러나 트레비스는 무슬림 세계에 있는 대부분의 교회들이 C1 혹은 C2라고 지적한다. C2 신자들 역시 자신을 '그리스도인'이라 부른다. C2의 음악 양식이나 모임 공간은 서구적이다.

C3-내부자 언어를 사용하며 종교적으로 중립적인 내부자 문화 형식을 사용하는 상황화된 그리스도 중심 공동체

종교적으로 중립적인 형식에는 민속 음악, 민속 의복, 예술 작품 등이 포함될 것이다. C3에서 상황화의 목표는 성경적으로 허용 가능한 문화적 형식을 사용함으로 복음의 이질감을 줄여 보고자 하는 것이다. C3 교회들은 때로 종교적으로 중립적인 장소에서 모인다. C3 신자들은 자신을 '그리스도인'이라 부른다.

C4-내부자 언어와 성경적으로 허용 가능한 이슬람 문화 형식을 사용하는 상황화된 그리스도 중심 공동체

성경적으로 허용할 만한 이슬람의 형식(예를 들면 손을 들고 기도하는 것, 금식을 지키는 것, 돼지고기, 술, 개와 같은 애완동물을 피하고 이슬람 용어나

옷을 사용하는 것 등)이 도입되지만 C3와 유사하다. 모임은 절대로 전통적 기독교 교회 건물에서 열리지 않는다. 비록 "C4 신자들은 매우 상황화되었지만 무슬림 공동체는 보통 그들을 무슬림으로 여기지 않는다. C4 신자들은 자신을 '이사 메시아(Isa the Messiah, 메시아 예수)를 따르는 자들'(혹은 유사한 무엇)로 인식한다."[13]

C5-예수를 주와 구세주로 받아들인 '메시아적 무슬림들'로 이루어진 그리스도 중심 공동체

트레비스에 따르면 C5 그룹의 신자들은 이슬람 지역 공동체 안에서 법적이고 사회적인 지위를 온전히 유지한다. 성경이 배제하는 이슬람 신학의 요소들은 거부되거나 가능하다면 재해석된다. C5 신자들 또한 정기적으로 서로 만나고 그들의 신앙을 구원받지 못한 무슬림에게 나누지만 이 그룹의 멤버들은 종종 이슬람의 공동 예배에 어떤 식으로든 참여한다. 트레비스는 이렇게 기록한다. "구원받지 못한 무슬림들은 C5 신자들을 신학적으로 이상한 자들로 보고 그들을 실제로 이슬람 공동체에서 축출할 수도 있다. 전체 마을이 그리스도를 받아들인 곳에서는 C5가 결국 '메시아적 모스크'가 될 수 있다. 무슬림 공동체는 이들을 무슬림으로 보며 또 이들은 스스로를 이사 메시아를 따르는 무슬림으로 칭한다."[14]

C6-그리스도 중심의 소규모 비밀/지하 신자 공동체

C6 신자들은 비밀스럽게 그리스도를 예배하기로 선택한 무슬림들이다. 그들은 해외에 나가 있는 동안 전도를 통해서나 라디오 방송, 전단지, 꿈, 환상, 기적을 통해 혹은 스스로 성경을 읽고 회심했을 것이

다. 이들은 보통 자신의 신앙에 대해 침묵하며 종종 홀로 예배를 드린다(흔하지는 않지만 소그룹으로 모이기도 한다). 예수님을 따르는 사람들이지만 지역 공동체에서 무슬림으로 인식되고 스스로를 무슬림이라 규정한다.

이슬람 지역 공동체들 속에 있는 대부분의 기독 교회들이 C1 혹은 C2 단계에서 운영되는 것처럼 후기 기독교 서구 사회의 교회들도 이와 동일하다는 느낌이 든다. 서구에서 C3 교회를 발견하는 것도 이상하지는 않다. 그러나 C4 혹은 C5 수준의 상황화를 시도하는 교회를 만나기란 매우 어렵다. 최근 몇몇 무슬림 국가에서 타문화 선교사들이 C5 수준의 상황화를 위한 급진적 육화를 시도하고 있다. 신자들은 꼭 그리스도인이 아니어도 좋고 다만 무슬림으로서 이사 메시아를 따르는 자들이다. 첫눈에 보기에는 그들 주변의 무슬림과 다를 바가 없다. 어떤 나라에서는 C5 수준의 상황화된 교회들에서 문자적으로 수천의 무슬림들이 그리스도께 나아오는 것을 보고 있다. 그런데 서구의 교회들은 후기 기독교적 선교 현장에서 사역하고 있다는 것을 인식하면서 어떻게 더 깊은 수준의 비판적 상황화의 단계로 나아가지 않을 수 있단 말인가! 서구의 교회가 한결같이 이런 후기 기독교 선교 현장에 있기 때문에 마땅히 비판적 상황화의 C4와 C5 수준 사이의 어떤 지점을 바라보며 나아가야 한다.

위험한 타협

호주에는 소수의 '서구권을 위한 선교사들'이 상황화에 관한 파샬의 가르침을 전적으로 수용하여, 전통적으로 절대로 가지 않는 영역인 멜버른 교외의 무슬림 공동체나 브리즈베인(Brisbane) 같은 도시에서 볼 수 있는 라이브 댄스 파티 등에 들어가 육화하기도 한다. 이 과감한 선교사들은 무슬림 혹은 레이브족의 복장이나 이름, 언어, 관습을 사용하여 각 공동체로 완전히 들어가 그 속에서 그리스도가 되었다. 자신을 '경계선의 종들'(Frontier Servants)이라 부르면서 진리를 타협하지 않으면서도 실천에서는 철저히 타문화적이 되었다. 광란의 레이브 파티 팀은 완전한 일원이 되어 댄스파티에서 디제이 자리까지 요청을 받는다. 이들의 접근법은 그들이 들어간 주류 문화를 모든 점에서 완전하게 받아들이지만 죄는 짓지 않는 것이다. 멜버른에서는 '무슬림' 경계선의 종들이 지역 모스크에 가서 예배를 드리며 이사 메시아가 그들의 죄와 죄책에서 자유케 하신 것에 대해 나눈다.

이런 과정은 어렵고 고통스럽다. 이는 바벨론에 포로로 잡혀 간 유대인들이 강요받은 것 같은 일들을 우리가 해야 한다고 초청한다. 이는 다름 아닌 낯선 땅에서 하나님의 백성이 되는 일이다. 그러나 그리스도인들로서 우리에게 주어진 선교 명령은 그리스도의 제자 삼으라는 명령 때문에 몹시 긴급한 것이다. 이것은 우리가 상황적인 적실성을 시도하다가 실제로 복음을 타협하는 지경으로 치달을 수 있기에 위험하다. 선교학자들은 그런 타협, 즉 상황을 복음 위에 두는 것을 혼합주의라 했다. 존 트레비스는 C5 상황화를 추천하지만 혼합주의의 가능성을 이해하고 그것을 점검하는 도구를 만들었다.[15] 히버트가 요약하는 네 단계 방법은 혼합주의의 가능성을 점검할 수 있는 틀을 제공 한다.

- 성경을 진지하게 다룬다.

- 모든 신자의 삶에서 성령의 사역을 인정한다.
- 교회를 해석학적 공동체로 본다.
- 각 교회를 전 세계적 네트워크 안에서 움직이는 것으로 보고 더욱 넓은 국제적 관점을 지닌다.

이제 우리는 이 적대적이고 비수용적인 제국 가운데서 선교 운동으로서 교회의 이상을 회복하기를 꾀할 것이다. 어떤 의미에서 우리는 우리 하나님을 무시하고 우리의 상징을 모욕하는 이 세상 속의 유배자들이다. 전진할 수 있는 유일한 길은 우리의 상태에 대해 정직하며, 그리스도께서 우리를 부르신 문화와 하부 문화들 속에서 복음을 철저하게 상황화하는 것이다.

| 6장 | 영혼에 속삭이기 |

교회는 그 구성원들의 영적인 삶을
매우 실제적이고 합리적인 방식으로 인도하는 길을 모색했다.
이 말이 찬사처럼 들리지만 그렇지 않다.
서구적 사고와는 다르게
영성이란 합리적이고 실제적인 것이라고 할 수 없다.
— 제프 우즈

함께하는 여정

오늘날 소위 포스트모던 시대 사람들이 놀랄 만큼 영적이라는 것, 그리고 이들이 하나님에 대한 명제적 진술을 듣기보다는 하나님을 직접 경험하기를 원한다는 것은 그리 새롭지 않은 화제다. 또한 사람들이 모종의 실존적인 불안에 맞닥뜨려 영성을 향하여 돌아서게 될 때 전통적 기독교를 찾을 리가 없다는 사실 역시 분명하다. 배리 맥워터스(Barry McWaters)가 『의식의 진화』(Conscious Evolution)에서 쓰듯이, "우리는 우리를 인도해 줄 메시지를 찾아 가능한 모든 근원에 귀를 기울이고 있다. 우리는 우주 전파에 주파수를 맞추거나 돌고래와 대화 하거나 심령술을 하는 사람들의 말에 점점 더 주의 깊게 귀를 기울인다.

저기에 도움 될 것이 있나? 여기에 무슨 지침이 있나? 누가 응답해 줄까?"[1] 아래에 나오는 두 가지 증언은 유명한 잡지에 실린, 도움을 찾는 사람들의 이야기다. 두 경우 모두 글쓴이는 모종의 고통스런 경험을 했고 그 경험이 평화를 향한 추구로 이어졌나. 두 경우 모두 전통적 교회는 도움이 되지 못했다. 먼저 저널리스트 루스 오스트로우(Ruth Ostrow)가 그런 경험을 설명한다.

나는 사랑하는 사람을 암으로 잃었다. 어린아이처럼 나는 어쩔 줄 모르고 그녀가 실제로 어디로 갔는지 말해 줄 누군가를 찾고 있다. 랍비나 구루들을 찾아가는 내 모습은 강아지를 막 잃은 다섯 살짜리 아이처럼 연약하고 여리다. 엄마는 "언젠가 너도 알게 될 거야"라고 한숨을 내쉬면서 빈정대듯 말한다. "얘야, 죽음 뒤에는 아무것도 없단다. 아무것도. 그저 받아들여야 해. 그렇지 않다고 증명하기 위해 살아난 사람은 아무도 없어"라고.

오스트로우의 경험(사랑하는 이의 죽음)은 그녀의 반응(실존적인 추구)과 마찬가지로 우리 모두에게 공통된 것이다. 영적인 추구를 계속해 나가면서 그녀는 소위 합리적인 답변에 불편함을 느끼고 어머니의 냉소와 현실주의를 거부한다.

깊은 밤, 맹세컨대 나는 어둠 속에서 아마도 작별 인사를 하기 위해 온 영혼인 듯한 은색 빛을 보았다. 사랑하는 숙모가 떠난 후 나는 주위에서 이상한 에너지를 느꼈다. 죽은 친척들이 꿈에 나타나 이런 메시지를 주었다. "숙모는 괜찮아. 그녀는 우리와 함께 있어. 언젠가 너도 다시 그분을 보게 될 거야." 난 뺨이 눈물로 범벅이 된 채 깨어났다. 나는 나무들의 속삭임 속에서 말소리를 들었고 길바닥에 일렬로 정렬해 있는 나뭇잎들에서 징조를 보았다. 내 창틀에 신비롭게 앉아 있는 이상한 검은 새의 존재에서 메시지를 들었다.[2]

칼럼에서 그녀는 뉴에이지의 구루인 루이즈 헤이(Louise Hay)나 웨인 드와이어(Wayne Dwyer), 디팩 초프라(Deepak Chopra)가 인도하는 '초자연 세계 숙달'(Metaphysical Mastery) 세미나의 동료 추구자들과 일종의 공동체 의식과 희망을 발견했다고 고백한다. 새로 발견한 업(業, karma)과 환생의 믿음이 그녀가 고통을 뚫고 나아갈 수 있도록 도왔다. 여기서 우리의 관심은 많은 비그리스도인들에게 있는 종교적 갈망을 생각해 보자는 것이 아니라, 왜 오스트로우는 도움을 찾기 위해 교회에 가지 않았을까 하는 것이다. 만약 루스 오스트로우가 전통 교회 지도자나 목사들을 찾아갔다면 그들이 어떻게 반응했을지 좀처럼 상상하기 힘들다. 그가 논리적인 사람이라면 사랑하는 누구나 사람이 죽은 후에 느끼는 일종의 희망을 향한 절망적이고 절박한 추구를 오스트로우가 경험하고 있다고 말해 줄 수도 있을 것이다. 그러나 그 대답이 삶의 가장 깊은 의문에 해답을 찾으려는 그녀의 갈망을 만족시켜 줄 수 있을까? 만약 전통적-끌어모으는 방식의 교회가 '교회에 다니지 않는 이들의 영성'을 전혀 인정하지 않는다면 오스트로우처럼 슬픔 가운데 있는 사람의 깊은 갈망에 답을 줄 수 없을 것이다. 이는 이와 같은 문제에 대한 답이 있을 것이라고 어렴풋이 믿는 그녀의 바람을 좌절시켜 버리는 것이다. 죽음 후에 인간에게 어떤 일이 일어날 것인지에 대한 대답을 교회가 갖고 있지 않다고 말하는 게 아니다. 우리는 많은 전통 교회의 지도자들이 오스트로우의 바람과 잎사귀와 꿈과 이상한 검은 새 같은 경험에 성육신적 대응을 하지 못하는 현실이 두렵다.

또 다른 비슷한 잡지 기사식 고백으로, 영화 극본가이자 제작자인 마티 카플란(Marty Kaplan)이 「타임」(Time)지에 쓴 글이 있다. 그는 만성적인 스트레스로 고생했고 그 때문에 이를 가는 버릇이 생겨 이가 다 망가졌다고 털어놓았다. 그는 스트레스에서 해방되기 위해 디팩 초프라의 책에서 보았던 명상 교실에 참여했고(또 디팩 초프라다!) 정신과 육체의 치료 이상의 무언가를 얻었다. 종교를 갖게 된 것이다.

내가 명상에 끌린 것은 명백한 종교적 중립성 때문이었다. 아무것도 믿을 필요가 없다. 해야 하는 것이 있다면 그저 그것을 하는 것이다. 나는 유익을 얻으려면 무언가 속임수 같은 것을 믿어야 하지 않을까 걱정했는데 명상의 90퍼센트 이상은 그저 출석하기만 하면 되는 것이어서 맘에 들었다. 명상의 영성이 나를 엄습했다. 부지중에 나는 수천 년간 종교적 신비주의의 중심에 있었던 실천을 행하게 되었다. 하루에 20분을 떼어 침묵을 하는데 이것은 그렇게 부르든 아니든 예배하는 것이다. 즉 저 바깥의 무엇이 아니라 지금 여기의, 장미나 석양뿐 아니라 현재의 존재인 실존의 기적으로 깨우침을 얻는 것, 이것이 아직 우리가 걸어야 할 길이고 순례자의 길이며 탐구다. 내가 발견한 신은 모세나 무함마드나 부처나 예수 모두에게 공통된 분이다. 이건 모든 신비적 전통에 알려진 내용이다. 나에게는, 너무나 거룩하여 사람들이 그 이름조차 감히 말하지 못하던 '야웨 하나님'(Tetragammaton)이다. 그것은 카발라에서 아인(Ayin), 즉 무(Nothingness) 혹은 비물질(No-thingness)이라 부르던 것이다. 그것은 영이요 존재요, 모든 것이다.[3]

오스트로우와 카플란 두 사람의 경험은 우리 대부분이 직관적으로 아는 무엇인가를 확증해 준다. 즉 '영적 성장'이란 종종 고통과 갈등과 의심과 무지의 상황 속에서 일어난다는 사실 말이다. 이런 때에는 깔끔하고 '즉각적인' 대답으로 충분치 않다. 영적인 온전함을 향한 갈망은 공식이나 프로그램이나 교리로는 채워지지 않는다. 영적인 것들이 각자의 삶에 접점을 찾는 데는 시간이 걸린다. 그것은 그리스도인이나 미그리스도인이나, 폭풍 가운데 계시는 거룩한 분을 만나는 곳에 나아오게 되는 일종의 공동 순례의 경험을 통해서만 가능하다. 오스트로우나 카플란이 목사의 사무실에서 이해하기 쉽게 만들어 놓은 기독교 교리를 제시받는 광경을 상상하면 등골이 오싹해진다. 이미 언급했듯이 오늘날 사람들은 전문가나 권위자에게서 배우기보다는 같은 삶의 상황에 있거나 한 발짝 정도 앞서 있는 사람들에게서 배우려 한다. 열두 단계 프로그램(금주 클럽인 Alcoholic Anonymous에서 하는 프로그램—옮긴이)의 성공이 이를 입증한다. 〈오프라 윈프리 쇼〉와 같은 텔레비전 프로그램은 우울증, 자기 의심, 비만, 슬픔 등을 극복한 많은 평범한 사람들의 이야기를 보여 준다. 실제적이고 땅에 뿌리내린 영성은 함께하는 여정 가운데 가장 잘 발견될 수 있다.

영혼에 속삭이기

몇 년 전 우리는 우연히 **말의 이야기를 듣는 사람**이라 불리는 몬티 로버츠(Monty Roberts)의 이야기를 그의 베스트셀러를 통해 접하게 되었다. 그 책과 영화 〈호스 위스퍼러〉(The Horse Whisperer, 로버트 레드포드 출연)가 느슨하게 관련이 있기는 하지만 몬티의 이야기는 영화식의 멜로드라마나 로맨스와는 거리가 있다. 그의 이야기는 단순히 한 인간과 동물, 특별히 몬태나 산중에 사는 야생마와 나눈 유대감에 관한 것이다. 몬티는 말을 사육하는 집안에서 성장했다. 수 세대 동안 로버츠 일가는 말을 타고 울퉁불퉁한 산들을 다니면서 야생마들을 몰아다가 길들여서 몬태나의 목장주들에게 팔았다. 산들을 배회하는 길들지 않은 야생 동물의 장대함은 그 모든 근육들, 그 모든 야생 본능과 순전한 힘에 깃들어 있었다. 그들을 길들이는 일은 아주 대단한 기술이었다. 몬티의 할아버지와 아버지와 삼촌과 형제들이 야생마 한 마리를 잡으면 그것을 축사에 가두고 그 장대한 정신을 길들여야만 했다. 이는 모든 기운 센 동물들을 길들이기가 쉽지 않은 것처럼 몇 주가 걸리는 노동이었다. 어떤 말들은 너무 거칠어서 발굽을 줄로 묶어 다시 목 주위로 돌려 매야 할 정도였다고 몬티는 말한다. 엄청난 피와 땀을 흘리고 고통을 겪은 후에야 마침내 이 가장 거칠고 힘센 동물이 길들여졌다.

어린 소년이었지만 몬티 로버츠는 이 야생마들을 그렇게 잔인하게 길들이지 않고 친해질 수 있는 방법이 있지 않을까 생각했다. 청소년기에 그는 몬태나 고지에서 말을 타고 다니면서 어떤 야수라도 그 무리에서 떨어져서 홀로 산을 헤매게 되면 종종 병에 들거나 심지어 죽음에 이르기까지 한다는 사실을 알게 되었다. 그는 이 점에서 아이디어를 얻었다. 만약 이 동물이 다른 피조물과의 연대에 대한 강력한 본능을 가진, 무리를 지어 사는 동물이라면 그들을 길들이는 데 아마도 이 본능을 이용할 수 있을 것이라고. 그는 야생마를 길들이는 다른 방식을 실험하기 시작했고 성인이 될 무렵 전혀 새로운 방법을 개발하게 되었다. 이제 그는 이런 접근법을 소개하며 세상을 여행하고 있다.

〈60분〉이라는 시사 프로그램에서 몬티 로버츠는 말에게 속삭이는 방법을 세상에 보여 주었다. 그는 길들지 않은 야생마와 함께 우리에 들어가서 가능한 한 말과 멀리 떨어진 채 거기 머무른다. 그는 말과 눈도 맞추지 않는다. 그러나 머리는 그 동물의 시선과 반대로 돌린 채 천천히 그리고 확실히 멀리 떨어져 움직이면서 그 말을 천천히 자기에게 끌어들인다. 이 야생마가 발굽으로 땅을 내리치고 콧김을 내뿜고 우리 안을 엄청난 속력으로 원을 그리며 돌아도 몬티는 천천히 말에서 떨어져서 움직인다. 볼 생각을 하지 않고 가까이 다가가지 않는다. 이상하게 들리겠지만 한 시간이 안 되어 몬티는 야생마에 안장을 얹고 여유만만하게 말을 타게 된다. 비결을 묻자 그는 이렇게 말한다. "이 동물들은 다른 존재와의 접속이 절실하기 때문에 홀로 남겨지는 것보다는 오히려 적과 친구가 되는 편을 택합니다." 말의 깊은 갈망에 '속삭이는' 방법을 발견했을 때 그는 산전수전 다 겪은 아버지와 삼촌들과 형제들에게 이제는 야생마의 영혼을 뭉개 버릴 필요가 없다고 말했다. 그러나 그가 새 방법을 보여 주었고 이것이 통한다는 증거들이 있음에도 오늘날도 몬태나 목장 사람들은 여전히 전통 방식을 사용한다.

몬티의 이야기는 교회를 생각하게 한다. 그가 말들에게 **귀 기울이는**(그만의 고유한 표현이다) 효과적인 방식을 발견했지만 옛날식의 몬태나 말 사육자들은 생각을 바꾸려 하지 않았다. 이들은 수 세대에 걸쳐 자기들의 방식대로 말을 길들이고 있다. 그들이 왜 지금 바뀌어야 하는가? 앞에서 언급한 루스 오스트로우와 마티 카플란의 예로 돌아가 보면, 교회는 수 세대 동안 그들 같은 죄인들을 '길들여' 왔다고 말할 것이나. 교회는 '우리에게 그들을 맡겨 두라'고 말한다. 그러나 전통적이고 정형화된 교회의 증언에 맞지 않는 추구자들의 영혼을 뭉개 버리는 옛날 방식은 더 이상 효과적일 수 없다. 오스트로우와 카플란과 수

많은 〈오프라 윈프리 쇼〉 시청자들은 교회를 전염병처럼 피하고 있다. 이제는 우리가 미그리스도인들과 연대하는 영성을 개발할 때다. 여기에는 진실하게 듣는 것과 진정한 함께함이 포함될 것이다.

미그리스도인들에게 다가가는 전통적 방법은 그들이 심하게 깨어진 존재라며 으름장 놓는 것이다. 그들의 영혼을 뭉개 놓는다. 그들을 갈갈이 찢어 놓고 무릎을 꿇게 한다(우린 전도자들이 실제로 이런 식으로 말하는 것을 확실히 들었다!). 그것은 진 그라이텐바흐(Gene Greitenbach)의 찰리와 사라에 관한 유비(analogy)와 같다. 그들은 늘 같이 붙어 다녔으나 찰리에게 사라의 약점이 너무 많이 보였기 때문에 로맨틱한 관심을 가질 수 없었다. 그러던 어느 날 찰리에게 이런 생각이 들었다.

'사라를 돕는 길은 그녀와 데이트하는 거야. 우리가 함께하면 내 장점이 그녀에게 영향을 미칠 테고 그녀는 훨씬 나아지겠지. 내가 희생을 좀 해야겠지만 그게 내가 할 수 있는 최소한의 일이야.'

찰리는 『참된 인격이 되기 위해 사라가 변해야 될 100가지』라는 제목의 책을 들고 사라의 집으로 가서 초인종을 누른다. 그녀가 나오자 그는 그녀의 면전에 그 책을 내밀며 이렇게 말한다. "우리가 데이트하려면 나는 이게 최선이라고 결정했어. 네가 이걸 다 읽을 때까지 내 트럭에서 기다리고 있을게!"[4]

그라이텐바흐는 찰리가 복음 전도에 대한 전통적인 접근 방식을 보여 준다고 말한다. 여기에는 참된 우정이 거의 없다. 교회가 불신자와 친구가 되려 하는 데는, 대개 **그렇게 해서** 그들을 그리스도인으로 만들려는 의도가 있다. 그리고 그들 그리스도인이 되는 길은 그들 자신이 얼마나 문제투성이인지를 보게 하는 것이라고 여긴다. 미그리스도인들은 이것이 얼마나 부정직한 것인지 분명히 안다. 참된 우정은 본래 그리고 그 자체로 하나님의 부르심이다. 만일 우리의 우정을 통하여 사람들이 예수님과의 우정을 찾게 된다면 그것은 성령이 하시는 일이다. 다른 사람들과 함께하는 일에서 교회는 전투적이고 조작적인 영성 대신에 미그리스도인들의 영혼에 속삭이는 참여의 영성을 회복해야 한다고 우리는 믿는다. 몬티 로버츠가 야생마의 가장 깊은 갈망에 호소했듯이 우리도 우리 친구들 속에 있는 갈망에 귀를 기울이고 그들을 존중하고 은혜와 동정심으로 그들과 함께해야 한다.

속삭이는 기술

오늘날 미그리스도인들의 가장 심층부에 있는 갈망에 어떻게 속삭일 수 있을까? 이미 언급한 바 있지만 듣는 것이 주요한 요소다. 사람들은 갑작스러운 다마스쿠스 도상의 경험을 통해서가 아니라 점진적으로 신앙을 가지게 되는 것 같다. 1992년, 지난 12개월간 신앙을 가지게 된 500명 이상의 영국인들을 상대로 실시한 철저한 연구 조사에서 69퍼센트가 자신의 회심이 점진적이었다고 답했다. 이는 극적인 회심을 기대하는 강력한 복음주의 교회들에서도 그리 다르지 않다(63 퍼센트). 전체 회심자의 20퍼센트만이 자신의 경험을 극적인 혹은 급진적인 경험이라고 했다. 보고서는 이렇게 제안한다.

대부분의 사람들이 하나님을 발견하는 방식은 점진적인 과정을 통해서이고 평균적으로 4년 정도가 걸린다. 사람들이 이 과정을 거치는 데

도움이 되는 전도 모델이 필요하다.[5]

하나님이 한 개인의 의식 속으로 뚫고 들어오셔서 그의 삶에 한밤중의 드라마 같은 방향 전환을 가져다주실 가능성을 배제하려는 게 아니다. 그러나 사실을 제대로 인식해야 한다. 대부분의 사람들은 서서히 그리고 은혜롭게 천국의 속삭임을 듣는다. 전도 집회나 부흥회를 그렇게도 많이 여는 것은 다마스쿠스 도상의 바울 같은 방식으로만 사람들이 신앙을 가지게 된다는 우리의 신념을 강화할 뿐이다. 그렇다면 참여의 영성으로 기초를 탄탄히 놓은 사역에는 어떤 특징이 있는가? 사람들이 예수님을 향하도록 어떻게 속삭일 수 있을까? 몇 가지 방법들을 제시하고자 한다.[6]

이야기하기를 통해 호기심을 불러일으키라

예수님이 들려 주신 이야기들에는 모세의 율법에 대한 언급이 없다. 그분은 비유에서 이전에 있었던 예언자나 선생들의 말씀들을 설명하려 들지 않으신다. 많은 경우 야웨에 대한 아무런 언급도 없다. 이게 도대체 무슨 성경적 가르침이란 말인가? 집 나갔다 돌아오는 아들을 맞아들이는 아버지 이야기, 잃어버린 동전을 찾으려고 온 집을 뒤집어 놓은 여인 이야기, 약삭빠른 종 이야기, 어리석은 농부와 지혜로운 투자자에 관한 이야기. 정말이 비유들은 놀라운 형태의 종교적 의사 소통이었다. 사실 너무나 놀라워서 많은 사람, 특히 전통적으로 종교적 언어를 배운 사람들에게는 의미 없는 것이 되고 말았다. 마태복음 13장에서는 씨 뿌리는 이야기를 들은 제자들이 그분께 다가왔다. 그들은 그 이야기의 의미가 아니라 도대체 왜 그런 이상한 이야기들을 사용하시는지를 물었다. 예수님은 이렇게 대답하셨다. "그들에게 비유로 말하는 것은 그들이 보아도 보지 못하며 들어도 듣지 못하며 깨닫지 못함이니라"(마 13:13). 다른 말로 그분은 그 의미를 더 분명히 하기 위해서가 아니라 **베일로 가리기** 위해 비유들을 사용하신 것이다!

예수님은 하나님의 은혜의 진리에 이스라엘의 마음이 냉담해지고 귀는 막히고 눈은 닫히게 되는 때를 예언한 이사야 6:9의 예언을 자신의 사역이 성취하고 있다고 이해하셨다. 예수님의 가르치는 사역은 은혜의 놀라운 진리에 이를 수 있는 모든 해답을 가졌다고 하는 자들에게가 아니라 해답을 구하는 사람들에게 허용되도록 비밀스럽게 의도된 것이었다. 그래서 그분은 씨 뿌리는 자 비유를 계속하여 설명하셨다. 씨가 떨어진 여러 종류의 땅(길, 돌밭, 가시밭, 좋은 땅)을 묘사하고 나서 그분은 사람들이 이 이야기에 접근하는 서로 다른 방식들에 대해 예를 들어 이야기하셨다. 어떤 이(특히 바리새인과 서기관들)는 말씀을 순진한 아이들을 위한 이야기로 여겨 거부할 것이고 또 다른 이들은 잠시 동안 슬쩍 관심을 가질 뿐일 것이며 또 다른 이들은 이 이상하지만 놀라운 이야기에 애태울 것이다. 그들은 크나큰 흥미를 느끼고 좀 더 알아보려 할 것이다. 예수님이 제자들에게 일찍이 말씀하셨듯이, 그분이 도전하시는 참된 추구란 이런 것이다. "구하라, 그리하면 너희에게 주실 것이요. 찾으라, 그리하면 찾아낼 것이요. 문을 두드리라, 그리하면 너희에게 열릴 것이니"(마 7:7).

우리는 복음을 분명하게 전하려고 애쓰다가 자주 그 안에 있는 생명을 전부 없애 버린다. 예수님의 비유들은 호기심을 자아내고 해석에 열려 있고 쾌활하고 재미있다. 그것들은 진리를 더 추구하도록 자극한다. 엘리 위젤(Elie Weisel)은 언젠가 자신에게 다음과 같은 말을 한 편집자에 대해 이야기한다. "당신이 독자의 관심을 끌기 원한다면 당신의 문장은 이해하기 쉽고 분명해야 하며 동시에 호기심을 일으킬 만큼 수수께끼 같아야 합니다. 좋은 작품은 문체와 내용이 잘 조화된 것입니다. 모든 것을 다 말해 버려서는 안 됩니다. 결코 모든 것을 다 말해서는 안 됩니다. 거기에 모든 것이 있는 것처럼 제시하면서도 말입니다."[7] 비유와 이야기는 명제적으로 제시되는 복음의 개요보다 훨씬 더 호기심을 불러일으킬 것이다. 존 드레인(John Drane)은 『변화하는 문화 속의 신앙』(Faith in a Changing Culture)에서, 오늘날의 세대 속에서 이야기하기가 얼마나 중요한지 요약하여 말한다. 그는 세 종류의 이야기가 중요하다고 제안한다. 첫째로 하나님 이야기다. 하나님이 우리가 사는 세상에 임재하시고 활발히 개입하시므로 우리는 그분에 관한 이와 같은 이야기를 말할 준비가 되어 있어야 한다. 즉 '하나님의 선행하시는 은혜'(prevenient grace)를 들려주는 것이다. 친구에게 하나님의 진리가 특별한 장면이나 인물을 통해 나타나는 영화에 대해 이야기해 보라. 친구에게 석양이나 신문 기사, 혹은 우연의 일치들에 대해 이야기해 보라. 드레인은 이렇게 말한다.

성경은 주저함 없이 하나님이 세상 속에서 다양한 방식으로 여러 때와 장소에서 끊임없이 일하고 계신다고 분명히 말한다. 전도는, 하나님 혼자서는 무력하시기에 하나님을 대신하여 그리스도인이 일하는 것이 아니다. 효과적인 전도는 하나님이 이미 거기서 일하고 계심을 인식하고 거기서 일어나고 있는 일 가운데 계신 하나님과 함께함으로써 시작되어야 한다. 우리 이야기가 아니라 하나님의 이야기가 진정한 출발점이다.[8]

둘째로, 드레인은 성경 이야기들을 사용하라고 권한다. 이렇게 하면 대화가 막혀 버릴 것 같지만, 정확한 때 정확한 장소에서 그리고 강력한 우정 관계 속에서 고대의 성경 이야기를 풀어 말하는 것은 엄청난 호기심을 불러일으킬 수 있다. 셋째로, 그는 베드로전서 3:15에 근거하여 개인의 이야기들을 사용할 것을 주장한다. "너희 속에 있는 소망에 관한 이유를 묻는 자에게는 대답할 것을 항상 준비하되." 예수님에 관한 명제들은 책장 위에 있는 단어들이지만 이야기는 삶 속의 사건들이다. 드레인은 이를 이렇게 잘 표현한다.

> 이야기를 하는 것은 우리의 강함과 약함을 동시에 인정하는 개인적 정직함을 요구한다. 우리가 스스로 약하다는 것, 상처받기 쉽다는 것을 보여 줄 때 다른 사람들이 기꺼이 우리와 자신을 동일시하게 되고 우리와 함께 예수님을 따르자는 초청을 들을 수 있게 된다.[9]

그리스도인의 선포가 우리 그리스도인들은 전문가이고 다른 모든 사람들은 무식하다는, 어딘지 모르게 젠체하는 설교처럼 들리는 일이 다반사다. 칼 바르트는 이렇게 말했다. "우리가 우리의 덕을 이야기하면 경쟁자가 되고 죄를 고백하면 형제가 된다." 드레인은 이 세 가지 종류의 이야기를 서로 겹치는 세 원으로 생각한다면, 그 교차하는 지점 즉 하나님의 이야기와 우리 이야기와 성경의 이야기들이 겹치는 지점에서 효과적인 전도가 발생할 것이라고 말한다.

경이감과 경외감이 생겨나게 하라

마이클의 가족들은 노스캐롤라이나에 있는 아일 비치에 있는 어떤 집에서 한 주를 보낸 적이 있다. 그 집 주위에는 바람에 쓸린 모래 언덕이 있고 심하게 기울어져 버린 울타리가 있었다. 해변은 깨끗하고 성게와 조개들로 뒤덮여 있었다. 해안을 끊임없이 두드리는 대서양 바다는 짙은 회녹색이었다. 뒷 베란다의 탁자 위에는 전 주인이 두고 간 레이첼 카슨(Rachel Carson)의 『침묵의 봄』(Silent Spring, 에코리브르)이란 책이 있었다. 이 독창적인 작품에 대하여 들은 바가 있었던 마이클은 낡고 오래된 1962년판을 모래로 이어지는 나무 층계 위에 앉아 읽기 시작했다. 자연에 대한 사랑, 바다와 해안의 아름다움과 경이를 풍부하게 묘사한 작가의 솜씨가, 수 세대의 미국인들에게 그렇게 했던 것처럼 그를 휩쓸어 버렸다. 지구의 생태를 망가뜨리는 인간의 불의에 대한 그녀의 분노는 강력하고도 마음을 움직일 만했다. 책에서 눈을 떼어 다시금 미국 동부 해안의 방파제 역할을 하는 섬들의 모습을 보았을 때, 그는 경이와 경외감을 느꼈다. 그리고 하나님께 더 가까워짐을 느꼈다.

파리의 노트르담 사원이나 애리조나주의 그랜드캐니언, 케냐의 그레이트 리프트 밸리와 같은 장소에서 경이감으로 말을 잃은 사람들을 적잖이 만나게 된다. 순전한 위엄과 아름다움 앞에서, 그 모든 아름다움을 만드신 이에 대한 질문에 이르지 않기란 어렵다. 경이의 경험은 우리를 자연스럽게 하나님을 향하도록 이끈다. 바울은 이렇게 말한다. "창세로부터 그의 보이지 아니하는 것들, 곧 그의 영원하신 능력과 신성이 그가 만드신 만물에 분명히 보여 알려졌나니 그러므로 그들이 핑계하지 못할지니라"(롬 1:20). 아시시의 성 프란체스코부터 장 칼뱅까지 모두 이 점을 강조했다. (칼뱅의 말을 풀어 쓰자면) 하나님의 영광의 불씨 혹은 흔적들은 우주의 모든 지점에서 발견될 수 있다. 그러나 서구 세계에서는 도시의 격렬하고 분주한 삶 속에서 놀람과 경이에 멈추어 압도당하는 일이 점점 줄어들고 있다. G. K. 체스터턴(Chesterton)은 "세상은 결코 경이가 없어서 주리지 않을 것이다. 다만 경이에 대한 필요를 느끼지 못해 주릴 뿐이다"라고 말했다. 미그리스도인들의 영혼에 속삭이기 위해 우리는 그들과 함께 별이 빛나는 밤 풀밭에 누워야 한다. 그들과 함께 미술 전시회에 가야 한다. 그들과 함께 캠핑이나 하이킹을 가거나, 해변이나 산 정상의 레스토랑에서 저녁 식사를 해야 한다. 우주는 하나님의 영광에 대한 놀라운 증언이다. 우리 스스로가 그 경이감과 복잡함과 신비를 음미할 때 미그리스도인들을 일깨울 수 있다. 그리고 하나님의 장엄한 창조 세계에 경이를 표현하는 것을 넘어서, 맛있는 음식, 어린아이들의 웃음, 영화, 문학, 슬픔, 비통함, 결혼식, 소풍, 파티, 천둥 번개로 놀랄 수 있어야 한다. 유진 피터슨은 이렇게 쓴다.

> 우리는 아름다움 앞에 서면 직관적으로 기쁨을 느끼며 거기에 몰두하려 하고 가까이 다가가며 그 안으로 들어가기를 원한다. 발을 구르고 콧노래를 하며 만져 보고 입맞추고 묵상하고 명상에 빠지기도 하며 흉내 내고 믿으며 기도한다. 그림으로, 노래로, 춤으로 드리는 기도. 거기 있는 것이 향기나 감촉, 리듬이나 광경, 그 무엇이든 간에 우리의 오감은 우리를 그 속으로 이끌어간다.… (그리고) 아름다움의 절정은 바로 인간의 얼굴이다.[10]

그리스도인의 예배 역시 아름다움과 경이감을 불러일으켜야 한다. 불신자들과 명확히 소통하기 위한 시도 가운데서, 교회에 다니지 않는 사람들이 더 편안해하도록 종교적인 언어를 없앤 구도자 예배라는 것이 있다. 우리는 기독교 예배가 미그리스도인들에게도 다가갈 수 있는 것이어야 함을 인정하지만, 예배에서 감정을 불러일으키거나 신비적인 요소를 없애는 것은 중대한 잘못이다. 초대 그리스도인들의 풍요롭고 경이로운 공동체 예배는 그들의 신비한 매력의 일부였던 듯하다. 더욱이 포스트모던화하는 상황 속에서, 총체적인 경험 대신에 논리에 초점을 두는 예배는 재미없고 무미건조해질 수 있다. 런던 복스홀(Vauxhall) 지역의 대안 예배 모임인 '복스'에서는 숨이 멎을 정도로 예배가 잘 구성되어 있다. 복스의 예배에는 종이에 기도문을 쓰고 그것을 종이배로 접어서 본당 중앙에 있는 커다란 수영장에 띄우는 순서가 있다. 교회 곳곳에는 많은 스크린이 있어 이미지들이 계속 방영된다. 초, 향, 조용한 음악, 물, 영창(chanting), 음식, 포도주 그리고 춤이 있다. 이것은 경외감과 경이감을 불러일으키려고 설계된 하나의 감각적인 요소다.

뉴질랜드의 오클랜드(CitySide Baptist Church), 스코틀랜드의 글래스고(the Late, Late Service), 텍사스의 웨이코(University Baptist Church), 호주의 호바트(TPC), 영국의 체스터필드(Fuzzy), 영국 런던(Grace), 캘리포니아의 포모나(Ichthus) 같은 세계 도시들에서 지역 교회들이 감각적이고 경험적인 예전들을 경험하고 있다. 고대 건물, 빛과 어두움의 상호작용, 시각적 상상력, 켈트적 상징과 예배 의식이 새로운 예배 운동으로 흥미진진하게 융합되고 있다. 포스트모던 시대의 많은 사람은 이런 대안적 예배 경험이 기타 중심의 밴드와 긴 설교보다 신비와 타자를 향한 그들의 갈망에 다가가는 데 훨씬 가치 있다는 것을 발견하게 될 것이다. 레너드 스윗은 미래의 예배 경험이 어떻게 이뤄질지를 설명하는 신조어를 만들었다. 그는 포스트모던 문화는 E.P.I.C. 예배를 갈망한다고 말한다. 즉 경험적이고(experiential) 참여적이며(participatory) 이미지 중심적이며(image-driven) 공동체적인(communal) 예배다.[11]

이례적으로 사랑하라

미그리스도인들이 하나님을 찾도록 돕기 위해 그들의 마음에 속삭이는 또 다른 방법은, 그리스도가 그러셨듯이 이례적으로 사랑하는 것이다. 다른 사람을 향한 끊임없는 친절과 은혜는 엄청난 변혁의 가능성을 가진다. 우리가 친구와 이웃과 동료들의 눈앞에서 거룩하고 은혜로운 삶을 살 때, 우리는 그들이 매일 살아가는 삶에 대안적인 실재를 보여 주는 것이다. 이는 '너보다 내가 더 거룩하다'는 식의 태도를 권하는 것이 아니다. 오히려 우리가 그리스도처럼 산다면 미그리스도인들의 영혼에 속삭여야 한다고 믿는다.

마이클은 몇 년 전 시드니에서 열린 전도 집회에 갔다. 복음 전도자가 청중에게 설교하고 난 후 기독교 신앙에 관해 질문이 있다면 무엇이든 받겠다고 했다. 공개 질문은 피드백 카드의 뒷면에 적어서 단상에 있는 전도자에게 전달될 수 있도록 안내자들에게 제출하게 되어 있었다. 많은 질문들이 이런 식의 공개 토론회에서 나올 수 있는 전형적인 질문이었지만, 그날 밤 상당한 반향을 일으킨 질문이 있었다. 강사는 연단의 한 편에 서 있었고 주최자가 다른 편에서 질문을 읽었다. 그녀의 목소리는 또랑또랑했지만 뭔가 머뭇거리고 있었다. "내가 강간을 당할 때 하나님은 어디에 계셨나요?" 핀 떨어지는 소리마저 들릴 정도로 장내는 조용해졌다.

복음 전도자는 잠시 멈추었다가 대답하기 시작했다. 이 질문을 읽기 전에 그는 모두 한 치의 망설임도 없이 매끈하게 대답을 했었다. 그러나 이번에는 그가 분명히 흔들리고 있었다. 그는 대답을 시도하면서 마이크 쪽으로 몸을 기울였지만 매번 말을 옮길 수 없었다. 그의 얼굴에 굵은 눈물이 흘러내리기 시작했다. 그는 목이 메어 말을 할 수 없었다. 그날 밤 그는 그 연단에서 드러내 놓고 울었다. 그가 얼마나 지혜롭게 대답했건 아니면 얼마나 매끄럽게 대답을 제시했건 간에 마이클은 다른 대답들은 기억할 수 없었다. 오직 한 가지 대답만이 두드러졌다. 그것은 청중 속의 강간당한 한 사람을 향한 전도자의 동정심이었다. 나중에 그는 자신을 추스리고 나서 남성이 여성을 대상물로 볼 수 있도록 허용하는 가부장적 사회에 대해 분노를 표했다. 내가 강간당할 때 하나님은 어디 계셨는가? 그는 폭력과 억압에 대한 짜디짠 눈물과 분노로 요약하여 대답했다.

2세기에 디오그네투스는 당시 막 일어나고 있던 기독교 공동체에 대해 다음과 같이 썼다.

그들은 자기 고향에 살고 있지만 그저 체류자들처럼 산다. 시민이지만 마치 이방인들처럼 모든 것을 나눈다. 모든 이방 땅이 그들에게는 고향이 되고 고향은 낯선 타향 같다. 그들은 모든 사람이 그러듯이 결혼하고 아이를 낳지만, 자기 자손들을 망하게 하지 않는다. 이들은 같은 식탁에 앉지만, 같은 침대에 눕지는 않는다. 그들은 육체 속에 있지만 육체를 따라 살지 않는다. 그들은 매일을 이 땅에서 보내지만 하늘에 속한 시민들이다. 그들은 성문화된 법을 준수하고 동시에 자신들의 삶으로 그 법을 뛰어넘는다. 그들은 모든 사람들을 사랑하고 모든 사람들로부터 박해를 당한다. 그들은 이름이 없으며 정죄를 당한다. 그들은 사형을 당하지만 다시 생명을 되찾는다. 그들은 가난하지만 많은 사람을 부요하게 만든다. 그들은 모든 것이 부족하지만 모든 것에 부요하다. 그들은 불명예를 당하지만 모든 불명예 속에서 영광을 얻는다. 그들은 악하다고 손가락질당하지만 의로우며, 욕먹지만 축복받는다. 그들은 모욕당하지만 그 모욕을 영예로 되돌려준다. 그들은 선을 행하지만 악을 행하는 자로 처벌받는다. 처벌받을 때 그들은 마치 삶에 활기를 얻는 것처럼 즐거워한다. 유대인들에게는 이방인이라고 공격받고 헬라인에게도 핍박받는다. 그러나 그들을 미워하는 자들은 증오심의 이유를 말하지 못한다.[12]

우리와 신앙을 함께 나누지 않는 사람들도, 사랑과 은혜가 가득한 공동체를 보며 감동을 받을 것이다.

하나님이 어떻게 일하시는지를 탐구하라

크리스 하딩(Chris Harding)은 시드니 YFC(Youth For Christ)에서 일하는 복음 전도자다. 끌어모으는 교회에는 절대로 가지 않았을 젊은이들과 함께하며 그들의 상상 속에 있는 하나님을 향한 추구를 촉진시키는 그의 능력에 우리는 감동을 받았다. 하딩은 이렇게 말한다.

영적이지 않은 상황에서도 하나님이 우리를 만지시는 수많은 방식을 인식하는 법을 분명 배울 수 있으며, 이런 순간들을 다른 사람들과 나눌 수 있다. 하나님은 상실과 슬픔이라는 고통스러운 성장의 경험을 통해서도 우리를 만지시고, 창조적이고 육체적인 탁월함을 통해서도 우리를 만지신다. 우리가 문제들을 극복하고 승리하는 순간에도, 관계의 부드러움을 통해서도 우리를 만지신다. 하나님의 은혜는 의로운 자나 불의한 자에게나 똑같이 임한다. 모든 인간은 하나님의 손을 경험한다. 우리가 무엇인가 영원하고 고귀하고 선한 것을 만지게 되는 이런 순간들은 우리 삶에 있는 하나님의 발자취이며 곧 하나님의 선행하는 은혜다. 사람들은 자신이 알지 못한다고 느끼는 하나님이 사실은 여러 방식으로 그들의 삶 속에서 이미 일하고 계심을 깨달아야 한다.[13]

사람들에게 이러한 방식들을 말해 주면 하나님을 만나기 위한 그들의 추구를 더 활성화할 수 있다. 우리 둘 다 하나님이 극적이고도 변혁하는 방식으로 만지시는 것을 경험했다. 그분은 목적을 가지고 우리 삶 속으로 들어오셔서 치유와 신선함과 활기와 성장을 안겨 주셨다. 그 일은 때로 우리가 읽거나 본 것을 통해서 생기기도 했고 철학이나 예술을 통해서 일어나기도 했다. 우리에게 일어난 일을 솔직히 말함으로써 우리는 다른 사람에게 그들이 알기를 갈망하는 하나님이 그리 멀리 계시지 않다는 희망을 주고 싶다.

예수님께 초점을 맞추라

새로이 등장하는 세대(emerging generation)가 하나님을 추구하도록 자극하려면 무엇보다도 교회는 예수님께 초점을 맞추어야 한다. 교회에서 풍기는 경직된 곁가지들 없이 예수님만 제시된다면, 그분은 여전히 오늘날도 잘 통할 수 있는 분이다. 그러나 크리스텐덤이 윤색해 놓은 모든 것을 제하고 그분을 이해하려면, "한참 과거로 돌아가서 손목에는 성구함을 차고 샌들에는 팔레스타인의 먼지가 묻어 있는 1세기의 유대인으로 예수님을 그려야 한다."[14]

스페인의 화가 바르톨로메 무리요(Bartolomé Murillo)에 관한 전설 같은 이야기가 있다. 그는 소년 시절 시각 예술에 대단한 가능성을 보였지만, 후견인 한 명이 없었고 아무런 격려도 받지 못했다. 어린 시절 그의 집에는 매우 근엄한 목동으로 그려진 예수님의 초상화가 걸려 있었다. 예수님은 당시의 관념이 반영하는 대로, 똑바로 서서 보초의 총검 같은 지팡이를 들고 있었다. 그 얼굴 주변에는 필수 항목인 후광이 둘러져 있었다. 어린 무리요는 그 그림을 싫어했다. 어느 날 가족들이 외출하자 그는 충동적으로 그 그림을 내려서 그 위에 자기 물감으로 작업을 하기 시작했다. 그는 재기발랄하게 새롭고 더 풍부한 이미지의 예수상을 창조해 낼 수 있었다.

무리요의 가족들은 집에 돌아와서 주님이 손상된 모습을 보고 혼비백산했다. 엄숙하고 단호한 얼굴이 생동감 있는 미소와 장난기 어린 눈빛으로 변해 있었다. 후광은 짚으로 만든 뭉개진 모자가 되었고 착 달라붙은 머리는 산발이 되어 어지럽게 헝클어져 있었다. 양치기의 지팡이는 구부러진 보행 지팡이로 둔갑했고 예수님 발 앞에 기운 없이 슬픈 모습을 하고 있던 양은 말썽꾸러기 강아지가 되었다. 소년 목동이 모험길에 오른 생동감 있고 활기찬 도보 여행자가 된 것이다.

아버지에게 초주검이 되도록 두들겨 맞은 어린 바르톨로메는 참회의 표시로 그 무엄한 그림을 지고 온 마을을 다녀야 했다. 그때 이 불경한 작품을 본 한 지역 예술가는 무리요의 분명한 재능을 보고 후견인이 되겠다고 제안했다. 그 이후의 이야기는 잘 알려진 대로다.[15]

이 이야기를 하는 것은, 바르톨로메 무리요가 예수상에 행한 일이 정확히 우리가 하려는 일이기 때문이다. 그는 크리스텐덤 시대의 교회가 예수님에게 뒤집어씌운 부속물과 장식들을 벗겨 내고 성육하신 그리스도의 인성의 한 측면을 회복하고자 했다. 크리스텐덤 교회가 그리스도의 성육신을 온전히 받아들이지 못하는데 어떻게 성육신적 교회론을 받아들일 수 있겠는가? 교회는 어린이들과 함께 놀고 백합의 향기를 맡으시며 떳떳하지 못한 사업가들과 함께 식사하시는 예수님보다는, 변화산 사건과 부활과 승천의 예수님에게 더 편안함을 느끼는 것 같다.

유대인으로서 삶에 대한 예수님의 접근 방식은 근본적으로 히브리적이었다. 어디에서도 그분이 존재의 본질에 대해 사색한다든지, 역사적 사건으로부터 '본질적' 진리들을 추출해 내시는 모습을 찾을 수 없다. 그분은 어떤 철학적 법칙도 만들지 않으셨고 하나님에 대한 추상적 개념들을 가르치지도 않으셨다. 그분의 종교는 관계적이었으며 결코 철학적이지 않았다. 그분이 일반적으로 말하는 의미의 '윤리'라는 것을 가지고 있었다면, 그 '윤리'는 행동 지향적이었으며 항상 구체적인 상황을 지향하는 것이었다. 그분은 세상 밖이 아닌 세상 속에서 하나님을 발견했다. 이후 몇 세기 동안 기독교 세계를 괴롭혔던 이원론은 전혀 찾아볼 수 없다. 그분의 길은 지혜의 길이며 그 지혜는 관계 맺는 지혜, 땅에 뿌리박은 지혜, 생을 긍정하는 지혜다.

제자도 윤리의 측면에서 그분은 **따르는 자들**(followers)을 부르셨으며 그저 **신자들**(believers)을 부르지 않으셨다. 그분은 자신의 더 위험한 약속들(마 8:18-22)을 적극적으로 신뢰하도록 요청하셨다. 그분은 사실 정확히 이런 기초 위에서 사람들을 보내셨다. 그 어디에서도 신조에 헌신하라고 요구하지 않으셨고 다만 하나님과 자신이 하고 계신 일을 신뢰하라고 요구하셨다. 예를 들면 그분은 아버지-아들 같은 일반적 관계의 은유들을 사용하여 하나님과 자신의 관계를 표현하셨고, 다른 일상적 은유들(양, 문, 집 등)을 사용하여 신앙의 다른 위대한 진리들을 표현하여 가르치셨다. 그분은 끊임없이 일상적 삶을 반영하는 전복적인 비유들을 사용하여 심오한 영적 의미를 전달하려 하셨다. 그분이 가르치는 방식은 분명히 학문적이지 않았다. 그분은 제자들을 학교로 보내어 삶과 사명의 상황에서 동떨어진 하나님을 배우게 하지 않으시고, 하나의 삶의 양식('도'라고 불리는)으로 제자들을 이끌어 훈련하셨다.

삶에 대한 그분의 사랑은 전염성이 있었다. 그분의 거룩함은 어딘가 괴리되고 종교적 형태를 갖춘 그런 거룩함이 아니었다. 그것은 철저히 구속적이었다. 도대체 그것이 어떤 종류의 거룩함이었기에 깨어지고 죄 많고 사회적으로 주변적인 평범한 사람들이 그분 주위에 있기를 원했는지 우리는 종종 생각해 보곤 한다. 그들은 그분에게서 정죄받는다고 느끼지 않았다. 애석하게도 오늘날 이런 부류의 사람들은 교회 다니는 사람들 근처에 오려 하지 않는다. 차이가 무엇인가? 예수님은 종교적인 사람들에게서 먹기를 탐하고 마시기를 즐긴다는 이유로, 그리고 문제 있는 사람들과 친하게 지낸다는 이유로 고발까지 당하셨다. 그분은 분명 쾌락을 두려워하지 않으셨고 다만 그것이 하나님을 향하도록 방향을 잡으셨다. 그분의 종교는 사적인 영역과 공적인 영역의 구별이 없는 **삶 전체의** 종교였다. 그분은 우리 모두가 닮기 원하는, 교회의 주인공이셔야 한다. 그런데 우리는 예수님의 신성을 인성보다 지나치게 강조한 나머지 그분을 다른 세상 사람, 비인간적이며 접근할 수 없는 분으로 만들어 버렸다.

신학자 하비 콕스(Harvey Cox)가 한번은 기독교 치유사역자들과 임상치료사들을 위한 한 회합에서 강연을 했다. 청중석은 목사, 의사, 간호사, 상담가, 심리치료사들로 가득 메워져 있었고, 참가자 모두가

치유를 자신의 기독교 신앙에 본질적인 요소로 삼는 데 헌신되어 있었다. 콕스는 그들에게 예수님이 야이로의 딸을 살리신 일과 그 일을 위해 가시던 길에서 혈루병 걸린 여인을 고치신 이야기를 들려주었다. 이 이야기는 누가복음 8:40-56에 나오는 것으로, 예수님이 종교 지도자 야이로와 조롱받은 여인 모두에게 동정심을 나타내신 기막힌 사건의 기록이다. 그 이야기를 자세히 말한 후 콕스는 청중에게 그 이야기에서 어떤 인물에 가장 강렬하게 공감하는지를 물었다. 피흘리고 버림받고 고통당하며 실패감에 빠져 있는 여인인가? 아니면 근심과 비탄에 잠긴 야이로인가? 아니면 이런 놀라운 기적들을 경이와 경외감으로 지켜보던 제자들인가? 청중은 나누어져서 각각 다른 인물들을 말했다. 그런 다음 콕스는 그리스도에게 공감하는 사람이 있는지 물었다. 600명 중 여섯 명이 손을 들었다.

치유자 예수님의 이야기를 다룰 때 **치유자**로 가득한 청중의 1퍼센트만이 그리스도 그분과 연결되었다. 교사 중 몇 명이 교사이신 예수님과 연결될까? 우리 중 몇 명이 예수님을 우리가 닮기 원하는 분으로 여길까? 물론 그분은 인간이면서 동시에 신이시기 때문에 우리가 그분을 결코 완벽하게 흉내 낼 수는 없다. 그러나 우리는 그리스도를 닮은 삶을 살도록 부름받았다. 우리는 예수님에 대한 초점을 되찾아야 하고, 그분처럼 살고 그분을 사랑하며 그분을 다시 친구 삼아야 한다.

마르틴 부버(Martin Buber)는 이런 주장을 했다. "우리 유대인들은 [예수를]…이방인들로서는 도저히 알 수 없는 방식으로, 본질적인 유대인의 정서와 욕구를 통해 그분을 안다."[16] 부버 자신이 겸손하고 온유한 사람이기 때문에, 그가 이런 진술을 한 것은 오만이 아니다. 오히려 그는 정말 예수님을 알려면 그분이 유대인이라는 관점에서 그분을 보는 법을 배워야 함을 강조하고 있다. 그러지 않는다면 그분을 제대로 이해하리라 기대할 수 없다.

3부

메시아적 영성

7장 이스라엘의 하나님과 기독교의 갱신

> 유대주의의 성경은…기독교 신앙에 한 가지 공헌을 했다.
> 유대인들이 존경하며 "고인이 된 우리의 현자들"이라고 불렀던
> 고대의 랍비들이 깊이 확신했던 바는,
> 바로 성경이 일상 생활에 대한 주석이며 동시에
> 일상 생활은 성경을 이해하는 데 신선한 시각을 준다는 것이었다.
> ─제이콥 뉴스너

메시아적 영성을 향하여

성육신적 사역은 미그리스도인들을 하나님께로 향하도록 이끈다. 그것은 이야기하기를 통해 호기심을 불러일으키고, 경이와 경외감을 일으키며, 특별한 사랑을 보여 주고, 어떻게 하나님이 우리 삶을 만지셨는지를 탐구하며, 예수님께 초점을 맞춘다.[1]

예수님과 그분의 삶과 가르침에 익숙해지지 않으면서, 그리스도를 우리가 속한 지배 문화 가운데 충실하게 육화하는 일을 기대할 수 있겠는가? 우리는 우리의 가장 깊은 곳에 있는 열정을 일깨우고 세상 속에서 하나님을 위하여 행하는 우리의 행동들에 내적 의미를 제공하며 구속적 틀을 주는 그런 종류의 세계관을 회복해야 한다. 그저 더 나은

기술이나 방법을 얻는 것으로 충분하지 않다. 우리가 참되고 지속적인 참여를 위한 영적 틀과 자원을 찾을 수 없다면 성육신과 상황화조차 충분하지 않다. 사실 필요한 것은 그리스도 안에서 우리에게 모델로 제시된 참여의 영성이다. 성육신은 지속적이고 활력 있는 영성 없이는 일어날 수 없다. 오랫동안 영성은 세상에 진정으로 참여하는 일은 제쳐 둔 채 하나님을 추구하는 일종의 신비로운 영역이었다. 세상을 부정하거나 무시하는 것으로만 하나님과 관계를 맺을 수 있다고 생각한 것이다. 그래서 여러 영향력 있는 기독교 영성 작가들은 자신들의 주된 임무는 목회적 돌봄이지 제자 삼기나 선교가 아니라고 생각하고, 그런 생각들을 발전시켜서 수도원이나 신학교, 교회에서 영성에 관한 책들을 썼다.[2] 많은 서구 신비가들과 영성 작가들의 저작을 슬쩍 훑어보기만 하더라도 대부분 우리가 이미 보았던 것처럼 실제 삶 속에서의 유기적이고 영적인 성장에 방해가 되는 내세 지향적인 이원론으로 가득 차 있다는 것을 알 수 있다. 최악의 경우 이런 내세 지향성으로 인해 사람들은 세상 속에서 선교적 상호 작용을 하지 못하고 결국 사람과 사물들에서 멀리 떨어져야 하나님을 잘 섬길 수 있다는 생각에 이르게 되었다.

더 나아가 교회가 성인으로 추앙해 온 사람들은 극단적 금욕주의자들이었다. 크리스텐덤 세계에는 확고하게 삶을 긍정하는 참여의 영성을 주창하는 이들이 많지 않았다. 놀라우리만치 선교적이었던 켈트족들이 이에 가장 근접한 것처럼 보이지만, 그럼에도 패트릭(Patrick), 에이든(Aiden), 커스버트(Cuthbert) 같은 이들은 매우 금욕적인 사람들이었다. 크리스텐덤 세계의 가장 위대한 꽃이라 할 수 있는 아시시의 프란체스코조차 자신의 몸을 매우 심하게 벌하지 않고는 하나님을 향한 사랑을 생각할 수 없었다. 그는 신발도 목욕도 거부하고, 유혹을 떨쳐 내기 위해 눈 속에서 벗은 몸을 얼리고, 자기 물건을 갖는 것도 거부했다. 우리가 프란체스코를 어떤 말로 칭송할지라도, 그리고 그가 진정 하나님을 위해 엄청난 일을 해낸 위대한 사람이라 할지라도, 그가 표현한 특별한 방식의 영성은 생을 긍정하는 예수님의 종교와는 너무나 거리가 먼 외침이었다. 그런 이유로 선교적-메시아적 영성이 어떤 모습인지를 보려면 예수님 그분께로 돌아가야 한다. 그리고 어떻게 우리의 행동이 예수님의 선교 논리를 확장할 수 있을지, 세상 속에서 그것들이 어떻게 구속적으로 작용할 수 있을지 탐구해야 한다.

메시아 예수와의 관계로 규정되는

지금까지 우리는 **메시아적**이라는 용어를 매우 의도적으로 사용했다. 즉 전통적으로 기독론이라 부르던 것이 반드시 선교학을 정의해야 한다는 것이다. 이는 하나님의 백성은 세상 속에서 메시아적으로 행해야 한다는 생각에 더하여 복음서에서 증언하고 있는 예수님의 인격과 사역으로 돌아가야 함을 함께 의미하는 것이다. 사실 예수님이 선교의 주된 모델이시며 복음서는 우리의 주된 텍스트다. 이 말은 사뭇 따분하게 들릴지 모르지만, 실제로는 교회가 기독론을 일반적으로 크리스텐덤 방식으로 보던 것과는 확연히 패러다임이 다른 것이다. 예수님은 대개 교리적인 존재론적 틀(신조들에서와 같이)에서 혹은 바울 신학의 구조(종교개혁에서와 같이)를 통해 읽혀졌고, 우리는 이 두 가지 방식이 복음서에 나타난 예수님에 대한 주요한 역사적인 그림을 흐려 왔다고 본다. 크리스텐덤 시대의 교회는 그리스도의 존재적 본질에 관한 역사적 논쟁에 너무 치중하는 경향이 있었기에, 그리스도가 선교와 사역과 제자도의 **유일한** 주요 모델이시며 진정한 신약 신앙의 **유일한** 초점이 되시는 역사적 인물이라는 사실을 희석해 왔다.

우리 복음주의자들은 너무나 오랫동안 예수님을 소위 바울의 눈을 통해 읽어 왔다. 그러나 사도 바울이 정말 예수님을 이런 식으로 보았을까 의심스럽다. 복음을 서신서를 **통해** 읽다 보니 어지러운 왜곡이 일어난다. 실제로 복음서는 삶과 선교와 제자도를 위한 규정적 본문으로 진지하게 여겨지지 않는다. 예수님에 대한 바울의 관점을 우리가 인정하지 않는 것은 아니지만, 예수님에 대한 우리의 관점은 바울의 메시아 해석을 통해서 걸러지고 영향을 받아, 머릿속에서 바울의 공식에 귀를 기울이지 않고는 그분을 볼 수가 없다. 사실 문제는 전혀 바울이 아니라 바울**주의**(Paulin-*ism*)에 있다. 언제나 그렇듯이 **주의**가 문제다. 바울 자신은 자기가 아니라 예수님께 초점을 맞추도록 하는 데 매우 민감했고(고전 1:1-17), 다만 자신이 메시아를 따르는 만큼 자기를 따르라고 우리를 격려했다(고전 11:1). 바울은 항상 우리에게 예수를 지향하도록 했으며 이제 우리는 바울이 처했던 상황과 너무나 유사한 선교적 상황 속에 있기에 다시금 그의 권고를 받아들여야 한다.

분명 우리는 비록 **유일한** 인도자는 아니지만 불가피한(또한 하나님의 감동을 받은) 인도자로서 바울이 필요하다. 하지만 바울을 비롯한 성경의 모든 저자들을 복음서의 관점으로 읽어야 한다. 바울이 아니라 예수님이 나의 주시며 구세주시다. 바로 지금이 메시아이신 예수님을 재발견해야 할 때다. 광범위한 여론 조사에서 예수님은 상당히 인기가 있으며 항상 좋은 평판을 얻는다. 핍절한 세상에 예수님을 제시하는 것이 진짜 선교적으로 통한다는 것이다. 이것이 놀랄 일인가? 그분은 항상 세계 역사 속에서 가장 매혹적이고 끌릴 만한 인물이었다. 그러나 우리가 예수님을 제시하는 것은 그분의 '시장성' 때문만이 아니라, 기독교를 규정하는 것은 그리스도시라는 확신과, 교회의 새로운 모습 즉 선교적-메시아적 모습의 교회가 탄생하기 위해서는 선교를 포함하여 그분의 제자로서의 신앙과 삶의 모든 측면에서 메시아이신 예수님의 중심성을 회복해야 한다는 확신에 근거한 것이다.

예수님이 우리를 전적으로 규정하신다. 이것은 말 그대로다. 우리와 하나님의 일차적인 관계는 메시아이신 예수님을 통하며, 그리하여 그분은 그리스도인의 의식 속에 중심 인격이 되신다. 삼위일체 하나님과 우리의 관계는 제2위이신 위격을 통해서다. 여기에는 많은 의미가 있지만 그중 하나는 우리가 제자들이며 그러므로 세상 속에서의 메시아적 목적에 직접적으로 연결된 사람들이라는 사실을 결코 넘어서지 못한다는 것이다. 우리는 결코 예수님을 우리의 생각과 숭배와 행동의 으뜸가는 자리에서 쫓아낼 수 없다.

디트리히 본회퍼는 이렇게 말했다.

> 제자도는 그리스도께 붙어 있음을 의미하며, 그리스도가 그 충성의 대상이기 때문에 충성은 반드시 제자도의 형태를 취해야 한다. 추상적 신학, 교리 체계, 은혜나 죄 용서에 관한 일반적이고 종교적인 지식은 제자도를 쓸모없게 만들고, 제자도라는 관념이 어떤 것이든 그것을 사실상 배제하기에, 이들은 본질적으로 그리스도를 따른다는 개념에 전적으로 해악을 끼친다.…살아 계신 그리스도 없는 기독교는 분명 제자도 없는 기독교이며 제자도 없는 기독교는 항상 그리스도 없는 기독교다.[3]

기독교는 어떤 교리가 아니라, 망설임 없이 나 자신을 맡길 수 있는 한 인격이다. 만일 기독교가 그저 하나의 교리라면 다른 종교나 철학적 체계의 선생들처럼 그 지도자는 필요 없는 존재가 될 것이다. 그 초점은 진리 주장이 될 것이고 그 진리는 가르치는 자와는 상관없이 배우고 얻을 수 있는 것이다. 그러나 기독교는 단순히 일련의 신념이 아니라 메시아의 **인격**에 밀접하게 연결되어 있기 때문에 기독교는 그로 인해 설 수도 있고 넘어질 수도 있다. 더 나아가 기독교의 원리들은 그리스도의 인격과 동떨어져서는 결코 이해될 수 없다. 결국 그리스도의 말들을 '그 자체로' 즉 교리로 이해하는 것은, 그 말들이 기본적인 의미를 획득하는 요소인 말하시는 분의 신성을 평가절하하는 것이다. 참된 신자에게 그리스도의 말씀이 단지 지혜롭거나 심오하다고 말하는 것은 신성 모독적인 일이다. 그 이유는 그것이 그 말씀을 인간의 철학들과 같이 놓는 일이기 때문이며, 선포하신 이의 초월성을 없애 버리는 일이기 때문이다. 우리의 역사와 운명도 메시아이신 예수님의 인격과 뗄 수 없다. 우리는 메시아적 운명에 연루되어 있다.

메시아와의 연관성이란 우리가 뗄 수 없을 정도로 그분께 묶여 있다는 것을 의미할 뿐 아니라, 또한 예수님이 구원에 이르는 유일한 길이라는 사실을 성경이 그러하듯 우리도 확언해야 한다는 것을 의미한다. 새로이 등장하는 전 지구적 문화의 이념적·문화적 기상도에서, 이런 그리스도인의 주장은 심각한 위협 아래 있으며 상황은 전혀 나아지지 않고 있다. 예수님이 요한복음 14:6에서 "내가 곧 길이요 진리요 생명이니 나로 말미암지 않고는 아버지께로 올 자가 없느니라"고 말씀하실 때, 다시 한번 우리는 우리의 정체성과 사명이 메시아에게 연결되어 있음을 깨달아야 한다. 우리는 "주여, 영생의 말씀이 주께 있사오니 우리가 누구에게로 가오리이까"라는 베드로의 고백에 동의한다. 우리는 그분을 부인할 수도 있고 충성을 고백할 수도 있지만 그분을 피할 수는 없다. 우리의 영성 또한 신약 신앙의 메시아적(그리스도 중심적) 본질을 피할 수 없다. 우리는 예수님과 함께 살고 죽으며 운명을 같이한다. 예수님에 대한 꽤 많은 묵상들이 너무나 진지하고 비통하고, 너무 결정적이고 심각하며, 예수님을 고통에 대해 특이한 기호를 지닌 분으로 묘사한다. 예수님의 인격성의 차원 속에 그렇게 묘사할 만한 면이 분명히 있지만(누구라도 때로 그렇지 않겠는가!), 우리가 느끼기에 이런 이미지가 지배적인 것은 삶과 신앙과 하나님을 생명을 억압하는 관점에서 보아 온 결과다. 그러나 예수님을 읽어 내는 전혀 다른 길이 있다.

이미 언급한 대로 예수님에게서 발산된 거룩함이란 일반적인 '죄인들'을 혐오하는 유의 것이 아니었다. 오히려 그것은 사람들을 끌어당기는 영성이었다. 실로 그분은 요즘의 일반적인 복음주의 인사와 같지 않았다. 그분은 문제아들과 어울리는 것으로 (말 그대로) 악명이 높았다. 오늘날 우리 기독교가 대부분 올바른 때에 올바른 장소에서 올바른 사람들과 함께한다면, 이와 대조적으로 예수님은 종교적인 기성 권력의 기준에서 틀린 장소에서 틀린 때에 틀린 사람들과 항상 함께하셨다. 이것이 지나치게 말쑥한 우리 주님의 이미지에 균형을 잡아 주는, 우리가 재발견해야 할 예수님이라고 말하고 싶다. 우리 시대는 그분의 거룩한 웃음, 삶에 대한 순전한 사랑, 전염성이 있는 거룩함, 평범한 사람들을 위한 종교를 필요로 한다. 그리스도처럼 된다는 것은 열심히 일하는 것 뿐 아니라 엄청나게 재미있는 것이며 예수님이 그러신 것처럼 재미있는 사람들과 어울리는 일이라고 말하고 싶다. 이것이 예수님의 형상을 닮아가는(롬 8:29) 우리의 영원한 운명이며, 이제 세상 속에서 우리의 메시아적 사명의 중요한 차원이 되어야 한다. 그리스도처럼 되는 삶은 적극적인 참여의 모델을 제시한다. 그리고 이는 우리가 왜 예수님을 선교와 전도를 위한 주된 모델로 삼아야 하는지 그 이유가 된다.

우리의 행동들, 구속적인 의미

우리에게 주어진 부르심은 그저 예수님이 행하신 방식대로 행동하는 데 그치는 것이 아니다. 우리 자신의 행동과 예수님 안에서 예수님을 통해 나타난 하나님의 목적 사이에는 어느 정도 신비로운 연결 고리가 있다. 이와 관련하여 새로이 등장하는 선교적 교회의 갈 길을 모색하고자 할 때, 우리는 알미니안주의와 칼뱅주의 사이의 오래되고 지루한 논쟁에 기댈 필요 없이 예수님 이후의 유대교 신비주의의 관점으로 적극적으로 성경에 새롭게 접근해 볼 필요가 있다.[4] 우리 개신교 신자들은 일반적으로 행위로 구원을 얻는다는 생각을 경계하여 하나님의 구속 계획 속에서 우리의 위치를 분명히 하려고 애써 왔다. 하나님의 주권을 보전하려는 노력 속에서, 우리는 하나님이 세상을 구속하시는 일에서 인간에게 맡기신 중요한 부분을 경시하는 경향이 있다. 이런 경향으로 인해 우리는 '하나님이 모든 것'이고 '우리는 아무것도 아니다'라는 공식을 만들어 왔다. 이는 신학적으로 매우 의심스러운 이원론적 자기혐오일 뿐 아니라 결국 하나님께 아무런 영광도 돌리지 못하는 일이었다. 실제로 그것은 하나님이 부여하신 인간의 자유의 순전한 가치와 인간 안에 두신 형상의 고귀함을 축소시키는 데 기여했다. 아마도 예수님 이후 유대교 신비주의 관점의 중심 사상은 하나님의 생명 안에서 중심 역할을 수행하는 이러한 인간의 능력, 좀 더 정확히 말하면 인간의 운명일 것이다. 헤겔은 세계의 역사는 하나님의 자서전이라고 말했지만 우리는 이 말에 동의하지 않는다. 세계 역사는 하나님과 그 백성이 쓴 하나님의 전기다. 하나님은 문자를 제공하시고 사람들은 문장을 쓴다.

우리는 세상을 구속하는 일을 하나님과 함께 행한다. 이것은 단순히 신학이나 영성의 문제가 아니다. 이것은 전적으로 선교학의 새로운 방향 설정의 문제다. 이것은 하나님의 백성에게 새로운 목적의식을 제공하고 일상적인 행동에 하나님과의 연관성을 제공할 것이다. 우리는 하나님의 경륜 속에서 우리의 행동들이 영원한 영향력을 가진다는 것을 이해해야 한다. 매일의 일상사와 활동들과 예수님의 이름으로 행한 행동들 속에서 우리는 하나님 나라를 확장한다. 우리는 아직 구속되지 못한 세상에 살고 있다. 그러나 하나님께 드려지고 그분의 창조 세계에 헌신한 개인들의 삶으로부터 구속의 씨앗 하나가 세상에 떨어지고, 추수는 하나님이 하신다!

우리의 뿌리로 돌아가자!

교회에 대한 혁명적인 새로운 접근을 하려면 그동안 우리가 가져온 '집단적 사고'에 근본적인 변화가 필요하다. 우리는 본질적으로 예수님을 모델로 삼은 초대교회의 선교적 특질을 회복해야 한다. 오늘날의 교회가 처한 문제는, 그 특질을 회복하려는 노력이 대부분 크리스텐덤의 패러다임 위에 확고히 형성된 서구 기독교의 관점에서 이루어진다는 데 있다. 예수님이 어떤 분이시며 사람들과 어떻게 선교적으로 관계를 맺으셨는지를 볼 수 있는 중요한 감각을 회복하려면 신앙의 중심이신 인격을 새롭게 바라보아야 할 것이다.

교회 되기와 교회 하기에 대안적이고 선교적으로 접근하는 데는 기독교 영성에 대안적으로 접근하는 것이 가장 큰 도움이 된다. 크리스텐덤식 영성은 대부분 피정과 묵상에 관심을 가진다. 우리는 내면의 고독과 풍성한 내면 삶의 가치를 인정하지만, 참여와 행동을 가치 있게 여기는 더욱 광범위한 영성의 일부분으로 피정과 묵상을 이해해야 한다고 믿는다. 우리는 일상의 삶과 우리의 행동을 하나님을 경험하는 중요한 원천으로 이해하는 새로운 틀과 기초를 찾아야 한다. 우리는 예수님의 삶과 가르침에 일차적으로 뿌리를 내린 **메시아적** 영성을 회복해야 한다고 생각한다.

그러나 그런 메시아적 영성을 계발하는 데는 상당한 연구가 필요하다. 우리가 가진 서구 전통의 기독론은 대부분 존재론에 초점을 둔 그리스-로마의 크리스텐덤 상황에 많은 영향을 받았다. 존재론(ontology)은 '존재'(ontos)의 본질에 대한 철학적 관심이다. 결과적으로 그것은 물리학보다는 형이상학(물리적 세계 위의 혹은 배후의 실재)에 더 관심을 가지고 그래서 본질상 매우 사변적이다. 그러므로 존재론적 기독론은 그리스도의 신성과 인성의 본질에 초점을 둔다. 또한 성경이 그저 모호하게 암시하고 있는 신성 안에서의 로고스의 선재적인 역할에 초점을 둔다.

이 장에서 우리가 하려는 것은 위로부터의 기독론이 아니라 배후로부터의 혹은 내부로부터의 기독론의 기초 작업이며 그러고 나서 그것이 우리 신앙과 현실에 미치는 의미를 보려고 한다. 이것은 무엇보다도 먼저 예수님을 민족적·종교적 역사를 통해 이해해야 한다는 것을 의미한다. 예수님을 처음 따르던 자들은 그분과 그분의 가르침을 유대적인 눈을 통해 이해했다. 따라서 먼저 유대인이라는 예수의 정체성이 그분을 어떻게 규정하는지를 물어야 할 것이다. 또한 그분이 문화적·이념적으로 유대인이라는 것이 그분의 가르침이 이해되는 방식에 어떻게 영향을 미쳤는지 역시 고려해야 할 것이다. 그분의 가르침은 오직 그분의 세계관 안에서부터 이해되었는가? 만약 그렇다면, 크리스텐덤과 연계된 거대하고 복잡한 신조들이 아니라 예수에 근거하여 선교적 교회를 진정 다시 세우기 위해, 우리는 모종의 히브리적 세계관, 그 타당성의 틀을 회복해야 한다는 말인가?

우리는 우선 서구의 영성적·신학적 전통의 건강함과 생명력에 대해 개인적으로 엄청난 불안감을 고백하면서 시작하겠다. 이 전통으로 인해 우리는 역사의 이 지점까지 왔으며 영적인 파산 직전에 이르렀고 하나님의 위대한 선교에서 진정한 성취를 이루지 못했다. 이미 언급했듯이 기본적으로 크리스텐덤 프로젝트는 우리를 유일하게 구원할 수 있는 순수한 있는 그대로의 복음에 서구 문명을 성공적으로 접종했다. 만일 누가 의사에게 가서 어떤 질병에 대한 접종을 부탁한다면 의사는 어떤 박테리아나 바이러스를 해가 되지 않을 만큼 그러나 면역 체계가 항체를 만들어서 몸이 자신에게 해로운 것을 인식하고 싸울 수 있도록 자극할 만큼 충분하게 주입할 것이다. 이것이 바로 어떤 명분을 내세웠건 크리스텐덤이 우리의 선교적 상황에 행한 일이라고 생각한다.

사실 그것은 문제를 해결한 만큼이나 문제를 많이 낳았다. 17세기에 걸친 서구의 기독교 역사 이후에도 우리는 여전히 과업을 완수하지 못했으며, 국가적으로 기독교를 확고하게 세우려 노력한 곳에서도 사람들에게 항상 좋은 소식을 가져다주지는 못했다. 남아프리카공화국의 역사, 미국 남부나 라틴 아메리카 정복의 역사, 또한 '기독교적' 유럽을 보면 이 주장에 대해 제기될 수 있는 어떤 의심도 잠재울 수 있을 것이다. 유럽은 17세기 동안 신앙을 지켜 왔지만 여전히 인종 학살적 경향을 떨치지 못하는 것 같다! 발칸 반도에서 일어나고 있는 일들이 이를 증명한다. 이들은 정교회(최근 그곳에서 1천 주년을 기념한 바 있는) 신앙 고백 속에서 자라난 민족인데 그 신앙 고백이 대학살로 이어졌다. 유럽의 역사는 유대인 학살에서 정점에 이른 무시무시한 피흘림과 잔혹의 역사다. 자신도 유럽인인 T. S. 엘리엇(Elliot)은 "2천 년 동안의 기독교 미사 이후에 우리가 맡는 냄새는 독가스뿐이다"라고 말했다.

우리는 그저 가벼운 냉소를 던지고 있는 것이 아니다. 다만 우리는 이러한 불안으로 인해, 예수님을 따라 그분의 사명이 이끄시는 낯선 곳으로 들어가기 위한 새로운 토양, 새로운 뿌리, 새로운 기초를 찾아 나서게 되었음을 말하고 싶은 것이다. 차마 우리는 이제 파산하고 있다고 믿는 것을 세상에 제시할 수는 없다. 그것에 대해 세상에 사죄할 수 있을 뿐이다.

이런 불편함이 우리를 어떤 여정에 들어서게 했는데, 이 여정은 여러 이유로 우리를 히브리 영성의 전통으로 이끌었다. 예수님 안에서 구원을 발견한 한 사람의 유대인으로서, 저자인 앨런에게 이것은 한번 살펴볼 만한 자연스러운 입장이었고 일종의 회귀였다. 그것은 때로 외롭지만 즐거운 것이었으며 그를 하나님을 향한 깊은 사랑으로 이끌었다. 그것은 그의 삶을 풍요롭게 했고 예수님에 대한 새로운 초점을 가지고 그분을 새롭게 경험하게 해 주었다. 또한 그는 유대인들 안에 하나님이 두신 신적인 선물에 대해 더 깊이 인정하게 되었다. 원래 가톨릭 집안에서 자라난 마이클은 일상의 삶을 거룩하게 하는 것에 대한 베네딕트 전통으로의 여정을 시작했고 이는 『일상, 하나님의 신비』 (*Seeing God in the Ordinary*, IVP)라는 책에서 그 정점에 도달했다. 그 순례의 여정 동안 마르틴 부버와 아브라함 헤셸의 작품들을 만났고, 베네딕트 전통보다 더 원초적이고 더 정교한 히브리 세계관을 재발견하는 데 이르렀다. 특히 부버, 헤셸, 엘리 위젤, 초기 하시디즘 운동의 랍비들과 같은 이들을 통해 알려진 유대주의가 여러 가지 점에서 엄청나게 풍요로운 전통임을 발견하게 된 것은 우리 모두에게 엄청나게 놀라운 일이었다. 유대주의는 역사 속에서 그 대척점에 있었고 박해자였던 크리스텐덤보다 어떤 점에서 훨씬 더 깊이, 신약의 가르침을 포함한 성경과 공명한다.

메시아적 영성의 회복

이러한 영적 공명이 놀랄 일은 아니다. 유대 전통은 기독교가 탄생한 원초적 기반이었고 또한 우리가 주장하는 것처럼 기독교가 유기적으로 온전하게 이해될 수 있는 유일한 기반이기 때문이다. 누가가 기록한 것을 제외하면(그는 유대교로 개종한 자로 보인다) 신약은 유대인들이 기록한 문서다. 그러므로 성경적 기독교는 그 '유전자' 코드, 친족 관계, 개연성 구조, 특질 모두가 처음부터 끝까지 히브리적이다. 물론 메시아의 오심과 기독교의 출현이 유대주의를 근본적인 방식으로 재규정했다는 말도 분명 옳다. 기독교의 메시아적 요소는 심오한 방식으로 유대주의의 신 중심적 본질을 재형성하고 다시 중심에 놓았다. 만일 예수님이 하나님의 기름을 부음받은 구원자이며 이스라엘의 정체성과 운명과 목적을 성취한 분이라면 이스라엘의 소명의 핵심에 있는 세계 선교를 향한 에너지의 방향을 다시 설정할 권리를 가진다. 비록 초대 기독교가 유대주의를 재형성했다 하더라도 기본적으로 히브리적 사고와 히브리적 요소로 그렇게 했으며, 본질적으로는 유대적인 구조와 종교 패턴을 유지했다. 말하자면 그것은 '가족 안에서'의 재정의였던 것이다.[5]

기독교가 고향(즉 히브리적 요소)에서 점점 더 멀어지고 그리스-로마 문화에 뿌리를 내리면서, 이후에 서구/크리스텐덤 전통과 결합된 근본적인 문제들이 그 안에 씨를 뿌리게 되었다. 복음이 로마 제국에 뿌리를 내리면서 많은 유익이 있었지만, 성경적 사상의 핵심들을 품고 유지해 온 주요한 히브리 세계관이 파괴되는 치명적인 결과를 맞았다. 지리적으로는 이스라엘에서 멀어지고 정치·사회적으로는 유대주의에서 멀어지면서 복음 자체가 유대주의에 저항하는 것으로 규정되기 시작했고 심지어는 부끄럽게도 반유대적이 되고 말았다.

이것은 비극적인 역사적 실수다. 왜냐하면 **오랫동안** 신약을 포함하는 성경의 신앙에 대한 올바른 이해는 히브리적 기반에서만 유지될 수 있었기 때문이다. 결국 기본적인 성경적 세계관은 기껏해야 히브리 세계관과 헬라 세계관의 혼합물로 대체되거나, 혹은 최악의 경우 헬라적인 것에 밀려나게 되었다(마르키온 이단과 후대 교회의 마르키온적 경향이 그 증거다).[6] 이렇게 신약 기독교에 내적인 의미와 활력을 제공한 기반이 제거되자, 하나님, 예수님, 그 백성, 그리고 하나님 백성의 사명, 우리의 윤리, 삶의 방식에 대한 교회의 이해에 비성경적이고 때로는 분명하게 이교적인 이해와 전제들이 들어와 오염되기 시작했다. 이런 '오염'은 의식적인 수준보다 전제와 가정과 세계관 같은 무의식의 수준에서 훨씬 잘 일어났고 따라서 훨씬 교묘하게 작용한다.

계속 진행하기 전에 여기서 먼저 분명히 할 것은 삶과 존재에 대한 많은 헬라적 관점이 일반적으로 우리의 신앙 이해에 많은 통찰을 제공했다는 점이다. 그런 것은 히브리 세계관에서는 볼 수 없는 통찰들이었다. 이는 각 나라와 문화가 진리의 보고를 갖고 있으며 성경 본문(의 이해)에 기여를 할 수 있다는 놀라운 사실을 강조하여 보여 주는 것이다. 다만 여기서 우리가 말하고 싶은 것은 헬라적 관점이 어떤 원류이거나 처음부터 있었던 것이 아니며 이것들이 신학적 성찰을 지배하기 시작하면서 히브리적 접근을 몰아내고 진리에 대한 근본적인 왜곡을 하게 되었다는 것이다. 이런 변화로 인해 후대 교회는 왜곡된 신학과 영성적 궤도 위에 오르게 되었다.

교회를 위한 새로이 등장하는 선교적 패러다임을 수용하기 위해서는, 예루살렘과 아테네 사이의 근본적인 차이를 이해하고 그것이 하나님과 예수님 그리고 오늘날의 선교를 이해하는 일에서 지니는 의미를 이해해야 할 것이다. 그런 차이를 이해할 때에만 교회는 세상과 문화에 참여하는 메시아적 영성을 회복할 수 있다.

히브리 정신과 헬레니즘 정신

헬라적 의식과 히브리적 의식 혹은 아테네와 예루살렘의 차이를 보여 주는 많은 연구가 있었다. 많은 차이가 있지만 두 가지 넓은 범주로 요약할 수 있다.

구체적/역사적 대 사변적/이론적

첫째로 헬라 사고는 본질상 사변적인 반면에 히브리 정신은 훨씬 구체적이라는 것을 주목해야 한다. 초기 그리스 신학자나 철학자들을 잠시 살펴보기만 해도 헬레니즘적 사고에 대한 감을 잡을 수 있다. 이들은 존재의 본질 그 자체, 존재의 형이상학적 기초, 영의 본질, 물질, 유출, 상호 침투, 상태 등에 관해 많이 다룬다. 가장 놀랄 만한 발견은 사변적 세계에서 그렇게도 기본적인 형이상학적 용어들이 성경에는 거의 없다는 것이다. 성경 어디에서도 존재론에 관한 철학적 토론에 근접할 만한 것을 찾을 수 없다.[7] 아마도 제일 근접한 것이 요한복음의 서문에 나오는 **로고스**에 관한 가르침일 것이다.

성경적 일신론을 고찰할 때 이것을 다시 다루겠지만, 초기 기독교 교회가 존재론으로 얼마나 많이 중독되었는지를 보기 위해 크리스텐덤이 하나님과 신앙에 대한 사변적 사고와 추상적 개념에 매혹되었던 것과 비교해 보라. 신조만 보아도 된다. 사도신경과 같은 초기 기독교 신조의 초점은 하나님의 본질과 세 위격 간의 관계에 있다. 모두 좋고 훌륭하지만 성경에서 강조되고 있는 윤리, 제자도, 삶, 선교와 같은 요소들은 전혀 언급하지 않는다. 다시 말하지만 우리가 본질적인 진리에 대한 신조들을 인정하지 않는 것으로 오해하지 마시기를 바란다. 우리가 지적하고 싶은 것은 어떤 방향에서 그것들이 빗나가게 되었다는 것이다. 이런 왜곡은 오늘날까지 계속되고 있다.

신조는 주로 하나님과 그리스도에 관한 교리에 초점이 맞춰져 있으며, 그 이상은 어떤 것도 말하지 않는다. 교회는 진술은 얻지만 사실 무언가 부족하다. 그리고 신조가 사변적으로 기독론의 경계를 규정하려 할 때 거기에 혁명적이며 전복하는 행동가 예수에 대한 언급은 전혀 없으며, 모두 그분의 신적/인간적 본질에 대한 추론들뿐이다. 주요한 초점은 **신에 대한** 논리(*theo*-logy)인, 명백하게 사변적인 신학에 있다. 이것은 성경에서 기본 구절이나 사상을 취해서 그것들을 체계적이고 철학적으로 일관성 있는 전체로 만드는 것이다. 예를 들면 삼위일체 교리를 만들었던 라틴·헬라 신학자들은, 하나님의 본질 안에 있는 한 분이심/세 분이심에 관해 대개는 알쏭달쏭한 암시만 있는 원래의 성경 구절들을 취해 완전히 갖추어진 체계적인 교리로 만들었다. 그들은 마치 우리가 성경 몇 구절을 통해 정말로 그 상세한 것들까지 다 알 수 있는 양 하나님 안에 있는 삼위 간의 영원한 상호 관계를 미세하게 정의하는 시도를 했다. 이런 분석에는 하나됨 안에서 각자가 독특한 정체성을 잃지 않으면서도 서로에게 상호 침투하는 것, 아들이 아버지와 영원히 공존하지만 영원히 아버지로부터 나온다는 것, 성령이 영원히 아들로부터 나온다는 것들을 규정하는 일도 포함된다.[8] 오해를 없애기 위해, 다시 한번 우리는 하나님은 삼위일체라는 진리를 확실히 인정하고자 한다. 지금 우리가 말하려는 것은, 삼위일체와 같은 하나님의 영원한 본질의 문제는 그 정보가 부족하고 너무 광대한 주제이기 때문에 우리가 무언가를 확언하고자 하더라도 신비감과 겸손함으로 해야 한다는 것이다. 필립 얀시는 그의 유명한 책 『내가 알지 못했던 예수』(The Jesus I Never Knew)에서 이렇게 말한다. "교회에서 우리는 예수님을 '모든 세상이 있기 전에 나신 하나님의 독생자…참 하나님의 참 하나님(very God of very God)'이라고 확언한다.…[그러나] 이런 교리적 진술들은 나사렛이라는 시골 마을의 유대인 가정에서 자라신 복음서의 예수 이야기로부터 몇 광년만큼이나 떨어져 있는 이야기다."[9] 초창기 교회는 사변적인 교리의 발전에 초점을 맞춘 나머지 신앙이 가진 역사적이고 실천적인 의미에 두어야 할 중요한 초점을 놓쳐 버린 것이다. 그리하여 선교와 제자도는 신학적 정확성보다 덜 중요해졌다. 바른 실천(orthopraxy)이 바른 교리(orthodoxy)에 길을 내주고 말았다.

문제는 성경 어디에서도, 하나님의 세 위격의 상호 침투에 대한 논의는 말할 것도 없고 하나님의 개념에 관한 존재론적 논의에 근접할 만한 것을 발견할 수 없다는 점이다. 우리는 신조나 삼위일체 신학을 거부하는 것이 아니라 지나치게 사변적이고 이론적인 헬레니즘적 세계관의 본질에 심각하게 의문을 제기하는 것이다. 이와 같은 사변적인 경향은, 지금은 거의 잊혀진 교리인 단성론[monophysitism: 성육신한 그리스도에게는 신성과 인성이 완전히 결합 또는 융합하여 단일의 성(性)을 이룬다고 주장하는 기독론의 한 학설—옮긴이]이나 유출(processio: 성령이 성부와 성자로부터 나오신다는 교리—옮긴이) 등에 대한 이견으로 때로는 격렬한 논쟁과 큰 비용을 치러야 하는 공의회를 소집하는 상황까지 초래했다.

더 재미있는 것은 어떤 신조도 성경 자체가 충분히 다루는 주제인 바른 **삶**에 대해서는 전혀 말하지 않는다는 점이다. 헬레니즘의 경향 아래서 교리는 바른 **행동**에서 바른 **사고**로 바뀌었고, 이에 따라 바른 **실천**(ortho*praxy*)과 바른 **교리**(ortho*doxy*)에 대한 인식이 분리되었다. 바른 실천은, 바른 행동이 우리로 하여금 바른 사고를 할 수 있는 맥락을 제공해 준다고 믿는 일종의 체계다. 바울 서신에서 바울이 기독교적으로 신학하기 위한 틀로서 의로운 기독교적 삶을 지속적으로 언급하는 것에 주목하라. 그 반대가 바로 바른 교리라 부르는 것이다. 이는 사람의 생각을 바꾸면 그가 사는 방식을 바꿀 수 있다고 여기는 것이다. 그러나 상반되는 증거가 훨씬 많다. 수많은 위대한 신학자가 기독교적 가르침에 관하여 바르게 '생각'했지만 그들의 삶이 반드시 그들의 신념을 반영하지는 못했다. 서구의 기독교 신학교에서 이런 편향성을 찾아볼 수 있다. 신학생들은 4년 동안 머릿속에 명제적 진리를 쌓아 올린 다음 실제 사역을 위해 지역 교회로 보냄받는다. 기독교적 삶에서 기독교적 교리로의 전환은 자연스럽지만 그 반대로 교리로부터 행동으로의 전환은 그리 자연스럽지 못하다는 것을 많은 사람이 알고 있다. 신학교들이 실습 과목의 요소들을 추가하는 것은 올바른 방향을 향한 작은 진보라고 인정하고 싶다. 우리의 교육 기관들이 바른 교리와 바른 실천의 균형을 유지할수록 더욱 성경적이 될 것이다. 바른 교리와 바른 실천의 균형을 취하는 것은 우리가 더욱 참되게 성경적이 되기 위해 취해야 할 교정책 중 하나이며, 여기서의 초점은 분명히 그저 바른 생각을 하는 것보다는 바른 행동을 하는 것에 있어야 한다. 우리가 진정 선교적-성육신적 교회가 되고자 한다면 우리 행동들의 궁극적인 의미를 인식하는 감각을 회복해야 한다.

성경적 신앙에서 계시의 전달 수단으로서의 역사

둘째로 히브리적 정신은 시간의 종교와 관계가 있다. 히브리 성경의 독특한 측면 중 하나는 그것이 역사를 하나님과 세상을 향한 하나님의 뜻을 계시하는 주요한 원천으로 삼는 최초의(그리고 아마 유일한) 종교 체제를 묘사하고 있다는 것이다. 언뜻 보기에는 이것이 별로 놀랄 만하지 않지만 사실은 삶에 참여하고 선교를 실행하는 데 많은 가능성을 열어 주는 히브리 세계관의 매우 중요한 측면이다.

역사에는 전쟁과 사랑과 불륜, 좋은 때, 나쁜 때가 있는데 이를 통해 우리는 삶이란 뒤죽박죽이라는 것을 알게 된다. 삶이란 우리가 아는 것처럼, C. S. 루이스가 "곰과 아기와 바나나들의 놀라운 홍수, 그리고 원자, 난초, 오렌지, 암, 카나리아, 벼룩, 휘발유, 태풍, 두꺼비들의 엄청난 범람"이라고 부른, 하나님이 우리에게 자신을 보여 주기 위해 선택하신 장소다.[10] 하나님이 우리에게 자신을 보여 주기 위해 실제로 역사를 사용하신다는 것은, 조금 전 말한 '엄청난 범람' 속에서 하나님을 발견할 수 있다는 말이다. 하나님은 뒤죽박죽인 삶 속에 거하신다. 더 놀라운 것은 그 뒤죽박죽인 삶이 실제로 계시를 구성할 수 있다는 점이다.

성경을 대충 보아도 '성도'란 죄를 짓고 기도하며 사랑하고 미워하는 현실의 인물들임을 알 수 있을 것이다. 이들은 고집 세고 속이며 두려워하고 있지만 하나님은 그들을, 잃어버린 인간들에게 그분을 보여 주기 위한 도구로 사용하신다. 우리 자신의 삶 또한 별반 다르지 않기에 이런 사실은 우리에게 커다란 희망을 준다. 이런 혼란 속에 계시는 하나님을 보여 주는 가장 놀라운 표현은, 그분이 우리와 같은 신체 기능을 가진, 우리와 비슷한 170센티미터 정도의 유대인 농부로 우리 가운데 오신 성육신에서 찾을 수 있다. 그분은 다른 사람들처럼 먹고 우시며 기뻐하셨다. 우주의 창조자가 마을에 오셨는데, 아무도 하나님이 그들의 이웃으로 왔다는 단서를 잡아내지 못했다. 성육신 속에서 인간은 존귀해졌을 뿐 아니라, 2천 년 전 먼지 나는 유대의 중심부 속 예수님의 삶과 사역으로 구속을 얻게 되었다.

물질과 영혼이 서로 정반대에 있다는 명제적 진리를 고수하는 헬라적 사고에서는 예수님의 인간성이 문젯거리였다. 이 **이원론**은 영혼은 선하고 물질은 영혼을 거부하기에 악하다고 주장했다. 이원론은 헬라적 정신에서 **결정적인** 개념이다. 이것이 역사에 적용될 때 죽음, 파괴, 사랑, 미움으로 가득 찬 때문은 역사의 하나님을 '씻어 내려는' 독특한 형태를 띠게 된다. 그 의도는 하나님의 선하심이라는 생각을 보전하려는 것이지만 결국은 우리 자신이 물질이며 더러운 역사의 재료이기에 결국 남는 것은 절망스러운 자기혐오다.

(주후 300년 이후에) 새롭게 부상한 크리스텐덤 교회에서 이원론은

여러 맥락에서 전면으로 나오게 되었다. 교회는 가장 부풀려진 형태의 이원론은 거부했는데 이는 그들이 성경적 신앙의 근본 진리에 도전했기 때문이다. 이미 언급한 마르키온은 구약의 하나님은 실제로는 악한 신이거나 처음에 물질을 만든 하위 신이라고 생각했다. 그래서 마르키온은 구약의 신앙을 천하고 악한 종교라고 거부했다. 그러나 그는 거기서 멈추지 않고, 신약에 있는 가르침들도 어떤 생각들은 유대적 사상에 물들어 있다고 여겨 그런 부분을 잘라 내기 시작했다. 결국 남은 것은 바울 서신 일부와 누가복음뿐이었다.

신학적 이원론의 또 다른 주요 형태는 예수님이 정말 인간이었는지 아니면 그저 인간처럼 보인 것이었는지와 관련된 충돌이었다. 이런 이단을 이르는 말이 가현설(Docetism: '보인다'라는 헬라어에서 나온)인데 이 이단은 하나님이 인간이 되셨다는 것에 심각한 문제의식을 가졌다. 이 이단이 거부된 것은, 만약 그들 말대로라면 예수님의 삶과 사역을 통해, 특별히 십자가를 통해서는 우리 구속이 일어날 수 없다는 결론에 이르기 때문이다.

우리는 이런 교리들을 이상하게 여기지만 그러나 여전히 이런 것들이 다양한 형태로 크리스텐덤 안에 상당 부분 존재한다. 마르키온 이단과 가현설주의자들의 생각이 훨씬 미묘한 형태와 다양한 방식으로 넘쳐 나고 있다. 수많은 그리스도인들이 예수님의 인간성을 받아들이는 데 어려움을 느낀다. 그들에게 예수님은 인간을 넘어서는 분이시다. 즉 화장실도 가지 않으셔야 하고 그러니 일상적인 배설도 하실 수 없다. 그는 전혀 성적으로 흔들리실 수 없고 그러므로 결코 성욕 같은 것은 경험하시지 않는다. 그러나 이런 종류의 사고는 결국 예수님을 땅에서 5센티미터 뜬 채 걸으시며 그 손은 '일상적' 인간성으로 더럽히지 않는 분으로 만들어 버린다. 성경은 이 점에 대해 입장이 분명하다. 그런 존재는 구속의 관점에서 우리에게 아무 쓸모가 없는 것이다.

최근에 우리는 해방신학적 패러다임을 가진 어떤 목사와 대화한 적이 있다. 그는 출애굽 사건의 핵심은 종들의 해방이라는 사실에 고무되어 있었다. 그러나 그는 하나님이 실제로 수많은 이집트 사람을 죽이시고 가나안을 정복하고 식민화하는 데 개입하셨음을 받아들이기 힘들어 출애굽 사건이 실제 역사 속에서 일어난 것이라고 분명하게 말할 수 없었다. 그는 출애굽을 하나님이 우리 안에서 어떻게 일하시는지에 대한 영적인 은유로 생각하는 편이었다. 이렇게 전적으로 탈역사화된 노예 해방은 결국 정치적 억압으로부터 모든 사람을 영적으로 자유케 하는 것을 말하는 무혈 사건이 되어 버렸다. 그러나 신앙을 이렇게 탈역사화한 행동의 결과는 무엇인가? 그것은 마르키온과 가현설주의자들이 이르렀던 동일한 지점이 아닌가? 어디서 멈추어야 하는가? 한 사건의 역사성을 어떤 원리로 분별하는가? 만약 어떤 사건이 일어나지 않았다면 그것은 진실일 수 있는가? 제일 곤란한 것은, 하나님의 이름이 인간에 대한 개입으로 더럽혀지지 않게 하려고 역사에서 하나님의 개입을 다 제거해 버린 후 우리는 우리의 죄와 절망 가운데 홀로 내버려져야 하는가의 문제다.

만일 우리가 진정으로 성경적인 사람들이라면 하나님이 여기 우리와 함께하시며 항상 그래 오셨다는 것을 **반드시** 단언해야 한다. 하나님은 인간의 자유가 빚어낸 참사인 역사 속에서 자신의 손을 더럽히는 것을 두려워하지 않으신다. 전쟁조차 그분의 목적을 위해 사용될 수 있다. 그는 개입하는 분이시다. 히브리 신앙의 구조는, 역사는 계시의 수단이며 하나님은 평범한 사람을 사용하셔서 세상에 하나님의 나라가 오게 하신다는 것을 확언하며, 마르키온이나 다른 사람들이 역사 속에서 저질렀던 엄청난 실수들을 막아 준다.

이것이 선교나 선교적-성육신적 교회의 출현과 무슨 연관이 있는가? 모든 점에서 관련이 있다. 역사는 하나님 나라를 진전시키기 위해 우리가 일을 하는 자리다. 만일 하나님이 인도의 빈민촌에 개입하신다고 가정한다면 우리도 그래야 한다. 만일 하나님이 르완다의 참상을 구속하는 일에 몸을 사리지 않으신다면 우리도 몸을 사려서는 안 된다. 만일 하나님이 지저분한 역사에 깊이 개입하시며 인간의 일들에 깊이 개입하기를 기피하지 않으신다면 우리도 그래야 한다.

일상의 구속

역사 속에서 유대 사람들의 위대한 장점 중 하나는 삶에 대한 순전한 사랑이었다. '르카임'(L'chaim: 삶을 위하여!)은 오랜 세월 끊임없는 역사적 고통 가운데서도 이 고대 민족이 지켜 온 결정적 외침이었다. 다른 수많은 문화는 충분히 궤멸시켰을 침략에 직면해서도 이 민족만은 엄청난 문화적 활력과 낙관적이고 생을 긍정하는 산 믿음을 유지한 비결은 무엇일까? 우리는 그것을 하나님과 세계를 보는 그들의 시각에 기초한 예수님 이후의 유대 신비주의 관점에서 찾을 수 있다고 생각한다.

지금까지 주로 우리는 서구에서 하나님 백성의 선교적 추진력을 침체시킨 헬레니즘의 지배적인 영향력을 비판했다. 이제 우리가 하려는 작업은 히브리 세계관을 적극적으로 읽어 내어 선교적 관점을 구성하는 것이다. 우리가 독자에게 제안하는 것은, 어떻게 히브리 세계관이 선교적으로 사용될 수 있는지를 유대주의에서 배우고 그 결과로 기꺼이 자신의 사고를 바꾸어서 행동으로 옮기는 것이다. 이렇게 함으로 우리는 메시아 안에서 더 깊고 더 열정적으로 하나님을 경험하고 훨씬 참여적이고 선교적인 신앙을 발견할 수 있다고 본다. 히브리 정신과 새로이 등장하는 선교적 교회의 관계를 이해하기 위해 일곱 가지 분명한 특징을 기술하고자 한다.

쾌락의 구속과 선교적 과업

좀 더 심한 형태의 이원론적 종교는 적극적으로 물질을 억누르고 부인하여 육체를 구역질나는 것으로까지 격하시킨다. 그 다음으로 쾌락 역시 악하고 파괴적인 '악마의' 것으로 본다. 이렇게 하는 것은 하나님과 쾌락을 연결시킬 틀이 존재하지 않기 때문이다. 성(性), 음식 그리고 다른 여러 형태의 쾌락과 관련한 이런 왜곡을 크리스텐덤의 행동과 사고에서 발견하는 것은 그리 어렵지 않다.

이원론으로 힘을 얻은 왜곡된 금욕주의적 관점은, 육체와 그와 연관된 육체적 삶을 영적으로 하나님을 경험하는 것과 통합하는 데 실패하여 평범한 사람들을 기독교로부터 매우 멀어지게 했다. 이러한 삶의 억압이 성경적 세계관을 왜곡시킨 것은 말할 것도 없고, 평범한 비그리스도인들이 우리를 보는 시각에 미친 폐해 역시 과소평가할 수 없다. 또한 이런 생각은 선교적 자산으로서의 쾌락을 위한 구속적 틀을 회복할 필요를 드러내 준다. 사람들이 삶 자체를 경험하고 사랑하는 것을 통해서 하나님을 만날 수 있을까? 이 질문에 우리는 진심을 다해 그렇다고 말하고 싶다. 교회가 실제로 이런 다리를 놓지 못한다면 우리가 거하는 포스트모던 세상에 진정한 영향을 미치지 못할 것이다.[11] 히브리 전통은 그 모든 표현 속에서 삶을 긍정하며, 이 전통 안에서 그러한 선교적 다리를 놓는 재료들을 찾을 수 있다.

더 나아가 신앙을 소극적으로(즉 우리가 하지 말아야 할 금지 목록들로) 규정하면 복음의 선을 잘못된 데 긋는 비극을 초래한다. 교회에 출석하지 않는 사람들은 교회가 삶을 억누른다는 인상을 가지고 있다. **명백히 죄된** 쾌락이라는 주제는 정확히 틀린 것이다. 어쩌다가 오늘날의 교회는 쾌락을 부인하고 삶을 파기하는 기독교를 구현하게 되었는가? 그리고 이것이 수 세기 동안 그리스도의 대의에 얼마나 많은 피해를 주어 왔는가?[12]

몇 년 전 앨런은 한 결혼식을 주례하면서 오르가슴을 만드시고 삶과 결혼을 만드신 분이 하나님이라는 사실을 이야기했다. 마치면서 그는 그 오르가슴을 설계하신 놀라운 인격 앞에 나아와 그분을 만나라고 공개적인 초청을 했다. 아이러니하게도 많은 그리스도인이 **하나님과 오르가슴**이란 단어가 한 문장에 같이 언급되는 것을 들어 보지 못했고 이 일로 다소 기분이 언짢았다. 그러나 이 일이 그곳에 있던 미그리스도인들에게 미친 영향은 놀라웠다. 식이 끝나고 신랑의 들러리가 이런 질문을 했다. "교회의 메시지 배후에 있는 그 하나님이 바로 인류의 가장 심오한 즐거움을 설계한 분이란 말입니까?" 기회가 주어진다면 누구인들 그런 분을 만나 보고 싶지 않겠는가?

〈바베트의 만찬〉(Babette's Feast)이나 〈초콜릿〉 같은 영화는 쾌락이 가진 구속하고 화해시키는 능력에 대한 강력한 비유다. 모든 언약(새것과 옛 것)이 네 개의 포도주 잔이 갖추어진 정찬 속에 있다는 말은 옳다. 쾌락은 고통이나 위협보다 하나님을 향한 더 위대한 동기를 준다. 삶을 파괴하고 인간의 노력을 헛되게 하는 것은 **구속되지 못하고 방향 없는** 쾌락이다. 교회의 선교사와 지도자들이 인간은 그들의 가장 깊은 쾌락으로 동기를 얻게 된다는 것을 잘 이해하고 이 쾌락들을 하나님과 연결시킬 수 있다면, 평범한 사람들의 삶에 중요한 다리를 놓을 수 있을 것이다. 크리스텐덤은 쾌락을 통합하는 데 실패했지만 예수님 이후 유대 신비주의 세계관은 하나님의 영광을 위해 이 모든 것을 허용한다. 분명 성경은 하나님이 오르가슴과 미뢰와 양념과 마늘을 만드셨을 뿐 아니라, 동일한 성경에 계시된 하나님의 도덕적 의지의 틀 안에서 그분이 우리에게 주신 것들을 즐겨야 한다고 가르친다.[13]

인상적인 한 랍비의 격언은 이렇게 말한다. 우리 모두가 언젠가는 하나님 앞에 설 것이고, 그분은 우리에게 주셨음에도 우리가 누리지 못한 즐거움에 대해 심판을 하실 것이라고.

하늘과 땅의 일상적 연결

히브리어 '토라'(Torah)는 전통적으로 '법' 즉 일련의 규칙이나 율법적 코드로 해석되어 왔다. 그러나 이것은 토라라는 개념의 내적 의도를 왜곡시키는, 삶에 대한 엄격한 태도를 의미한다는 점에서 무언가 잘못된 해석이다.[14] 더 나은 번역은 '교훈' 혹은 '가르침'이다. 이보다 더 나은 시각은 토라를 하나님의 방식에 대한 오리엔테이션 과정으로 보는 것이다. 토라는 언약의 하나님에 대해서 배우기 위해 이스라엘이 필요로 하는 훈련이다. 교훈은 구속적 목적을 향해 공동체의 자원들을 이용하고 감독하는 것이 그 목적이다.

모세오경을 읽을 때 사람들은 거기에 나타난 철저한 비직선적 논리에 즉각적으로 충격을 받는다. 이스라엘이 성전에서 하나님께 나아가는 것을 다루는 구절 바로 다음 구절은 어떤 사람의 나귀가 구덩이에 빠졌을 때 어떻게 해야 하는지를 다룬다. 다음 구절은 부엌에 있는 흰 곰팡이를 어떻게 처치할지에 대해, 그다음 구절은 여성의 생리 주기에 대해 다룬다. 연속성이 전혀 없어 보이고 우리가 본문에서 찾으려고 하는 순차적인 근거가 부족해 보인다. 여기 무슨 일이 일어나고 있나? 어떻게 우리가 이 의미를 이해할 수 있을까?

우리는 토라 속에 오히려 진정 심오한 논리 즉 삶의 **모든 측면**을 하나님과 연관시키려는 논리가 진행되고 있다고 본다. 일과 가정생활과 건강과 예배, 그 모든 것이 하나님께 같은 중요성을 가진다. 그분은 신자의 삶의 모든 국면에 관심을 가지신다. 흰곰팡이조차 하찮은 것이 아니다. 서구의 영성적 전통에서 우리는 '종교적인' 것을 삶의 다른 많은 것들 중 하나의 범주로 보는 경향이 있지만 히브리적인 생각은 '종교적인' 것을 삶의 모든 것과 통합한다. 이렇게 히브리 세계관에는 세속적인 것과 거룩한 것의 어떠한 차별도 없다. 살아 계신 하나님과의 관계 속에 있다면 모든 삶이 거룩하다. 히브리적 사고에서는 삶의 어떠한 국면이든 하나님의 영원한 목적과 연결될 수 있다. 이것이 토라의 논리다.

토라를 따른다는 것은 그저 '종교적'이 된다는 것이 아니라, 모든 차원에서 하나님을 향하는 공동체적 삶을 온전히 이루는 데 순종하는 것을 의미한다. 그것은 모든 것이 하나님과 관계 있으며, 하나님은 삶의 여러 차원과는 동떨어진 영적인 국면만이 아니라 삶 전체에 관심이 있다는 것을 인정하는 것이다. 여기에 삶에 대한 히브리적 사랑의 또 다른 근거가 있다. 율법과 관련하여 이것은 일반적으로 크리스텐덤 진영에서 발전시킨 모습과는 전적으로 다른 관점이다.[15] 적어도 우리는 토라가 하나님의 마음속에서는 율법주의를 의미하지 않는다는 것, 오히려 그동안 우리가 실패해 온, 인간의 종교를 구체적인 삶의 표현으로 방향지으려는 시도임을 인정해야 한다.

실천적 일신론

크리스텐덤이 지닌 사변적이고 추상적인 헬레니즘 성향 아래서는 하나님의 통일성/하나됨에 관한 성경적 가르침조차 철학적 사변의 문제가 되었다. 그러나 신명기 6:4 같은 성경 본문들은 단순히 영원한 존재로서의 하나님의 순수한 본질을 묘사하는 것이 아니다. 사실은 훨씬 더 구체적이고 실제적이다. 신명기 6:4의 '쉐마'("이스라엘아, 들으라…")는 당시의 다신론적 종교 환경에서 많은 다른 신들의 경쟁적인 주장에 대응한 야웨 하나님의 주장이다. 그것은 그 백성의 충성을 요구하시는 부르심이다. 그러므로 이 진술은 단지 후일의 사변적 신학자들이 말한 소위 '윤리적 일신론'에 관한 것이 아니라 이교적 다신론에 대한 일종의 공격이다.[16] 이 주장은 직접적이고 구체적인 의미를 가진다. 그것은 많은 신의 폭정 아래서가 아니라 한 하나님의 주되심 아래서 살아가라는, 이스라엘 민족을 향한 부르심이다. 다른 말로, 마치 들의 신이 있고 강의 신이 있고 비옥함의 신이 있고 해의 신이 있다는 등, 삶의 모든 영역에 별개의 신이 있는 것처럼 삶을 살아가지 말라는 실제적인 요청이다.

유대주의는 오직 한 분 하나님이 계시며 그분이 삶의 모든 국면의 주인이라고 큰 소리로 선포한다. 다시금 여기서 히브리적 사고의 구체적이고 실제적인 본질을 볼 수 있다. 다신론자들은 삶을 구획 짓고 그것을 여러 힘들에게 배분한다. 그러나 모리스 프리드먼(Maurice Friedman)이 정확히 말하듯이 "이스라엘 세계에서 신앙을 지닌 사람이 '이방인'들과 구별되는 점은, 단순히 신성에 대한 영적인 견해를 가졌다는 것이 아니라 하나님과 독점적 관계를 누리고 모든 것을 그분과 연관시키는 것이다."[17] 일신론자들(진정 **성경적인** 신자들)은 오직 한 가지 준거점을 가진다. 이것이 이론적이고 사변적인 것에 반대되는 구체적이고 실제적인 성경적 사고방식이다. 여기에 함축된 의미는 단순히 신학뿐 아니라 실제적인 선교학에까지 광범위하게 영향을 미친다. 기독교를 다시 히브리화하는 일은 선교적-성육신적 교회의 출현에 매우 중요하다.

한 분 하나님[랍비들이 '이후드'(yichud)라 부른] 아래서 우리의 삶을 통합하자는 이 주장은 실로 오늘날 제자도의 새로운 기초를 찾으려 애쓰는 우리에게 급진적인 의미를 가진다. 성경적 일신론은 교회를 위해 한 분신이 필요하고 정치를 위해 다른 분이, 경제를 위해 다른 분이, 그리고 가정을 위해 다른 분이 있는 것처럼 살 수 없다는 것을 의미한다. 그럴 수 없다. 모든 삶, 삶의 모든 국면, **모든 차원**이 한 분 하나님 야웨 아래로 들어와 통합되어야 한다. 이런 점에서 볼 때 쉐마는 하나님의 배타성의 주장이며 신자의 삶 가운데 있는 우상들에 대해 하나님이 직접적으로 도전하시는 주장이다. 원래 쉐마는 '영원한 존재이신 하나님'과는 아무 상관이 없었다.

실제로 적용된다면 이것은 삶의 모든 차원을 예수님 아래 통합하는 급진적인 가르침이다. 우선 이것은 하나님을 교회의 스테인드글라스 감옥에 갇힌 죄수의 처지에서 '해방'시킨다. 이것은 크리스텐덤 사고방식에 너무나 뿌리 깊게 박혀 있는 성과 속에 대한 **비**성경적이고 헬레니즘적인 분리를 없애 버린다. 그것은 우리를 자유케 해서 삶을 사역으로, 일을 선교로, 놀이를 예배로 인식하도록 한다. 만일 모든 것이 하나님 아래 삶을 연합하는 추동력으로 모아지면 삶은 그 자체로 선교적 예배가 될 것이다. 삶은 그 모든 형태로 철저하게 영적인 것이 된다.

하나님의 영광을 드러냄

유대 신비주의에 있는 가장 놀라운 은유 하나는 '셰키나'(shekinah, 하나님의 영광)에 대한 랍비들의 가르침이다. 유대 신학이 전개되는 전형적인 유희적 방식 속에서, 셰키나는 인격을 얻으며 항상 여성의 형태를 취한다. 그녀는 은유적으로 하나님의 아내로 묘사되지만 그러나 지금 유배 중에 있다. 즉 하나님과 그분의 영광은 타락으로 인해 비극적으로 분리되어 있는 것이다. 이 분리는 우주적 붕괴로서, 하나님의 영광은 비극적으로 무수한 불꽃으로 흩어져 모든 피조된 물질 속에 들어가게 되었다. 이제 거룩한 불꽃들은 모든 사물 속에 갇혀 있다. 가장 천한 피조물조차 그 안에 거룩한 불꽃을 지니고 있다.

이런 유대 가르침의 놀라운 측면은, 모든 사물 안에 갇혀 있는 거룩한 불꽃을 실제로 해방시켜 유배된 셰키나가 남편 즉 하나님께로 돌아오는 여행을 하도록 허용하는 것이 바로 우리의 거룩한 행동들, 즉 거룩한 의도로 가득 차고 하나님을 향해 방향지어진 행동들이라는 관점이다. 사람들이 거룩하게 **행할** 때 하나님과 그분의 영광은 다시금 결합된다. 마르틴 부버는 이렇게 말한다. "'셰키나'는 은신처로 추방되었다. 그것은 모든 사물의 밑바닥에 매여 있는데 인간이 자신의 비전과 행위로 사물의 영혼을 해방시킬 때 모든 것 안에서 구속된다."[18] 유대 신비주의의 여러 측면들을 탐구하는 경이로운 작품들을 쓴 노벨상 수상 작가 아이작 바쉐비스 싱어(Issac Bashevis Singer)는 이렇게 말했다. "사람이 덕을 택할 때 그는 삶의 모든 차원을 힘있게 하는 것이다.

천사들은…어떤 사람이 선한 행동을 하기를 고대한다. 이는 전체 세계에 기쁨과 힘을 가져다주기 때문이다. 선한 행위는 하나님과 신적 임재가 연합하도록 돕는다. 반대로 죄는 모든 세계 속에 있는 음울함을 불러일으킨다."[19]

이제 이런 가르침을 문자적 진리로 받아들이지만 않는다면(대부분 랍비들도 그렇다), 이것은 세상 속에서 하나님 백성의 사명을 보는 매우 유익한 방식이다. 우리가 구속적으로 거룩하게 행할 때, 우리는 하나님의 세계 안에 있는 모든 사물의 중심에 있는 창조의 목적이라는 불꽃에 부채질하는 것이며 그 속에 있는 하나님의 영광을 해방시키는 것이다. 그리고 그렇게 함으로 우리는 하나님의 영광을 불러일으킨다. 예수님 이후 유대 신비주의 관점은 수많은 크리스텐덤적 선포와 행위들이 놓쳐 버린 바로 그 요소, 즉 구체적인 삶의 전 영역에서의 신실함에 대한 초점을 환기해 준다. 인간, 짐승, 환경, 심지어 우리의 기술들까지 포함한 만물은 그 속에 거룩함의 요소를 가지고 있으므로 존중되어야 한다. 하시디즘의 창시자인 랍비 이스라엘 바알 셈 토브(Israel Baal Shem Tov)는 이렇게 말했다. "누구든지 거룩한 불꽃에 자비를 행해야 하므로, 자신의 도구와 모든 소유물에까지도 자비를 행해야 한다."[20]

야콥이라는 어떤 랍비에 관한 이야기가 있다. 그는 매우 경건하고 열심이 있지만 어느 정도 금욕적인 사람이었다. 하루는 환상을 통해 하나님께 돌아가려고 애쓰는 유배된 하나님의 영광을 상징하는 여인을 보았다. 여인은 머리부터 발목까지 길고 검은 베일을 두르고 있었다. 그녀의 발은 헐벗었고 오랜 유배 상태에서 험한 길을 여행하느라 먼지와 피가 말라붙어 있었다.

여인이 랍비에게 이렇게 말한다. "나는 나를 잡으러 다니는 사람들 때문에 죽을 만큼 지쳐 있습니다. 그들이 나를 고문했기에 병들어 죽게 되었습니다. 그들이 나를 거부했기에 나는 수치스럽습니다. **당신들**[인간들]은 나를 유배 상태에 있게 한 폭군들입니다. 당신들이 서로 적대할 때 당신들은 나를 잡으러 추적하는 것입니다. 당신들이 서로 악을 꾀할 때 당신들은 나를 고문하는 것입니다. 서로 비방할 때 당신들은 나를 거부하는 것입니다. 이런 일을 행한 당신들은 동료 인간을 유배 보내고 나도 유배 보냈습니다. 그리고 랍비 야콥, 당신은 종교적인 의식으로 나를 따르려고 하지만 사실은 점점 더 나와 멀어지고 있다는 것을 아시나요? 나['셰키나']를 사랑한다면 사람들을 저버릴 수는 없습니다."

그러고 나서 그녀는 이렇게 결론을 내린다. "내 이마가 천상의 광선을 발할 것이라 꿈꾸지 마세요. 그 주위에 후광도 생각하지 마세요. 내 얼굴은 피조된 존재의 바로 그 얼굴입니다." 그녀가 얼굴에서 베일을 벗어 버리자 거기에는 한 이웃의 얼굴이 있었다.

물질의 마음 그리고 마음의 물질

유대교에는 '카바나'(*kavanah*)라는 독특한 행위가 있다. 그것은 우리 행동의 내향성을 극대화하기 위한 훈련이다.[21] 이것은 우리 행동 속에서 의도성의 수준을 극대화하기 위해 생각과 마음을 다스리고자 주의를 모으는 것이다. 이것은 행동/행위들에 적용되고 성경 연구와 기도에도 적용되며 이런 활동들을 넘어 하나님 그분께 집중하는 일에도 적용된다. 이 집중은 일차적으로 하나님의 명령을 자각하는 것이 아니라 명령하시는 하나님을 자각한다. '카바나' 속에서는 초점이 행위 자체에서 내적인 의미로 옮겨지고 그 목적은 행위 자체에 있는 거룩함의 통로를 찾는 일로 옮겨진다. 그것은 과업의 본질을 찾는 것이며 그 영감에 참여하며 거룩한 명령을 수행하는 과업과 동등하게 되는 일이다. 아브라함 헤셸은 이렇게 말한다. "'카바나'는 하나님을 향한 방향 잡기로서, 전 인격의 참여와 새로운 방향 전환을 요구한다. 이것은 자아의 흐트러진 힘을 불러 모으는 행위다. 이것은 의지와 지성뿐 아니라 마음 그리고 영혼의 참여를 의미한다."[22]

20세기 유대주의의 가장 영향력 있는 해석가 중 한 사람인 마르틴 부버는 하시디즘의 일화를 인용하여 방향과 구속 사이의 상호 관계를 지적했다.

> 에녹은 구두 수선공이었다. 가죽의 위아래를 누비는 구두 바늘의 한 땀 한 땀으로 그는 하나님과 셰키나를 결합시켰다.…사람이 영원에 영향을 주고자 할 때, 그것은 어떤 특별한 일로 되는 것이 아니라 그가 모든 일을 할 때 가지는 의도로 되는 것이다. 이것은 일상의 삶을 신성하게 하는 가르침이다. 문제는 그 자체로 거룩하거나 신비로울 수 있는 새로운 형태의 행동을 성취하는 것이 아니다. 중요한 것은 한 가지 정해진 과업을 하는 것이다. 평범하고도 뻔한 일상생활의 과업들을 그 진리를 따라, 그 의미를 좇아 하는 것이다.[23]

부버는 조금 더 나아간다. "완전한 카바나로 선한 행위를 하는 자, 즉 어떤 행위를 할 때 그의 전 존재를 그 안에 모으고 하나님을 향하여 방향을 잡고 그 일을 완수하는 자는 세상을 구속하며 하나님을 위해 그것을 정복하는 것이다."[24] 부버는 다른 곳에서 이렇게 말한다.

중요한 것은 무엇을 했는가가 아니다. 모든 행위를 거룩함으로 즉 하나님을 향한 의도로 가득 채우는 것이 세상의 핵심에 이르는 길이다. 그 자체로 악한 것은 아무것도 없다. 모든 열정은 덕이 될 수 있고 모든 성향이 '하나님의 도구'가 될 수 있다. 결정적인 것은 행위의 문제가 아니라 그 행위의 성화다. 모든 행동은 그것이 만일 구원을 향한다면 신성해질 수 있다. 행위자의 영혼만이 행위의 성격을 결정짓는다. 이로써 진리 안에서 한 행위는 믿음의 삶의 중심이 된다.[25]

이것은 매우 유용하며 철저히 성경적인 생각이다. 성경적 윤리는 항상 신약의 가르침 속에서 동기와 의도의 요소를 강조했지만, 우리는 이것을 기독교적 삶과 선교에 적용 가능하고 의미 있는 것으로 삼지 못했다. 나아가 우리에게는 일상의 행위가 구속하는 일에 영향을 준다는 것을 직접적으로 인정하는 신학적 틀이 부족하다. 다음 장에서 분명히 다루겠지만, 만일 우리가 각자의 상황에서 활력 있는 선교적 참여를 하기 원한다면 은혜의 방편으로서 행위의 교정은 매우 중요한 것이다.

여기서 두 가지 성향, 즉 선한 성향과 악한 성향에 대한 유대의 가르침에 대해 한마디 해야겠다. 선한 성향은 우리를 하나님께 이끈다. 이는 방향 지도를 받은 영혼의 힘이다. 반대로 악한 성향은 열정이 지도를 받지 못한 것이다. 그것은 그 자체로 악한 것은 아니지만 거룩한 지도 없이 방치해 두면 악해지고 결국 우리를 하나님과 멀어지도록 이끌 것이다. 우리는 악한 성향을 가지고도 하나님을 예배할 수 있고, 진정 예배해야 한다고 믿는다. 이것은 그리 놀랄 만한 것이 아니다. 단순히 **우리의 모든 열정을 다하여** 하나님을 예배해야 한다는 의미다. 어느 것도 하나님을 향해 마음의 방향을 구속하는 일에서 예외가 되어서는 안 된다. 부버는 이렇게 말한다. "미쉬나(암송, 연구라는 뜻으로, 유대 구전법을 집대성한 것—옮긴이)는 '너는 마음을 다하여 네 하나님 여호와를 사랑하라'는 구절이 의미하는 바를 해석한다. 이는 너의 '선하고' '악한' 성향 모두를 가지고, 즉 '너의 결심으로'라는 뜻이다. 그러면 열정이 변화하고 온 힘을 다하여 통일된 행위에 이르게 된다. 어떤 성향도 그 자체로 악하지 않기 때문이다. 성향이란 사람이 그것을 통제하는 대신 거기에 굴복할 때 그 사람에 의해 악하게 되는 것이다."[26]

열정에 관해 인류가 분명히 아는 것은 그것이 우리를 압도할 수 있다는 것이다. 본래 두 성향 교리는 더 낮은 열정은 더 큰 열정으로만 극복될 수 있다고 말한다. 우리의 악한 충동을 구속하기 위해서는 거룩한 열정의 행동이 필요하다. 폴 램지(Paul Ramsey)는 이렇게 지적한다. "한 사람이 주님을 온 마음(mind)을 다해 사랑하지 않는다고 해서 그가 아무런 사랑이 없는 순수한 이성이 되는 것은 아니다. 그는 그저 그의 마음과 영혼과 힘과 뜻을 다하여 무언가 다른 것을 사랑하는 것이다. 한 사람의 사랑은 항상 그의 이성보다 깊다. 그리고 이성은 항상 모종의 사랑의 활동 안에 있다."[27]

열정은 오직 그것이 방향 없는 상태에 있을 때, 즉 거룩한 지도에 복종할 것을 거부할 때, 하나님께로 인도하는 지도를 받아들이지 않을 때 악한 것이다. 유대주의에는 열정('악한' 충동)이 위대한 인간의 작품들 (성경을 포함하여)의 유일한 원천이며, 원초적인 힘이라는 통찰이 계속해서 나타난다. 부버는 "모든 창조의 작품 중에서 가장 좋은 것이 열정이다. 그것 없이는 하나님을 섬길 수 없고 진짜 삶을 살 수 없다"라고 주장한다.[28]

문제는 우리 행동의 **방향**이다. C. S. Lewis는 『천국과 지옥의 이혼』 (*The Great Divorce*)에서 방향의 중요성을 간파했다. "오직 한 가지 선한 것이 있다면 그것은 하나님이다. 다른 모든 것은 그것이 하나님을 바라볼 때 선하며 하나님으로부터 돌아설 때 악하다."[29] 어떤 점에서 행위의 본질을 결정하는 것은 방향이다. 그 에너지를 결정하는 것은 열정이다.

다시 우리는 이것이 선교적 신앙을 새로 형성하는 일에 크게 암시하는 바가 있다고 믿는다. 서구 기독교는 대개 쾌락, 열정, 본능적인 충동을 신앙과 연결시키는 데 어려움을 겪는다. 그 결과 영혼에 초점을 맞추는 경향이 생겼고 육체적 충동을 그리스도의 구속 사역의 바깥에 내버려 두었다. 그리하여 사람들은 이런 충동들을 이해하는 데 어려움을 겪게 되었다. 인간의 성이 전형적인 예다. 그러나 히브리 정신은 성의 힘을 그 의도된 창조 목적 안에 담아 두려 한다. 문제는 우리가 성을 통합하는 데 실패하면, 신앙에 반하고 하나님께 반하여 움직이는 어둡고 심지어 사탄적인 힘으로 그것을 경험하게 된다는 점이다. 선교적 신앙은 분명 이것보다 훨씬 기운찬 것이며, 그러므로 자아의 모든 측면을 하나님 아래 두도록 추구해야 한다. 아마 거기에는 우리의 성도 포함될 것이다. 모든 것은 방향성을 가진다. 우리는 하나님을 **향하**는 것으로 우리의 삶을 완성한다. 바로 이것이 거룩한 열정과 짝을 이루어 세상 속에서 매우 강력한 신실함을 만들어 낸다.

일상을 신성하게

방향-의도('카바나')라는 개념과 직접적으로 연관된 것은 일상을 신성하게 여기는 생각이다. 다시 한번 우리는 예수님 이후 유대 신비주의 세계관의 전형으로서 구체적인 것에 초점을 맞추는 경향을 보게 된다. 일상을 신성시한다는 이 개념은 이미 앞에서 부버를 인용하면서 강조한 바 있지만 그 자체로 한 꼭지를 들어 더 명료하게 다룰 가치가 충분히 있다.

그 개념의 그 핵심에는, 세상에는 **거룩한 것**과 **아직 거룩하지 못한 것**이라는 두 가지 실재만이 실제로 존재하며 하나님 백성의 선교적 과업은 아직 거룩하지 않은 것을 거룩한 것으로 만드는 일이라는 히브리적인 이해가 깔려 있다. 이것은 하나님을 **향하여**(그분을 떠나서가 아니라) 방향을 잡아 행함으로써, 또 우리가 일상의 과업들을 수행할 때 의도와 거룩함을 가짐으로써 이루어진다. 어떤 행위 혹은 모든 행위가 겉으로는 세속적이고 하찮아 보여도 올바른 의도와 적절한 거룩함의 방향성을 가지고 행해질 때 거룩함의 장이 될 수 있다는 것을 주목해야 한다.[30]

예수님 이후의 유대 신비주의는 거룩에 대해 놀라우리만큼 긍정적인 시각을 견지한다. 반대로 거룩에 대한 크리스텐덤의 관점은 대부분 부정을 통한 혹은 회피를 통한 거룩으로 규정될 수 있다. 신앙은 우리가 해야 하는 것보다 하지 말아야 할 것으로 더 잘 정의된다. 예수님 이후 유대 신비주의 관점에 내재된 삶에 대한 태도는 거룩함에 관하여 훨씬 삶을 긍정하는 입장으로 이끈다. 거룩은 하지 말아야 할 일들로 주로 규정되는 것이 아니라 오히려 우리의 일상을 신성하게 여김을 통해서 규정된다. 만약 진정한 '카바나'의 방향과 의도를 더하기만 한다면 모든 사물과 모든 사건과 모든 활동이 신성함의 기회가 될 수 있다.

누구든지 진정으로 모든 사람 및 사물과 함께 살아야 하되 거룩하게 살아야만 하며, 자연스러운 삶 속에서 하는 모든 일을 거룩하게 해야 한다. 금욕은 명령받은 바가 아니다. 거룩하게 먹을 때, 거룩하게 음식의 맛을 느낄 때 식탁이 제단이 된다. 거룩하게 일하는 사람은 모든 도구 속에 숨겨진 불꽃을 일으키는 것이다. 거룩하게 들판을 걸을 때 모든 들풀들이 하나님께 부르는 부드러운 노래가 우리 영혼의 노래가 되기 시작한다. 우리가 거룩하게 동료들과 한잔 할 때 그것은 함께 토라를 읽는 일과 같을 것이다. 우리가 둥글게 서서 거룩하게 춤을 출 때 그 모임 위에 밝은 빛이 비추일 것이다. 남편이 거룩하게 그 아내와 연합하면 세키나가 그들 위에 거할 것이다.[31]

예수님 이후 유대 신비주의에서 말하는 긍정적 거룩함은 세상 속에 적극적으로 거한다. 그것은 선교적 거룩함이다. 이것은 세상을 바꾸며 세상을 성화한다. 이것은 저 세상의 일이 아니다. 이것은 **삶의 모든 영역에서** 적극적이며 어두움을 구속하는 일에서 물러서지 않는다. 거룩함은 세상을 구속하는 일에서 하나님과 동역한다. "참된 거룩은 하나님이 세상을 거룩하게 하시는 일과 우리가 세상을 거룩하게 하는 일이 만나는 때다."[32]

신앙과 신실함

예수님 이후 유대 신비주의의 주제 중 탐구할 필요가 있는 것이 하나 더 있다. 그리고 그것은 신앙의 본질에 관한 히브리와 헬라의 정의와 전제가 다름을 보여 준다. 여기서 이것을 언급하는 이유는 그것이 방향을 다시 잡아 주며, 우리가 진정으로 하나님의 선교적 백성이 되는 데 유용하기 때문이다.

두 세계관의 차이는 두 언어 집단이 '신앙'을 가리키는 데 사용하는 두 단어에서 볼 수 있다. 히브리어로는 '에무나'(emunah)라 하고 헬라어로는 '피스티스'(pistis)라고 한다. 본래 '에무나'의 의미는 '신실함'(faith-*fulness*) 혹은 '적극적인 신뢰'로 번역되는 행동적 신앙이다. 구체적인 행동과 관계에 초점을 두는 전형적인 히브리적 단어다. 이것은 강력한 실존적 색조를 띠며 그래서 삶 지향적이다. 반대로 '피스티스'는 신앙의 지적 내용과 명제적 기초에 초점이 있다. 그래서 신앙은 일종의 지식 혹은 신념이다. 정리하자면, 본래 신앙의 히브리적 개념은 **실존적** 성격에 그 초점이 있는 반면에 헬라적 개념은 그 **신조적** 성격에 초점이 있다.

그러나 서구 기독교의 궤적은, 비록 히브리적 요소가 여전히 있기는 하지만 전체적으로 헬라적 개념의 지배를 받아 왔다. 종교개혁에서 루터가 신앙의 히브리적 개념을 회복한 것을 보더라도, 그 회복은 너무나 쉽게 종교개혁과 반종교개혁이 연루된 시끄러운 신학적 논쟁으로 흐지부지되었다. 이내 신조가 신뢰를 지배하게 되었고, 지금도 여전히 그렇다. 만약 우리가 더 참여적이고 선교적인 신앙을 가진다면 사태는 역전될 것이다. 신조가 중요하지만 지배적이어서는 안 된다. 선교적 교회로서 우리는 교리의 미묘한 논점들에 관한 논쟁(일종의 영지주의?)을 할 여유가 없다. 오히려 우리는 우리가 처한 상황에도 불구하고 하나님을 실존적으로 신뢰하는 의식을 회복해야 한다. 새로이 등장하는 전 지구적 문화 속에서, 우리의 전도는 단지 예수님에 관한 교리가 아니라 예수님과의 진짜 **만남**을 제시하는 것이어야 한다. 확신하건대 그것은 성경적으로 정확한 경험이어야 하지만 어찌되었건 경험이어야만 한다. 우리는 영지(gnosis)에 대한 중독을 극복하고 우리의 신앙을 예수님에 대한 적극적인 신뢰를 통해 표현하는 더욱 성경적인 방식을 찾아야 한다. 이것이 정확히 메시아적 영성이 기여하는 바다.

8장   성례가 되는 행동

> 그리스도인들은 기독교 진영을 이끄는 것이
> 선한 행위인지 그리스도를 믿는 믿음인지 논쟁해 왔다.…
> 이건 내게 마치 가위의 어느 쪽 날이 더 필요한지 묻는 것 같다.
> 진지한 도덕적 노력은 당신이 항복하는 지점까지
> 당신을 데려가는 유일한 길이다.
> 그리스도를 믿는 믿음은 그 지점에서 느끼는 절망에서
> 구원해 내는 유일한 길이다.
> 그리고 그분을 믿는 믿음에서 선한 행위는 필연적으로 따라온다.
> ―C. S. 루이스

새로이 등장하는 세대

앞에서 우리는 새로운 전 지구적 문화는 그 관점상 총체적인 세계관을 견지한다고 주장했다. 그 세계관은 영혼과 물질 사이에 더욱 큰 통합이 필요하다고 여긴다. 영성에 관해서는 이원론적이지 않고 더욱 성육신적이며 내재적인 관점을 가진다. 사실이 세계관은 헬라적 의식보다 고전적 유대주의 정신에 훨씬 가깝다. 크리스텐덤과 모더니즘이 모두 붕괴되면서, 일상을 신성시하고 감각의 추구와 훨씬 강력하게 연관된 포스트모던한 감수성이 일어났다. 이들은 바로 우리가 앞에서 개괄한 주제이며, 이들이 만일 그리스도 중심의 기독교와 통합될 수 있다면 그 어느 때보다 더 기독교 메시지에 잘 접근할 수 있는 통로를 많이

제공하게 될 것이다.

오늘날 현대인들은 민주적이고 가부장적이지 않으면서도 정이 넘치는 포용적 공동체를 찾고 있다. 이들은 순수하고 세련되지 않은, 별로 기교를 부리지 않으면서 현실적인, 단지 이론이 아니라 행동에 관심이 있는 그룹을 좋아한다. 그들은 환경, 정치, 윤리에 대한 강한 관심을 분명하게 표현하는데, 순수한 이념에 이끌리는 것이 아니라 인간의 총체성에 대한 관심에서 비롯되는 것이다. 이 점에서 우리가 개략적으로 살펴보았던 히브리 세계관의 다양한 요소는 포스트모던 시대의 사람들에게 수많은 연결 고리를 제공하는 것 같다. 우리는 기독교 운동을 히브리 세계관으로 무장시키고 예수님과 바울과 초대 그리스도인들이 살아 냈던 메시아적 영성의 회복을 통해, 새로이 등장하는 세대들에게 다가갈 수 있도록 교회가 스스로를 재정비할 수 있는 더 나은 위치에 서게 된다고 믿는다.

너희 빛이 비치게 하라

우리는 포스트모던 시대의 사람들이 하나님을 향한 추구를 시작하도록 그들의 영혼에 조용히 속삭일 수 있다고 확신한다. 그러나 설교나 교회의 예배가 과거에 하나님을 향한 갈망을 불러일으켰던 영향력을 앞으로도 가질지는 확신하지 못하겠다. 오히려 그런 갈망을 불러일으키는 것은 우리 자신의 이야기를 나누고 사랑을 주는 단순하고도 기본적인 것들이다. 이것은 복음 선포와 선한 행위의 관계에 대해 우리가 자주 던지는 질문으로 이어진다. 많은 교회가 전자에 강조를 둔다. 그들은 회중을 훈련시켜 복음을 친구들과 나누게 하고 복음이 분명하게 선포되는 전도 집회나 아웃리치 행사를 많이 연다. 또 어떤 교회들은 선한 행위를 강조한다. 이들은 종종 성 프란체스코의 금언인 "항상 복음을 전하되 필요하면 말을 사용하라"는 말을 인용한다. 이런 교회들에서는 선교가 사회사업과 지역 복지로 구성된다.

왜 전통적으로 이런 복음 선포와 구휼 사역이 이분화되어 왔을까? 우리는 맨체스터의 '소울 서바이버'(Soul Survivor) 같은 유명한 예외가 몇몇 있다는 것을 인정하면서도 복음 선포와 행위의 이러한 분리에 주의를 기울인다. 우리는 선교적 교회를 위한 모델을 말할 때, 그리스도의 주장을 상황에 맞게 선포해야 한다는 점을 계속 강조하고 싶다. 그러나 그런 선포가 사랑이 넘치고 따스하며 관대한 신앙 공동체로부터 나오지 않는다면 무슨 영향을 미칠 수 있을지 의문이다. 어떤 전통적인 복음주의 교회에서는 선한 행위의 유효성을 축소하려 한다. 선한 행위가 우리를 구원할 수 없기 때문에 그것을 복음 사역의 중요한 부분으로 여겨서는 안 된다고 생각한다. 그러나 이것은 지나친 과장이다. 우리는 선한 행위가 우리를 구원할 수 없다는 데 동의한다. 구원은 그리스도 안에 있는 하나님의 은혜의 사역으로만 가능하다. 그러나 경건한 행위가 성례전적 효과를 지닌 것도 분명하다.

선교적 교회가 존재하는 곳은 일상의 삶이기에, 일상을 신성시하는 메시아적 영성의 회복은 선교적 교회의 본질적 요소다. 만일 우리가 성육신적 공동체라면 교회는 소위 평범한 행동의 세계 속에서 하나님을 보는 능력을 회복해야 한다. 만약 우리가 삶에 대한 더 넓은 관점을 가지고 진정으로 선교적이 되려면, 교회는 하나님의 백성으로서 하는 행위에서 더욱 내적인 의미와 목적을 찾아야 한다. 다른 말로, 우리는 세상 속에서 하나님의 대의를 확장하기 위해 하는 행위의 가치와 우선 성을 모두 구속할 수 있어야 한다. 무엇보다도 우리의 영성이 수동적/수용적 모습에서 **행동하는** 모습으로 바뀌어야 한다. 이것은 서구 상황에서 일반적으로 이해하는 영성의 개념과는 패러다임이 다른 것이다. 교회는 하나님을 행동하는 곳에서 찾는 능력과 성향을 회복해야 하며, 그로써 다른 사람들도 거기서 그분을 찾을 수 있도록 해야 한다.

이렇게 볼 때 행동은 그 자체로, 행동의 수혜자들뿐 아니라 그 당사자들에게도 은혜의 성례다. 예수님의 이름으로 행해지는 일종의 선교적 행동은 선교적 교회의 **가장** 주요한 성례다. 우리는 행동주의자로서 교회를 이해하자고 제안하려 한다. 즉 교회가 하나님의 이름으로 행하는 거룩한 행동에 대한 이해를 회복해야 한다는 뜻인데, 구약의 많은 부분에 반영되어 있다. 마르틴 부버는 말한다. "무언가 무한한 것이 사람의 (거룩한) 행위 속으로 들어온다. 무언가 무한한 것이 거기로부터 흘러 나간다.…형언할 수 없이 조화로운 세상의 운명의 충만함이 그의 손을 통해 전달된다."[1] 성찬과 세례가 그 안에서 그리고 그것을 통해 하나님의 은혜를 드러내고 나타내는 것처럼 경건한 사람의 거룩한 행위도 그렇다. 만일 우리가 부버의 말을 그대로 받아들인다면 우리가 하는 일 가운데 하나님이 가까이 계신다는 놀라운 의식을 가지고 복음과 은혜를 전달하는 선교적 과업을 진정으로 감당할 수 있을 것이다. 이것이 바로 선교적 행동이 영적 통찰과 경험에서 최고의 원천이 되는 이유다. 부버는, 어느 누구도 선한 행위를 할 때 외롭지 않은 것은 이 지점이 하나님과 인간이 만나는 곳이기 때문이라고 말한다.

메시아적 공동체는 삶의 모든 국면에서 구속적인 접근을 한다. 이 주제는 담대한 선교적 영성을 세우는 일에서 우리에게 많은 것을 제시한다. 이것은 우리에게 세상 속에서의 우리 행동들을 (재)개념화하는 틀을 보여 주기 때문이다. 하나님이 구속적으로 행동하신다면 우리도 정확하게 같은 방식으로 행동하는 것이 옳다.

성경의 위대한 주제 중 하나는 하나님이 구속자이시라는 것이다. 구속하는 행동은 두 가지 형태를 취한다. (a) 힘에 의한 구속으로서 사람들이 폭력적 행위를 통해 노예 신분에서 풀려나거나 (b) 매매에 의한 구속으로서 친척 중 무를 사람이 노예로 팔린 사람을 값을 치르고 자유롭게 해 주는 것이다. 성경에서 하나님은 두 가지 방식을 모두 취하시는데(십자가에는 두 가지가 다 있다), 이는 세상 속에서의 선교적 행동을 위한 은유가 될 수 있다. 다른 말로, 하나님은 구속자이시고 그 구속의 유형을 통해 우리가 세상에서 어떻게 행동할지 모델을 제공하신다. 구속한다는 것은 잃어버린 것을 사서 다시 제자리로 돌리고 깨끗하게 하고 원래의 용도로 되돌려 놓는 것이다.

행동을 포함하여 인간의 실존과 문화 속의 그 어떤 것도 구속되어 예배가 되지 못할 것은 실제로 아무것도 없다. 모든 악은 덕이 어그러진 것이라는 C. S. 루이스의 논점을 받아들인다면 인류와 그 문화를 다른 관점으로 볼 수 있을 것이다. 우리는 모든 인간 삶의 차원, 특별히 문화적 차원에서 행동적이어야 하는데, 그것은 문화가 사람들과 사회가 공통의 의미를 가지는 영역이기 때문이다. 삶의 모든 국면에서 구속하는 일의 일부로 우리는 영화와 문학과 대중문화와 체험들과 새로운 종교적 운동 같은 것을 적극적으로 해석해야 할 것이다. 이들은 구속될 수 있고 하나님의 영광을 향할 수 있다. 바로 이런 것들 속에 분명히 인간의 추구와 갈망의 요소들이 있으며, 이런 것들이 구속되려면 하나님의 마음과 가슴에 연결되어야 한다. 사도행전 17장의 바울이 아레오바고 언덕에서 연설한 것이 바로 이것이다. 그는 그리스의 철학자들에게 그들이 글을 통해 계속하고 있는 추구가 합당한 것이라고 강조한 후 그들이 예수님의 부활을 향하도록 이끈다. 우리는 우리 시대의 추구자들을 향해 예수님의 이름을 말할 수 있어야 한다. 그것이 우리의 선교적 책임이다! 우리가 하지 않으면 누가 하겠는가? 아니면 우리는 예술과 문화와 의미의 추구에 관해 할 말이 하나도 없다고 믿는 것인가? 구속적으로 행동한다는 것은 잃어버린 것들을 예수님의 이름으로 되사려고 노력하며 그 모든 추구 한가운데 거한다는 뜻이다.

우리는 이렇게 말함으로써 우리의 행동들 특별히 우리의 선교적 행위가 실제로 은혜를 전달한다는 것임을 확언한다. 사실 이것이 크리스텐덤 교회의 표준적인(어느 정도 추상화된) 성례전들보다 훨씬 강력할 수 있을 것이다. 인간은 인간 고통을 경감시키려는 **행동**을 통해 거기에 항거할 자유가 있다. 예수님의 이름으로 고통을 완화시키는 것은 하나님의 은혜를 그분의 백성을 통해 주는 일이다. 이런 행위가 어떤 사람을 자신에게만 향한 관심에서 끄집어내어 선교적으로 다른 사람들을 향하게 만들고, 그 행동의 대상이 되는 이들 **그리고** 행동을 하는 당사자가 하나님을 새로운 방식으로 찾을 수 있게 해 준다. 노벨평화상 수상에 빛나는 유대인 작가 엘리 위젤은 『새벽』(*Twilight*)에서 인간적인 행위의 성례전적 가치를 확증하는 인물을 묘사한다.

[언젠가 페드로가 미카엘에게 말했다] 문간에 비친 네 자신의 모습을 볼 수 있다면, 너는 내가 그랬듯 존재의 부요함과 그것을 소유하고 나눌 수 있는 가능성을 믿게 되었을 것이다. 단순해! 네가 길거리의 음악가를 보고 그에게 10프랑이 아닌 1,000프랑을 주면 그는 하나님을 믿을 것이다. 네가 우는 여인을 향해 부드럽게 웃으면 설혹 네가 그녀를

모르더라도 그녀는 너를 믿을 것이다. 버려진 노인을 보고 네 마음을 그에게 열면 그는 자신을 믿을 것이다. 너는 그들을 놀라게 할 것이다. 너로 인해 그들은 떨며 그들 주위의 모든 것이 진동할 것이다. 놀라게 할 수 있는, 그리고 놀랄 수 있는 자는 복 있을진저![2]

이처럼 행위는 성례전적일 뿐 아니라 그 자체로 계시적이다. 즉 그것들은 하나님의 선하심을 드러낸다. 행위 그 자체 안에 계시가 있다는 교훈을 주는 탈무드의 금언이 있다. "민족과 개인은, 그 자신의 행위 안에서 하나님의 음성을 듣는다."[3] 신약 저자들은 이러한 전형적인 히브리적 사고방식에 완전히 익숙하다. 다음 예를 보라.

> 이같이 너희 빛이 사람 앞에 비치게 하여, 그들로 너희 착한 행실을 보고 하늘에 계신 너희 아버지께 영광을 돌리게 하라. (마 5:16)

> 너희가 이방인 중에서 행실을 선하게 가져, 너희를 악행한다고 비방하는 자들로 하여금 너희 선한 일을 보고 오시는 날에 하나님께 영광을 돌리게 하려 함이라. (벧전 2:12)

> 만일 누가 말하려면 하나님의 말씀을 하는 것같이 하고, 누가 봉사하려면 하나님이 공급하시는 힘으로 하는 것같이 하라. 이는 범사에 예수 그리스도로 말미암아 하나님이 영광을 받으시게 하려 함이니 그에게 영광과 권능이 세세에 무궁하도록 있느니라. 아멘. (벧전 4:11)

거룩한 행위는 하나님의 영광으로 가득 차 있다. 만일 우리가 이런 성경 구절들을 진지하게 생각한다면, 산이나 숲보다 친절한 행동에서 하나님을 더 잘 발견할 수 있음을 인정해야 한다. 자연 속의 하나님의 임재보다 거룩한 행위 속의 하나님의 임재를 믿는 것이 우리에게는 더 성경적이다.

행위와 행동이 성례전적이고 동시에 계시적이라는 믿음은, 우리를 매우 흥분시키는 어떤 가능성을 제시한다. 우리 주변의 사람들에게 미치는 선교적 영향 때문만이 아니라 우리 자신에게 미치는 영향 때문에 그렇다. 이전에는 우리가 하나님을 발견하지 못했던 곳, 거리와 일터와 시장 그리고 놀이터에서 우리는 행동하면서 하나님을 발견할 수 있다. 사실 우리는 거룩하게 행동하는 곳 어디에서나 그분을 발견할 수 있고 그렇게 우리는 세상을 향한 하나님의 은혜의 통로가 된다. "우리는 그가 만드신 바라. 그리스도 예수 안에서 선한 일을 위하여 지으심을 받은 자니, 이 일은 하나님이 전에 예비하사 우리로 그 가운데서 행하게 하려 하심이니라"고 말한 바울은 '메시아 안에서의' 우리의 창조 목적에 관해 심오한 진리를 표현하고 있는 것이다(엡 2:10). 우리의 행동은 우리를 위한 하나님의 계획의 일부분이다. 그러므로 누구도 우리의 영성이 우리가 행하는 선한 행위들과 관계가 없다고 말할 수 없다. 모든 것이 관계가 있다. 지금은 행위를 다시 이야기할 때다.

선행으로 구원을?

행위와 행동에 관한 이 모든 논의는 종교개혁자들이 모든 희생을 치르며 정당하게 대항하여 싸웠던, 선행으로 구원받는다는 망령을 다시 불러낸다. 은혜로만 말미암는 칭의는 바울 서신들의 중심 주제다. 바울은 칭의의 근원을 찾으려고 애썼고 그것이 하나님(은혜)으로부터 믿음(행위가 아닌)으로 말미암는다고 주장했다. 중요한 것은 우리가 여기서 지금 제시하는 바가 이런 근본적이고 양보할 수 없는 신약 신앙의 교리를 결코 폐기하지 않는다는 점이다.

여기서 우리가 시도하는 것은 행위 그 자체의 고유한 가치를 확증하는 것이다. 행위가 우리를 구원하는가? 아니다. 행위가 여전히 고유한 가치가 있는가? 절대적으로 그렇다. 사실 행위는 우리의 개인적 경건뿐 아니라 우리의 공동체적이고 개인적인 사명에 기본적인 것이다. 만일 이런 입장에 대해 누가 질문한다면 이렇게 대답하겠다. 왜 우리(구속된 백성)는 하나님 앞에서 마지막 심판 때 행위로 판단받는가?(고전 3:10-15; 마 12:36-37; 계 20장; 요 5:27-30) 행위가 원래 가치 있는 것이 아니라면 왜 그것들이 하늘 재판정까지 우리를 따라오는가? 왜 하나님은 그것들을 그렇게 진지하게 여기시는가? 선은 오직 마음의 의도에만 거하는가? 아니면 행위에도 거하는가? 아니면 인간 내면이 아니라 오직 하나님 안에만 거하는가? 아마 구속된 인간 내부에 선이 거하지 않는다면 그 결핍에 대한 책임을 우리가 질 필요는 없을 것이다.

인간의 선함의 가치에 대해 신학적으로 유보하려는 크리스텐덤의 요소를 우리는 진지하게 극복해야 한다. 하나님께 영광을 돌리기 위해 진정한 선함을 훼손할 필요는 없다. 야고보서는 모든 선한 것들이 하나님으로부터 오고 하나님 안에서 그 근거를 발견한다고 말한다(1:17). 그러므로 우리가 어떤 사람의 행동이 **선하다** 말할 때 그것이 하나님을 모욕하는 것은 아니다. 만일 누가 다른 사람을 돕기 위해 자신의 생명이나 소유물을 희생한다면 그 자체로 선한 행동이라는 것을 분명하게 인정해야 한다. 그것은 **고유의** 가치를 지닌다. 그 행동이 그 행위자에게 구원을 가져다줄 것인가? 아니다. 사람이 구원을 얻는 것은 오직 메시아 예수 안에 있는 하나님의 구원 행위를 적극적으로 신뢰함을 통해서만 가능하다.[4] 우리는 복음주의 신앙의 기초를 바꾸려는 것이 아니라 다만 그 선교적 초점만 바꾸려 한다. 우리는 행동을 은혜와 축복의 지점, 하나님과 만나는 지점으로서 다시 자리매김하려 한다.

이스라엘의 작가 S. Y. 아그논(Agnon)은 『굽은 것이 펴질 것이며』(*The Crooked Shall Be Made Straight*)에서 메나쉬라는 검소하고 경건한 사람의 이야기를 한다.[5] 메나쉬는 잡화 가게를 운영하는데 너무 착해서 돈이 없는 손님에게 돈을 내라고 말을 못해 파산 지경에 이르게 된다. 마침내 무자비한 경쟁자가 그를 쫓아내고, 그는 이 마을 저 마을 돌아다니면서 구걸하는 신세가 된다. 마을의 랍비가 가난하고 너그러운 메나쉬를 불쌍히 여겨, 구호를 받을 수 있도록 그가 착하고 정직한 사람이라고 천거하는 편지를 써 그에게 준다.

메나쉬는 1년 넘게 구걸을 하여 마침내 다시 사업을 시작할 만큼 돈을 모은다. 새 삶을 시작하려고 집에 돌아가기 전, 마지막으로 여관에 묵는데 거기서 그는 동네 사기꾼을 만나게 된다. 메나쉬는 착하고 바르지만 이 사람은 악하고 비열하다. 그는 메나쉬가 가지고 있는 랍비의 추천서를 보고 눈을 빛낸다. "저 편지가 있다면 일 안 해도 되잖아"라며 메나쉬를 불쾌한 얼굴로 노려보다가, 상당한 돈을 주고 그 편지를 산다. 자기 돈을 거의 배로 늘릴 수 있는 기회이며 자신은 랍비의 편지가 필요 없음을 안 메나쉬는 유혹에 넘어가 편지를 판다. 그는 난생 처음 보는 많은 돈을 쥐고서 자신의 행운을 축하하기로 한다. 영예스러운 랍비의 편지를 팔았다는 것이 부끄러워서였을까, 메나쉬는 엄청나게 술을 마시고 인사불성이 되어 모든 것을 강도당하고 심지어 기도용 겉옷까지 빼앗기고 만다. 집으로 돌아갈 돈도 모자라 메나쉬는 다시 구걸하는 신세가 된다.

그동안 거짓말쟁이 사기꾼은 강도들의 추격을 받고 살해당한다. 알아볼 수 없을 정도로 훼손된 시체가 그 주머니 속에 있는 편지와 함께 발견되자 사람들은 살해당한 사람이 메나쉬라고 단정해 버린다. 메나쉬의 아내는 남편의 사망 소식을 듣는다. 몇 달 후 그녀는 재혼을 하고 일 년 후 사내아이를 낳는데 그때 빈궁해진 메나쉬가 발을 질질 끌며 집으로 돌아온다. 그의 아내와 새 남편이 아이의 할례를 축하하는 그 순간에 말이다.

너그러운 사람 메나쉬는 엄청난 딜레마에 처한다. 만일 자신의 신분을 밝힌다면 아내의 새 결혼은 불법이 되고 무효가 될 수 있을 것이다. 그녀의 아이는 비합법적인 신분이 되어 유대 공동체에서 추방될 것이다. 그러나 그는 사랑하는 사람들의 삶을 파괴할 수 없어 마을 바깥에 있는 공동묘지로 물러간다. 그는 묘지 관리인에게 자신의 불행한 이야기를 털어놓는다. 관리인은 이 불쌍하고 경건한 사람을 동정하여 그의 비밀을 지켜 주고 음식과 처소를 제공한다. 얼마 후 메나쉬는 죽고 관리인은 메나쉬의 아내가 2년 전 그가 죽었다고 생각하여 준비해 놓은 바로 그 땅에다 그를 묻어 준다.

이 이야기가 무엇을 말하는가? 이것은 어떤 사람이 이름을 잃었다가 찾는 것에 관한 비유다. 메나쉬가 너그럽고 친절한 사람이었을 때 그의 이름은 랍비의 편지로 상징되는 그의 통행증이었다. 편지를 팔 때 그는 부끄러운 일확천금을 위해 그답지 않은 행동을 하고 있었다. 편지를 팔아 버림으로써 그는 문자 그대로 자신의 이름을 버렸다. 그것은 마치 진짜 메나쉬가 그 존재를 포기한 것과 마찬가지였다. 나중에 위대한 자기희생의 행동을 하고서야 그는 평판을 돌려받고 그의 신분도 다시 회복된다. 자신의 무덤에 장사됨으로써 그의 평판은 회복되었다. 메나쉬가 다시 살아난 것이다(아이러니하게도 죽음으로써).

우리의 행동은 우리의 평판, 고결함, 혹은 신분의 표현이다. 그리스도처럼 살라는 고매한 소명을 버린다면 우리는 그리스도인의 신분을 버리는 것이다. 우리는 행동으로 구원받지 못하지만 우리가 누구인지는 행동으로 알게 된다. 예수님은 제자들에게 그들이 얼마나 서로 사랑하는지에 따라 정체가 알려지게 될 것(예수님의 제자로서 인정될 것)이라고 말씀하셨다. 행동이 그들의 이름을 드러낸다.

안과 밖

앞 장에서 카바나에 대해 논의하면서 우리는 의도와 방향이 매우 중요하다고 강조했다. 우리가 선교적 과업 속에서 의미 있게 행동하려 한다면 의도성은 절대적으로 중요하다. 다른 사람에게 유익을 주는 행동이라도 하나님께 마음을 드리는 내적 헌신 없이 행한 일은 행한 사람에게 유익이 되지 못한다. 그러나 한 걸음 더 나아가 성경의 하나님은 올바른 생각, 바른 동기, 바른 행동뿐 아니라 **바른 삶**에도 관심을 가지신다. 다시 말하건대 그것이 전부다. 바른 삶이란 거룩한 영역으로 인식되는 삶의 한 부분에서 생겨나는 것이 아니라 우리의 삶 전체에서 생겨나야 한다. 세상은 개인의 내향적이고 비밀스런 거룩함을 뛰어넘는 무엇을 원한다. 거룩한 감정과 좋은 의도를 뛰어넘는 어떤 것을 필요로 한다. 하나님은 우리의 삶이 필요하시기에 우리의 몸을 요구하신다. 세상을 하나님의 것으로 다시 되찾는 일은 하나님의 뜻을 따라 사는 교회에 의해서 이루어진다(롬 12:1-2).

순종은 두 가지 수준에서 일어난다. 첫째는 영혼의 행위다. 이는 바른 의도를 계발하는 것을 포함하는데 곧 내적 순종이다. 둘째는 몸의 행위다. 여기에는 올바른 의도를 행동으로 옮기는 것이 포함되는데 이것은 외적 순종이다. 다음 우스개 이야기는 내적 순종과 외적 순종의 차이를 보여 준다. 엄마는 어린 조니에게 식탁에 앉아 저녁을 먹으라고 한다. 식사 시간에 많은 아이들이 그러듯이 어린 조니는 먹기를 거부한다. 엄마가 말한다. "조니야, 앉아서 저녁 먹어!" 조니는 다시 거부한다. 마침내 엄마는 아이를 의자에 잡아 앉히고 말을 안 들으면 대가를 치를 거라 위협하며 제압한다. 끝까지 반항하는 어린 조니가 이렇게 말한다. "겉으로는 앉아 있을지 몰라도 속으로는 서 있어요!"

내적 순종과 외적 순종 모두 거룩한 명령을 완수하는 데 필요하다. 내향성 없이 우리 행동은 불완전하다. 외적 행동은 내적인 동의 즉 **참여**를 필요로 한다. 아브라함 헤셸은 이렇게 묻는다. "조각품을 만들어 내는 것은 예술가의 내적 비전인가 아니면 돌과의 씨름인가?" 그는 바른 삶이란 "예술 작품과 같아서 내적 비전과 구체적인 상황과의 씨름 모두의 산물이다"라고 말한다.[6] 만약 우리 행동이 내적 비전과 외적 행동이라는 두 차원을 포함하지 않는다면 그것은 불완전하다. 헤셸은 다시 말한다. "기꺼이 하려는 마음과 갈망하는 영혼으로 행하지 않는다면 그 어떤 종교적 행동도 제대로 완수할 수 없다. 만일 당신이 당신의 영혼으로 하나님을 어떻게 예배할지 모른다면 당신의 몸으로도 하나님을 예배할 수 없다."[7] 하나님이 우리를 순종으로 부르시는 주된 이유는 훈육을 위한 것이 아니다. 오히려 우리가 영적으로 하나님께 민감하고 열려 있으며 그의 음성에 주의를 기울이게 하기 위한 것이다.

그냥 하라!

우리는 순수 행동주의로 몰릴 위험을 무릅쓰면서 맹목적으로 쫓기는 태도를 장려하고 싶지 않다. '카바나'에서 강조된 의도성의 전체적인 측면은 의미 없는 행동주의로부터 우리를 지켜 준다. 우리가 시도하고 있는 것은 예수의 제자로 성숙해 가는 길에서 있을 수 있는 불균형을 시정하는 일이다. 공부나 물러남의 훈련들이 중요하기는 하지만 그것만으로는 믿음이 자라지 않는다. 분명 하나님의 말씀을 듣는 수동적 수용성의 훈련도 필요하고, 조용히 기도하는 중에 하나님을 아는 것도 필요하다. 그러나 메시아의 성숙한 제자가 되려면 활동의 리듬도 필요하다. 예수님은 진정한 혁명가이셨지만 지금은 혁명이 많이 진행되는 것 같지 않다. 선교와 포스트모더니즘에 대한 말은 많은 것 같으나 직접적인 선교적 행동은 많은 것 같지 않다. 우리 모두가 어떻게 해야 하는지 설명하는 책은 쏟아져 나오지만 어떻게 해야 하는지를 보여 주는 실제 모델은 많지 않은 것 같다. 이제는 변해야 한다. 더 많은 행동이 필요하다. 오직 실제로 행함으로써만 교회는 하나님을 새로운 방식으로 발견하게 될 것이라고 우리는 믿는다. 누군가가 "미래를 예측하는 최상의 길은 미래를 만들어 내는 것이다"라고 말했다. 이 말은 미래가 철저히 우리 손안에 있다고 믿는다는 뜻이 아니다. 이 과정을 이끄시는 분은 하나님이기 때문이다. 그러나 우리가 미래를 향한 하나님의 뜻을 발견할 수 있는 것은 행동과 창조 속에서다. 성경은 역사 속에서 하나님이 하신 위대한 행동들을 기록한다. 그런데 우리는 그 성경의 각 장에서 하나님이 당신의 백성들이 힘차게 행동하기를 원하시고 기다리시는 모습은 간과한다.

부버는 이렇게 말한다. "선한 행위를 하는 것은 세상을 하나님으로 채우는 것이다. 진리 안에서 하나님을 섬기는 것은 하나님을 삶으로 끌어들이는 것이다."[8] 그리스도인은 단순한 개념으로서의 진리, 미학으로서의 진리, 철학적 원리로서의 진리, 예술 작품으로서의 진리로 만족할 수 없다는 것이 성경적 신앙의 특징이다. 클레르보의 베르나르 (Bernard of Clairvaux, 1090-1153)는 이렇게 말했다.

지식을 위해 지식을 찾는 사람이 있으니 그것은 호기심이다. 다른 사람이 알아주기를 바라서 지식을 추구하는 사람이 있으니 그것은 헛됨이다. 섬기기 위해서 지식을 추구하는 사람이 있으니 그것은 사랑이다.

진리는 행동으로 나타나야 한다. 진리에 대한 그 어떤 추구도 반드시 선한 행위로 귀결되어야 한다. 이것이 C. S. 루이스가 선한 행위에 대해 취한 입장이다. 선한 행위는 당신을 그리스도께 인도하는 동시에 그리스도와의 관계로부터 나온다. 루이스는 참된 도덕적 삶을 추구하는 순수한 노력은 결국 당신을 참된 의의 원천이신 예수님께로 인도한다고 믿었다. 또한 이미 그리스도를 믿는 사람들은 그 믿음을 선한 행위로 표현한다고 인식했다. 우리의 목표는 **행위로서의 진리**이며 이 진리를 향한 노력에 그 의미와 영원한 중요성이 있다. 메시아적 신앙은 이 땅에 참된 공동체를 만들려는 의지를 가진다. 그 하나님을 향한 갈망은 참된 공동체 안에 그분의 자리를 예비하려는 갈망이다.

헤셸은 "행동이 곧 진리다"라고 간결하게 표현했다. 그는 계속해서 이렇게 말한다. "행위는 하나님을 향한 갈망을 몸과 영혼으로 표현하는, 존재의 설명이다. 유대인의 '미츠바'(*mitzvah*, 거룩한 행위)는 행위의 형태로 된 기도다. '미츠보트'(mitzvoth)는 유대인의 성례, 즉 친절이라는 공동 행동으로 이루어지는 성례다."⁹ 만약 이것이 받아들여진다면 진리 안에서 행하는 행위는 종교성에 있어 생명의 중심이 될 것이다.

부버를 너무 많이 인용하는 위험을 무릅쓰고, 우리는 다음과 같은 그의 말을 확실히 인정한다.

참된 종교성은 낭만적인 마음의 공상, 탐닉적인 영혼의 쾌락, 혹은 훈련된 지성의 명철한 정신적 훈련과는 아무런 관계가 없다. **참된 종교성은 행함이다**(저자 강조). 종교성은 이 세상의 물질을 가지고 절대적인 것을 조각한다. 하나님의 얼굴은 흙덩이 속에 보이지 않게 거한다. 우리는 이것을 애써서 파내고 조각해야 한다. 이 작업에 참여하는 일이 다름 아닌 종교적이 되는 것을 의미한다.¹⁰

분명 이것은 예수님의 형제 야고보의 말과 다르지 않다. "하나님 아버지 앞에서 정결하고 더러움이 없는 경건[종교]은 곧 고아와 과부를 그 환난 중에 돌보고 또 자기를 지켜 세속에 물들지 아니하는 그것이라"(약 1:27).¹¹

선교는 과업이다! 선교는 우리를 규정지으며 하나님의 백성에게 바꿀 수 없는 고유한 방향과 목적을 제공한다. 메나쉬 이야기로 돌아가서 말하자면, 선교는 우리에게 이름을 준다. 이를 피하려는 영성은 그 어떤 것도 진짜일 수 없다.¹² 행동하지 않고 순전히 묵상적이며 개인적인 신앙은, 그리스도가 보이신 전형적인 모델이 아니다. 묵상하는 훈련이 도움이 되지 않는다는 말이 아니다. 그것은 분명 도움이 되지만 더 넓은 행동적·선교적 삶의 일부일 때만 그렇다. 사실 우리는 행동과 영적 추진력으로 충만한 삶에서 한 사람이 더욱 온전히 예배하고 더욱 깊게 기도하고 더욱 부지런히 연구할 수 있다고 믿는다.

이것에 도움이 될 만한 예가 항해다. 항해에서는 삶에서와 같이 추진력이 매우 중요한 자산이다. 우드로 윌슨(Woodrow Wilson) 대통령이 한번은 이렇게 말했다.

> 자유란 무엇인가? 우리는 빠르게 물 위를 미끄러져 가는 보트를 보며 "이 얼마나 자유롭게 달리는가"라고 말하는데, 그때 의미하는 바는 그 배가 얼마나 정확히 풍력에 맞추어 가는가, 그 배가 얼마나 정확히 돛을 팽팽하게 해 주는 하늘의 위대한 숨결에 순종하는가 하는 것이다. 뱃머리를 맞바람 쪽으로 돌릴 때 배가 어떻게 멈칫거리는지 보라. 어떻게 모든 밧줄들이 떨며 온 선체가 흔들리는지, 배가 얼마나 금세 바다식 표현으로 "꼼짝달싹 못 하는지"(in irons) 보게 될 것이다. 오직 다시 배를 돌려서, 도전할 수 없는 힘에 배가 다시 한번 멋지게 순응하도록 회복시킬 때에야 배는 자유로워질 수 있다.[13]

항해를 해 본 사람은 누구나 이 말을 이해할 것이다. 돛단배가 바람에 맞서 부딪칠 때 배는 가던 길에서 멈춰 선다. "꼼짝달싹 못한다"는 표현이 그것이다. 전속력을 내다가 갑자기 움직이지 못할 때 배는 삐걱거린다. 추진력을 한 번 잃어버리면 그 회복은 너무 느리고 힘이 든다. 이것은 분명하고 단순한 운동과 관성의 법칙을 드러낸다. 즉 움직이고 있는 몸은 계속 움직이고, 쉬고 있는 몸은 계속 쉬고자 하는 경향을 가진다. 그리스도인의 삶도 이와 다르지 않다. 행동과 운동과 에너지와 노력하는 삶은 묵상과 기도와 성찰 같은 묵상적 훈련을 위한 가장 좋은 터전이다.

 그리스도인의 경험은 성령의 힘 아래 있는 추진력을 계발할 때 더 풍부해진다. 누가복음에서 예수님은 70인의 제자들을 짝을 지어 온 땅에 선교하기 위해 보내신다. 누가는 이렇게 요약한다. "칠십 인이 기뻐하며 돌아와 이르되 '주여, 주의 이름이면 귀신들도 우리에게 항복하더이다'"(눅 10:17). 행동을 통해 추진력이 생겨났다. 의미는 그것을 실행할 때 분명해진다. 그냥 하라!

 그러나 우리가 행동을 강조하는 것이 바쁘게 살라는 말은 아니다. 교회는 너무 분주하다. 너무나 많은 목회자가 교회라는 기계가 잘 돌아가도록 유지하느라 부지런히 일하지 않으면 안 된다. 메시아적 영성은 의도적이고 선교적인 행동을 낳는다. 성경의 위대한 신앙 영웅들을 언급하면서 마르틴 부버는 날카롭게 지적했다.

 한때 위대한 행위자가 전 세계를 자신의 행위로써 바꾸기를 바랐고 모든 것이 자신의 의지대로 바뀌고 있음을 보여 주려 했다. 그는 이 세상의 조건에 얽매인다고 느끼지 않았다. 왜냐하면 그는 하나님의 절대성에 발을 붙이고 있었기 때문이다. 그는 마치 자신의 혈관에 흐르는 피를 느끼듯이, 자신이 내리는 결정에서 하나님의 말씀을 분명하게 느꼈다. 그런데 초인의 이러한 확신이 손상을 입게 되었다. 인간의 하나님 의식과 행위는 이미 요람에서부터 억압되어 있었고, 인간이 소망할 수 있는 것은 그저 조그마한 '진보'의 해설자가 되는 것이었다. 그리고 불가능을 더 이상 원하지 않는 사람은 할 만한 것만을 성취할 수 있을 것이다. 그리하여 영의 능력은 분주함으로, 희생의 힘은 거래 기술로 대치되었다.[14]

"불가능을 더 이상 원하지 않는 사람은 '할 만한 것'만을 성취할 수 있을 것이다." 이 말이 오늘날 교회의 침체를 묘사하는 것 같다.

그러면 우리는 어떻게 살 것인가?

우리는 수동적인 영성에서 행동하는 영성으로의 변화가 지닌 몇 가지 가능한 선교적 의미를 제안하고 싶다. 분명 행위가 성례라고 주장하는 선교적 교회는 가난한 자들, 지역 그룹, 운동, 술집과 카페 속으로 가 적극적으로 살고 전도하고 일할 것이다. 이것은 선교적 교회가, 전에는 지역 신앙 공동체의 선교 활동 바깥에 있다는 이유로 하나님의 '바깥에 있다'고 이해되던 곳에서 하나님을 발견할 수 있음을(혹은 하나님이 우리를 발견하심을) 깨달았기 때문에 가능하다. 실제로 하나님은 어디에나 계시기 때문에 하나님을 찾는다는 것은 어불성설이다. 그저 그분을 보거나 인식하는 것이다. 세상 속에 하나님이 간섭하신다는 사실과 그 속에서의 우리 역할을 이해하는 그리스도인은 그 어떤 장소에서도 선교적으로 자유롭게 참여할 수 있다. 전 세계가 하나님 나라가 침투하는 장이 될 것이다.

그런데 행동을 성례로 보게 될 때 흥미로운 파급 효과는, 사람들을 공동의 행동 가까이로 끌어모은다는 것이다. 사람들은 장소를 불문하고 이렇게 해 왔다. 어떤 대의를 위해 모인 공동체는 그것이 정의의 문제든지 혹은 공동의 활동이든지 간에 그 공동의 삶 중심에 행동이 있다. 실로 많은 사회 운동이, 사람들이 공동의 어떤 관심이나 흥미에 대해 목소리를 내기 위해 모이면서 시작된다. 그것이 정치적 이유든지(예를 들면 넬슨 만델라 석방 운동) 아니면 사회적 활동이든지(예를 들면 슬럼

가의 벽화 그리기 프로젝트), 행동 그 자체가 광범위하게 다양한 사람을 뭉치게 할 수 있다. 그리고 이런 활동들은 전도와 선교의 훌륭한 장이 될 수 있다. 이와 같은 매우 흥미로운 몇몇 프로젝트들을, 이미 앞에서 언급한 샌프란시스코의 '리이매진'이라는 선교 그룹과 로스앤젤레스의 거칠고 급진적인 신자 그룹인 '익투스'에서 볼 수 있었다. 그들은 예술을 선교적 변화의 매개체로 사용하는, **예술 행동주의**라 부를 만한 일들을 하고 있었다. 두 그룹 모두 예술 프로젝트에 사람들을 모아서 이를 교회 개척과 성육신적 선교를 위한 매개체로 활용한다. 상황 속에 있는 이 선교사들은 그 지역 공동체에 없어서는 안 되는 존재들이다.

우리가 본 가장 눈에 띄는 예술 행동주의의 한 예로, 샌프란시스코 시내의 '셀스페이스'(Cellspace)라는 프로젝트가 있다. 셀스페이스는 기독교 기관이 아니며, 마르크스주의-불교 급진주의자들이 운영하고 있다. 분명한 비전으로 고무된 이 그룹은, 한 회원의 조부모가 남긴 유산 2만 달러를 가지고 샌프란시스코의 한 공장을 임대했다. 몇몇 사람이 거기에 살림을 차렸고 그들은 이 공장을 우리가 본 것 중 가장 강력한 성육신적 문화 센터로 변화시켰다. 이 기관은 지역 협동 조합처럼 운영되어 누구든지 참여할 수 있는데, 그들은 모든 형태의 예술을 사용하여 시와 시의 정책에 대한 사회적 발언을 한다. 우리가 방문했던 어느 저녁에는 건물 앞에서 미술 전시회를 열고 있었고 공장 중앙에서는 샌프란시스코 도심의 재개발로 인해 집이 없어진 사람들의 고통을 말하는 단편 영화 축제가 열리고 있었다. 이는 바로 기독교 선교의 모습이 어떠해야 하는지를 보여 주는 사례다. 만약 이 시대에 하나님의 백성들이 용기를 내어 세상을 변화시키겠다(선교적 행동)는 목적으로 모인 성육신적 공동체로 스스로를 재인식할 수 있다면, 오늘날의 수동적이고 '우리에게 오라'는 식의, 청중석에 앉아 있기만 하는 대부분의 교회보다 훨씬 더 심대한 영향을 미치게 될 것이다. 다용도 건물은 자원들을 더 잘 사용하게 해 주지만 나아가 교회가 지역 사업에 헌신해서 많은 사람들을 그 사업에 초청할 수 있게 한다. 행동은 지역 사회를 조직화하는 중심이 될 수 있고 정의와 자비와 신실함의 구체적인 표현이 된다(마 23:23). 예를 들어 많은 교회가 건물을 스포츠 센터나 의료 센터로 새로 설계하고 있는데 이렇게 함으로써 덜 개인주의적이고 외부 지향적이며 선교적인 추진력을 갖게 된다.

앨런은 그의 카페 프로젝트 '엘러베이션'(Elevation)의 목표를 여기에 둔다. 그의 목표는 앞에서 우리가 말한 '근접' 공간을 제공하여 모든 계층의 사람들이 와서 다양한 활동에 참여하게 하는 데 있다. 이들 대부분은 미그리스도인이지만 여정을 함께하는 가운데 그리고 함께 일을 하면서 하나님, 의미 등에 관한 대화에 계속 초대받게 될 것이다. 여기서는 미술 교실, 철학 토론, 영화 평론, 벽화 프로젝트, 댄스 교실, 요리 교실, 공동 구매 등의 활동을 하며, 이러한 활동이 이 모든 형태의 모임의 중심이 된다. 사람들은 자신의 기호에 따라 참여를 결정한다. 셀스페이스나 익투스의 경우는 예술이 참여의 매개가 되지만 다른 어떤 것으로도 할 수 있다. 예술은 의미와 목적에 대한 근본적인 토론으로 이끄는 훌륭한 매개체다. 진정한 예술은 그러한 문제들을 이런저런 형태로 항상 다루기 때문이다. 예술은 강요받거나 인위적이지 않다.

이 경우 모두 행동이 선교의 구심점이 되고 그리스도인의 행동을 통해 사람들이 은혜를 경험한다. 그리고 교회는 스스로를 선교적 행동을 통한 은혜의 대리인으로 인식하기 시작한다. 지역 개발에 대한 이런 접근의 강점은, 이것이 고전적 의미의 기독교적 접근일 수도 있고 아닐 수도 있지만, 어쨌건 많은 사람을 참여하게 할 수 있다는 것이다. 신앙의 '중심 구조'는 복음전도적 민감성을 전혀 손상시키지 않고도 예수의 공동체 안에서 그리고 공동체를 통하여 그분을 경험하는 데로 사람들을 이끈다. 사람들은 우리가 행하는 것을 통해 하나님을 경험한다. 이것은 신비다.

오직 메시아적 영성만이 우리에게 일상을 거룩하게 하며 하늘과 땅 사이의 일상적인 연결을 가능하게 하는 자원을 제공한다. 포스트모던 시대의 사람들이 부르짖어 찾는 것은 더 나은 교리나 더 분명한 신학이 아니라 혼란스럽고 불확실한 세상 속에서의 단순한 친절이다. 예수 님도 이렇게 말씀하셨다. "이같이 너희 빛이 사람 앞에 비치게 하여 그들로 너희 착한 행실을 보고 하늘에 계신 너희 아버지께 영광을 돌리게 하라"(마 5:16).

9장 | 매체가 곧 메시지다

> 모든 것이 괜찮지만
> 배는 여전히 잘못된 방향으로 가고 있다.
> —에드워드 드 보노

대탈주

매력 만점의 영화 〈치킨 런〉(Chicken Run)을 보면 암탉들이 포로 수용소 같은 양계장에 갇혀 쉬지 않고 달걀을 생산한다. 할당량을 채우지 못한 닭은 퇴출이라는 꼬리표가 붙는데, 이는 곧 저녁 식탁에 오를 것이라는 말이다. 고전 영화 〈대탈주〉(The Great Escape)를 생각나게 하는 한 장면에서 〈치킨 런〉의 여주인공 진저(Ginger)는 대규모 탈출 계획을 포기하지 않으려 한다. 그녀는 자유를 찾은 이후의 삶에 대한 비전을 가지고 있다. 애처롭게도 그녀는 자신의 비전을 나누고 탈주를 선동해보려 하지만 동료 암탉 대부분이 자유라는 개념조차도 갖고 있지 않다는 것을 깨닫는다. 그들에게는 이 생활이 당연한 것이었다. 한 불쌍한

닭이 주장하듯, 달걀을 낳다가 죽는 것, "이게 닭의 운명인데" 왜 그것을 바꾸려고 애쓴단 말인가?

포로 수용소에 널리 퍼진 고정관념에 굴복하지 않는다는 점에서 진저는 진정한 영웅이다. 그녀는 예언자이며 몽상가이며 탁월한 리더다. 목숨의 위협을 무릅쓰고 투옥과 고통을 참아내고 그녀는 마침내 매우 괴상한, 날아다니는 기계를 만들어 매우 과감한(닭답지 않게) 탈출을 조직해 내는 데 성공한다. 그녀의 비전과 희생을 통하여 전체 무리가 무력증에서 깨어나고 비겁함을 떨치고 구원을 받아, 마침내 안전하고 자유로운 새로운 삶으로 구출된다. 이 모든 것은 생명의 위협을 무릅쓰지 않고는 있을 수 없는 일이었다. 그녀는 자신의 목숨을 걸었던 것이다.

'교회'에 대한 지배적인 이미지에 중대 변화를 요하는 시대적 시급성을 아는, 선교적 의식을 지닌 지도자들과 급진적 제자들에게 필요한 것이 바로 이것이다. 대부분의 서구 교회는 자신에게 익숙한 크리스텐덤 유형 너머를 볼 수 없다. 슬프게도 진저의 동료 수감자들처럼 그들은 사태를 다른 방식으로 전혀 보지 못한다. 지금까지 항상 해 오던 것에서 벗어나서는 안 된다고 주장하는 지도자들은 교회에 흔하다. 급진적인 변화를 요구하는 이들은 평지풍파를 일으키지 말라는 말을 듣곤 한다. 변화에 대한 요청을 가장 강력하게 잠재우는 것은 주로 대형 교회의 지도자들이다. 이들은 중대한 사회적 변화로 인한 영향을 알지도 못하고 그 영향을 받지도 않는 것 같다. 우리 두 저자는 대형 교회 목사들로부터, 오늘날 교회가 그렇게 형편없는 상태는 아니라는 말을 여러 번 들었다. 이 그릇된 안정감은 '치킨 런'식 사고로서, 정신과 의식에 족쇄가 채워진 상태다.

포로 수용소의 희생자들은 대개 육체적으로 죽기 한참 전에 이미 자유에 대한 희망을 포기함으로써 정신이 죽어 버린다. 이것은 그들이 내적인 자유를 포기했기 때문이다. 해방(liberty)이 육체의 상태라면 자유(freedom)는 영혼의 상태다. 어떤 사람의 육체적 자유(liberty)를 없앨 수 있지만 내적인 자유 의식만은 아무도 빼앗을 수 없다. 그러므로 키르케고르가 매우 깊이 인식했듯이, 우리 영혼의 한 기능으로서 내적인 자유는 곧 우리의 영성이다. 우리가 빈사 상태에 처한 크리스텐덤의 족쇄에서 자유를 얻으려면, 공동체적 삶의 대안적인 실재를 북돋우고 꿈꾸게 하는 기독교적 영성에 눈을 떠야 한다. 행동해야 할 시점이 있다면 바로 지금이다. 지금이야말로 무엇이 교회이며 그리스도인의 삶인지, 그 대안적인 비전을 꿈꾸는 진정한 신약의 메시아적 영성을 새롭게 표현할 때다.

　　그런 영성은 분명히 **선교적**이며 **복음전도적**이어야 한다고 우리는 믿는다. 그것은 모든 측면에서 복음에 고무되어야 하고 선교의 대상으로서 주변 문화에 대해 예수님과 초대교회가 보여 준 입장을 취해야 하기 때문이다. 무능한 크리스텐덤 방식과 결별하려면 우리 안에 이미 존재하는 주변부적인 소수의 '진저'들이 용기를 내야 한다.

　　이 장에서 우리는 더 풍요롭고 더 힘 있고 적절하며 효과적인 그리스도인의 공동체적 삶을 추구하는 여정에 대한 열망을 일깨우려 한다. 이를 위해 무엇이 우리에게 유용한지를 제시할 것이고 또한 공동체와 하나님과 세상이라는 기본 요소들과 상호 작용하는 여러 방식들을 제안할 것이다. 또한 우리의 삶이 전달하려는 메시지와 우리가 속한 사회의 메시지 모두를 분석하는 매우 강력한 도구를 추천할 것이다.

존재가 행동을 결정한다

메시아적 영성의 핵심은, 하나님이 우리의 정체성 곧 우리의 자기 규정을 바꾸심으로써 우리를 변화시키신다는 것을 이해하는 데 있다. 이는 정말 단순한 것이다. 그리스도 안에서 우리는 새로운 피조물이 되었고 하나님 나라의 상속자가 되었으며 하나님의 자녀가 되었고 성도(거룩한 자)가 되었다. 이런 표현들은 구원받기 전에 우리가 알던 실재가 아닌, 우리가 그리스도와 함께 살게 되었을 때(롬 6장) 얻게 된 정체성이다. 거듭남으로 그리스도와 연합할 때, 우리는 그 사건으로 인한 우리의 기본적인 정체성의 변화를 살아내도록 부름받는다. 예수님과의 관계로 성도가 되었다면 그 정체성에 걸맞게 살아가라고 권면받는다. '거룩한 자들'은 무엇을 해야 하는가? 거룩한 삶을 살아야 한다. 학자들은 '거룩한 자들'을 **서술형**(indicative), '거룩한 삶을 살아야 한다'는 명제를 **명령형**(imperative)으로 설명한다. **서술형**은 우리가 누구인지를 규정하며 **명령형**은 그 규정된 바를 우리가 매일의 삶에서 살아가도록 요청한다. 덧붙여 말하자면 신약, 특별히 바울 서신의 구조가 이런 식이다. 바울 서신은 거의 모든 경우에 전반부는 서술형으로(너는 구원받고 의롭게 되었다 등), 후반부는 명령형으로 구성된다(그러므로 이러이러하게 살라).

'내가 누구인가', 아니 '예수님 안에서 내가 어떤 사람이 되었는가'는 내가 행동하고 결정하는 방식을 **반드시** 변화시킨다. 예를 들면 우리는 자신을 최고의 요리사로 규정하는 사람이 무엇을 할지 안다. 어떤 여자가 자신을 운동선수라고 하면 사람들은 그녀가 운동을 많이 할 것이라고 확신할 수 있다. 우리의 부수적인 정체성은 우리 삶의 부수적인 목적을 결정하고 우리의 **주된** 정체성은 우리 삶의 **주된** 목적을 결정한다.

우리 저자 두 사람이 하나같이 고백할 수 있는 것은 우리의 회심 이후 삶에서 일어난 최고의 정체성 변화는 우리가 선교사적 정체성을 가지게 되었고 이어서 그것을 살아 냈다는 것이다. 마이클은 복음 전도자로서 호주의 모든 교단과 각 지역을 다니면서 복음을 전하면서 이런 삶이 확장되기 시작했다. 불신자가 한 사람도 없는 교회에서 설교한다는 것은 분명 복음 전도자에게 무의미한 일이었다. 그는 점점 새로운 세대의 선교적 지도자들을 훈련시켜, 지역의 끌어모으는 교회와 강단으로부터 전도와 선교를 자유케 할 필요를 느끼게 되었다. 이 때문에 그는 시드니의 한 신학교 교수가 되었다. 앨런의 경우 이런 생각은 호주 남부에 있는 한 지역의 선교와 부흥의 책임을 갖는 역할을 교단에서 맡으면서 시작되었다. 동시에 그는 한 지역 교회의 지도자로 남아 있었는데 그 이유는 교단의 행정가로 머무르기보다 현장에서 실천하고 싶어서였다. 우리 둘 다 '양다리를 걸친' 즉 실천가와 이론가로 있어야 할 부르심을 느꼈다. 결과적으로 우리는 '포지'라는 호주, 미국, 캐나다의 선교사 훈련 네트워크의 출범에 동참하게 되었다. 이런 이중적인 접근으로 우리는 호주의 교회와 기독교에 대한 독특하고도 전략적인 통찰을 가지게 되었고 새로이 등장하는 전 지구적 문화 속에서 교회가 직면하고 있는 어려움을 알게 되었다. 또한 그 문화적 상황과 관련하여 선교사적인 입장을 채택하지 않으면 서구 교회가 곧 사라지고 말 것이라는 점을 분명히 알게 되었다. 이렇게 하나님은 우리 두 사람 속에 선교사의 마음을 일으키셨다.

이것은 부수적 정체성의 변화가 아니라 주된 정체성의 변화이며

전적으로 방향을 재설정하는 것이었다. 교회를 인식하는 방식, 사역의 방식, 그리고 심지어 우리 존재의 이유까지 모든 것이 철저하게 변했다. 심지어 우리가 하나님과 관계를 맺고 하나님이 세상 속에서 일하시는 것을 인식하는 방식, 그리고 일반 사역자들이 한 번도 시도해 보지 못 한 낯선 장소에서 어떻게 그분을 발견하게 되는지에 대해서도 철저한 재개념화가 이루어졌다. 호주를 대상으로 하는 선교사가 되는 것은 우리가 사역의 기능 전체를 다르게 본다는 것을 의미한다. 사실 우리는 더 이상 스스로 사역자라고 하지 않는다. 우리에게는 **선교사**가 되는 것이 우리를 더 잘 규정한다. 이는 우리가 사역 자체가 선교적으로 재정의되어야 한다고 결론지었던 것과 일맥상통한다. 우리는 사역 그 자체가 선교를 위한 수단이라고까지 말하고 싶다.[1]

우리가 이런 개인적인 '회심'을 말하는 것은 그런 회심이 진정 선교적이요 사도적이고자 하는 사람들에게 필수적이라고 믿기 때문이다. 이것이 진저가 수용소의 다른 닭들과 다를 수 있었던 점이다. 진저는 닭들이 공동체로서 생존하고 번성하려면 뭔가 달라질 수 있고 또 **달라져야만 한다**는 것을 알았다. 진짜 문제가 무엇인지를 볼 수 있는 유일한 길은 선교사가 어떤 문화에 들어갔을 때 취하는 자세를 가지고 그 문제들을 보는 것이다. 여기에 다름 아닌 '회심'이 요구된다. 누구든지 이와 비슷한 회심을 시도한 이는 스스로가 확실한 혁명가가 되어 있다는 사실을 깨닫게 될 것이다. 왜냐하면 이제 사태가 일반적인 크리스텐덤 교회의 틀에서 보던 바와 다를 것이기 때문이다. 말 그대로 지금은 닭장에서 도망칠 때다!

우리가 앞서 이 문제를 메시아적 영성을 다루는 부분에서 언급하기로 한 이유는, 이것은 영혼의 문제이며 영적 정체성의 문제이기 때문이다. 자유는 항상 어느 정도의 위험을 내포한다. 모든 중요한 선택에는 한 사람의 인격 전체가 걸려 있기 때문이다. 거기에는 또한 하나님을 다른 식으로 바라보고 이전에 얽어매던 패러다임에서 벗어나려는 의지가 포함된다. 영화 〈매트릭스〉는 많은 그리스도인의 반향을 얻었는데, 이 영화가 길들여지지 않으며 거친 메시아의 제자들로서의 정체성 핵심에 잠재해 있는 위험한 그 무엇인가에 대해 경보를 발했기 때문이다. 제자라는 이름은 역사를 만드는 자와 같은 말이어야 한다. 우리는 다른 그룹의 사람들이 할 수도 없고 앞으로도 하지 않을 것이며 지금도 하지 않는 독특한 목적 곧 예수님의 제자 삼는 사역을 맡은 자들이다. 그러나 〈매트릭스〉에서처럼 그런 임무를 지닌다는 것은, **반응하는** 능력(response-ability) 즉 지금의 방식을 변화시키는 데 헌신된 혁명가, 행동가로 헌신하는 것이어야 한다.

매체가 곧 메시지다

위대한 사상가 마셜 매클루언(Marshall McCluhan)은 실존주의 철학과 미디어 연구가 어우러진 기술과 매체에 관한 독특한 사상을 1960년대에 주장했다.[2] 그는 그 유명한 "매체가 메시지다"라는 문구를 만든 장본인이다.

이 말을 교회와 교회의 선교적 영향을 평가하는 강력한 도구로서 이해하도록 돕기 위해 우리는 그의 독창적인 책 『매체론』(*On Media*)이 말하는 바를 요약해 보려 한다. 매클루언은 '매체'라는 말을 사용할 때 실제로 단어의 좁은 의미인 매체를 말하는 것이 아니라 우리가 기술(technology) 그리고 기법(technique)이라 부르는 것과 같은 의미로 사용하고 있다. 그 이유는 모든 기술과 도구가 본질적으로 우리 자신과 인간 몸의 확장이라고 생각하기 때문이다. 예를 들어 자동차는 발의 확장이다. 무기들은 근본적으로 손과 이와 발의 확장이다. 계산기는 우리 뇌의 계산 능력의 확장이다. 그러므로 그 어떤 기술도 대개는 인간의 의식과 신체에 결부된 기본 기능들을 아웃소싱하는 매개체다.

이렇게 기반을 세우고 나서, 매클루언은 어떤 매체 혹은 기술이 전달하는 '메시지'는 인간사에 유입된 규모나 속도나 패턴의 변화라고 말한다. 다른 말로, 기술은 새로운 사회 유형과 행동을 만들 수 있다. 예를 들면 철도가 움직임이나 운송을 처음으로 인간 사회에 소개한 것이 아니다. 바퀴나 길이 이와 같은 기능을 수행하며 이미 오랫동안 사용되어 왔기 때문이다. 오히려 철도가 한 일은 이전에 있던 인간 기능의 범위를 가속화하고 확대한 것이다. 그 결과 전혀 새로운 도시와 새로운 종류의 일과 여가 생활이 생겨났다. 이런 점에서 볼 때 증기 엔진의 발명과 유입은 실제로 우리가 지금 산업 혁명이라 부르는 것을 만들어 냈다. 인쇄술, 철의 발견, 선박의 발명 같은 사건의 영향을 생각해 보라. 기술은 우리가 자신과 세상을 인식하는 방식, 우리가 사회를 구성하는 방식에 선악간(대개는 둘 다지만)에 엄청난 영향을 미친다는 것이 사실이다.

어떤 사람들은 자신의 뇌를 스마트폰에 완전히 맡겨 버린다. 다이어리 같은 평범한 도구조차 우리 인식의 형태와 행동 유형을 바꿀 수 있다.

"매체가 곧 메시지다"라는 말의 숨은 의미는 본래 이것이다. **우리가 도구를 형성해 내고 그다음에는 도구가 우리를 형성한다.** 매클루언이 강조하기 원했던 것은 도구나 기술이 우리에게 미치는 상호적 영향이었다. 이것은 우리가 일반적으로 생각하는 것보다 훨씬 깊은 영향을 준다. 우리는 이들의 영향에 대해 정말 잘 생각해야 한다. 교회가 전통적으로 사용해 온 것들을 포함하여 모든 도구와 기술들에 이것이 적용된다는 사실을 기억해야 한다.

이런 현상의 가장 중요하고 놀랄 만한 측면 중 하나는 전자 매체로, 여기서 매클루언은 특별하게 예언자적 발언을 했다. 텔레비전, 라디오, 인터넷 같은 전자 매체를 생각해 볼 때 그것이 인간의 사고하는 능력의 확장이라는 것을 파악하기는 어렵지 않다. 매클루언은 전자 매체는 인간 의식의 확장이며 그 결과 우리는 지구촌 한 지붕 속에서 우리의 의식을 기업 이익에 내어 주게 되었다고 말한다. 미디어 거물들은 실제로 우리의 의식을 빌려서 그것을 우리에게 되팔아 이익을 챙긴다. 말하자면 우리는 돈과 기업 이익에 의해 형성되는 것이다. 매클루언의 이론을 취하여 그것을 크리스텐덤 시대 교회가 선교에 사용했던 도구들에 적용해 보자.

설교

현실을 직시하자! 특히 영화 같은 오락 산업은 전통적인 교육과 의사소통 방식을 깊이 변화시켰고 교회는 이것을 잘 인식해야 한다. 할리우드의 영화 제작을 단순히 시각적인 스토리텔링이라고만 생각한다면(사실 그렇지만) 우리는 상호적인 영향력 즉 영화가 우리를 형성한다는 것을 보지 못하게 된다. 매클루언식의 문구를 적용하면, 사람들은 상상력을 할리우드에 맡겨 버렸다. 영화는 의사소통 방식에 대한 기대를 바꾸어 버렸다. 텔레비전 프로그램, 뮤직비디오, 유선 방송, 거기에다 1년에 100편의 영화를 보는 평균적인 미국인들을 생각할 때, 설교자들은 그들의 메시지를 바로 전달하기 위해서는 수백만 달러를 들인 영화와 경쟁을 할 수밖에 없다. 애석하게도 지금까지 복음을 전달하는 일에서 우리는 일반적으로 독백 형식의 설교에만 유일하게 의존했다. 지나친 자극에 노출된 미래의 세대들이 그들의 부모나 조부모들처럼 30분짜리 독백을 들을 수 있겠는가?(오늘날 포스트모던 시대의 청중이 받는 자극이 이미 극단적인 수준이라는 데 의심의 여지가 있을까?)

오늘날 설교자는 **진짜로** 의사소통을 하는 것은 그만두고라도 청중의 관심을 끌기 위해 어마어마한 일들을 해야 한다. 영화에 중독된 세대는, 포스트모던 문화 이론의 언어로 말하자면 하이퍼리얼리티(hyperreality: 실재보다 더 실재 같은 극실재)에서 편안함을 느끼는 데 이는 심각한 일이다. 이런 하이퍼리얼리티에 대한 욕구로 결국 독백식 설교가 영향을 미칠 수 있었던 시대는 갑작스럽고 슬픈 종말을 맞이하게 되었다. 빌리 그레이엄이 대중을 상대할 수 있는 마지막 위대한 설교자가 될 것인지를 걱정할 만하다. 우리는 지금 말로 의사소통하는 시대가 끝났음을 알리려는 것이 아니다. 설교자들이 사람들에게 다가가려면 말하는 방식에 대해 숙고해야 한다는 말이다. 뛰어난 전달 능력을 지닌 설교자들을 제외하면(이들은 정말 잘한다), 설교는 거의 혹은 아무런 영향을 끼치지 못한다.[3] 게다가 우리가 알고 있는 설교는 그저 하나의 도구일 뿐, 성경에서 나온 것이 아니라 크리스텐덤 시대의 철학적 수사학에 대한 애착에서 비롯하여 과도하게 사용되어 왔다는 점을 잊지 말아야 한다. 나아가 설교는 회중으로 하여금 그 전달자에게 중독되게 만든다. [덧붙여 말하자면 이것은 매클루언 이론의 또 다른 부분이다. 즉 기술은 중독성이 있다! 그는 'narcotic'(마약성이 있는)이란 단어를 사용한다. 컴퓨터 없이 한번 살아 보라.] 훈련된 목사가 없는 교회를 생각해 보라. 우리는 도구를 형성하고 그러고 나면 도구가 우리를 형성한다. 우리는 설교라는 것을 만들었고(사실은 헬라와 로마의 철학자들에게 빌린 기술로) 다시 설교는 우리를 만들었다. 우리는 전적으로 설교 의존적이 되어 버렸다! 만일 당신이 미국의 복음주의 심장부에 있는 목사라면, 다음 주일 당신이 교회에서 설교를 하지 않기로 결정할 때 무슨 일이 일어나는지 보라.

건물

매클루언이 우리에게 남긴 지적 유산의 심오함과 유용성을 증명하기 위해 교회의 또 다른 영역을 살펴보자. 그리고 그것이 선교적-사도적 영성에 얼마나 중요한지를 보도록 하자. 우리는 이 책 제2부에서 건물이 성육신적 사역을 어떻게 제한하는지 그 영향을 다루었다. 우리의 교회 건물들은 '우리 대 그들'이라는 정서를 만들어 낼 뿐 아니라 한층 더 나아간다. 즉 우리가 **다른 사람들**을 보는 방식에 영향을 미칠 뿐 아니라 우리가 **우리 자신**을 보는 방식에도 영향을 미친다. 앞에서 사용했던 표현으로 돌아가 보자. 매클루언의 말을 빌리면, **우리가 건물을 짓고, 그러고 나서 그 건물이 우리를 형성한다.** 크리스텐덤 속에서 우리는 너무나 깊게 건물에 의해 형성되어, 도구로서의 건물이 우리 의식과 사회적 모습에 미친 실제적인 영향을 제대로 판단하지 못한다. 앨런과 마이클이 상담을 했던 거의 대부분 아니 아마 모든 교회가 '건물' 없는 교회를 도저히 상상하지 못했다. 심지어 교회 개척자도 건물 없이는 뭔가 부족하다고, '예배당 없는 교회'는 조롱하는 말이라고 생각하는 경향이 있다.

대부분의 사람들은 교회는 건물이 아니라 공동체라고 성경이 분명히 말한다는 것을 심적으로는 안다. 예수님이 "내가 내 교회를 세우겠다"고 말씀하셨을 때 건축 계획을 마음에 두신 것이 아님을 확실히 안다. 건물은 그저 도구이며 우리는 항상 이 사실을 유념해야 한다. 기독교는 자체 건물을 가지지 않았을 때 하나님의 백성으로서 그 본질에 가장 효과적이었고 가장 합당했다. 아름다운 건물, 대성당, 첨탑, 긴 의자는 크리스텐덤에서 온 것이다. 이 모든 것들이 너무나 오랫동안 우리를 형성했고 우리를 가두었으며 진정한 공동체를 발견하지 못하게 했다. 이는 진정한 비극이라 할 만하다. 여기서 분명히 하는 것은, 건물들은 필요하다는 점이다. 그것은 도구이며 때로는 중요한 도구다. **그러나 유일한 도구는 아니다.** 그리고 그 도구가 세상 속에서 우리의 사명과 목적을 성취하기 위한 능력을 둔하게 한다면 우리는 의문을 제기하고 그 문제를 적절하게 처리해야 한다.

우리의 사랑하는 친구이자 영웅인 애슐리 바커(Ashley Barker)는 멜버른과 방콕에서 극빈자들 가운데서 일하는 선교단을 이끌었다. 몇 년 전 앨런과 애슐리가 한 교단의 회의에 함께 참석했는데 그 회의는 새로 지어진 대형 교회 건물에서 열렸다. 애슐리는 비난하는 기색이 전혀 없이 이렇게 질문했다. "이 매체가 메시지에 대해 무얼 말하지?" 그 상황에서 흥미로운 질문이었고 우리는 이 문제에 착수했다. 우선 벽은 아무런 예술 작품이나 상징 없이 살구색과 회색으로 칠해져 있었다. 거의 대부분의 공간은 탁월한 조명과 음향 장비를 갖춘 전면의 대형 무대를 향하여 좌석들이 줄지어 놓여 있었다. 그렇다면 실제로 그 건물이 던지는 비언어적 메시지는 무엇인가? 우리의 해석은 이렇다. 대부분의 사람들은 수동적인 소비자다. 소수의 활동적인 사람들이 매우 전문적인 방식으로 무대 위에 있다. 이들은 프로듀서다. 이런 식의 교회는 모종의 쇼를 공연하기 위해 설계된 것이었다. 건물은 부와 성공과 전문성이 넘쳐흘렀다. 모든 소비자의 필요가 채워졌다. 그러나 그 건물이(혹은 전통적인 교회 건물들이) 평균적인 미그리스도인들에게 복음에 관해 무엇을 말해 주는가?

우리의 사명과 상황이 어떤 도구를 쓸지를 결정해야지 거꾸로 되어서는 안 된다. 이 점에서 심사숙고하지 않으면 도구는 반작용 효과를 내고 우리 발등을 찍을 것이다. 건물을 팔고 회중을 자유롭게 하든지 아니면 그것을 선교적으로 재정비하여 그 효과가 선교적이 되게 하라. 주중에 야구 캠프를 운영하고 건강 의료 센터를 열고 카페를 운영하고 조합 슈퍼마켓을 차리고 주말 농장을 운영하라. 정적이고, 끌어모으며, 한 주에 한 번 모이는 고비용의 건물을 선교적인 건물로 사용하라. 하나님의 백성과 주변 이웃 공동체 간에 근접 공간을 만들어 내는 건물이 되게 하라. 우리는 사람들이 유기적으로 흘러오고 흘러가도록 건물을 설계할 수 있다. 교회가 주중에는 건강 프로그램을 제공할 수 있다. 건물이 회중을 적극적이고 선교적으로 형성하도록 만들라. 우리가 쓰는 도구가 우리를 설계하는 것이 아니라 우리가 우리의 도구를 설계해야 한다.

신학교

오늘날 선교적 지도자들과 교회를 계발하는 일에서 매우 중요한 전략적 함축을 지닌 또 다른 도구가 있다. 바로 우리의 사역 훈련 시스템이다. 이것이 엄청난 영향력을 지니고 있고 미래를 재조정하는 데 매우 핵심적이므로 잠깐이라도 매클루언의 금언의 관점에서 살펴보아야 한다.

우리가 지도자들을 훈련하는 방식에는 교회를 역기능적으로 만드는 무언가가 있는 것 같다. 우리의 훈련 시스템 즉 신학교의 '도구들'과 거기서 채택되는 테크닉을 생각해 보고 이렇게 물어보라. "이런 도구들이 거꾸로 우리를 어떻게 만들어 내는가?" 해답을 찾기 위해 우리는 도구가 리더십에 미치는 영향력과 이런 도구들이 만들어 내는 교회 사역들을 관찰해야 한다. 만약 매체가 메시지라면 이 매체가 메시지에 대해 말하는 것은 무엇인가? 무엇이 신학교에 내포된 '메시지'인가? 강의실 모양이 강단이 있는 전면을 향하여 놓여 있는 의자로 가득 찬 방이라면, 교회 건물도 이와 똑같다는 데 놀라지 말아야 한다. 마찬가지로 전문가 한 사람이 지식을 전달하는 방식은 교회 예배와 크게 다르지 않다.

물론 교회 생활에는 단순히 이 이상의 무언가가 있다는 것을 우리는 인정한다. 그러나 이것이 교회 생활의 거의 모든 차원에서 생산되는 전형이 아닌가? 우리는 성경 지식과 제자도를 전문가들에게 맡겨 버렸다. 그리고 우리 모두는 여기에 협조한다. 그것이 시스템이고 편하기 때문이다(〈치킨 런〉을 기억하라). 그래서 마이클은 호주의 선도적인 리더십 훈련 인턴 과정을 개발했다. 그는 시드니의 몰링 대학 학생들에게 단순하게 줄을 맞춰 앉아서 독백식으로 전달되는 수많은 말을 빨아들이며 공부하라고 하지 않는다. 그는 일종의 행동-반성(action-reflection)식의 학습을 채택했다. 세계의 많은 신학교들이 이런 변화를 꾀하고 있지만 대부분은 전통적인 강의 방식을 계속 유지하고 있다. 매체가 곧 메시지다! 당신이 말로 수천 번 이야기해도 진짜 의사 전달은 당신의 요점이 더 깊이 학습되었을 때 일어난다. 사람들은 한 번 경험한 것을 재생산한다. "큰 소리로 말하는 것은 당신의 행동일 뿐, 나는 당신의 말이 들리지 않는다"라는 대중적인 경구에는 상당한 진리가 들어 있다.

많은 사람은 전통적인 모델과 그 모델이 사역과 선교에 지니는 의미에 만족할 수 있겠지만, 새로운 형태의 예수 공동체를 시도하려는, 그리고 성육신적-상황화된 선교를 개발하려는 우리로서는 전략적으로 상당히 심각한 문제들이 보인다. 진정한 선교적-성육신적 교회를 탄생시키기 위해서는 새로운 도구가 필요하다. 신학교는 그저 도구라는 것을 기억하라. 지금은 새로운 패러다임에서 리더십과 신학적 훈련은 어떤 모습이어야 할지를 다시 생각하고 다시 상상할 때다. 예수님이 사역하시는 동안 제자들을 어떻게 훈련시키셨는지를 질문하고 나서 신학교 교육이 이를 얼마나 반영하고 있는지 재고하는 것은 가치있는 일이다. 전통적인 모델은 효과적이었는가? 다른 말로 '교실'이라는 매체가 제자 삼기와 선교라는 메시지를 위한 합당한 매체인가?

우리가 곧 메시지다

이제 우리는 매클루언의 탐색적인 질문들을 가지고, 개인적이고 공동체적인 영성의 문제들에 집중하고자 한다. 매체가 곧 메시지라는 것을 심각하게 고려하면, 우리 전 존재의 표현으로서 우리의 행위들이 말보다 실제로는 더 큰 소리를 낸다는 데 이견이 있을 수 없다. 우리 삶은 언제나 분명한 비언어적 메시지들을 뿜어 낸다. 실제로 우리 자신이 **곧** 우리의 메시지라는 엄중한 사실에 직면해 있는 것이다.

키르케고르는 이것을 '실존의 소통'(existence-communication)이라고 불렀다. 우리의 삶, 우리의 실존 자체가 의사소통이라는 의미다. 진정한 인간으로서 당신의 실존이 **말**이나 심지어 생각보다 의사를 더 잘 전달한다. 키르케고르는 모든 진리가 객관적으로 파악될 수 있다고 주장한 철학자 헤겔을 경멸했다. 신랄한 반어법을 사용하여 그는 "헤겔은 장엄한 탑을 세웠지만 오두막 안에 살고 있다"라고 지적했다. 헤겔이 자신이 만든 이념 체계 안에 있으면서 실제 세상 속에서 살지 못했다는 말이다. 그것은 전부 사상일 뿐이었다. 말하자면 그는 그 세계 안에 있는 '배우'가 아니라 멀리 떨어져서 보는 방관자였다. 다른 말로 그는 그 자신의 메시지가 아니었다. 이념 안에 사는 것은 실재 안에 사는 것과 정반대지만, 철학자들은 책 속의 삶에 끊임없는 유혹을 받는다. 어떤 사람이 들을 수 있고 받아들일 수 있는 유일하고도 본질적인 설교는 강단에서 사역자의 입을 통해 나오는 것이 아니라 그 자신의 실존으로부터 나오는 것이다.

이것이 근본적인 성경적 실존주의의 메시지다. 키르케고르의 사상에 대해 언급하면서 프레데릭 손탁(Frederick Sontag)은 이렇게 말한다.

> 실존은 개별에 상응하는 것이지 보편이라는 개념에 상응하는 것이 아니다. 개념화는 실존을 가능성으로 분해하고 실제로부터 멀어지게 한다. 실제와의 접촉에 관한 한 개념화하는 능력을 향상시키는 것은 결국 퇴보다. 목표는 가능성에서 행동으로 움직이는 것 즉 구체적인 행동을 결정한다. 예를 들어 기독교를 '과학과 학문'으로 바꾸는 것은 잘못이다. 성공하면 기독교는 없어질 것이기 때문이다. 기독교의 실존은 개별적 결단성의 이면에 놓여 있다. 기독교는 교리가 아니요 '실존의 소통'이다.[4]

이것이 크리스텐덤의 문제였다. 기독교는 과학과 학문으로 축소되었다. 우리는 매체로서의 우리 삶이 주위의 사람들이 항상 읽을 수 있는 매우 분명한 메시지를 전달한다는 사실을 진지하게 여겨야 한다. "당신들의 행동이 너무 소리가 커서 당신들의 말이 안 들립니다"라는 말처럼, 이는 꽤 심란한 진실이다. 내 삶이 던지는 메시지는 무엇인가? 나는 제자로 읽혀지고 있는가? 사람들은 내 인격을 통하여 예수님의 모습을 분명히 보는가?

중산층의 삶을 예로 들어 보자. 우리는 중산층의 생활에 배어 있는 매우 비성경적인 전제들에 거의 의문을 제기하지 않는다. 안정, 품위, 권력, 돈, 경쟁, 가족, 교육 등에 관한 전제들이 계급의 사회학적 범주를 구성한다. 그리고 이 전제들 중 많은 것이 복음의 관점으로 테스트를 거치지 않는다. 그러나 고백하건대 우리의 중산층 신분은 복음의 메시지를 부식시키고 희석시킨다. 정말 정직하게 말하자면, 앨런은 자기가 회사 차를 몰고 멜버른 도심에 집을 소유하고 있다는 것이 스스로 떳떳하지 못한 신분을 전달한다는 내적 갈등을 고백한다. 이런 것들은 중립적이지 않다. 우리가 소유한 차나 집이나 교육은 깊은 차원에서 우리의 신분을 상징한다. 그렇다면 이런 것들이 복음에 대해서는 무엇을 말하는가? 만약 우리가 자신이 속한 문화를 효과적으로 복음화하려 한다면 **반드시** 이러한 문제를 면밀히 살펴보아야 한다. 계급 혹은 문화의 문제는, 그것이 예수님의 제자가 되는 것의 의미와 떼어 놓을 수 없다. 예수님의 삶이 우리의 삶을 해석해야 한다. 특별히 계급이나 문화의 수준에서 말이다. 만일 우리가 예수님의 메시지를 구현하기 원한다면 그리고 사람들이 우리를 통해 그분을 보기 원한다면 메시지와 선교를 위해서 이러한 것들이 점검되어야 한다.

많은 철학과 신학이 진리란 마치 바깥 저 멀리에 있는 그 무엇이며 인간다움에는 맞지 않는 것처럼, 인간의 인격/행위자/개인을 등식에서 축출해 버린 채 실존을 이해하려 시도한다. 그러나 키르케고르의 세계에서 진리를 아는 것과 진리가 된다는 것은 같다. 진리는 '저 멀리' 있는 것이 아니고 '여기' 있어야 한다. 이 복잡한 키르케고르의 작품은 붙들고 씨름할 가치가 있다. 아래의 인용이 복잡해 보이지만 주의 깊게 여러 번 읽어 보고 그 위력을 맛보라.

진리는 지적으로 그것을 아는 것이 아니라 진리가 **되는 것**에 있다.···진리를 아는 것은 진리가 되어 가는 과정에서 따라오는 것이지 그 반대가 아니다. 나아가 진리를 아는 것이 진리가 되는 것과 분리되거나 진리를 아는 것이 곧 진리가 되는 것이라고 여겨질 때 결국 비진리가 되는 것은 분명히 이런 이유 때문이다. 이 둘의 참된 관계는 그 반대다. 즉 진리가 되는 것이 곧 진리를 아는 것이다.[5]

영국의 선교학자 테일러(J. V. Taylor)는 이렇게 말했다. "모든 의사소통 수단들이, 그것이 전달하려는 바로 그 진리에서 나오지 않는다면 이 얼마나 헛되고 무의미한 것인가?" 이 진술로 우리는 오래된 **개인적 통합성**(우리가 진리라고 믿는 믿음에 맞게 사는 것)의 문제로 돌아가게 된다.[6] 진리는 삶 그 자체로부터 분리해서 이해될 수 없다. 그것이 진리라면 **나의** 진리여야 한다. 그것은 나를 변화시켜야 한다. 내가 거기에 포함되어야 한다. 진리는 주관적인 변화와 참여를 의미한다.[7]

다시 마르틴 부버로 돌아가, 그의 말을 들어 보자.

한 짜딕(zaddik: 하시디즘 파의 정신적 지도자—옮긴이)이 '토라를 이야기하는'(즉 다른 사람을 위해 성경을 해석하는) 랍비들에 관해 이렇게 말했다. "토라를 이야기한다는 것이 무슨 의미인가? 사람은 그의 행동이 토라인 것처럼, 자신이 토라인 것처럼 행동해야 한다." 또 이렇게 말한 적도 있다. "지혜자의 목표는, 그 자신이 완벽한 가르침이 되는 것이며 자신의 모든 행동으로 가르침을 구체화하는 것이다. 이 목표가 불가능할 때 그의 목표는 가르침을 전수하고 그것에 주석을 달고 그 가르침을 자신의 움직임으로 퍼뜨리는 것이다."…이 토라적 본성을 성취한 사람을 그 자체로 짜딕이라, '의로운 자', 율법이 **충만한** 자라 부른다. 그들은 단순히 그 교훈의 주창자로서뿐 아니라 그 유효한 실재로서 교훈의 담지자다. **그들은 가르침, 그 자체다.**[8]

부버는 다른 데서 이렇게 말한다. "진정하게 살아가는 모든 개인이 토라, 즉 교훈이 될 것이다."[9] 이사야, 예레미야, 바울, 야고보, 테르툴리아누스, 프란체스코, 루터, 웨슬리, 본회퍼, 마틴 루터 킹, 그리고 특히 예수님은, 우리 믿음의 역사에서 그들의 일을 어떤 방식으로든 가르침을 **살아 냄**으로써 행한 주요한 인물들이다. 이들은 가르침으로부터가 아니라 가르침을 향하여 살아간 사람들이다. 이들은 그들의 가르침을 아직 말로 바꾸기 전에 그들의 삶이 그 가르침을 행하는 식으로 살았다. 그들의 삶은 그들의 메시지를 전달했다.

또 다른 불편한 이야기를 하자면, 특별히 선교적-사도적 리더십과 연관된 것인데, 진정한 공동체는 사람들 사이의 변화된 관계에 기반해야 한다는 것을 인정해야 한다. 이런 변화된 관계는 공동체를 위하여 이끌고, 일하며, 희생하는 사람들의 내적 변화와 준비가 있을 때에만 따라오는 것이다. 다른 말로, 이것은 리더십으로 시작되는 일이다. 우리는 사람들이 우리의 존재 안에서, 그리고 존재를 통하여 '볼' 수 있게 하는 방식으로 우리의 비전과 가치를 구현해야 한다. 이것은 지도자의 희생을 요구한다. 더구나 그 지도자가 사람들에게 희생을 요구할 때 너욱 그렇다. 우리는 '쓰레기를 탐지하는' 세대의 사람들, 즉 수많은 기발한 마케팅을 끊임없이 접하는 사리 밝은 사람들이, 자신의 메시지를 살아 내지 않는 사람들의 말을 따를 것이라고 단순하게 생각할 수 없다. 만일 리더십이 그 메시지를 구현하는 데 실패하면 아무도 따르려고 하지 않을 것이다. 리더는 자신이 가지 않는 곳으로 사람들을 이끌 수 없고 자신이 알지 못하는 것을 가르칠 수 없다.

양자택일의 교회를 넘어

이 단락에서 우리는 선교적-메시아적 영성을 구현하는 방식으로 교회의 공동체적 삶을 조직할 수 있는 길들을 제시하고자 한다. 여기에는 교회라는 매체 자체가 단지 교회나 교회 활동이라는 한계 안에서만이 아니라 모든 삶의 영역에서 사람들이 하나님을 찾을 수 있도록 돕는 메시지를 전달해야 한다는 믿음이 깔려 있다.

이렇게 하기 위해 우리는 잠시 이원론의 문제로 되돌아갈 필요가 있다. 이원론의 문제를 다시 제기하는 것은, 우리가 말로는 삶을 긍정하는 메시지를 이야기할 수 있지만 자칫 그와 반대되는 방식으로 이런 신념을 교회의 구조와 활동들 속에 구현하기 쉽기 때문이다. 다시 말하자면 교회의 실제적 매체가 곧 메시다. 교회의 이원론적 구조를 그림으로 설명한다면 다음과 같은 모습일 것이다.

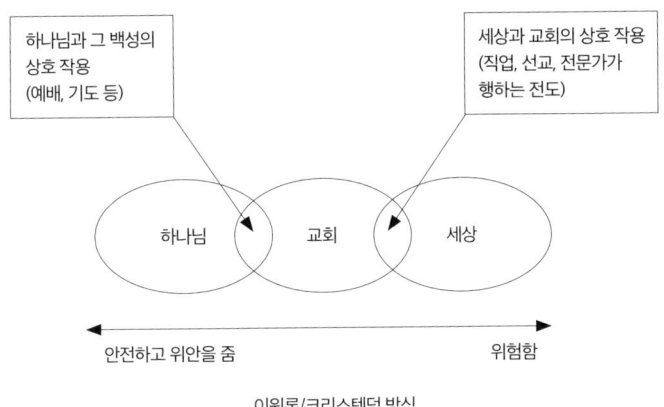

이원론/크리스텐덤 방식

이 그림에서 일반적으로 교회 다니는 사람들이 하는 무의식적인 생각을 다음과 같이 마음에 그려 볼 수 있다.

어떤 사람이 교회(중간 원)에 들어간다(이 사람을 제인이라 부르자). 이곳은 같은 생각을 가진 사람들의 중립 지대다. 모종의 안전과 위 안이 있는 곳이다. 그다음에 제인은 예배당 영역('하나님'과 '교회'의 원이며 겹치는 면)으로 가서 거기서 예배하라는 부르심을 듣는다. 음악이 준비되고 예배가 시작된다. 이제 그녀는 하나님을 경험하기 시작한다. 공동 찬양 시간에 하나님과의 친밀함을 경험한 후에, 전형적인 이 교인은 설교에서 하나님의 말씀에 노출된다. 그다음에, 그녀는 성례전 속에서 개인적인 구세주로 하나님을 깊이 경험한다. 찬양을 몇 곡 부른 후 제인은 다시 중간 원으로 나가서 그리스도인 친구들과 커피를 마신다. 그러고 나면 세상('세상'이라는 원으로 상징되는)으로 나가야 한다. 제인의 (이원론적) 인식 속에서 세상은 그리스도인들에게 위험한 곳이다. 그녀에게 하나님은 '세상 속에' 계시지 않는다. 성가신 세상을 떠나 그녀는 간신히 주중 소그룹 모임에 참여해서 일요일에 만났던 식으로 다시금 하나님을 만난다. 또한 하나님이 '나타나시면' 경건의 시간을 가지지만 대개 그 시간 외에는 영적으로 위험한 자리에서 자기 혼자의 힘으로 지낸다.

지나친 단순화를 양해해 준다면, 복음주의 크리스텐덤 안에서 사는 우리 모두는 기본적으로 여기에 묘사한 경험과 어느 정도 관련된다고 본다. 이것은 대개의 표준적 '교회' 경험이다. 비극은 이 교회라는 매체 속의 **모든 것**이 제인으로 하여금 근본적으로 이원론적인 삶을 살도록 맞추어져 있다는 점이다. 설교조차 삶과는 괴리되고 지나치게 개념적이다. 꼭 누가 이렇게 의도한 것은 아니지만, 이것이 교회라는 매체 안에 있는 내용이며 대개의 크리스텐덤 신학과 실천에 깔려 있는 기본적인 전제다. 구도자 친화적인 예배라 해도 여전히 그 예배는 이원론을 전달한다. 결국 하나님은 교회 안의 신(god)이지 교회를 포함한 모든 삶의 하나님(God)으로 경험되지 않는다. 이런 식으로 구조화된 공동체에 선교적 민감함은 없다. 제도가 주는 메시지는 그것이 표면상으로 던지는 메시지와 반대되고 오히려 그것을 무효화한다. 그리고 그런 식의 영성은 사람들이 자신의 일과 놀이와 공부를 사역이나 선교로 보지 못하게 만든다. 사역은 교회의 일이며 전문가가 하는 일이다. 이 지점에서 신약의 교회는 전혀 그렇지 않았다고 말하면 우스운 꼴이 된다. 그것 역시 크리스텐덤 방식이다.

앞의 그림에서 세 가지 요소를 배열하는 다른 방식을 찾을 수 있을까? 하나님과 세상과 교회와 관련하여 우리가 취할 수 있는 다른 방식이 있다. 우리의 표현으로 말하자면, 이는 선교적-성육신적-메시아적-사도적인 방식이다. 이는 이 책의 네 가지 요소를 하나로 합한 것이다. 우리는 이것이 규범적인 크리스텐덤 교회로부터의 강력한 변화라고 믿는다. 아래 그림을 보라.

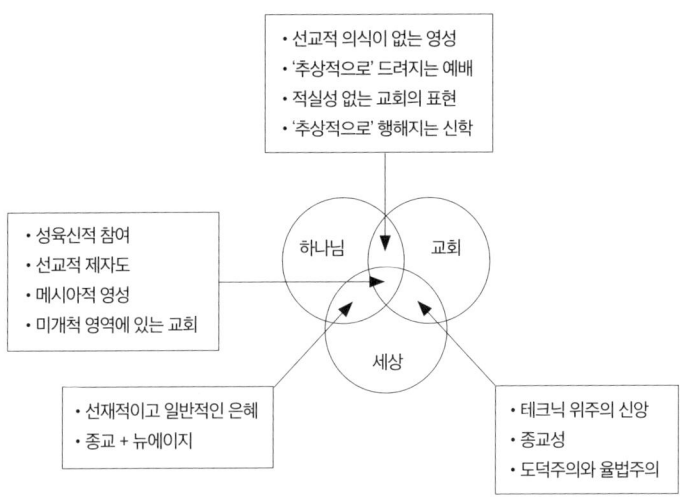

선교적-성육신적-메시아적-사도적 방식

세 원을 다시 배치함으로써 완전히 다른 방식으로 그리스도인의 경험을 시각화할 수 있다. 세 원 모두가 중심에서 모이게 하면, 거기서 우리는 참으로 선교적이고 매우 성육신적이며 예수님의 사역을 세상으로 확장하는 방식으로 행동하는 교회를 만나게 된다. 이 방식에서, 하나님을 예배하는 것은 항상 우리의 선교적 상황 속에서 행해지며 문화적으로 의미 있는 것이며 모든 것에 열린 분명한 선교적 민감성을 갖춘다. 우리의 전도와 사회 참여는 공동체적이며, 우리는 하나님과 함께 세상을 구속하는 일에 참여하며, 우리의 영성은 모든 삶의 다양한 측면을 포괄한다.

이것이 바로 **엘리베이션**(멜버른 세인트킬다의 카페 프로젝트)이 하고자 한 일이다. 그것은 우리가 문자 그대로 지역 전체를 변화시킬 수 있는 가능성을 지녔다고 믿는 유기적이고 성육신적인 방식으로 하나님의 백성과 선교와 영성과 공동체를 하나로 묶어 내는 것이다. 그리고 이것이 포지 선교 훈련 네트워크의 인턴 프로그램에서 하려는 일이다. 포지의 인턴들과 일하면서 가장 보람 있게 생각하는 것 중 하나는, 이들이 자신의 삶에서 서로 일치하지 않는 모든 요소들을 정말로 하나로 묶을 수 있고 여전히 그것을 '교회'라고 부를 수 있다는 것을 깨닫는 모습에서 희망을 보는 일이다. 교회는 삶의 나머지 영역과 분리된 무엇이 되어서는 안 된다. 사실 우리는 한 분 하나님 아래서 모든 풀어진 줄들이 연결되는 것, 오직 그것이 하나님의 목적에 참되게 부합하는 것이라고 믿는다. 사실 하나님은 어디에나 계신다. 그분은 이미 인간 역사 속에 그리고 모든 인간의 삶에 개입하고 계신다. 우리가 이런 방식으로 이행해 가는 데 관건은 '교회'라 이름하는 원에 있다. 교회는 자신의 위치를 하나님과 세상과의 관계 안에서 조정해야 한다. 그리고 이렇게 하기 위해 우리는 이원론의 멍에를 벗어야 한다. 우리는 진저와 함께 '탈주'해야 한다.

하나님의 동역자

탈무드에는 이런 수수께끼가 있다. "만약 하나님이 사람을 빵으로 살게 하셨다면 왜 빵 나무를 만들지 않으셨을까?" 그 대답은 이렇다. 하나님은 바삭바삭한 빵덩이를 내는 나무를 만드실 수 있었지만, 그 대신 곡식을 주기로 하셨고 땅을 사서 씨를 심게 하셨다는 것이다. 하나님은 우리에게 햇볕을 주시고 우리는 곡식을 수확한다. 우리가 곡식을 갈고 그것을 반죽하여 굽는 대신, 하나님은 우리 폐에 공기를 넣어 주시고 팔에 힘을 주신다. 그 이유는 무엇인가? 하나님은 우리가 당신의 창조에 동역자가 되기를 원하시기 때문이다.

물론 하나님은 우리에게 매일의 필요를 간단하게 채워 주시고 모든 문제를 해결해 주실 수 있다. 그러나 하나님은 우리를 당신 자신과 함께하는 창조적인 동역자 관계에 들어가도록 초대하신다. 그분은 땅과 공기와 물과 해와 힘을 공급하시고 우리에게 함께 일하자고 요청하신다. 이것이 선교다. 하나님은 모든 세상을 지금 당장 변화시키실 수 있지만, 단순한 성취보다 협력을 더 좋아하신다.

호주의 위대한 선교 지도자 가운데 존 스미스(John Smith)라는 분이 있다. 그는 이 나라에서 가장 왕성한 성육신적 선교 운동체를 이끌고 있다. 그는 학교, 술집, 오토바이족, 국회, 그 어디서건 틈만 있으면 전도를 했다. 존은 진정한 웨슬리안이고 그 가르침을 그대로 실제로 행한다. 존이 이런 가르침을 실행했던 몇 가지 이야기를 해 주었는데 다음 예가 그중 하나다.

하루는 복음 전도 집회 후에 한 아름다운 젊은 여인이 존에게 다가와서 만나고 싶다고 요청했다. 그녀는 그가 말한 내용에 깊이 감동을 받아서 좀 더 이야기를 나누고 싶었던 것이다. 그러나 그는 다음 설교 장소로 빨리 가야 해서 당장은 시간을 낼 수가 없겠다고 했다. 그녀가 예수님을 더 알고 싶다고 너무나 끈질기게 요청해서 그는 나중에 다시 만나기로 했다. 그녀는 그의 손에 쪽지를 하나 주면서 그 주소에서 만나자고 하고는 급하게 달려가 버렸다. 나중에 보니 쪽지에 적힌 곳은 그 도시에서 가장 유명한 스트립 클럽이었다. 그는 딜레마에 빠졌다. 그가 어딘가 위험한 곳에 갈 때는 그의 팀 멤버 중 한 사람을 데리고 가는 것이 관례였다. 그러나 그렇게 하면 싸구려 신문들이 호주의 지도적 복음 전도자가 스트립 바에 가는 사진을 찍을 수 있는 좋은 기회를 줄 수도 있겠다 생각해서 그냥 혼자 가기로 결정했다. (그 결정이 지혜로운 것이었는지에 대해서는 판단을 유보하고 이야기의 핵심으로 들어가 보자.)

그리하여 그는 스트립 클럽에 도착하여 자리를 잡고 여종업원에게 린다(가명)를 찾아 달라고 요청했다. 여종업원은 린다는 안 데리고 오고 음료만 들고 돌아왔다. 그는 오늘 밤 린다가 이곳에서 만나자고 했다고 말했지만 여종업원은 그의 말을 믿지 않은 채 이름을 물었다. 이름을 말하자 그녀는 "아, 그래요! 여기서는 모든 사람이 존 스미스랍니다"라고 말했다. 겨우 그녀를 설득하여 린다를 만날 수 있었다.

린다는 와 주어서 너무 고맙다고 했다. 그러고는 자신의 인생 이야기를 들려 주기 시작했다. 그녀는 춤추는 것을 좋아했고 늘 연기자가 되고 싶었다. 열일곱 살 때 그녀는 한 그리스도인 청년과 사랑에 빠지게 되었다. 그는 그녀를 존의 교회(멜버른의 Truth and Liberation Concern 교회)에 데리고 가 설교를 듣게 했고 그날 그녀는 그리스도인이 되었다. 그러나 그녀의 남자 친구는 모든 세속적인 것들을 경멸했고 특히 모든 형태의 춤에 대해서도 그런 생각을 가진 매우 보수적인 교단 출신이었다. 그래서 그의 부모도 아들에게 이 관계를 끝내라고 강요했다. 그를 택할 것인가 춤을 택할 것인가? 그녀는 춤을 택했다. 린다는 망연자실했다. 그녀는 예수님과 예수 믿는 사람들의 행동을 연결해서 생각했는데 이 경우 그들은 너무나 속 좁은 사람들이었던 것이다. 결국 그녀는 교회와 신앙을 포기하고 춤추는 경력을 쌓는 일에 전념하기로 했다. 그녀의 인생은 그리 순탄치 못했고 춤추는 일뿐 아니라 어떤 직업도 구하지 못했다. 그녀는 적어도 춤을 출 수 있고 돈은 필요한 것이라 주장하면서 본의와는 다르게 스트립 댄서가 되었다. 이것은 이 안타까운 산업에 종사하는 많은 사람들의 이야기다.

자신의 가족과 꿈과 예수님과 삶의 의미에 대해 이야기를 나누면서, 그녀는 이제 예수님께 돌아갈 시간임을 느꼈다. 존은 그 자리에서 그녀를 그리스도께 인도했다. 이로써 이 젊은 여인이 예수님께 돌아오는 여정의 간단한 이야기를 마무리할 수도 있겠지만 이야기의 끝에 조금 이상한 반전이 있다. 그녀는 자신이 쇼를 할 시간이 되자, 방금 자신과 함께 재헌신의 기도를 드린 그 남자에게 나가지 말고 자신의 춤을 봐 달라고 요청했다. 대개 복음 전도자들이 교회 안에서만 복음을 전하기 때문에 이런 상황을 겪기란 어려울 것이다. 호주의 선도적인 복음 전도자가 지금 막 회심한 여자로부터 자신의 일상을 보아 달라고 요청을 받고 있다. 존은 이건 좀 지나치다고 생각했지만 결국 린다가 이겼고 그는 춤을 보기 위해 머물러 있었다. (다시 우리는 도덕적 판단을 멈추어 주기를 요청한다. 존은 항상 이런 일에 매우 엄격한 책임 의식을 가지고 있고 가장 험한 장소에서도 자신을 그리스도의 사신으로 여겨 왔다.) 그녀는 춤을 추었다. 곡의 제목은 재니스 이안(Janis Ian)의 "온리 세븐틴"(Only Seventeen)이었다. '미운 오리새끼'가 되어 거부당하는 내용의 노래다. 그녀는 자기가 신앙을 잃었던 이야기를 스트립 쇼로 구성해 내었던 것이다.

이제 존과 우리가 여러분에게 던지는 질문은 이것이다. "그날 밤 그 스트립 클럽에 예수님이 계셨는가?" 여기에 여러분은 대답을 해야 한다. 하나님이 그런 비극과 깨어짐의 자리에 계시는가? 우리가 성경적이 되려면 긍정적으로 대답해야 한다고 믿는다. 다음 질문들은 선교적으로 중요하다. 하나님이 그 자리에 계셔서 린다에게 예수 그리스도를 통하여 자신에게 돌아오도록 구애하고 계셨다면, 존이 그곳에서 하나님의 선교에 동참하여 행한 일은 합당한가? 하나님이 땅을 준비하셨고 해를 비추시고 비를 내리셨는가? 하나님이 그 상황을 미리 준비하시어, 존이 스트립 쇼를 보고 그 여자를 죄로부터 건져 온전함으로 이끌도록 하셨는가? 대답은 여러분에게 남겨져 있다. 여러분이 우리의 대답을 상상할 수 있으리라 믿는다.

여기서 우리가 제시하려는 요점은, 우리 모두 스트립 클럽에 가서 옷을 벗고 춤추는 무희들을 전도해야 한다는 것이 아니다. 우리 둘 다 아무런 고민 없이 거기 갈 수 없다는 데 동의한다. 그러나 그것이 요점이 아니다. 그것은 이 일화에 흐르는 진짜 하나님의 이야기에 부수적인 것이다. 우리를 움직이는 질문은, 하나님과 함께라면 어디에서든지 그분의 선교에 동참할 수 있는가 하는 것이다. 서구 교회를 장악하고 있는 복음주의 신앙은 (명시적이든 암시적이든) 선교를 하러 가는 곳이 어디든 우리가 하나님을 함께 모시고 간다고 가르친다. 그리하여 마치 선교 대상자들이 하나님 경험이나 혹은 그에 앞서 일어나는, 이 책의 앞부분에서 우리가 신의 현현이라 불렀던 것을 전혀 모른다고 생각하고 그들에게 하나님에 관하여 이야기한다. 이는 분명 비성경적이다! 사실 하나님은 이미 거기에 계신다! 그분은 항상 거기에 계셔서 사람들에게 자신에게 나아오라고 하시며 계속 구애하시고, 호소하시며, 끊임없이 열광하시고, 구속의 행위를 하고 계신다. 마치 이렇게 말씀하시는 것과 같다. "내 멋진 아들을 보라! 뭔가 있어 보이지 않는가! 와서 그와 대화해 보라.…"

잠시 앞의 그림으로 되돌아가 보자. 세 원이 동시에 겹치는 지점 즉 하나님과 세상과 하나님의 백성이 만나는 지점에서 선교적 신실함이 드러난다. 그곳은 선재(先在)하는 은혜가 구원하는 은혜로 변화되는 공간이다. 우리는 너무나 오랫동안 세상과 떨어진 채 교회 일이나 영성 훈련이나 심지어 전도를 해 왔고 진정한 선교적-성육신적 참여라는 개념이 전혀 없었다. 이것은 다시 말하지만 사도행전의 경우와 다르고 초대교회와도 다른 것이다. 그리고 분명 당시의 세계에서 린다와 같은 사람들과 술집에서 시간을 보내셨을 예수님의 경우와도 다른 것이다. 당시의 종교적인 사람들은 이런 그분의 모습에 분명 신경이 거슬렸을 것이다. 예수님은 잃어버린 자들, 깨어진 자들, 죄인들, 주변인들을 사랑하시어 이렇게 행하셨고 그들이 자신을 통하여 하나님을 알게 되기를 원하셨다. 하나님 나라는 예수님 안에서 그들에게 임했고, 마찬가지로 우리가 나가서 평범한 사람들과 함께 그들의 자리에 섞여 있기만 하면 우리를 통하여(우리는 하나님 나라의 대리인이다) 하나님 나라가 다른 사람들에게 임하게 될 것이다. 사우스 멜버른의 20-30대를 위한 단체인 '회복 공동체'(Restoration Community)가 했던 작은 시도는 지역 술집에서 알파 프로그램을 열어 사람들이 와서 토론에 동참할 수 있도록 하는 것이었다. 이것은 교회가 경계를 깨뜨리고 하나님 나라가 뚫고 들어올 수 있도록 하는 작은 방법 중 하나다.

굳세어라! 닭장에서 나와 하나님을 신뢰하고, 책임 의식을 가지고, 둘씩 나가서 일이 일어나게 하라. 뭘 하는지 모르겠다면 예수님을 따르라. 그분은 우리가 아는 한 가장 훌륭한 선교의 모델이다. 이제 탈주할 때다!

4부

사도적 리더십

| 10장 | **APEST의 발견**

세상의 모든 군대보다 강한 것이 하나 있다.
그것은 때가 무르익은 사상이다.
―빅토르 위고

새로운 리더십이 온다

이 장에서 우리는 크리스텐덤 방식의 교회가 선교적 방식으로 변화하는 데 필요한 가장 중요한 측면 중 하나를 탐구하려 한다. 그것은 사도적 리더십으로의 전환이다. 사실 이것 없이는 선교적 교회가 도무지 등장하지 못할 것이며 설사 생겨나 살아남으려고 애쓴다 해도 장거리를 뛸 만한 리더십 구조의 결여로 지속되지 못할 것이다. 선교적 교회로의 의미 있는 변화에서 가장 앞에 와야 하는 것이 새로운 **유형**의 리더십이다. 이제 이 단락에서 우리는 오늘날 새로운 이머징 교회 형태의 네 가지 주요한 특징, 즉 **선교적, 성육신적, 메시아적** 그리고 **사도적**이라는 특징 중 마지막 부분을 본격적으로 소개하려 한다. 앞의 세 가지 특징들과 다양한 방식으로 조화를 이룰 때 **사도적** 리더십은 새로운 교회의 발현을 위해 중요한 요소들을 제공한다.

리더십에 초점을 다시 맞추는 일은 교회의 갱신과 성장에 너무나도 본질적인 것이다. 그런데 이것은 "어떤 **종류**의 리더십을 말하는가?"라는 질문을 수반한다. 교회는 현재 수많은 '지도자들'로 넘치고 있지만 우리 문화에는 실제적인 영향을 별로 미치지 못하고 있다. 그래서 전혀 다른 유형의 리더십이라는 화두가 따라오게 된다. 앨런의 최근 저서 『끊임없는 혁명』(The Permanent Revolution)은 선교 운동을 위한 선교적 리더십을 탐구하는 데 철저히 천착하고 있는 책이다.[1] 여기서와 마찬가지로 그 책에서 우리는 이 새로운 종류의 리더십을 계발하는 문제가 아마도 앞으로 향후 10년간 가장 중요한 전략적 질문 중 하나가 될 것이며, 교회가 이 문제에 올바르게 반응하는지가 다가오는 수년 내에 복음의 실천 가능한 표현으로서 교회의 생존 여부를 결정할 것이라고 주장한다.[2]

어떤 새로운 리더십이 필요한가 하는 물음에 답하기 위해, 우리는 다시금 사도 바울과 에베소서 4:1-16에 있는 그의 가르침에 주목한다.

그러므로 주 안에서 갇힌 내가 너희를 권하노니, 너희가 부르심을 받은 일에 합당하게 행하여 모든 겸손과 온유로 하고 오래 참음으로 사랑 가운데서 서로 용납하고 평안의 매는 줄로 성령이 하나 되게 하신 것을 힘써 지키라. 몸이 하나요 성령도 한 분이시니 이와 같이 너희가 부르심의 한 소망 안에서 부르심을 받았느니라. 주도 한 분이시요 믿음도 하나요 세례도 하나요 하나님도 한 분이시니 곧 만유의 아버지시라. 만유 위에 계시고 만유를 통일하시고 만유 가운데 계시도다.

우리 각 사람에게 그리스도의 선물의 분량대로 은혜를 주셨나니…
그가 어떤 사람은 사도로, 어떤 사람은 선지자로, 어떤 사람은 복음 전
하는 자로, 어떤 사람은 목사와 교사로 삼으셨으니 이는 성도를 온전하
게 하여 봉사의 일을 하게 하며 그리스도의 몸을 세우려 하심이라. 우
리가 다 하나님의 아들을 믿는 것과 아는 일에 하나가 되어 온전한 사
람을 이루어 그리스도의 장성한 분량이 충만한 데까지 이르리니.

이는 우리가 **이제부터 어린아이가 되지 아니하여** 사람의 속임수와
간사한 유혹에 빠져 온갖 교훈의 풍조에 밀려 요동하지 않게 하려 함
이라. 오직 사랑 안에서 참된 것을 하여 **범사에 그에게까지 자랄지라**.
그는 머리니 곧 그 리스도라. 그에게서 온몸이 각 마디를 통하여 도움
을 받음으로 연결되고 결합되어 각 지체의 분량대로 역사하여 그 몸을
자라게 하며 사랑 안에서 스스로 세우느니라.

이 본문에 함축된 의미를 두 가지 관점 즉 신학적이고 사회학적인
관점으로 검토하기 전에 우리가 사용하는 다양한 용어를 소개하는 것
이 도움이 될 것이다. 우리는 전통적으로 에베소서 본문에서 볼 수 있
는 다섯 가지 사역 형태의 두 차원인 '사역 매트릭스'(ministry matrix)
와 '리더십 매트릭스'(leadership matrix)를 이따금 언급할 것이다. 5중
사역'(fivefold ministry)이라는 성가신 용어 대신 우리는 APEST라는
말로 바꾸었다. APEST는 그저 이 본문에 나오는 다섯 기능 즉 사도
(Apostle), 선지자(Prophet), 복음 전하는 자(Evangelist), 목자(Shepherd),
교사(Teacher)를 말하는 것이다. 앞에 인용한 본문은 전개됨에 따라 초
점이 유기적이고 신학적인 일치로부터 APEST 사역과 리더십 혹은 우
리가 성숙의 기제라 부르는 것으로 바뀌는 것을 알 수 있다. 우리는 여

기서, 교회 안에서 APEST 유형의 사역과 리더십을 재발견하는 논거를 찾고자 한다.

APEST의 신학

앞에서 바울이 말한 것을 생각해 보자. 우리는 에베소서는 **일반** 서신 중 하나이며 일반 서신들이 대부분 그렇듯이 에베소 지역에 있는 가정 교회들에서 회람되던 것이었다는 가정으로 시작한다. 이 지점에서 이 가정에 주목하는 것은 이 편지가 한 교회만이 아니라 전 교회를 위한 바울의 일반적인 가르침과 관례에 대한 통찰을 제공한다는 점에서 중요하기 때문이다. 이것은 모든 장소의 모든 교회를 위한, 더불어 모든 시대의 모든 교회를 위한 교훈을 함축한다.³

나아가 이 가르침은 에베소서에 있는데, 에베소서는 교회의 본질과 교회 사역의 본질에 관한 바울의 주요 저술이다. 에베소서와 그 가르침은 바울의 기초적인 교회론을 구성하며 그것은 모든 세대의 교회들에 대한 기초적인 설명 혹은 더 나아가 진단으로 읽어야 한다.

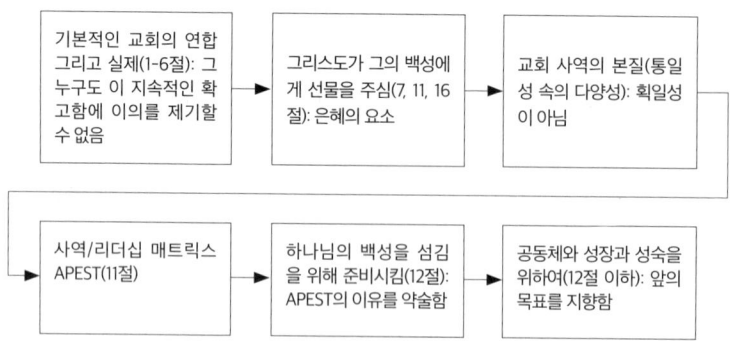

본문의 흐름은 앞에 제시한 도표처럼 명쾌하게 나타낼 수 있다.

이 본문은 복잡한 다양성과 상황 속에서도 교회의 본질적인 통일성을 유지하기 위해 노력해야 한다는, 시간을 초월한 부르심으로 시작한다. 이것은 바울이 그리스도의 몸에 서로 다른 유형의 리더십을 제공할 리더들의 평등한 공동체를 제안하려 한다는 것을 생각할 때 더욱 이해가 간다.[4] 다양성의 인정과 더불어 한 분 성령, 하나의 믿음, 하나의 세례, 한 분의 주, 한 분이시면서 모든 것의 아버지이신 하나님에 기초한 하나됨에 대한 부르심이 강조되고 있다(4:1-6절).

그리고 나서 바울은 그리스도가 사역을 위해 그분의 백성들에게 선물 혹은 은혜를 주시는 행위에 대해 말한다.

> **우리 각 사람에게** [문자적으로 읽으면 '모든 그리스도인에게!'] **그리스도의 선물의 분량대로 은혜를 주셨나니…그가 어떤 사람은 사도로, 어떤 사람은** 선지자로, **어떤 사람은** 복음 전하는 자로, **어떤 사람은** 목사 [목자]와 교사로 **삼으셨으니**(즉, 이런 방식으로 분담해 주셨으니). (7, 11절)

이 본문은 교회의 사역이 근본적으로 은사적이라는 사실을 강조하는 것 같다.[5] 이것을 인식하는 것은, APEST 사역의 개념을 **직분**(office)에서 **기능**(function)으로 바꾸어 생각하도록 하기에 중요하다. 예수님이 교회에 은혜로 주시는 것은 직분으로 제도화될 수 없다.[6]

여기서 우리가 주장하는 것은 기독교 사역에 대한 바울의 가르침을 충분하게 재발견하자는 것이다. 사실상 이것은 많은 전통적 크리스텐덤 교회가 오늘날의 교회에 사도와 선지자와 전도자라는 활기 있는 역할을 완전히 수용하는(역사적으로 배제하던 것에 반대하여) 것을 의미한다. 교회는 **하나의 주님/믿음/세례**에 둘러 모여야 한다고 주장하는 바울의 논리와, 하나님은 특별하게 그리고 의도적으로 이런 사역/은사의 형태를 교회에 두셨다고 말하는 것은 같은 논리다. 그러므로 우리는 이 본문이 문법적으로 신학적으로 그리고 그 주제에 있어서 나누어질 수 없다고 주장한다. 다른 결론이 있을 수 없다. 이 본문을 쪼개는 것은 그 전체 의미와 영향력을 파괴하는 일이다. 그러므로 교회의 삶에서, 교회의 일치와 신앙에 대한 교리는 APEST의 기능을 포괄적으로 이해하는 것과 떼려야 뗄 수 없을 정도로 굳게 연결되어 있다. 교회와 교회 사역의 기초는 하나다. 사실 선교는 여기서 그 사역 구조와 **직접적으로** 관련이 있다.

더 나아가 우리가 이 본문을 하나의 통일체로 읽을 때, 교회의 성숙을 향한 잠재력은 완전하게 구비된 APEST 스타일의 사역과 리더십 구조를 만들어 내는 능력과 철저하게 연결되어 있다. 이 APEST와 교회의 성숙, 그리고 사명의 관계는 직접적이며 거부할 수 없는 것이다. 다시 한번 바울의 말을 들어 보자.

이는 성도를 **온전하게 하여** 봉사의 일을 하게 하며 그리스도의 몸을 **세우려 하심이라**. 우리가 다 하나님의 아들을 믿는 것과 아는 일에 **하나가 되어 온전한 사람을 이루어** 그리스도의 장성한 분량이 **충만한 데까지 이르리니**.

이는 우리가 이제부터 어린아이가 되지 아니하여 사람의 속임수와 간사한 유혹에 빠져 온갖 교훈의 풍조에 밀려 요동하지 않게 하려 함이라. 오직 사랑 안에서 참된 것을 하여 범사에 **그에게까지 자랄지라**. 그는 머리니 곧 그리스도라. 그에게서 온 몸이 각 마디를 통하여 도움을 받음으로 연결되고 결합되어 **각 지체의 분량대로** [즉, APEST] **역사하여** 그 몸을 자라게 하며 사랑 안에서 스스로 세우느니라. (12-16절)

우리가 해석하기로는, 바울은 실제로 사명과 사역의 유효성과 그리스도인의 성숙을 성취하는 바로 그 메커니즘이 APEST 사역이라고 보고 있다. 그는 이 5중 사역 패턴이 아니고서는 우리가 성숙할 수 **없다**고 말하는 것 같다. 이것이 진실이라면, 신약에 나타나는 사역과 리더십의 이 중요한 차원을 상실함으로써 혹은 심지어 적극적으로 말살함으로써 교회가 입은 엄청난 상처는 가늠하기가 어려울 것이다. 그러나 만일 우리가 이 구절들을 액면 그대로 받아들인다면 그 영향은 실로 놀라운 것이 될 것이다. APEST가 의도적으로 계발되지도 실행되지도 않았다는 사실은 선교를 완수하지 못한 서구 교회의 미성숙함과 모종의 관계가 있을 것이다. 14절은 서구 교회 역사를 제대로 묘사하고 있다. 우리는 온갖 풍조에 밀려다녔고 미성숙했고 어린아이 같았다.

우리는 복음 전도자의 역할이 지역에 자리를 잡지 못하고 주변부로 밀려나 순회를 다니는 식이 되어 버린 것이 교회의 선교에 해가 되었다고 생각한다. 그리고 우리는 그것이 무엇보다도 주류 교회가 선지자와 사도의 기능을 무시한 것과 관련이 있다고 본다. 우리는 다섯 가지 모두가 일치와 조화 속에서 굴러갈 때에만 효율적인 선교적 참여가 일어나기 시작한다는 우리의 신념을 다시 한번 강조하고 싶다. 그 동안 교회의 리더십에서 목자와 교사들이 훨씬 많은 책임의 지분을 가져왔다면, 이제 균형을 회복할 때다.

이를 명확하게 하기 위해 우리는 에베소서 4장에서 언급된 다섯 가지 기초적인 리더십의 기능을 정의하고, 이것들을 **어떤** 직분으로 생각하지 않도록 할 것이다.

- **사도의 기능**은 보통 지역을 이동하면서 행해졌는데 이는 새로운 선교적 일을 개척하고 그 발전 상황을 감독하는 것이다.
- **선지자의 기능**은 주어진 상황 속에서 영적 실재들을 분별하며 그것을 제때에 적절한 방식으로 전달하여 하나님 백성의 선교를 확장시킨다.
- **복음 전도자의 기능**은 사람들이 믿음과 제자의 삶으로 반응할 수 있는 방식으로 복음을 전달하는 것이다.
- **목자의 기능**은 하나님의 백성들을 인도하고 양육하며 보호하고 돌봄으로써 두루 살피는 것이다.
- **교사의 기능**은 계시된 하나님의 지혜를 전달하여 하나님의 백성들이 그리스도가 명령하신 것에 어떻게 순종할지를 배우도록 하는 것이다.

이런 기능들은 사역의 주요한 영역들이지만 서로 배타적이지는 않다. 예를 들면 가르치는 사람은 어떤 사람을 그리스도께 인도할 수 있다. 어떤 새로운 선교적 사역을 수립하는 일에서 사도적 역할을 하는 사람이 목양과 가르치는 기능도 할 수 있다. 복음을 전달하는 사람이 새로운 선교적 사역을 수립할 수도 있고 새로 제자가 된 이들을 가르칠 수도 있다. 또 하나님이 선지자적으로 쓰시는 사람이 복음 전도자로 쓰임받을 수도 있다. 요점은 이것들이 선교의 영역에 부름받은 사람들의 주요한 기능들을 설명한다는 것이다.

이 모든 기능들이 함께 역할을 감당할 때, 성도들을 구비하여 사역의 일을 하게 하며 몸을 성숙하게 하는 데 이르게 된다. 에베소서의 전체 구조가 이러한 소명들의 상호 인정과 그 수행에서의 상호 책임을 기대하고 있다.[7] 다음 표로 된 요약은 다섯 가지 사역과 리더십의 기능들에 대해 각각의 초점, 놓치기 쉬운 것, 영향들을 보여 준다.[8]

역할	정의	초점	놓치기 쉬운 것	영향
사도	세우기 위해 보냄받은 사람	내일의 긴급성	오늘의 요구들	확장
선지자	방향을 아는 사람	내일에 비추어 본 오늘의 요구들	오늘의 요구들	이해
복음 전도자	대의를 위해 싸우는 사람	오늘의 긴급성	오늘의 요구들	팽창
목자	하나님의 사람들을 돌보는 사람	오늘의 요구들	내일의 긴급성	양육
교사	진리를 명확하게 밝히는 사람	전체의 통합	시간	통합

보다시피 우리는 이 기능 중 몇 가지는 다른 지도자들(특히 오순절주의자들)보다 훨씬 광범위하게 정의하고 있다. 우리는 사도를 교회를 뻗어 나가게 하고 교회를 개척하며, 경계를 넘어서서 교회 너머에 있는 중요한 운동을 담당하는 사람으로 본다. 선지자는 교회에 영향을 미치는 문제들에 대한 하나님의 마음을 알고 공동체에 변화와 성장을 가져오도록 말하는 사람이라고 본다. 우리는 선교적 영향력을 극대화하기 위해서는 APEST의 기능들이 단순히 교회 안의 지도자 공동체에만 제한되어서는 안 되며 전 교회가 이를 실행해야 한다고 강조하고 싶다. 다른 말로 하자면 우리는 APEST를 두 차원으로 이해하기를 제안하고 싶다. 한 차원은 **리더십 구조**(리더십 매트릭스)를, 다른 차원은 **전체 교회의 사역**(사역 매트릭스)을 묘사한다. 어떤 사람들이 사도라 불려지겠지만 전체 공동체가 사도**적**이 되어야 한다. 어떤 사람들이 복음

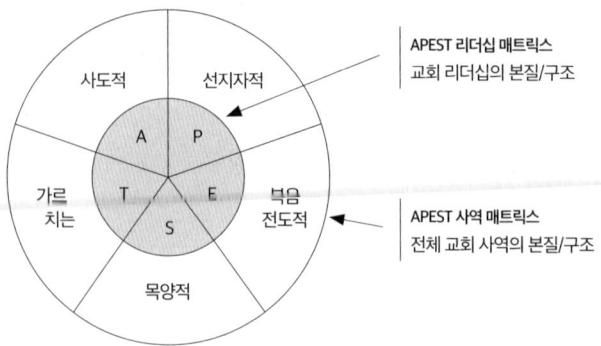

전도자라 불려지겠지만 전체 공동체가 복음 전도적이 되어야 한다. 이것을 다음 그림과 같이 나타낼 수 있을 것이다.[9]

바울은 에베소서 4:7에서 이렇게 말한다. "그러나 **우리 각 사람에게** 그리스도의 선물의 분량대로 은혜를 주셨나니…." 그리고 11절에서 "**그가 어떤 사람은** 사도로, **어떤 사람은** 선지자로, **어떤 사람은** 복음 전하는 자로, **어떤 사람은** 목사[목자]와 교사로 삼으셨으니"라고 말한다. 여기에 혁명적인 패러다임이 있다. 우리의 사역 매트릭스는 이 5중 사역이 전체 교회에 속하며 어떤 방식으로든 그것을 설명한다는 것을 보여 준다. "우리 각 사람에게"라는 구절을 "그가 어떤 사람은 …로"라는 반복구와 함께 본다면 이것은 모든 그리스도인이 이 5중 APEST 구조에 포함된다는 것을 의미한다.

바울은 자주 인용되는 것처럼 이 본문에서 교회의 공식적인 리더십을 설명하는 것이 아니라, 교회 그 자체를 설명하는 것이다. 바울은 크리스텐덤이 '사역'의 전제로 삼는 안수받은 사역이라는 잘못된 개념을 가지고 일하지 않았다. 신약에서는 목회자도 평신도도 없고 모두가 사역자다(우리가 이 말을 계속 반복하고 있다는 것을 알지만 크리스텐덤의 1,700

년이라는 세월의 관점에서 보면 계속 강조할 필요가 있다). 여기서 바울은 어떤 방식으로든 교회 안에 있는 모든 사람을 설명한다. 다른 말로 하자면, 전체 교회의 은사 유형을 분석할 수 있는 어떤 방법이 있다면 모든 사람이 APEST 중 어딘가에, 교회 사역의 5중적 성격 어딘가에 해당될 것이다. 이것은 전체 교회 안에 숨겨진 은사 구조를 보는 신선한 관점이다. 이러한 면이 그대로 수용되고 실행되기만 한다면, 사람들이 주요한 은사들과 연결됨으로써 교회의 삶은 중요한 갱신을 맞을 것이다.

이것이 본문에 대한 새로운 읽기로 보이겠지만, 하나님이 지역 교회들 속에서 그 의미를 풀어내시는 것을 보기가 어렵지 않다. 단, 당신이 그것을 보려고 해야만 한다. 당신의 교회에서 평범한 한 사람을 택해서 앞의 원에 있는 다섯 가지 요소 중 하나에 배치해 보라. 전통적인 개척 유형으로서, 소위 '사역'을 하고 있지는 않지만, 그 은사는 분명히 사도적인 것으로 볼 수 있는 사람들이 매우 많다. 또 다른 사람들은 성경을 정말 잘 가르친다. 그들은 어떤 전문적인 훈련을 받지 않았지만 개념을 파악하고 잘 전달하는 타고난 능력을 가지고 있는 것 같다. 어떤 사람들은 APEST 사역에서 두 가지 이상의 은사에 해당하지만 교회의 리더십 구조에는 참여하고 있지 않을 수도 있다.

이것은 바울이 교회의 장로들(혹은 지도자들)에게 말한 가르침을 무시하려는 것이 아니다. 우리는 리더십 매트릭스를 공동체 속의 공동체로 본다. APEST의 몸체에서 APEST 지도자로 섬김으로써 이러한 사역들의 예를 보여 주고 구체화하도록 부름받은 사람들로 구성된 공동체인 것이다. 어떤 이는 선지자 유형이고 어떤 이는 사도 유형이다. 그들은 이미 예수님의 은혜로운 행동의 일부분이 됨으로써 은사를 받았지만 더 나아가 그들이 받은 은사에 따라 실제로 지도자가 되도록 부

름을 받았다. 이것은 '소명 안의 소명'으로 볼 수 있을 것이다.[10]

이미 여러 번 언급했듯이 모든 그리스도인이 사역자이지만 우리가 그 사실을 매우 진지하게 여길 때까지는 어떠한 의미 있는 선교 혹은 사역도 있을 수 없음을 강조하고 싶다.[11] 기존의 안수받은 모든 사역자들이 꼭 지도자는 아니라는 엄중한 사실을 인식하는 것이 중요하다. 리더십은 APEST의 은사와는 전혀 다른 것이다. 사역의 역량이 리더십의 능력이라는 등식은 실제와 맞지 않는다. 솔직히 말해, 어떤 사람이 좋은 목사이면서 동시에 최악의 지도자일 수 있다. 대부분의 사람이 이런 예를 생각해 낼 수 있을 것이다. 선지자가 된다는 것은 하나님의 마음으로 말할 수 있다는 것을 의미할 수 있지만 리더십 역할에서는 그런 사람이 조직적으로 서투르고 심지어 파괴적일 수도 있다. 그러나 진정으로 선지자이면서 지도자인 사람들이 없지 않다. 리더십은 사람들에게 영향을 미치며 다른 사람들로 하여금 따르도록 하는 무언가를 갖춘 것이다. 요약하면 리더십은 은사나 사역과는 개념적으로 다른 것으로 보아야 한다. 어떤 사람에게는 그것들이 중첩되지만 모두가 그런 것은 아니다.[12]

이 본문에 함축된 의미에 대한 또 다른 설명은 APEST 매트릭스(리더십이나 사역 둘 다)는 서로 고립되어 기능하는 것이 아니라 항상 다양성 속에서 한 몸으로 기능한다는 것이다. 각 역할의 타당성은 전체 시스템에서 온다. 우리는 사도, 선지자, 복음 전도자들을 배제하고 목사[목자]와 교사들을 선호하는 최근의 경향이 안타깝다. 사실 이런 편향성은 바울의 사상을 왜곡하는 것이다. 그것은 사도나 전도자들로만 구성된 사역도 마찬가지일 것이다. 선교적-사도적 교회는 교회, 사역, 리더십에 대해 공동체적으로 이해해야 한다. 선교적-사도적 교회는 모든 차원에서 하나의 몸으로 움직여야 하며 아마도 특별히 **리더십**의 차원에서 그래야 하는 것은 다른 사람들에게 사역의 모델을 보여 주는 것이 지도자들이기 때문이다. 신약의 모델에는 독불장군도 없고 혼자 북 치고 장구 치고 할 여지가 없다. 우리는 소위 담임 목사가 제일 높은 자리에 있는 계급적이고 삼각형 구조를 띤 전통적인 모델을 거부한다.

사우스멜버른의 회복 공동체에서는 팀 리더인 데브라 허쉬(Debra Hirsch)의 리더십과 지도 아래서, APEST에 대한 두 차원의 이해에 근거하여 가장 강력하고 새로운 교회의 구조를 만들기로 했다. 이제 더 이상 교회는 목사들만이 이끌어 가는 것이 아니라, 다른 모든 사역자들(즉 모든 사람)이 전체 속에서 자신의 위치를 찾고 그것을 추구하도록 돕는 것을 목표로 하는 APEST 리더십 팀을 통해 운영되었다. 이 점에서 많이 앞서 있는 놀라운 예가 셰필드의 세인트존스 교회다. 마이크 브린과 패디 말론의 리더십 아래서 이 교회는 실제로 사람들이 자신의 참된 APEST 은사가 무엇인지를 발견할 수 있도록 돕는 방법을 개발했다. 그러고 나서 그들은 각각의 은사에 맞추어 만들어진 전반적인 제자도 훈련과 리더십의 과정을 개발했다. 이 교회는 지역 전체에서 폭발적인 선교와 사역을 감당하고 있다.

에베소서 4장의 분명한 신학적 함의를 살펴보느라 많은 시간을 들였다. 이제 우리는 특히 조직 이론과 그것이 리더십에 대해 함축하는 바의 관점에서 이 본문의 사회학적 차원을 고찰하려 한다.

APEST의 사회학

만약 우리가 교회를 일종의 인간 집단으로 보고 여러 리더십 방식의 영향력을 탐구한다면, 기독교 운동을 위한 바울의 급진적인 계획이 최근의 리더십이나 경영 이론의 관점에서 인정받을 만하다는 것을 알게 될 것이다. 바울이 사용하는 신학적·성경적 용어들이 역사적인 함의를 지닌다는 것을 일단 전제하고 본문에서 잠시 한 걸음만 떨어져서 현대 사회학의 관점에서 문제를 보는 것도 도움이 될 것이다. 우리는 역사적으로 교회가 사도와 선지자와 복음 전도자의 역할에 대해 까다로웠음을 유념하면서 이 작업을 해 나간다.[13]

대부분의 리더십 체계는 다음 리더십 유형들과 유사하다는 것을 인정할 것이다.

- **기업가형**(entrepreneur)은 조직의 사명을 제안하는 개척자이자 전략가다.
- **질문자형**(questioner)은 현상 유지를 깨고 조직이 새로운 방향으로 움직이도록 도전한다.
- **전달자/모집가형**(communicator/recruiter)은 조직의 메시지를 외부에 있는 사람들에게 들고 가서 이해시킨다.
- **인간주의형**(humanizer)은 조직 내부의 개개인을 돌봄으로 결속을 가져다준다.
- **조직가형**(systematizer)은 다양한 부분들을 일이 되게 하는 단위로 조직하고 그 구조를 다른 구성원들에게 잘 설명한다.

다양한 사회과학자가 이 범주들에 대해 서로 다른 용어를 사용하고 있다. 대부분의 리더십 경영 이론에서는 위에 언급된 지도자들의 상충되는 의제와 동기들이 이들을 각기 다른 방향으로 끌어당긴다고 생각한다. 그러나 기업가형의 개척자와 전략가가 현상 유지를 깨려는 질문자형과 역동적으로 상호 교류하는 어떤 리더십 체계(기업이든 정부든 정치권이든)를 상상해 보라. 이들이 메시지를 조직 밖으로 가지고 가서 아이디어나 생산품을 파는 열정적인 전달자/모집가형과 적극적으로 대화하고 관계를 가지는 것을 상상해 보라. 그다음에 이들은 인간주의형 즉 잘 돌보며 사회적인 접착제 역할을 하는 이들과, 전체를 잘 조직하고 잘 설명하는 조직가들과 연대하게 된다. 이런 상승 효과는 어떤 상황에서도 엄청난 것이다. 분명 이런 서로 다른 리더십 유형의 효과적인 조화는 각각의 단순한 총합보다 더 큰 것이다.

이것이 에베소서에서 바울이 제안한 모델이다. 전체를 세우기 위해 조화와 일치 가운데 **함께** 끌어당겨 서로 다른 은사와 동기들이 역동적인 상승 효과를 낸다. 아래에서 APEST 매트릭스의 사회적 역동을 볼 수 있을 것이다.

이 표에서 한 가지 리더십 방식을 택하고(기업가형이라 해 보자) '그것을 없애면 무엇을 잃어버리는가?'라고 질문해 보는 것은 매우 유용

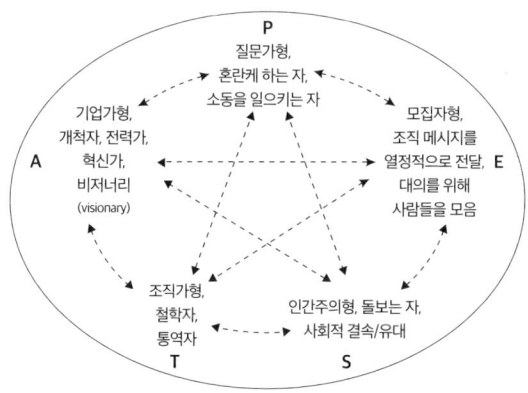

하다. 가능한 대답들을 써 보라. 각 유형의 리더십에 대해 이 질문을 다해 본 후 다음과 같이 질문해 보라. "어떤 유형 혹은 리더십 요소가 빠졌는가? 어떤 요소가 더 필요한가?" 이런 연습은 사도적 특질의 진수와 전체 APEST 체계의 시너지를 부각시켜 줄 것이다. 우리는 이 사회학적 용어들을 다음과 같은 식으로 바울의 모형과 관련지어 보려 한다.

- 기업가형 = 사도
- 질문자형 = 선지자
- 모집가형 = 복음 전도자
- 인간주의형 = 목자
- 조직가형 = 교사

용어는 다르지만 개념은 같다. 오늘날의 세속적 리더십 이론은 바울이 제안한 것과 같이 시너지를 일으키고 창의적이며 역동적이고 상호 교류하는 공동체를 갈망하고 있다. 조직들은 한두 가지만의 리더십 유형만 있을 뿐 핍절한 상태다. 교회도 마찬가지다.

선교적 성장의 생태학

유기적 조직 발전을 위한 세 가지 주요한 원리를 나중에 더 깊게 살펴보겠지만 우선 간단히 다루고자 한다. 우리가 하는 일은 **유기적이고 잠재적으로 재생산 가능**하며 **자급자족**하는 시스템을 창조하는 것이어야 한다. 유기적이고 재생산 가능하며 자급자족하는 특성은 조직 발전 시스템 이론에서 최상의 성과를 내는 조직의 구성 요소다. 그러나 시스템 이론이 '발견'하기 훨씬 오래전에, 이 고대의 문서에 그 비결이 나와 있다. APEST 시스템을 보면 기가 막힌 방식으로 유기적 발전의 표준을 넘어서고 있다는 것을 볼 수 있다.

이것은 유기적이다 사실 에베소서 본문 자체가 유기적인 이미지로 가득 차 있다(몸, 연결, 통일성과 다양성의 균형). 거기에는 분명한 '생태'가 작동하고 있다. 우리는 사역과 리더십에서 사도, 선지자, 복음 전도자 유형을 배제하여 생태와 균형에 문제가 생겼음을 이미 거칠게나마 다루었다. 우리가 적용할 수 있는 또 다른 유기적 은유는 DNA다. 몸은 수많은 기관과 체계를 지니고 있다(예를 들면 소화계, 신경계, 심혈관계 등). 이들은 DNA에 새겨져 있는 독특한 배열로 서로 얽혀 있다. 우리는 APEST가 교회 DNA의 일부이므로 함부로 변경해서는 안 된다고 믿는다.

이것은 재생산 가능하다 APEST 리더십이 행해지는 교회는 지역적인 상황에서 재생산 가능하다(7, 11-12절). 사역 매트릭스는 교회 자체의 본질 속에 원래 들어 있는 것이며 건강한 교회에는 항상 이런 사역들을 하는 사람들이 있을 것이다.

이것은 자급자족적이고 자기 강화/자기 재생적이다 교회가 APEST 방식으로 움직일 때 자체로 성장할 것이다. 사실 본문은 APEST 매트릭스가 성장의 직접적 원인이며 성숙을 위한 고유한 방법이라고 직접적으로 말한다(14-16절).

그러나 건강한 조직 모델에 들어갈 만한 요소들이 더 있다. APEST 체계는 깊은 차원의 기본적인 일치 안에 엄청난 다양성을 허용한다.

이것은 모든 심오하고도 창의적인 조직적 발전에서 '비밀 공식'과 같다. '그리스도 안에' 기초한 신학적·실존적 통일성이 깊으면 깊을수록 인성이나 영성이나 리더십 유형과 은사에서의 광범위한 다양성의 기회가 더 커진다. APEST 모델을 지닌 선교적 교회라면 다양성 속에서 통일성을 유지하려는 전형적인 교회론적 딜레마에 더 잘 준비되어 있음을 스스로 깨닫게 될 것이다.

이런 바울의 모델은 조직구조론에서 '일치와 분할' 그리고 '갈등과 극복'이라 부르는 것을 인정한다.[14] '일치'는 조직을 하나로 묶는 것을 말한다(통일성). 이것은 그룹의 공통된 정서와 목적이다. '분할'은 일치와 대비되어 표현의 다양성을 의도적으로 발전시키려는 조직 문화의 성향이다(다양성). '갈등'은 중심 과업에 대한 불일치와 논쟁과 대화를 리더십이 허용하고 심지어 격려하는 것을 말한다(이중성). '극복'은 모든 사람이 불일치를 극복하고 새로운 해답을 찾았다는 공동의 동의다(활력). 제대로 된 APEST는 이와 유사한 역동적인 방식으로 작동할 수 있다. 교회 문화는 일치와 분할 그리고 갈등과 극복으로 제대로 조성되어야 한다. 이것이 건강한 조직 구조다. 안타깝게도 계급적인 구조를 선호하는 크리스텐덤 시대의 교회는 상명하복 방식에 친숙하다. 이는 일치와 분할의 문화가 아니다. 구조의 최고위에서 결정을 하고 하층부로 스며 내려온다. 상호 교류도, 광범위한 참여도 없다. 수많은 지역 교회와 교단 구조에서 볼 수 있듯이 소위 시스템의 제일 아래에 있는 구성원들은 침묵을 강요당한다고 느끼고 분개한다. APEST 모델은 다양한 은사를 환영하고 교회 안의 모든 부분을 동등하게 인정하여 갈등과 극복의 여지를 준다.

이것은 또한 학습 체계를 만들어 낸다. APEST식 리더십 구조로 세워진 전체 매트릭스는 그 역동적인 성격으로 인해 개방적인 학습 체계를 만들어 낼 것이다. 좀 더 외향적으로 보이는 구성원들(이 경우 A, P, E)은 시스템 외부에서 정보들을 유입시켜 조직이 그 환경에 역동적으로 참여하고 성장하도록 보장할 것이다.

APEST 체계에는 기막힌 생태학이 작동한다. 그것은 리더십과 조직에 대한 놀랄 만한 유기적 이해로서, 특별히 선교적이 되려고 하는 이들에게 더욱 그렇다. 사실 하나님 백성의 삶 속에 이것을 의도적으로 적용하면서 선교적이지 않기란 매우 어려울 것이다. 앨런은 3개국에 걸쳐 활동하는 비공식적이면서도 매우 재기 넘치는 '국제선교팀'(IMT)을 통해, APEST 개념을 토대로 한 국내외적 조직 재건 프로젝트에 참여해 왔다. IMT는 영국과 호주와 뉴질랜드에 있는 앨런의 교단에 선교적인 대의를 자극하는 데 책임을 맡았으며 이런 생각들이 전략적인 수준에서 채용되었다. 이것을 언급하는 것은 독자들에게 이런 생각들이 지역에서, 지방에서, 그리고 국제적인 수준에서 실제로 시험해 본 것임을 확인해 주려는 것이다. 비록 전체적인 영향력을 평가하기에는 이르지만 이 일들이 실제로 일어나고 있다.

APEST와 하나님의 운동들

새로이 등장하는 선교적 교회가 스스로를 제도가 아니라 하나의 운동으로 볼 것이라고 믿는 우리는, 운동과 조직 생명의 주기 그리고 APEST 사역과 리더십 시스템의 직접적인 관계에 대해 언급하려 한다.[15]

모든 조직은 탄생부터 사멸까지, 이론가들이 생명 주기라고 말하는 것을 통과한다. 인간적 차원에서 엄격하게 말해 기독 공동체도 조직인 이상 생명 주기를 통과하게 된다. 이것은 하나님 백성의 유기적인 본질의 일부이기에 놀랄 필요가 없다. 지역 교회나 교단의 생명 주기는 다음 그림과 같이 볼 수 있다.

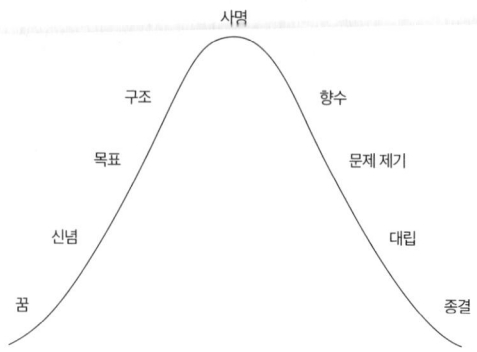

전형적인 생명 주기는 꿈꾸는 단계로 출발하여 종결로 마친다. 한 집단은 자체의 행로를 따라 어떤 신념을 품고 거기에 맞는 목표들과 구조를 발전시킨다. 주기의 정점에서 조직은 처음 단계에서 꿈으로 가졌던 사명을 완수하게 된다. 이 종 모양의 곡선에서 그 단계에 실제로 있거나 있어 본 교회 혹은 다른 조직의 예를 떠올리기는 어렵지 않을 것이다. 거대하게 성장하고 있는 도시의 새로운 외곽 지역에 교회를 개척하는 꿈을 가졌던 집단을 생각해 보라. 곡선의 정점에 이르면 그들은 젊은 가정과 아이들로 가득 차고 다양한 사역과 활동을 제공하는 역동적이고 성장하는 근교 교회가 될 것이다. 그런데 도시 근교의 인구 구조가 변화하고 10대들이 빠져나가고 젊은 가정들이 집을 사지 못하면서 곡선은 하강하기 시작한다. 오래지 않아 교회는 '옛날 좋았던 시절'에 대한 향수에 빠진다. 이것은 '우리가 무엇을 잘못하고 있는가'라는 질문으로 연결되고 많은 경우 대립에 처하며 결국은 종결에 이르게 된다. 이것은 흔히 있는 시나리오다.

그런데 리더십 역동의 관점으로 이 생명 주기를 보는 것은 꽤 의미 있다. 간단히 말하자면 각 유형의 리더는 생명 주기의 다양한 단계에서 서로 다른 역할을 감당한다. 예를 들면 처음 조직을 시작할 때는 사도와 같이 위험을 무릅쓰는 기업가형의 비전이 필요하다. 한편 조직이 성장하면서 변화가 필요하다. 만약 사도적인 유형의 인사가 너무 과도한 영향력을 행사하면 실제로는 조직의 성장을 방해할 수 있다. 이 단계에서는 선지자 혹은 교사가 최대의 효과를 위해 조직을 재조정하고 원래의 비전을 다시 향하도록 더 잘 준비되어 있을 수 있다. 세부 사항은 조직마다 서로 다르겠지만 우리는 어떤 유형의 리더십이 한 조직의 생명 주기에서 특정한 시기에 우세한 경향이 있다는 것을 인식해야 한다.

물론 제대로 된 APEST식 접근은 항상 다섯 가지가 **전체로** 하나여야 한다. 이 시스템이 생명 주기의 어떤 시점에서 한 가지 리더십 유형만 가지는 것이 아니라 리더십에서건 사역에서건 항상 모든 유형이 동시에 움직인다는 것이다. 이것을 전제로 하고, 어떤 유형의 지도자가 조직 생명의 다양한 단계에서 가장 큰 영향을 미칠 수 있는지를 아는 가운데 APEST 모델을 생명 주기에 맞추는 것이 가능하다 하겠다. 우리가 발견한 것은 교회 개척이나 어떤 운동의 초기 단계에서는 사도적, 선지자적, 복음 전도자적 리더십 유형이 목회적, 교사적 유형보다 우세한 경향이 있다는 것이다. 즉 교회가 종 모양 곡선의 정점에 도달하여 조직을 유지하는 국면으로 가기 전에는 사도적, 선지자적, 복음 전도자적 리더십이 전면에 설 필요가 있다. 이것은 목사나 교사들이 없어야 한다는 것이 아니고 다른 세 유형보다 조금 물러서야 할 필요가 있다는 것이다. 반면 생명 주기의 후반에는 상황이 역전되어, 감소

세에 접어든 교회를 돕기 위해 목사나 교사들이 앞장서게 된다. 이 두 그룹 간의 상생적인 관계는 다음 그림에서 보는 것처럼 도식으로 나타낼 수 있을 것이다.

조직의 초기 단계에는 집단의 문화나 감성이 어느 정도 호전적이고 날카로울 수 있다. 집단의 신념 체계는 좀 더 편협하게 정의되고 흑백 방식으로 나타나며 열정적으로 수호되는 것 같다. 리더십과 사역의 유형으로 인해 승리주의적 국면이 고조되어 있는 동안은, 좀 더 부드럽고 인간적인 쪽은 수면 아래 있게 된다. 이것이 조직 문화의 차원에서 최상의 연착륙을 가져오지는 못하지만 성장은 이룬다. 그룹은 조직의 비전과 사명과 지향하는 목적으로 극도로 고무된다.

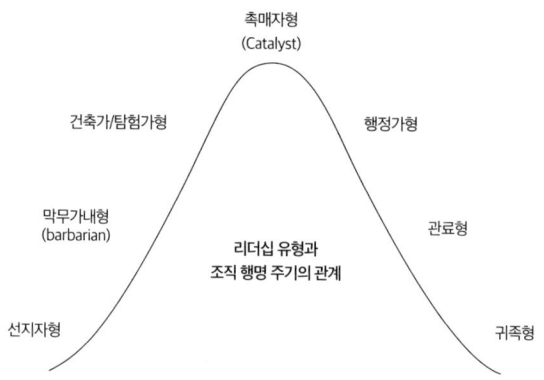

L. M. Miller, *Barbarians to Bureaucrats: Corporate Life Cycle Strategies* (New York: C. N. Potter, 1989)의 도표를 본문에 맞게 변형.

이와 반대로 조직의 생명 주기 후반 단계에서는 사명에 대한 역동적인 헌신은 사라지고 집단은 훨씬 안정된다. 사실 대부분의 기독 교회와 기관들 그리고 사실상 대부분의 서구 크리스텐덤의 경우도 우리의 APEST 모델을 사용하여 현재의 침체를 해석할 수 있다.

APEST식으로 말하자면 목회적, 교사적 리더십 유형이 사도적, 선지자적, 복음 전도적 유형보다 우세해 왔다. 역사가 이것을 증명해 주기 때문에 우리는 확신 있게 이렇게 말할 수 있다. 심지어 사도와 선지자의 문제들과 관련하여 항상 맹위를 떨쳤던 신학적 토론조차도 목회적, 교사적 유형이 다른 유형들을 시스템에서 쫓아내어 버렸음을 직접적으로 암시한다. 이 유형들은 기존 지역 교회 혹은 교단 밖의 상황에서 원래의 은사를 드러낼 수밖에 없었다. 결국 이런 유형들은 교회 병행 기관, 정부, 기업, 해외 선교 같은 곳에 귀착하게 된다. 우리는 사역의 소명을 느끼는 매우 재능 있는 인사(APE 유형)들을 알고 있는데, 그들 중 많은 이들이 안수를 받고 하는 사역이나 지역 교회 사역에는 미래가 없다고 말해 주었다. 이것은 다시금 APEST 시스템의 상실이 만들어 낸 교회의 더없는 비극을 강조하는 것이다. 우리의 현재의 몰락과 침체가 이러한 선교적-사도적 리더십의 상실에 직접적으로 기인하는 것이라는 우리의 신념을 다시 한번 말해야겠다.

사실 우리는 전체 시스템을 필요로 한다. 한 나라의 초기 개척자들이 정복을 시작하여 황야를 개간할 때, 항상 중대한 곤경을 만났다. 미국의 중서부를 가로질러 개척한 농촌 사회가 이런 예다. 이렇게 하기 위해서는 강한 개척 정신이 요구된다. 그러나 땅이 열리면 정착민들이 따라가서 마을을 짓고 기본 시설을 세워야 한다. 개척자들은 새로운 땅을 찾고 정착민들은 그 위에 세운다. 개척자 없이는 정착할 땅이 없을 것이고 정착민 없이는 개척자가 결단코 자신의 과업이 열매를 얻는 것을 보지 못할 것이다.

또 APEST 시스템은 자동차에 비견될 수 있을 것이다. 차에는 적어도 두 개의 페달이 있는데 하나는 가속기이고 하나는 브레이크다.

운전을 하려면 둘 다 필요하다. 이처럼 건강한 리더십은 가속기 유형과 브레이크 유형의 사람이 둘 다 필요하다. 노골적으로 말하자면 APE 리더십 유형은 가속기 혹은 개척자의 경향이 있고 ST 유형은 브레이크 혹은 정착민의 경향이 있다. 더욱 선교적이고 통전적인 리더십의 모델을 위해서는 이들 모두가 효과적으로 움직여야 한다.

거위처럼

선교적-사도적 교회는 오직 APEST 리더십 체계에서 잘 자랄 수 있음을 지적하면서 이번 장을 시작했다. 다시 한번, 이것을 성취하기 위해서는 개척자적-선교적 유형의 리더가 나타나야 한다는 우리의 신념을 강조해야겠다. 안타깝게도 오늘날 서구 교회는 선교의 직무를 수행하기 위해서 사도적, 선지자적, 복음 전도자적 리더십 유형을 충분히 갖추지 못했다.

다시 말하지만 교회가 필요로 하는 것은 진정한 그 구조를 뿌리부터 재정비하여 선교적 유형의 리더들을 위한 자리를 만드는 일이다. 물론 예외는 있지만 우리가 아는 대부분의 신학교들이 기본적으로 목회자와 교사 유형의 지도자들을 만들어 내고 그들을 기성 교회에 내보내어 그대로 유지시킨다. 지금은 더 이상 유지할 때가 아니다! 적어도 서구에서 유지란 쇠락과 같다. 계몽주의 이후 사실상 우리는 오랜 쇠락 국면에 놓여 있다. 우리가 우리 시대를 위한 제대로 된 리더십과 사역 매트릭스를 세우고 훈련시키고 동원하는 데 전략적 초점을 가지고 노력한다면 우리는 이 지점에서 달라질 수 있다. 그러나 그런 초점은 우리의 자원을 전략적으로 재배치하려는 중대한 의지를 필요로 한다. 또한 이것은 조직/교단 문화에서 중대한 패러다임 전환을 의미한다. 현상 유지 상태를 깨는 사람들에게 자리를 내어 주려면 기존 교단의 전 분야에서 대대적인 동의가 있어야 하는데 지금으로서는 정말로 그런 일이 일어나게 하려는 의지가 보이지 않는다.

각 나라에 있는 기독교의 희망은 우리 시대 속에서 우리가 역동적인 선교 운동이 될 수 있는지의 여부와 직접적으로 연관되어 있다고 믿는다. 그러나 교회가 사역 매트릭스와 리더십 매트릭스를 제대로 재발견하고 보완하지 않는다면 성장하고 성숙할 수 없기 때문에 운동이 될 수 없다. 간단히 말하자면 교회의 갱신과 선교는 온전한 사역 매트릭스와 리더십 매트릭스를 전략적으로 개발하고 성숙시키는 능력과 직접적으로 연관된다. 우리 시대에 APE 유형의 리더십을 위한 의미 있는 자리를 마련하지 못한다면, 선교적 교회는 신실하게 사역하도록 부름받은 다양한 서구 상황 속으로 들어가는 발판을 얻지 못할 것이라는 결론에 이르게 된다.

이 장을 마치면서 우리는 키르케고르의 유명한 거위 비유를 개작하여 소개하고자 한다.

거위가 말을 할 수 있다면 어떨까 상상해 보라. 이들은 분명 자신의 일상적인 일들을 정돈하여 이들도 역시 신에게 거룩한 예배를 드리려 할 것이다. 이들은 매주 일요일 모여서 수컷 거위의 설교를 들으려고 할 것이다. 그 수컷 거위는 고매한 거위의 운명에 대해 그리고 조물주가 그들에게 정해 주신 고결한 목적에 대해 길게 늘어놓을 것이다. 조물주의 이름이 언급될 때마다 암컷 거위는 절을 하고 수컷 거위는 머리를 조아릴 것이다. 어쩌면 이들의 날개는 지금 땅에서 이방인으로 있는 이들을 먼 곳, 원래 자신들의 고향인 복된 땅으로 날아갈 수 있게 할지도 모른다.

그리고 일요일 예배가 끝나면 회중은 일어나 뒤뚱거리면서 집으로 갈 것이다. 다음 일요일이 되면 거룩한 예배에 참석하고 집으로 가고 늘 그런 식이다. 그들은 잘 자라고 뚱뚱해지고 살이 토실토실 맛있게 오르고 결국 성 마틴의 날 전날 밤에 잡아먹힐 것이다. 늘 그런 식이다. 그렇다. 늘 그런 식이다. 일요일에는 심금을 울리는 설교를 듣지만 월요일이 되면 이 거위들은 조물주가 주신, 그리고 그들 앞에 놓인 높은 목표를 위해 사용하라고 주어진 그 날개를 써 보려 애썼던 거위에게 무슨 일이 일어났는지 많은 말을 나눈다. 그렇다. 무슨 일이 일어났는지, 그가 감당해야 했던 공포가 무엇인지 말이다. 이들 중 그 거위(목사 거위—옮긴이)는 이 모든 것을 알고 있었다. 그러나 물론 이것을 일요일에는 말해서는 안 된다. 그랬다가는 그들이 말했던 것처럼 예배는 실상 신과 자기 자신을 조롱하는 것이 될 것이 분명하기 때문이다.

거위 중에는 야위어 가고 몸무게가 줄어든 것으로 보이는 이들이 몇 있었다. 이들에 대해 다른 거위들은 이렇게 말했다. "글쎄다. 결국 어떻게 될 것인지는 뻔하지. 이들은 진심으로 날기를 원하는 거야. 날고 싶다는 생각을 마음속에 계속 가지고 있으니 체중이 줄고 잘 자라지 못하고 우리처럼 신의 은총을 누리지 못하는 거야. 우리는 토실토실하고 살지고 맛있게 되었는데 말이지. 신의 은총으로 우리가 토실해지고 살지고 맛있게 되는 거지."

다시 일요일이 되면 그들은 교회에 가고 나이 많은 수컷 거위가 조물주(이 대목에서 암거위들은 절하고 숫거위들은 머리를 조아린다)가 정해 두신, 그들에게 날개를 주신 이유인 그 높은 목표에 대해 설교할 것이다.

기독교의 하나님을 예배하는 것도 이와 같다. 사람들에게도 상상력이라는 날개가 있다. 상상은 그로 하여금 정말 날아오르게 하지만 우리가 하는 일이란 그저 노는 것이고, 우리는 경건의 시간이나 주일 예배 동안만 상상을 즐기다가 나머지 시간에는 다시 원래대로 돌아간다. 월요일이 되면 우리는 포동포동하게 살이 찌고 맛있게 보이고 노란 지방이 한 겹 낀채 돈을 모으고 세상에서 체면을 얻고 많은 아이를 갖고 성공하는 것을 하나님의 은혜의 증거로 여기게 되는 것이다. 그러나 하나님과 참된 관계를 맺고 있는 이들은 결국 고난받고 걱정에 싸여 있고 고통 가운데 있으며 수고와 괴로움을 당하게 되는데, 이런 사람들에 대해 우리는 "그것 보시오. 그들은 하나님의 은혜를 누리지 못하는 것이 분명하오"라고 말한다.

누군가는 이 글을 읽고 "멋집니다. 훌륭해요!"라고 말할 것이다. 그러고선 그뿐이다. 다시 집으로 뒤뚱거리며 돌아가서는 온 힘을 다해 토실토실해지고 맛있게 살이 찌려 할 것이고, 그렇지만 일요일에는 검은 옷 입은 목사가 설교를 할 것이며 그는 잘 들을 것이다. 마치 거위가 그랬던 것처럼.[16]

11장 상상력과 리더십의 과제

> 우리는 중간에 끼인 사람들이다.
> 한 시대의 말미에 있으나 다음 시대의 초입에는 아직 이르지 않은.
> 지도는 더 이상 새로운 지형에 맞지 않는다.
> 이 모든 것을 이해하기 위해 우리는 비전을 계발해야만 한다.
> —진 휴스턴

사역의 예술은 죽었다

이 책을 위한 자료를 모으려는 일환으로 앨런과 마이클은 (함께 혹은 따로) 혁신적인 선교적 표현을 하는 몇몇 교회를 자세히 조사하기 위해 세계 전역을 돌아다녔다. 이 여정에는 미국, 영국, 이탈리아, 프랑스, 이스라엘, 뉴질랜드, 남아프리카공화국이 포함되었다. 이 모든 다양한 상황 속에 있는 교회들에 대해 우리가 느낀 깊은 인상 중 하나는, 언어의 차이에도 불구하고 전반적으로 다들 단조롭고 다분히 예측 가능한 경향이 있다는 것이었다. 심란하게도 이들은 기본적으로 같은 방식으로 보고 느끼고 행동하는 경향이 있었다. 기본적으로 같은 노래들을 불렀고 공동 예배에서도 기본적으로 같은 예배 순서를 따랐다. 그 명백한 예측 가능함은 매우 충격적이고 심란한 것이었다. 언어와 문화에 상관없이 전 세계 복음주의 교회들 안에 모종의 틀이 있는 것처럼 보였다.[1] 이런 역사적·문화적 형태는 우리가 어떻게 행동해야 할지를 지시하고 특정한 사고방식에 묶어 두는 것 같다.[2] 대안적 접근 방식을 택한 교회는 주변부로 밀려나고 많은 경우 묻혀 있어 찾기가 쉽지 않다. 우리는 이 모든 것이 바로 기법이 본질을 이기게 된 것이며 사역과 선교의 예술은 종언을 고한 것이라 말하고 싶다.[3]

우리는 정확히 누구에게 혹은 무엇에 이런 정신의 침체, 이런 창의성 부재의 책임이 있는가를 알고 싶다. 우선 어디서 이런 질식할 만한 틀이 왔는지 누가 우리에게 말해 줄 수 있는가? 왜 서구 교회의 거의 모든 상황에서 아무 이의 없이 그것을 따르고 있는가? 방향을 설정하고 조직 문화를 형성하는 것은 리더들의 할 일이기 때문에 그 주요 책임은 교회의 리더십에 돌려져야 한다. 더 정확히 하자면 우리는 서구 교회에 매우 편만해 있는 표준화된 목회 리더십 방식과 과거와 현재에 걸친 사역 훈련 시스템에 문제가 있다고 본다.[4] 이들의 핵심 소명은 리더들을 만들어 내고 그들을 통해 미래 사역을 빚어 가는 것이기 때문이다. 나아가 교단 리더십의 차원이건 지역 교회 리더십의 차원이건 개인 리더십의 차원이건 간에, 새로운 것을 앞서 시도하는 데는 벽이 너무 높은 듯하다. 적극적인 창의성의 여지를 원천 봉쇄하는 이런 현상은 사실의 문제라기보다 조직 **문화**의 문제다. 그러므로 상상력이 선교와 사역을 위한 중요한 자원으로 제대로 평가되지 못하면 그것은 리더십의 실패다.

상상력과 새천년의 문화

윈스턴 처칠은 "미래의 제국은 상상력의 제국일 것이다"라고 예언한 적이 있다. 이것은 단순히 당시의 대영제국이 무너질 것을 예견한 것이기도 하지만 또한 미래의 사회적, 종교적, 정치적 (재)건설에서 상상력의 중요성에 대해 직접적인 단서를 주는 것이다. 우리가 생각하는 상상력이란 다음과 같다.

시각화하는 능력 즉 마음속에 이미지와 개념, 특히 직접적으로 한 번도 보지도 경험하지도 못한 것들을 만들어 내는 능력.

정신의 창의적인 부분 개념과 생각과 이미지들이 형성되는 정신의 한 부분.

융통성 resourcefulness 어려움이나 문제 해결 방식을 생각하는 능력.

창의적 행위 특히 미술이나 문학에서와 같이 실재와 비슷하게 창조하는 행위. 선교적 관점에서 더 중요한 것은 이것이 단순한 공상이 아니라 창조적 혹은 시적 재주를 말한다는 것이다. 상상력과 창의성은 밀접하게 연관된 개념이다. 존 카오(John Kao)는 그것을 다음과 같이 정의한다.

> 창의성은 생각들이 생겨나고 발전하고 가치로 변환되는 전 과정이다. 그것은 사람들이 일반적으로 혁신이나 기업가 정신이라고 하는 것들을 포괄한다.…그것은 새로운 생각을 창출해 내는 기술 그리고 그 생각

들을 가치로 실현하는 단계에 이르도록 빚어내고 발전시키는 훈련을 함축한다."[5]

이런 창의성과 상상력은 특히 근대 시기에서 새로이 등장하는 새 친년 문화로의 이행기에 있는 우리에게 절실하게 필요하다. 서구에서 크리스텐덤 '제국'의 몰락과 선교적 교회의 등장과 관련하여 상상력은 선교를 위해 값을 매길 수 없는 자원으로 여겨져야 한다. 그렇게 하지 않으면 기독교는 대영제국처럼 몰락하고 말 것이다. 모더니즘과 포스트모더니즘의 문화를 대조하는 여러 작업이 있어 왔다. 우리가 겪고 있는 이 거대한 문화적 변화에서 주요한 변화 중 하나는, 좌뇌형 문화에서 우뇌형 문화로의 이행이다. 우리는 이성적이고 직선적인 문화에서 더 경험적이고 비직선적인 문화로 이행하고 있다. 우리가 일종의 '디자이너' 문화에 살고 있다고 말할 수 있을 것이다. 인터넷을 대충 보더라도 이런 새로운 문화적 시대의 창의적이고 시각적으로 풍성한 측면을 직접적으로 경험할 수 있다. 지금은 창의성과 다양성이 상종가를 치고 있는 시대이며, 교회는 이제 이런 변화에 선교적으로 적응해야 한다. 우리는 지금이 기독교가 잠재된 우뇌 기능을 활성화할 때라고 생각한다. 우리는 서구의 새로운 문화적 패러다임 속에서 의미 있게 소통하기 위해 상상력과 창의성을 새롭게 계발해야 한다.[6]

우리는 창의성을 활발하게 자극하기 위해, 아인슈타인의 세 가지 진술을 통하여 상상력과 선교적 교회의 삶을 위한 상상력의 중요성을 논의하는 틀을 잡고자 한다.[7]

상상력이 지식보다 훨씬 중요하다

한번은 아인슈타인이 이렇게 말했다. "나는 내 상상력을 마음껏 끌어올릴 수 있는 예술가다. 상상력이 지식보다 훨씬 중요하다. 지식은 제한적이지만 상상력은 세상을 포괄한다." 세계에서 가장 위대한 사상가이자 역사를 창조해 낸 사람 중 하나인 아인슈타인이 선언한 놀라운 말이다. 상상력이 지식보다 훨씬 중요하다! 이게 사실이라면 그 이유를 탐구할 필요가 있다. 그리고 그것은 선교적 교회의 전략적 우선순위를 보여 주는 지표가 될 수 있지 않겠는가?

창의성은 분명 21세기 기업들의 **중요한** 자원으로 다루어지고 있다. 혁신은 새천년의 유동적인 문화 환경 속에서 기업이 새로운 전지구적 경제에 참여하기 위해 필요한 가장 중요한 훈련으로 인정된다. 세계 전역에 있는 비즈니스 스쿨에서 혁신가, 기업가 정신에 관한 과정이 얼마나 널리 퍼져 있는가 보라. 대부분의 정부들이 모든 형태의 연구와 개발 특히 새로운 경제와 관련해서는 세금 감면 혜택을 크게 주고 있다. 창의성**이야말로** 국가와 기업의 이해 관계에서 전략적 위치를 다투는 장이다.

이와 유사한 현상으로 미학과 디자인이 제품 개발의 중심 측면이 된 것을 들수 있다. 순수 기능만으로는 더 이상 판매를 보장할 수 없다. 디자인이 제품의 성공에서 유일한 요소는 아니라 할지라도, 주요한 요소로 이해되고 있다.[8] 조악하게 들릴 위험은 있지만, 세련된 포스트모던 청중에게 의미 있는 의사 전달을 하려면 교회는 복음의 내적 의미 혹은 반문화적 함축을 포기하지 않으면서 디자인과 스타일의 요소를 진지하게 고민해야 한다. 이는 단지 더 멋지고 적실성 있게 의사소통 기술을 연마하는 것 이상의 문제다. 이는 선교적 기관으로서의 교회의 본질 그 자체에 관한 문제다. 이것은 진보의 문제다.

디자인에 의한 교회(church-by-design)라는 개념은 리더십 혼합의 일부분으로서 매우 적극적이고 창의적인 과정이 필요함을 가리킨다. 그것은 또한 우리가 어떻게 보이는지, 외부인들의 눈에 우리가 어떤 전체적 인상을 만들어 내는지 그리고 우리 존재의 모든 측면에서 우리가 제대로 의사소통하고 있는지를 깊이 고민해야 함을 말한다. 교회는 이 점에서 매우 의도적이어야 한다. 에드워드 드 보노(Edward de Bono)는 디자인과 진보 사이의 이런 암묵적인 관계를 다음과 같이 강조했다. "성공적이라 알려진 치료법이 있다면 환자는 의사가 이 치료법을 사용하기를 원하지, 디자인이 더 잘된 것을 구하지는 않을 것이다. 그렇지만 훨씬 더 나은 치료법이 있을 수 있다. 매번 전통적인 처치 방법만을 선호한다면 어떻게 더 나은 치료들을 개발할 수 있겠는가? 지난 천 년 동안의 판단 방식이 우리를 과거의 성공에 묶어 둔다는 것은 좀 이상하다.…**디자인은 기껏해야 위험 부담이 있는 과정이지만 디자인 없이는 진보도 없다.**"[9]

'예술은 내적 의미와 외적 표현 간의 투쟁이다'라는 공리로 잠시 돌아오면, 창의성과 상상력은 대개 예술 감각 없고 예측 가능하고 통제적이며 기능적인 교회의 삶에 예술의 요소를 더해 준다. 우리의 예배와 제자 훈련과 선교와 함께하는 공동체적 삶에서 예술적 요소 즉 놀람의 요소를 진정으로 회복하기 위한 이 절박한 필요를 누가 부인하겠는가?

나아가 창의성은 조직이 안주하는 것을 막아 준다. 기업이 항상 변화하고 진화하는 시장에 끊임없이 적응하려고 애쓸 때 사업이 번창하는 것은 차치하고, 일단 살아남으려면 창의성을 적극적으로 중요한 가치로 두어야 하며 창의성을 회사에 진보를 가져다주는 회사의 **유일한** 자원으로 높이 사야 한다. 이와는 이유가 매우 다르지만 선교도 그렇듯 안주를 피하는 태도를 필요로 한다. 그리고 상상력은 그런 태도에 이르는 문을 열어 준다.

또한 끊임없이 변화하는 시장 상황과 냉혹한 경쟁 환경에서 조직의 생명 주기가 점점 짧아지면서, 기업들은 정기적으로 스스로를 재정비할 필요가 있음을 깨닫고 있다. 그 정체성과 사명을 놓고 고민하는 회사에게 이런 재정비 과정은 중요한 상상력과 비전을 필요로 한다. 적응력은 본질상 상상력과 창의성을 필요로 한다. 기업 세계가 본질상 시장에 민감하고 끊임없이 밑바닥에서부터 동기를 점검하는 것이 정말 중요한 것처럼, 서구 교회에게는 이 과정이 더욱더 중요하다.

일반적인 교회와 소위 그 '시장' 사이의 거대한 선교학적 간극의 견지에서 보자면 더욱 그렇다. 선교적 리더십의 중심 과제 중 하나는 교회를 도와 교회가 새로운 형태와 새로운 표현을 찾도록 하거나, 이 시대에 교회가 사실상 소멸하는 것에 책임을 지는 것이라고 우리는 믿는다. 영국의 오토바이 산업이 시장을 이끌던 시절을 기억할 사람들이 있을 것이다. BSA, 노튼, 트라이엄프 같은 상표는 이 업계에서 최고의 인기를 구가했다. 지금 누가 이 이름들을 기억하는가? 상표와 회사를 훌륭하게 재설비한 트라이엄프를 빼고 이 오토바이들은 그저 수집가의 소장품으로, 역사적인 가치를 지닌 유물이 되고 말았다. 적응하기를 거부한 회사들은 사라져 버렸다. 그들은 적응할 생각은 않고, 적극적으로 창의성이라는 중요한 과제와 발전적 변화에 가치를 두기를 거부했다. 연구와 개발 부서는 없었다.

우리 시대는 지식을 우위에 두는 시대다. 여러 면에서 새로운 경제는 전적으로 정보와 지식 위에 세워진다. 그러나 정보 그 자체만으로는 쓸모가 없다. 특히 정보가 많이 몰려 있을 때 그렇다. 정보를 단순한 데이터에서 무언가 의미 있고 유용한 것으로 바꾸는 과정에서 상상력과 창의성과 디자인이 필요하다. 창의성은 지식 사용자들을 위해 유용한 인터페이스와 접근성의 매개를 주어 지식에 가치를 부여한다. 이런 기능을 통해 창의성은 낡은 활동과 의식에 새로운 의미를 제공한다. 오래되고 시대에 뒤떨어진 상징들을 복원하고 재해석하며 유통되고 의미를 가지게 해 준다.

이상에 근거하여 우리는 아인슈타인이 상상력은 지식보다 더 중요하다고 말한 뜻을 이해할 수 있다. 이제 상상력에 대한 아인슈타인의 다른 언급을 보자.

상상할 수 없다면 해낼 수 없다

데이비드 보쉬는 선교에 관한 그의 권위 있는 책에서 "교회의 선교는 항상 새롭게 되며 재고되어야 한다"라고 말한다.[10] 아인슈타인의 금언인 "상상할 수 없다면 해낼 수 없다"라는 말을 직접 언급하지 않았지만, 보쉬는 하나님의 백성이 세상 속에서의 근본적인 과업을 끊임없이 재구상할 수 있도록 하는 동일한 역동적 과정을 언급한다. 이것은 새로운 선교적 상황들과 현 상황들의 변화에 비추어 정기적으로 행해야만 하는 재구상 작업이다.

너무나 분명해 보이지 않는가? 어떤 과업이나 목표든지 처음에 무언가를 상상하지 않고는 아무도 그것을 만들어 내거나 해낼 수 없다.

그러나 아쉽게도 선교, 사역, 심지어 교회의 기본적 요소들을 개념화하는 혹은 재개념화하는 이 기본적인 작업이 서구에서의 교회론적·선교적 실천에서 심히 결핍되어 있다.

지금 당신이 있는 건물을 생각해 보라. 설계나 기능의 측면에서 문제를 제기할 수 있겠지만 확실한 것 한 가지는 모종의 청사진 없이 그 건물이 세워질 수는 없었다는 것이다. 아무리 조잡한 건물이라도 먼저 생각하며 개념적으로 준비하는 일이 필요하다. 건물은 구체적인 현실에 존재하기 전에 설계자 혹은 건축가의 마음에 '존재'해야 한다. 이것은 모든 예술적 표현에서도 마찬가지지만 또한 인류 공동체의 사회적 구조나 세상 속에서의 하나님 백성의 선교에서도 마찬가지다.

사명(mission)이라는 특유한 표현을 쓴 스티븐 코비(Stephen Covey)는 『성공하는 사람들의 일곱 가지 습관』(*The Seven Habits of Highly Effective People*, 김영사)에서 이것을 "첫 번째 그리고 두 번째 창조"라고 불렀다.[11] 첫 번째 창조는 실제로 실현되는 단계 이전의 상상력의 단계에서 일어난다. 두 번째 창조는 반드시 첫 번째에 이어서 나와야 하고 그렇지 않으면 일어날 수 없다. 코비는 이것을 "끝을 염두에 두고 시작하는" 습관과 결합시킨다. 끝을 생각하면서 시작하는 것, 이 말은 너무나 분명하여 상상력이 선교와 사역과 리더십과 교회의 삶에 왜 그렇게 기본적인지를 보여 준다. 끝이란 미래에 있기 때문에 오직 상상력을 발휘해서만 도달할 수 있다. 상상력은 하나님이 우리가 살기 원하는 세상을 꿈꾸도록 주신 능력이다. 우리가 살아야**만 하는** 세상에서 우리가 살고 **싶은** 세상의 비전을 만들어 내는 것이 바로 삶에서 상상력이 하는 기본적인 일이다.

가난을 가장 실제적으로 정의하자면, 그것은 돈의 부족이 아니라 꿈과 비전과 희망의 결핍이다. 뉴질랜드 YFC의 총무인 대릴 가디너(Darryl Gardiner)는 가난한 이들과 함께 사역할 때 가장 중요한 선교적 과제는 그들이 다시 꿈을 꿀 수 있도록 돕는 것이라고 믿는다. 대릴 의 견해에 의하면 가난한 자는 꿈이 없는 사람이다. 선교사가 할 일은, 새로운 복음의 미래를 향한 가능성을 불러일으키기 위해, 그리고 인간의 가장 깊은 동기의 근원인 믿음과 사랑과 즐거움과 희망에 도달하기 위해 인간 영혼의 근저에 있는 상상하는 능력을 일깨우는 것이다. 서구에서 선교적 교회를 개척하고 키우기 위해 이보다 더 필요한 것은 없다. 우리는 다시 꿈을 꾸어야 하고 이를 위해 상상력에 대한 애정을 배양해야 한다. 무언가를 해내기 전에 그것을 꿈꾸어야 한다.

공동체를 도와 다시 꿈꾸게 하는 것이 리더들이 해야 할 주요한 일 중 하나다. 오늘날 다분히 열정적인 그리스도인 리더들의 거슬리는 특징은, 자신(보통 남성)이 유일한 비전의 소유자이며 자신이 조직의 리더이기 때문에 사람들은 그 비전을 단순히 받아서 거기에 충실해야 한다고 믿는 것이다. 많은 사람들이 리더십에 대한 이 같은 접근법을 거부하지만 실상은 이런 사고방식의 희석된 변형들이 소위 수많은 리더십 프로그램에 존재한다. 그들은 먼저 그 공동체 내부 구성원들의 바람과 꿈을 귀기울여 듣지 않고도 그 프로그램의 비전을 공동체에 그대로 가져다가 얹기만 하면 모든 것이 잘될 것이라고 가르친다.

비전과 비전 있는 리더십에 대한 좀 더 온전한 견해는 **의미의 경영**이라는 개념에서 볼 수 있다. 철학적으로 생각할 때 위대한 비전을 가진 리더들이 하는 모든 일은 공동체 구성원들의 꿈과 비전을 일깨우고 동력화하는 것이며, 나아가 구성원들의 '작은 비전들'을 모두 함께 묶어 내는 거대한 비전을 통해 더 깊은 응집력을 제공하는 것이다. 분명한 사실은 아무도 타인의 목적 의식을 위해 죽으려 하지는 않을 것이라는 점이다. 사람은 자신의 목적 의식을 위해서만 죽으려 할 것이다. 리더가 할 일은 비전을 분명히 표현하여 다른 사람들이 자신의 목적 의식을 공동체의 공동 비전 속에 기꺼이 집어넣도록 하는 것이다. 자신의 비전을 공동의 비전이 합리화해 줄 때 사람들은 리더의 비전을 향한 동기를 얻을 수 있을 것이다. 이런 점에서 공동의 비전에 기꺼이 참여하겠다고 하는 것은 어떤 사람이 리더에게 줄 수 있는 최상의 찬사다. 그것은 거룩한 토양이요 경외의 대상이다.

마틴 루터 킹 목사가 전설적인 그의 연설 "나는 꿈이 있습니다"에서 더 살기 좋은 미국의 비전을 표명했을 때, 그는 사람들에게나 혹은 역사 자체에 특별하게 새로운 무엇을 말한 것이 아니었다. 우선 구약의 선지자들이 그 도덕적인 비전의 기초를 놓았다. 그보다 더 주된 것은 그의 침묵하는 청중 안에 있었다. 그의 행동은, 정의를 향한 모든 인간의 외침 중심부에 있는 하나님의 위대하고 중심된 꿈을 낳는 산파와 같은 것이었다. 그는 그저 새로운 비전을 신봉하기보다 그들이 가지고 있는 꿈에 어휘와 근거와 방향을 부여함으로써, 그들의 본성에 있는 목적 의식과 정의와 평화를 향한 갈망을 일깨웠다.

이것이 바로 모든 진정한 꿈을 가진 리더십의 모습이다. 리더십은 사람들이 다시 꿈을 꿀 수 있도록 공동의 도덕적 비전 위에 기초하여, 바라는 미래를 분명히 표현해 내는 능력이다. 이것은 진정한 사도적 리더십에도 해당된다. 그리고 더 깊은 의미에서 리더는 어떤 상황에서든 영적 창의성과 혁신을 풀어 내는 주요 인물이며 교회의 선교를 재개념화하는 촉매자다.

그러나 상상력에는 용기가 필요하며 위험이 따른다. 사실 용기가 없다면 상상력도 없을 것이다. 그리고 위험이 없다면 사도적 리더십은 없을 것이고 다만 제사장적 현상 유지만 남아, 사람들이 그 가장 급진적이고 위험한 분을 만나지 못하도록 똑같은 지겨운 일들만 할 것이다. 그분은 하나님 나라를 얻기 위해 그리고 그것의 진전을 위해 모든 위험을 무릅쓰고 늘을 귀 있는 자들을 찾으셨던 분이다. 그분은 누구인가? 바로 예수님이다.

또한 우리가 생각하건대 신앙은 단순히 일련의 명제들에 대해 지적인 동의를 하는 것이 아니라, 어떤 확신에 대해 목숨을 걸고 하는 최고의 도박이다. 그것은 단순한 믿음이라기보다 날것의 용기에 훨씬 가깝다.[12] 선교적 교회는 상상력이 뛰어나며 동시에 담대하다. 또한 선교적 리더십은 용감하며 하나님 나라가 임하는 것을 보기 위해 필요하다면 모든 것을 무릅쓰고 새로운 것을 추진할 의지가 있다. 모든 교회에는 연구 개발 부서가 있어야 한다. 그곳은 꿈을 꾸는 곳, 모든 것이 가능하며 어떤 희한한 생각도 받아들여지는 곳이다. 또한 모든 진정한 선교적 교회는 하나님의 백성이 되기 위한 그리고 그렇게 행동하기 위한 새롭고도 접근 가능한 방식을 찾기 위해 미친 사람처럼 실험할 것이다.

다른 구조의 상상

마지막으로 아인슈타인이 말한 상상적 사고에 관한 진술은 다음과 같다.

> 세상의 문제들을 해결할 수 있는 사고방식은
> 처음에 그 문제를 야기했던 사고방식과는 다른 구조일 것이다.

여기서 아인슈타인이 말하고 있는 것은 문제들을 생기게 한 의식과 같은 수준에서는 그 문제들이 해결될 수 없다는 것이다. 정사각형 모양의 사고는 정사각형 모양의 패러다임을 낳고 그것은 이어서 정사각형 모양의 해법을 낳는다. 또한 정사각형 패러다임은 분명히 정사각형 문제들을 야기한다. 아인슈타인이 말하는 바는, 정사각형 모양으로 사고하는 사람들이 처음 정사각형 모양의 문제들을 일으킨 동일한 사고 형식을 사용하여 정사각형 문제들을 해결할 수 없다는 것이다. 정사각형의 문제들을 해결하려면 정사각형 모양의 사고와는 다른 영역의 사고 방식을 이용해야 한다.

빌 이섬(Bill Easum)은 크리스텐덤 이후 방식의 리더십에 대한 책에서 이렇게 말한다. "역기능적 시스템의 수렁에서 벗어나고 죽음의 곡선에서 기어 올라오려 하는 교회들은 현재 하고 있는 것과 다른 방식으로 느끼고 사고하고 행동하는 법을 배워야만 한다. 우리가 살고 있는 시대는 인간 두뇌의 배선을 아예 바꾸는 것처럼 우리 삶의 은유(Life Metaphors)들을 바꿀 것을 요구한다."[13] 이것은 우리가 사랑하는 제도들이라는 '왕'이 혁신가인 '아이'로 인해 벗은 몸이 드러나는 것과 같이 쉬운 일은 아니다. 그러나 그 일이 얼마나 어렵든지, 우리가 크리스텐덤 교회로 있기보다 참된 선교적 교회로 존재하기를 진정 원한다면 그것은 절대적으로 필요한 일이다. 어떻게 그렇게 할 수 있는가?

새로운(틀을 넘어서는) 사고를 낳는 실제적인 방법들을 보기 전에, 패러다임과 패러다임 변환의 역동에 대해 언급하는 것이 중요하리라 생각한다. 토머스 쿤(Thomas Kuhn)의 독창적인 책 『과학 혁명의 구조』(Structure of Scientific Revolution)는 기본적인 교과서가 되었는데, 이 책에서 그는 다양한 과학적 세계관들의 변천과 그것이 미친 영향을 설명

한다.¹⁴

쿤이 설명하는 패러다임은 과학적이고 우주적인 문제들에 대한 자기 충족적이며 자기 참조적인 사고방식이다. 이것은 우리가 세상을 이해하는 방식이자, 또한 그것을 이해함에서 생기는 문제들을 해결하려 할 때 그 해법을 낳는 일련의 전제들에 의지하는 방식이다. 그리고 과학은 항상 무언가를 탐색하기 때문에 그 방법이 그것을 추동한다. 과학은 늘 입증 가능한 진리에 기초한 해답들을 찾으려고 하기 때문에, 역사상 중요하고 식별 가능한 수많은 패러다임의 변화가 있어 왔다. 가장 유명한 것이 코페르니쿠스 이전에서 코페르니쿠스로의 변화 그리고 뉴턴에서 아인슈타인으로의 변화, 상대성 이론에서 양자 물리학으로의 변화 등이다. 루이스 멈포드(Lewis Mumford)가 말하듯이 "모든 (변화)는…새로운 형이상학적 이념적 기반 위에서 일어난다. 혹은 우주와 (인간)에 대한 새로운 그림의 형태를 취하는 합리적으로 표현 가능한 더 깊은 감동과 직관에 기초한다."¹⁵

교회 역시 진리를 추구하는 공동체가 되어야 하기에 쿤의 책은 새 천년이라는 상황 속에서 교회의 사명을 재구성하려는 우리의 시도에서 중요한 자료가 된다. 또한 불행한 역사 속에서 크리스텐덤의 프로젝트 일부에서 많이 경험한 것처럼 지배적인 패러다임에 의해 중요하고도 새로운 관점들이 어떻게 쉽사리 질식될 수 있는지를 보여 주는 경고로서도 사용될 수 있다. 교회는 한 패러다임에서 다른 패러다임으로의 변화가 어떻게 발생하는지를 잘 이해해야 한다.

패러다임의 변화는 다음과 같은 단계를 거친다.

1. 우리는 한 시대의 사고나 의식과 과학철학과 우주론을 지배하

는 기존의 패러다임으로 시작한다. 비록 지배력을 발휘하고 있기는 하지만 기존의 패러다임은 해답을 찾는 추구나 기대와 탐색이 지속되도록 장려해야 한다. 이것은 또한 우리에게 진리를 위한 지속적인 추구를 정당화하는 중요한 단서가 된다.

2. 패러다임 내부로부터 점점 이질감 즉 무언가가 패러다임과 맞지 않는다는 느낌이 생겨난다. 아직은 명확히 식별되지 않지만 무언가 뒤틀려 있다는 느낌이 있다. 이상하게도 이것은 진짜 전문가들이 주어진 패러다임 내에 있는 현재의 방법론을 통해 패러다임의 모든 측면들을 통달함으로써 생기는 현상이다. 이것은 전문가들이 사태가 잘못되어 갈 때 그것을 가장 잘 인지할 수 있음을 의미한다. 결국 패러다임을 가장 잘 이해하는 사람들이 종종 처음으로 의견 일치를 깨고 나오게 되며, 쿤이 "지성의 배회"라 부른, 기존의 전제나 패러다임 자체에 의존 하지 않고 잘못된 것을 인지할 수 있는 새로운 자유 의식을 가지기 시작한다. 이것은 단어의 사회적 의미에서 예언자적 정신의 내적 작용에 대한 하나의 재미있는 암시다. 패러다임의 문제들을 가장 분명하게 이해하고 있는 사람들이 무언가 잘못되고 있다는 경고를 발하는 첫 번째 사람이 된다. 사도 바울과 마르틴 루터를 상기시키는 점이다.

3. 서서히(그러나 분명하게) 앞에 언급한 인식이 생겨난다. 똑똑 떨어지는 물방울이 홍수가 된다. 한 무리의 반대자들이 나타나고 이어서 사물의 대안적인 이해를 추구하는 새로운 이론들이 광풍처럼 일어난다. 변화의 과정이 시작되고 있는 것이다.

4. 새로운 패러다임(해답)은 대개 기존의 패러다임을 강하게 고수

하려는 사람들의 반대와 함께 생겨나기 시작한다. 코페르니쿠스는 자신의 이론에 내포되어 있는 '이단 사설'을 철회하여 목숨을 겨우 부지하고 투옥되었다. 재미있는 것은 사람들이 세계에 관한 자신의 전제에 근거하여 반대자들을 박해하려 한다는 것이나. 이것은 아마도 그들이 자신의 정체성을 현재의 패러다임에 많이 투여했고 거기서 당위성을 제공받았기 때문일 것이다. 이것이 교단들이 좀처럼 조직의 핵심적인 신념들 대개는 '거룩한 소'(sacred cows, 신성불가침 – 옮긴이)라 부른 것들에 의문을 제기하는 것을 허락하지 않는 이유다.

멜버른에서 우리가 '포지' 선교 훈련 네트워크를 만든 이유는 기존 신학 교육의 패러다임에 대항하기 위해서였다. '포지'는 서구 세계를 향한 선교사들을 훈련하는 기관들의 네트워크이며 그것 자체로 혁신이다. 리더십 계발을 위한 **행동 – 학습**(제자도-코칭) 패러다임은 기존의 신학교들이 인정하기 어려운 것이다. 일반적으로 학교는 학적인 사람들을 교직원으로 삼는다. 사역을 위한 훈련의 주요한 도구인 행동과는 반대로, 지식을 장려하는 시스템에서 직업적인 정당성을 확보하고, 그것에 관심을 가지고 공부를 많이 한 사람들 말이다.

이것은 교회의 크리스텐덤 패러다임 속에서 혁신과 그로 인한 실제적인 진보가 주변부로 밀려나거나 차단되기 쉬움을 분명히 보여 준다. 기존의 제도가, 자신의 정당성에 대해 새로운 대안적 모델이 심각하게 문제를 제기하는 것을 참아 내는 예는 극히 드물다. 마키아벨리가 주목했듯이 혁신가들은 늘 박해받고 그들의 혁신은 반대에 처한다. 사실 혁신이 필요하면 할수록 그에 대한 저항도 더 강력해진다.

패러다임 변화의 몇 가지 비결

특히 기성 교회에서 일할 때 우리가 배우게 되는 가장 중요한 교훈 중 하나는 사람들이 해답에 관심을 가지기 전에 문제가 있다는 것을 확신해야 한다는 것이다. 정말 변화되어야 한다고 믿지 않는다면 사람들은 변화하지 않을 것이다. 수많은 리더가 멋진 해결책을 들고 나타나지만 문제가 무엇인지 소통하는 데 실패하기 때문에 저항에 부딪힌다. 무엇이 리더로 하여금 패러다임 변화를 촉진하게 하는가? 우리는 다음과 같이 제안한다.

거룩한 불만족을 장려하라

혁명적인 리더의 위대한 무기 중 하나는 일종의 **거룩한** 불만족을 일구어 내는 것이다. **현재의 모습**에 대한 근본적인 불만족을 불러일으켜 **가능한 미래의 모습**을 향해 나아가려는 욕구를 일깨우는 것이다. 이는 반드시 거룩해야 한다. 거룩하지 않은 여러 가지 불만족을 일깨우기란 매우 쉽기 때문이다.[16] 마르크스주의의 오래된 슬로건인 "불만의 쓰라린 상처를 문지르라"는 말은 경탄할 만하다. 초기 마르크스주의자들은 폭동과 혁명과 **운동**의 환경을 만드는 법을 알았다. 혁명적인 선교적 리더들에게도 이것이 필요하다. 만약 우리가 진정 선교적-성육신적 패러다임을 우리 시대에 유효하게 하려 한다면 인기가 없거나 혁명가처럼 보이는 것을 두려워하지 말아야 한다. 아마도 유일한 진짜 혁명가는 잃을 것이 아무것도 없는 사람일 것이다. 쓰라린 불만족의 상처를 문지르고 거기에 소금을 끼얹으라. 지금은 긴급한 시대다. 만일 우리가 우리 시대에 혁명가이신 예수님을 따르는 자로서 소명에 진실하고자 한다면, 크리스텐덤은 무너지고 사도적 신앙과 실천이 확립되어야 한다.

전복적인 문제 제기를 받아들이라

교회의 사역과 선교를 재개념화하는 또 다른 가치 있는 도구는 전복적인 문제 제기의 기술이다. 모든 질문 뒤에는 탐구가 있고 모든 탐구가 제대로 추구된다면 궁극적으로 추구자를 하나님께로 이끌게 된다. 이것이 우리가 제안하는 종류의 근본적인 문제 제기다. 듣는 이들을 자기 각성과 해답을 찾으려는 개인적인 추구로 이끄는 것이 전복적인 질문이다. 대답을 주는 것보다 급진적인 질문을 던지는 것이 훨씬 혁명적이다. 그러나 사람들은 종종 사역자들이 (그리스도처럼) 좀 더 효과적인 질문을 하기보다는 해답을 제시해 주기를 기대한다.

1990년대 조직 이론과 발달에서 위대한 진보 중 하나는 건강한 조직들의 지속적인 발전에 있어서 질문의 역할을 진지하게 다루려는 움직임이었다. 그 이론은 본질상 학습이 프로그램(즉 우리의 성향 혹은 '프로그램'된 사고방식)에 문제가 제기될 때 일어난다고 가르쳤다. 만약 그 이론이 맞다면, 우리는 이렇게 물어야 한다. 무엇이 올바른 질문인가? 쿤의 방식으로 말하자면 어떤 질문이 우리로 하여금 우리의 패러다임에서 발을 떼어 학습의 핵심에 도달하게 하는가? 여기에 도움이 될 만한 몇 가지 예들이 있다.

- 병따개가 병마개를 딸 수 없다면 병따개인가? — 우리 모두는 병마개를 딸 수 없는 병따개를 사용해 본 경험이 있다. 병따개처럼 보이지만 병따개가 해야 하는 일을 할 수 없다. 그렇다면 여기

에 "그것이 여전히 병따개인가?"라는 질문이 있다. 이것은 질문을 받은 이들이 형식(그렇게 보이지만)과 기능(그렇게 작동하지 않는) 사이의 차이를 다루도록 하는 매우 전복적인 질문이다. 그리고 그룹에 있는 몇몇 똑똑한 이들은 이내 그 공식을 교회에 적용할 것이다. "더 이상 교회처럼 기능하지 않는 교회가 여전히 교회인가?" 이것은 사실상 매우 복잡한 신학적 질문이다. 현재로는 우리의 대답을 짐작할 수 있겠지만 여러분이 스스로 그것에 대하여 생각해 보기 바란다.

- 모든 것을 다시 시작할 수 있다면 똑같은 방식으로 할 것인가?—우리는 이 책 앞부분에서 이 질문에 대답했다. 앨런은 교회의 사역에 새로운 활력을 일으키려 애쓰는 그룹과 교회들에게 여러 번 이 질문을 했다. 그럴 때마다, 같은 식으로 할 것이라고 말하는 사람이 여전히 있었다. 그렇다면 여기서 질문은 "왜 당신은 지금 그것을 똑같은 식으로 하려고 합니까?"라는 것이다. 만일 모든 인간의 진보가 모든 것이 더 좋아질 수 있다는 가정에 기초한다면 왜 당신은 앞으로 나아가기를 포기하는가? 우리는 완전한 상태에 이르지 못했다. 그렇지 않은가? 그러면 우리는 언제 그리고 왜 교회가 더 잘되도록 노력하는 일을 멈추었는가? 그리고 더 이상 무지에 매달릴 수 없는 지금 우리는 무엇을 하려고 하는가?

- (a) 만약 당신이 더 이상 건물을 가질 수 없다면, (b) 만약 더 이상 일요일에 모일 수 없다면, (c) 만약 목사가 없거나 확실한 리더십 팀이 없다면, 당신의 교회 경험은 어떨 것 같은가?

이 질문들은 모두 교회의 경험을 **성경적이고 근본적으로** 반추해 보도록 만들어진 것이다. 이것들은 크리스텐덤 형식의 교회가 얼마나 깊이 우리에게 영향을 주었으며 우리를 실패로 이끌었는지를 보여 준다. 크리스텐덤은 언제나 건물, 주일, 목회자와 뗄 수 없는 관계다. 항상 어디서나 말이다. 그러나 신약 교회에는 이런 것들이 없었다.

21세기라는 측면에서 우리는 선교적 지도자들이 이러한 질문들을 개발하도록 격려하고 지금보다 훨씬 광범위하게 이 일을 하도록 격려하고자 한다. 예수님이 그렇게 하셨듯이 비유와 이야기를 활용하라. 왜냐하면 그것들은 (키르케고르를 인용하자면) "뒤에 숨겨져 있는 것을 끄집어내어" 듣는 이들로 하여금 이야기 속에서 자신을 발견하고 부족함을 보충하는 일로 초대하기 때문이다(예: 마 21:45).

초심자가 되라

창의적인 활력을 불러일으키는 또 다른 멋진 방법은 전문가가 아닌 초심자처럼 생각하는 법을 배우는 것이다. 이것은 특히 우리가 앞에 놓인 길에 대해 확신한다고 생각할 때 필요하다. 실제로 전문가 유형의 사고는 이미 굳어진 패러다임에 고정되어 그것 하나밖에 모른다. 어떤 일에 대해, 그것을 처음으로 한다면 어떻게 하겠는지 애써 생각해 보라. 이것은 벌거벗은 임금님 이야기를 다시 상기시킨다. 성인들은 고정된 방식으로 생각하도록 훈련이 되었지만 아이는 그렇지 않았다. 그러므로 우리는 안다고 생각하는 많은 일을 마치 배우지 않은 것처럼 할 필요가 있다. 학습의 기술을 사용하는 만큼 학습된 것을 버리는 법을 연습하라.

사회심리학자들은 유희성(playfulness)이 전반적인 건강에 중요한 부분임을 알고 오랫동안 칭송해 왔다. 기독교, 특히 서구 전통은 역사적으로 즐거움이나 경박함을 반감을 가지고 적극적으로 억압해 왔기에 그리스도인들은 매우 딱딱하고 재미없는 사람들이 되어버렸다. 우리는 다시금 노는 법을 배워야 한다. 이것은 복음 사역의 회복에서 너무 중요해서 아무리 강조해도 지나침이 없다. 그러나 그보다도 놀이에는 더 깊은 의미가 있다.

어린이들이 의자를 가지고 얼마나 많은 것을 만드는지 본 적 있는가? 우리에게 의자란 그저 앉으려고 존재하는 것이다. 어린이에게 의자는 문자 그대로 **무엇이나** 될 수 있다. 의자가 집이 되기도 하고 대공중전을 벌이는 총으로, 건축 벽돌로, 무엇으로든 사용할 수 있다. 인간 행동 연구가들은 이런 차이를 '연상적'(associative) 사고와 '분리적'(dissociative) 사고라고 불렀다. 성인은 의자를 한 측면에서만 보도록 **학습되었다**. 성인은 의자를 보면 오직 한 가지 기본적 기능만 **연상한다**. 아이는 자신의 세계 속에서 사물들에 대해 분리적 접근을 하며 이로 인해 아이의 세계는 많은 재능과 가능성으로 충만하게 된다. 이는 성인들에게는 닫혀 있는 세계다. 우리가 공동체와 사명과 사역을 재구상하고자 할 때 회복해야 하는 것이 바로 이 어린아이 같은 측면이다. 사물, 생각, 활동, 사람들과 함께 즐겁게 놀라. 여기에 항상 새로운 가능성이 열려 있다.

역사가 주는 가장 중요한 교훈 중 하나는 교회의 갱신이 **항상** 변두리에서 온다는 것이다. 정말 '항상' 그렇다. 또한 갱신 운동을 만들어 낸 것은 선교 운동이었다. 이것은 교회의 모든 맥락에서 증명될 수 있다. 여기서 얻는 교훈은 교회가 하나님을 위해 선교에 착념해야 하지만 또한 그 자신을 위해서도 그래야 한다는 것이다. 예수의 사람들에게 정말 필요한 새로운 사고와 행동과 감성의 유입을 가능하게 한 것은, 바로 이 주변부에 대한 급진적인 개방성과 참여다.

방금 언급한 말에는 중요하면서도 약간은 전복적인 숨은 뜻이 있다. 그것은 서구 교회에 편만한 부르주아적이고 중산층적인 요소와 문화적 냉담함을 비판하는 것이다.[17] 교회의 문화는 다양한 사회적 영향력을 통해 자주 다른 사람들을 억압하고 주변부로 몰아내었고 '변두리' 사람들은 서구 교회의 주류에서 매우 고립되었다고 느끼게 되었다. 그러나 하나님의 백성들의 눈을 열고, 더 나아가 영적인 소생을 가져다준 것은 바로 이들이다.

이런 관찰에 대해 의심이 생긴다면, 당시의 종교 체제와 종교인들에 의해 주변부로 밀려난 사람들과 사귀었고 그 자신도 주변인이었던 예수님의 삶과 사역을 돌아보라. 그로부터 선교적 백성, 복음의 사람들로서 우리의 진정한 전통이 직접 흘러나온다.

우리는 대개 예수님이 이 사람들에게 미친 영향을 생각하지만, 이 사람들이 문화적으로 제약받는 예수님의 인간성 속에서 예수님께 미친 영향을 생각하는 것은 대단히 흥미로운 일이다. 우리는 예수님이 전하신 대부분의 메시지의 급진성이 그 시대의 거부당하던 '죄인들'에 대한 깊은 사랑과 헌신, 그리고 그들과 맺은 심오한 관계에서 나온 것이라고 감히 말하고 싶다. 우리는 '평범한' 사람들뿐 아니라 사회의 가장자리에 있는 사람들과 사귐을 통해 삶이 매우 풍성해졌고 돌이킬 수 없을 만큼 변화한 것을 느낀다. 존 스튜어트 밀(John Stuart Mill)이 언젠가 이렇게 말했다. "강인한 인격이 풍성하게 존재하던 시기와 장소에서는 기발함 역시 풍성했다. 그리고 한 사회의 기발함의 양은 그 사회가 가진 재능, 정신적 활기, 도덕적 용기의 양에 비례했다. 대담한 기인이 되려는 사람이 적다면 우리는 중대한 위기를 맞이한 것이다."[18]

그러나 우리는 주변부에 있는 자들에게만 급진적으로 열려 있을 것이 아니라, 여러 부류의 이단자들에게도 여지를 줄 필요가 있다. 이들 변절자 유형들도 '보통 사람들'의 지배적인 의식에 대안을 제시하는 중요한 역할을 한다. 실제로 진정한 성경적 이단아는, 지배 집단이 공유된 환상들을 유지하기 위해 하는 거짓말을 들추어내는 선지자적인 행동을 하는데, 교회를 포함하여 어떤 집단에든 이런 사람들이 있다. 구약의 선지자들은 분명 이런 '은사'를 하나님의 백성들 가운데서 드러내었다. 그런데 성경적 이단아의 완벽한 예로 예수님만한 분이 없을 것이다. 그분은 결코 영성과 종교가 제시하는 규범이나 정의를 받아들이지 않으셨다. 그분은 틀에 맞지 않았다. 죄인들과 사귀셨고 술주정뱅이이자 먹기를 탐하는 자로 고소당하셨으며(마 11:19), 그렇게 하여 **완벽하게** 하나님의 메시지를 세상에 구현하셨다. 그분은 말씀이셨다. 그분 안에서는 매체가 곧 메시지였다.

요점은 거룩하며 순응하지 않는 '반역자'가 우리의 환상을 깨뜨려 준다는 점에서 매우 쓸모 있다는 것이다. 환상은 우리로 하여금 하나님을 새롭게 경험하지 못하게 하며 어떤 일을 더 좋은 방식으로 하지 못하도록 한다. 괴짜들은 다루기 힘들지만 그럼에도 불구하고 사회적으로 중요한 역할을 한다. 우리는 그들의 성가신 태도와 불평에 하나님의 음성이 반영되어 있다고 이해하고 우리 자신을 위해 듣는 고통을 감수해야 한다. 구약을 보더라도 하나님의 말씀은 종종 기묘한 방식으로 왔다.

더 큰 위험을 무릅쓰라

기인이나 거룩한 반역자들만큼 이상하지는 않지만, 그것만큼이나 중요한 주제로 가 보자. 우리는 위험을 무릅쓰는 것을 창의적인 재구상 작업에서 일종의 자극제로 추천하고 싶다. 앞서 상상력과 창의성은 위험한 것이라 말했는데, 위험 없이는 성장이나 진보도 없다. 위험 없이는 선교적일 수도 사도적일 수도 없기에, 만일 진정한 선교적-사도적 교회의 탄생과 양육을 돕고자 한다면 당신과 당신의 조직을 **위험에 노출시키라**.

간단히 말하자면, 깊은 수렁에 빠져 위험에 처해 있을 때 비로소 창의적인 활기가 흘러나오기 시작한다. 우리가 배운 대로 안전하고 습관적인 방식으로 일을 하면 실제로는 별로 배우지 못한다. 그럴 필요가 없기 때문이다. 그러나 깊은 수렁에 빠지고 편안한 자리를 떠나게 될 때 우리는 배우게 된다. 선교에는 위험이 내포되지만 그 위험에는 당신과 당신의 조직을 위한 놀랍고 새로운 배움의 기회가 있다.

수평적 사고와 연관된 개념들을 계속 가르쳐 온 에드워드 드 보노는, 같은 자리에 구멍을 아무리 더 깊이 판다 해도 다른 자리에 구멍을 팔 수는 없다는 너무나 분명한 관찰을 했다.[19] 이것은 애시당초 문제를 야기한 것과 동일한 유형의 사고방식으로는 문제를 해결할 수 없다는 아인슈타인의 말과 비슷한 것이다. 똑같은 일을 '좀 더 잘'하면 매우 다른 결과를 얻을 것이라는 이런 생각을 '조직의 망상'이라고 부른다. 그런데 이것은 늘상 우리가 하는 일이다. 크리스텐덤이 옛날에는 확실히 통했고 가능한 모든 방식으로 조정하면 다시 통했기 때문에 지금도 우리는 같은 방식을 고수한다. 다만 '좀 더 잘'하면 된다고 생각하는 것이다.

수평적 사고는 대안을 찾는 것을 강조하되 사물을 보는 다른 관점과 접근 방식을 수평적으로(옆으로) 찾는다. 다른 장소에 구멍을 파고 싶다면 지금 있는 곳에서 파는 것을 멈추고 다른 장소로 옮겨서 거기에 구멍을 파기 시작해야 한다. 같은 곳에서 올라갔다 내려갔다 하지 말고 옆으로 움직이라. 수직적 사고는 일을 하거나 생각할 때 똑같은 방식 위에 세워 가는 것이다. 수평적 사고는 위치를 바꾼다. 이 용어는 일반적인 생각의 선을 넘어서는 도발을 포함한 다양한 방법을 포괄한다. 수평적 사고는 자기 조직 체제 안의 패턴들에 반하며 직관과 매우 관계가 깊다. 모든 참된 창의성처럼 이것은 때로 도발적일 수 있다. 교회는 (역사만 보아도) 대개 옆 방향으로 움직이는 경향이 적었다. 교회는 대개 변화가 주는 어려움보다 그들만의 특별한 조직적 망상을 더 선호했다.

변화의 분위기를 만들라

창의성을 발휘하기 위한 분위기를 만드는 것은 상상력을 발휘하기 위한 과정에서 앞에서 언급한 요소들만큼 위험하지는 않겠지만 그에 못지않게 중요하다. 창의성이 퍼져 나갈 수 있는 환경을 조성하라. 실제로 교회는 식물과 동물들이 살아갈 수 있게 해 주는 자연 생태계와 같다. 교회의 리더십이 할 일은 열정을 다해 상상력과 창의성에 가치를 부여하고 그것을 선교와 사역과 리더십의 주요한 원천으로 인정하는 것이다. 어떤 공동체의 리더십은, 그 과정이 위험하며 미묘하고 혼란스러울 것을 알면서도 새로운 생각을 조직 차원에서 허용하고 여러 실험을 허락해야 한다. 조직의 문화와 관습에 의문을 제기하는 일을 격려하거나, 주요한 주제들을 중심으로 '싱크 탱크' 같은 치열한 논쟁의 장을 만들고 많은 사람들이 참여하게 하는 것이다. 실패할 각오를 하라. 강력하고도 기하급수적으로 배가되는 학습과 결코 꿈꿀 수 없었던 선교적 개방성이 기다리고 있다.

당신의 리더십 팀에 좌뇌형 사람들과 우뇌형 사람들의 균형을 맞추도록 노력하라. 서구 신학교에서 훈련된(안수받은) 리더십은 좌뇌적이고 이성적인 경향이 있다. 이성주의에 대한 이런 지나친 의존에 내응하기 위해, 교회는 의도적으로 창의적 유형과 이성적 유형이 교회를 원래 의도된 모습으로 갱신하는 데 함께 보조를 맞추도록 여지와 기회를 주어야 한다. 모든 유기적 체계에 적용되는 말이지만, 이런 혼합은 교회를 온전히 이해하고 효과적으로 사역하며 특히 창의적 활동을 위한 여지를 마련하는 데 매우 중요하다.

변화의 분위기를 확대하려면 틀 밖에서 움직일 준비가 되어 있어야 한다. '포지'에서 우리는 인턴들에게 아래의 몇 가지 도전을 준다. 이 도전들은 상대를 이리저리 피하게 만드는 커브 볼과 같은 것들이다.

바보에게 물으라 이것은 르네상스 시절의 왕들이 자신에 대한 맹목적 긍정만으로 가득한 막다른 골목 같은 환경을 돌파하기 위해 사용하던 방법이었다. 바보(광대)들은 어떤 제안을 희화화하여 그것을 새로운 시각으로 보여 주는 일을 했다.

다른 방식으로 해 보라 어떤 일을 계속 같은 방식으로 하면 할수록 그 일을 할 수 있는 다른 방식을 생각하기가 더 어렵다. 아침 식사로 아이스크림을 먹어 보라. 자기 취향이 아닌 영화를 보러 가라. 변화를 위해 다른 방식으로 일해 보라. 길을 역주행해 보라.

실수에서 배우라 토머스 에디슨은 전구를 발명하기까지 1,800번이나 실패했다. 콜럼버스는 원래 인도를 향하여 갔다. 실수는 자연스러운 것이며 인생의 가장 주요한 학습 도구 중 하나다.

다른 접근을 시도해 보라　대부분의 진보는 누군가가 법칙에 도전하여 다른 접근을 시도했을 때 일어났다. 당신은 지금 어떤 법칙에 도전해야 하는가?

틀을 벗어나라　옷가게에서 유행을 둘러보거나 박물관에서 역사를 볼 수 있다. 탐구하라. 철물점이나 공항에서 유행을 찾아보라.

다른 사고들을 조합하라　구텐베르크는 포도 압착기와 동전 주조기를 결합하여 운반 가능한 인쇄 기계를 만들어 냈다. 창의적인 사고의 핵심은 평범하지 않은 생각들을 조합하는 것이다.

깊게 파라　어떤 아이디어가 당신이 가진 유일한 것일 때보다 위험한 것은 없다. 위대한 아이디어를 얻을 수 있는 최선의 길은 많은 아이디어를 가지는 것이다.

『성공하는 기업들의 8가지 습관』(*Built To Last*, 김영사)에서 제임스 콜린스(James C. Collins)와 제리 포라스(Jerry I. Porras)는 창의성과 운동성을 자극하는 몇 가지 방법을 제시한다.

끊임없는 개선 추구　앞으로 영원히 진보하겠다는 목표를 가지고 끊임없이 자기를 개선하도록 격려하라.

많은 것을 시도해 보고 통하는 것을 취하라 비전 있는 회사는 생물의 진화를 흉내 내는 듯이 수많은 활동과 실험(때로는 계획되지 않고 지시되지 않은)을 전개하여, 새롭고 예기치 못한 진보의 통로를 마련한다.

실수가 가져올 것들을 인정하라 어떤 변종이 우세할지 미리 말할 수 없기에 전체 진화 과정의 한 부분으로서 실수나 실패를 받아들여야 한다.[20]

도전적이 되라 매주 새로운 도전을 하라. 매주 새로운 문제들로 씨름하고 그것을 해결하거나 혹은 아이디어를 내어놓을 목적으로 무언가 새로운 것들을 탐구하라.

천재를 수용하라 역사 속의 위대한 천재들의 삶과 사상과 행동에는 유익한 배울 점이 있다. 역할 모델을 취하라. 지금까지 우리는 아인슈타인, 키르케고르, 부버 등을 살펴보았다. 그러나 우리는 반 고흐, 헤셀, 시몬느 베이유, 로버트 프로스트, 데이비드 보쉬도 좋아한다. 도로시 세이어즈, 피카소, T. S. 엘리엇, 토머스 에디슨, 한니발도 당신만의 영웅이 될 수 있을 것이다.

브레인스토밍하라 제대로 한다면 브레인스토밍은 한 아름 가득 새로운 아이디어들을 가져다줄 뿐 아니라 무엇이 최선인지 결정하도록 도와줄 것이다.

기록하라 항상 작은 수첩(또는 필기 앱)을 지니고 다니라. 아이디어가 떠오르는 대로 기록해 둘 수 있을 것이다. 기록을 다시 읽어 보면 그중

90퍼센트는 터무니없어 보이겠지만 걱정하지 말라. 그것이 정상이다. 중요한 것은 나머지 10퍼센트가 놀라운 아이디어라는 점이다.

창의성을 연습하라 어떤 아이디어를 찾느라 골몰해 있다면 사전을 펼쳐 아무렇게나 한 단어를 선택하여 이 단어와 연관된 아이디어들을 만들어 보라. 이것이 얼마나 좋은 방법인지 놀라게 될 것이다. 이 개념은 단순하지만 잘 알려지지 않은 진리에 기초한다. 그것은 자유가 때로는 창의성을 막는다는 것이다. 생각하게 하는 데는 제약만한 것이 없다.

문제를 정의해 보라 종이, 전자수첩, 컴퓨터 등 무엇이든 메모할 수 있는 것을 집어 들어 당신의 문제를 상세히 정의해 보라. 이렇게 할 때 아이디어들이 적극적으로 분출되는 것을 보게 될 것이다.

여섯 개의 생각 모자

우리는 이 장을 에드워드 드 보노의 여섯 개의 생각 모자 게임을 소개하면서 마치려 한다. 이것은 참여자들이 함께 문제를 해결하는 사회적 게임이다. 여섯 개의 모자는 여섯 가지 유형의 사고를 말한다. 사실 이것은 생각하는 방향을 말하는 것이지 생각 자체를 표시하는 것이 아니다.[21] 문제를 풀기 위해 평상시와는 다른 태도를 취하게 하는 접근 방법으로, 참여자들은 일정 시간 동안 모자를 바꾸어 쓰기로 한다. 각 참여자들은 특정한 모자를 쓰고 있는 동안에는 오직 그 모자가 허락하는 식으로만 생각해야 한다. 이 방식은 더 많은 사람이 더 풍성한 생각을 해내도록 자극한다. 드 보노의 말대로 이것은 "자아를 임무 수행과 분리시킨다."

모든 사람이 자아에 영향을 주지 않고도 탐구에 기여할 수 있다. 모자는 사람들이 동의하지 않을, 혹은 모자를 쓰지 않고는 생각하지 않을 해결책을 생각해 내고 말할 수 있는 자유를 준다. 여섯 개의 모자라는 시스템은 자기 방어보다는 임무 수행을 장려한다. 사람들은 비록 처음에 어떤 모자에 반대하는 견해를 가지고 있었다 하더라도 그 모자를 쓰고 기여할 수 있다. 여기서 핵심은 각 모자가 사고의 내용이 아니라 사고의 방향을 가리킨다는 점이다. 여러분은 이 탁월한 도구를 어디에나 사용할 수 있고 심지어 그룹 성경 공부에서도 사용할 수 있다. 실제로 모자가 없어도 상상력을 이용하여 그저 다른 방식으로 생각하고 말하도록 해도 좋다.

여섯 가지 모자는 다음과 같다.

하얀 모자 하얀 종이를 생각하라. 그것은 중립적이며 정보를 전달한다. 하얀 모자는 데이터와 정보와 관계가 있다. 하얀 모자는 묻는다. "여기서 우리가 무슨 정보를 얻는가?" "무슨 정보를 놓치고 있는가?" "무슨 정보를 얻었으면 좋겠는가?" "그 정보를 어떻게 얻고 있나?"

붉은 모자 불과 따스함의 붉은 색을 생각하라. 이것은 감정, 직관, 육감, 느낌과 관련된다. "붉은 모자를 쓰고 보니 이것이 그 제안에 대한 내 느낌입니다." "내 육감으로는 이게 안 통할 것 같소." "난 이런 방식을 좋아하지 않아." "가격이 곧 떨어질 거라는 직감이 드는데."

검은 모자 검은 가운을 입고 죄인을 엄하게 질책하는 엄격한 재판관을 생각하라. 이것은 경계 모자다. 그것은 우리가 실수하지 않도록, 쓸데없는 짓을 하지 않도록, 비합법적인 일을 하지 않도록 막아 준다. 그것은 왜 어떤 일을 하지 말아야 하는지 혹은 왜 어떤 일이 이득이 되지 않는지 지적한다. "규정상 그것은 안 됩니다." "그 일을 위한 자금을 마련할 수 없소." "그는 그 일에 경험이 없어."

노란 모자 햇빛을 생각하라. 노란 모자는 낙관주의와 사물에 대한 긍정적 생각을 나타낸다. 이것은 무언가를 어떻게 할 수 있을지 실행 가능성을 찾는다. 유익이 무엇인지를 찾되 논리적인 기초가 있어야 한다. "생산 기지를 고객에 더 가까운 곳으로 이전하면 통할 것입니다." "그것을 받아들이거나 거부하기 전에 여러 번 시험해 봐야 그 유익을 얻을 것입니다."

초록 모자 식물, 풍부한 성장을 생각하라. 초록 모자는 창의적인 생각, 새로운 아이디어, 부가적인 대안, 가능성과 가설을 내어놓을 때 쓴다. 이것은 창의적 노력을 요구한다. "우리는 지금 새로운 아이디어가 필요합니다." "다른 대안이 있을까요? 처음에 그게 괴상하게 들려도 걱정하지 마세요." "이걸 다르게 할 수 있을까요?" "다른 설명이 있을까요?"

파란 모자 하늘을 생각하라. 이것은 프로세스를 통제하기 위한 것이다. 파란 모자는 채택되고 있는 생각들에 대해 생각하고, 사고의 의제를 설정하고, 사고의 다음 단계를 제안한다. 파란 모자는 다른 모자가 제안을 하도록 요구할 수 있다. 그것은 요약, 결론, 결정을 요구하기도 한다. 논평을 할 수도 있다. "우리는 비난의 대상을 찾느라 너무 많은 시간을 보냈습니다." "지금까지의 내용을 요약할 수 있을까요?" "이제는 초록 모자의 생각을 들어 보자고 제안하고 싶네요." 이것은 통상 의장이나 모임 주관자의 역할이다.

다음에 여러분의 조직이나 교회가 새로운 방향이나 아이디어를 브레인스토밍해야 할 때 이 게임을 해 보라. 이것은 앞에서 제안한 다른 생각들과 함께 창의력과 재구상을 장려하는 좋은 도구다. 제라드 켈리의 표현을 사용하자면 지금은 우리 교회에 '리이매지니어링'(reimagineering)이 일어날 때다. 그것은 새롭게 등장하는 사도적 리더십에 달려 있다. 게리 하멜(Gary Hamel)은 『혁명의 리더십』(Leading the Revolution)에서 이렇게 말한다. 내가 상상하는 것이 무엇이든 나는 그것을 성취할 수 있다. 나는 얼굴 없는 관료주의의 하인이 아니다. 나는 게으름뱅이가 아니라 행동가다.…나는 혁명가다."[22]

12장 혁명을 조직하기

> 전략은 전적으로 헌신의 문제다.
> 당신이 지금 하는 일이 되돌릴 수 없는 것이 아니라면,
> 그건 당신에게 전략이 없는 것이다.
> 즉 그것은 누구나 할 수 있는 일이다.…
> 나는 항상 인생을 볼 때
> 침략군처럼 돌이킬 수 없는 것으로 여기고자 했다.
> —트로이 타일러

선교적 운동으로서의 교회

우리가 이야기해 온 사도적 유형의 리더십은 여러 가지 중요한 선교적 과제들을 수행하는 과정에서 훨씬 쉽게 자리를 잡을 것이다. 우리는 이 중요 과제들을 소개하면서 새로이 등장하는 선교적 교회에 대한 논의를 맺고 싶다. 책의 마지막 장에서 개념을 소개한다는 것이 이상하게 들릴지 모르지만 이 영역들이 이 책이 제시할 수 있는 범위를 넘어서는 더 엄밀한 작업을 요구할 것이기 때문에 그렇게 하는 것이다. 교회가 선교적 운동체로서의 정체성을 재발견할 때, 스스로를 중심 구조로 조직할 때, 유기적 조직을 형성하고 유기체적 성장을 하도록 조정하며 선교적 리더십 훈련 시스템을 개발할 때, 사도적 리더십은 더 효

과적으로 발휘될 수 있다. 우리는 선교적 교회의 새로운 발현이 장기적으로 영향력을 발휘하도록 하는 데 이들 각각의 영역이 확실한 전략적 가치가 있다고 생각한다. 또한 많은 독자가 이 중요한 연구에 매진하여 21세기의 선교적 교회가 앞으로 나아갈 길을 닦기를 기대하면서 이를 제시한다.

이 장에서 우리가 살펴보려는 선교의 중요한 초점 가운데 첫 번째는 운동의 본질에 관한 것이다. 우리는 이미 조직의 생명 주기의 본질에 대해서 살펴보았고 그것이 리더십 유형과 어떤 관계가 있는지를 보았다. 여기서 우리는 조직 자체의 본질을 좀 더 깊이 살펴보려고 한다.[1]

지역적으로, 국가적으로, 혹은 국제적 수준에서 영향을 미치는 어떤 사회적 그룹들도 처음에는 언제나 사회학자들이 **운동**이라 부르는 모습으로 시작한다. 즉 역동적인 사회적 운동은 그 초기 단계에 모종의 공통된 특징이 있다는 것인데, 그것은 거기에서 출발하여 나중에 제도화된 사회적 구조와는 또 다른 것이다. 이것은 기업, 지역 공동체의 프로젝트, 정당, 여타 사회 운동들과 마찬가지로 교회나 기독교 기관들에도 해당된다. 교단이든 선교 단체든 지역 교회든, 감동적인 비전과 아이디어로 촉발된 어떤 에토스와 에너지를 가지고 출발하여, 파도처럼 부풀어 올라 주변 사회에 영향을 미치게 된다. 초기 감리교나 구세군, 좀 더 가까이는 빈야드 운동 등이 세상을 변화시킨 역동적 운동의 예가 될 수 있다.

그러므로 우리는 운동의 본질을 연구하는 것이 매우 중요하다고 생각한다. 그것은 유동성, 비전, 혼돈, 역동과 같은 운동의 형태를 띠며 거기서 우리는 예수님을 위하여 우리가 사는 세상을 변화시킬 수 있는 매우 중요한 단서를 발견할 수 있다. 우리의 목적상 여기서 말하는 운동을 정의한다면 다음과 같다. 운동이란 어떤 형태의 개인적 혹은 사회적 변화를 일으키기 위해 조직되고 그 목적에 의해 이념적 동기를 얻으며 그 목적에 헌신된 일단의 사람들이 적극적으로 다른 사람들을 끌어들이는 것인데, 이들의 영향력은 그들이 원래 있었던 기성 질서에 반하여 확장된다. 이런 정의가 매우 기술적인 것처럼 들릴지 모르지만 우리는 이것이 신약의 하나님의 백성을 정확하게 묘사한다고 생각한다.

다시 한번 다음에 나오는 조직의 생명 주기를 생각해 보라. 이것은 10장에서 제시된 것보다 조금 더 복잡하다. 운동을 들여다볼 때 조직의 초기 성장 단계(기반기와 성장기)를 가능케 한 역동들을 관찰하는 것이 도움이 된다. 무슨 일이 일어나고 있는가? 어떤 리더십이 필요한가? 조직의 초점은 무엇인가? 무엇이 성장을 일으키는가? 이는 다양한 상황 속에서 어떤 운동을 개척하려 애쓰는 선교사나 교회 개척자들에게 기본적으로 중요한 질문들이다. 스스로에게 이런 질문들을 던져보라. 당신이 매료된 역사적 운동이나 영웅들에 대해 같은 질문들을 던져 보고 무엇이 역동적인 선교적 영향력을 만들어 내었는지 배우도록 하라.

다음 종 모양의 곡선을 보면 쇠퇴 국면에도 비슷한 질문이 가능하다는 것을 볼 수 있다. 하향 곡선은 제도화와 직접적으로 연관되며 결국 운동의 소멸에 이른다. 이 단계에서 무슨 일이 일어나고 있는가? 어떤 형태의 리더십이 보이는가? 무엇이 조직의 초점인가? 무엇을 놓치고 있는가? 이런 질문들은 교회나 교단의 회복과 관련해서 특별히 매우 중요하다.

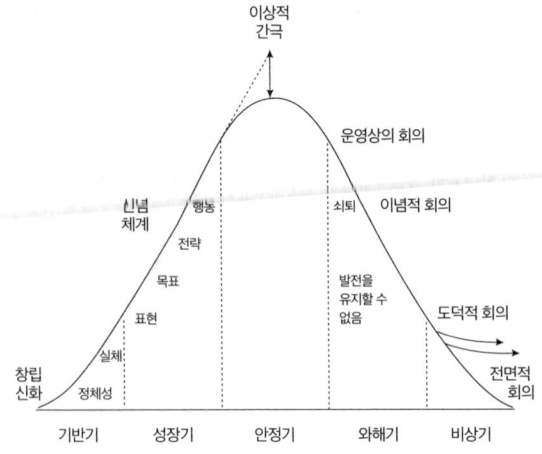

Robert Hoover, David Rumkorff, John Sherwood, Bruce Rodget 등의 "경영 연구" (Management Studies)에 기초하였음.

교회의 목표는 항상 운동하는 성장 상태, 전략가들이 'S자(sigmoid) 성장'이라 부르는 상태에 도달하는 것이어야 한다. 이것은 다음과 같은 모양으로 나타날 것이다.

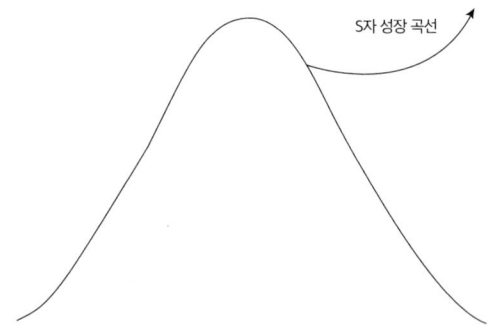

교회사 속의 어떤 운동은 영적인 갱신에 초점을 맞추는 경향이 있었고(예를 들면 은사주의 운동이나 수도원 운동), 어떤 운동은 주로 선교에 초점을 맞추었다(예를 들면 웨슬리안 부흥 운동이나 예수회 운동). 이 두 유형은 직접적으로 연관되지만, 다른 위대한 운동들도 면밀히 살펴보면 선

교 의식으로 시작하여 기성 교회의 갱신 운동으로 바뀌었음을 알 수 있다. 1906-1909년의 캘리포니아 로스앤젤레스에서 일어난 아주사 거리 부흥 운동(Azusa Street Revival)의 예를 보자. 이것은 가난한 사람들에 대한 복음 전도 활동으로 시작되어 오순절 운동으로 발전되었고 결국은 은사주의 운동을 자극했다. 이 점을 분명하게 하기 위해 운동들의 특징 몇 가지를 확인해 보는 것이 중요할 것이다. 하워드 스나이더(Howard Snyder)의 중요한 책 『교회사를 통해 본 성령의 표적』(Signs of the Spirit, 나단출판사)은 갱신 운동의 특징을 다음과 같이 제시한다.

갱신을 향한 갈망 현 상태에 대한 거룩한 불만족이 초대교회의 모습과 그 활력을 회복시킨다.

성령의 사역에 대한 새로운 강조 성령의 사역이 과거에만 중요한 것이 아니라 현재에도 경험할 수 있는 중요한 것으로 여겨진다.

제도와 은사의 긴장 갱신 운동에서는 거의 대부분 기존 구조 내부에서 긴장이 발생한다.

반문화 공동체에 대한 관심 갱신 운동은 교회를 향해 더 근본적인 헌신과 세상과의 더 적극적인 긴장을 가지도록 요청한다.

비전통적 혹은 안수받지 않은 리더십 갱신 운동은 종종 교회 안에서 공식적으로 인정받는 지위에 있지 않은 사람들이 이끈다. 은사적 능력이 중요하다. 나아가 여성들이 눈에 띄게 활약한다.

가난한 자들을 위한 사역 거의 항상 풀뿌리 수준의 사람들이 참여한다. 운동들은 적극적으로 서민들(교육받지 못하거나 사회적으로 소외된)을 포함하며 많은 경우 가난한 자들 속에서 선교를 시작한다(성프란체스코, 웨슬리, 구세군).[2]

에너지와 활력 새로운 운동들은 사람들을 흥분시키는 힘이 있으며 다른 사람들을 리더와 참여자로 끌어안는다.[3]

스나이더의 분명한 웨슬리적 관점을 사회학자들의 관점과 비교하는 것도 재미있을 것 같다. 운동을 연구하는 사회학자인 게를라흐(Gerlach)와 하인(Hine)은 다음 요소들을 운동의 특징으로 주장한다.[4]

분화된 세포 조직 이는 다양한 개인적·구조적·이념적 유대의 단위로 구성된다. 다른 말로 하면, 예수님과 그분의 선교를 중심으로 모인 작은 신앙 공동체(가정교회 혹은 셀 그룹)들의 집단.

얼굴을 직접 맞대는 모집 활동 헌신된 개인들이 자신의 중요한 사회적 관계들을 이용하여 이 활동을 벌인다. 우정 및 유기적 관계가 대의를 위해 사람들을 충원하는 주요한 수단이 된다.

개인적 헌신 전향자를 기존 질서에서 어느 정도 분리시키는 행위나 그 경험을 통해 이를 얻게 된다. 이는 그 사람을 새로운 가치 체계로 정의하 고 변화된 행동 패턴에 헌신하게 한다. 이것은 신자들이 회심이라 부르는 것인데, 인생과 생활 양식의 급진적인 재조정이다.

가치와 목표를 분명히 표현하는 이념 이는 인생을 살아가는 개념적 틀을 제공하며 변화의 근거를 북돋고 제공하며 반대를 규정하고 운동 내부 그룹들의 분화된 네트워크 간에 연합의 기반을 형성한다. 다른 말로, 모든 것이 어느 정도 실제적인 방식으로 연결될 수 있도록 이해하기 쉽고 분명한 삶과 사역의 철학이 필요하다.

실제적인 혹은 노골적인 반대 운동이 발생한 사회 전반이나 기존 구조의 한 부분에서 반대가 일어난다. **실제적인 혹은 노골적인 반대**. 이는 우리가 알고 있는 거의 모든 운동에서 나타난 현상이다. 웨슬리는 영국 국교회에서 거부당했고 윌리엄 부스도 마찬가지다. 마틴 루터 킹 목사 역시 당시 헤게모니를 쥐고 있는 기독교에 의해 거부당했다.

운동은 대개 비전통적이거나 안수받지 않은 리더십을 지닌다. 기성 체제에서는 지도자로 인정받지 못하는 사람들이 갱신 운동을 주도한다. 은사적이고 제도적이지 않은 능력이 중요하다(막스 베버식의). 새로운 선교 운동들은 거의 항상 사회 혹은 문화의 변두리와 평범한 사람들 가운데서 시작된다. 이 사람들은 엘리트가 아니다. 그러나 이들은 사람들을 고무하여 지도자와 참여자로 동참하게 한다.

스나이더의 신학적 접근과 게를라흐와 하이네의 사회학적 접근에는 분명한 유사성이 있다. 용어는 다르지만 인간의 모든 운동들과 사회적 영향력에 공통된 비슷한 현상들을 묘사하고 있다. 예를 들면 갱신 운동은 유력한 교회 제도와의 긴장 가운데 존재한다는 스나이더의 관찰은, 운동들이 대개 기성 체제로부터 모종의 반대를 경험하게 된다는 게를라흐와 하이네의 인식 속에서 확증을 얻게 된다. 여기에 덧붙여 두 접근 모두 변화를 시작하고 촉진시키는 데 비전통적 리더십의 중요성을 모두 인정한다. 또 두 접근 모두 갱신 운동이 사회의 변두리에 있는 서민들과 함께하며 엘리트주의가 아닌 방식으로 사람들의 행동과 일을 변화시키려 한다는 데 주목한다. 둘 사이에 중요한 차이가 하나 있다면 스나이더는 갱신 운동 배후의 추동력으로서 성령의 역사를 인식한다는 점이다.

이런 유사성에 주목할 때, 진정한 선교적 교회를 만들어 내기 위해 무엇이 필요하며 잠재적인 방해 요소는 무엇인지를 충분히 이해할 수 있다. 이 두 연구가 설명하는 내용이 대부분의 교단 혹은 전통적인 기성 교회와 다른 점이 있다는 것은 분명히 이들이 생명 주기의 내리막길에 있음을 의미한다. 대부분의 기존 제도들은 운동의 정서를 거부할 것이다. 이들에게 운동은 너무 혼란스럽고 통제 불가능한 것이다. 이것이 조직의 주류에서 운동들이 배척당하는 이유다. 물론 그렇지 않은 경우도 있겠지만, 이를 위해서는 조직의 최상위 리더십 수준에서 이런 운동을 허용할 것이라는 분명한 약속이 필요하다. 교회의 제도화는 하나님의 나라를 위한 새로운 선교적 입지를 얻기 위해 기존의 경계를 넘어서게 하는 활력을 빼앗아 갔다. 진정 선교적이고자 한다면, 우리는 제도화의 위험을 잘 인식해야 한다.

다른 한편으로 우리는 현재 새로운 운동에 참여하고 있는 독자들은 앞의 특질들 중 많은 것을 자신의 그룹 안에서 인지하게 될 것이라고 감히 주장한다. 초대교회의 선교적 활력을 회복하기 위해서, 우리가 속해 있는 수많은 조직체들에 잠재되어 있는 **운동의 정서**를 일깨워야 한다고 믿기 때문에 우리는 이 모든 것을 제시했다. 리더로서 우리는 독자들이 개척적인 선교적 활동들을 시작함에서 이런 요소들을 진지하게 다루기를 바란다.

중심에 계신 예수

우리는 이미 3장에서 경계 구조와 중심 구조에 대해 언급했다. 여기서는 그 주제를 다시 자세히 다루지는 않을 것이다. 우리는 이것이 성육신적 선교에만 적실성을 가질 뿐 아니라 우리가 공동체적 삶을 구조화하는 방식이나 새로이 등장하는 전 지구적 문화 속에서의 리더십에도 적실성을 가진다고 생각한다.

3장에서 우리는 중심 구조(우물)와 경계 구조(울타리)의 차이를 개관했다. 우리는 이 생각을 한 단계 더 진전시키고자 한다. 사회 구조 이론에는 사람들이 함께 모이는 방식의 유형을 보여 주는 세 가지 구조가 있다.

첫째로 경계 혹은 폐쇄적 구조인데 이는 경계를 분명히 긋지만 강력한 이념적 중심점을 가지지 않는 사회 체제다. 경계 구조에서는 잘 규정된 이념적·문화적 경계(종교적 규정뿐만 아니라 도덕적·문화적 코드)에 근거하여 누가 '안'에 있고 누가 '바깥'에 있는지가 분명하지만 이들 경계 외에는 핵심 정의를 별로 갖지 않는다. 그것은 마치 울타리가 쳐진 농장과 같다. **가장자리는 분명하지만 중심은 흐릿하다.** 교단들을 비롯한 대부분의 기성 기관들은 여러 가지 면에서 경계 구조다. 이는 시각적으로 다음 그림처럼 나타난다.

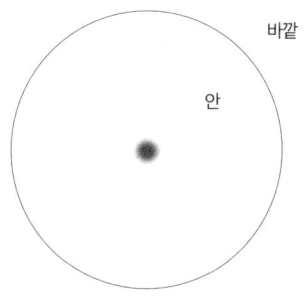

중심은 흐릿하고 가장자리는 분명함
경계 구조

둘째로는 모호한 구조가 있다. 이것은 실제적인 이념의 중심점이나 경계를 갖지는 않지만 그저 함께 모이는 사람들로 구성된다. 이들이 왜 함께 모였는지 왜 모이는지는 확실하지 않다. 대개 이들은 오래 가지 못한다. 모호한 구조는 **중심도 흐릿하고 가장자리도 흐릿하다**. 선교에 적용할 때, 모호한 구조는 운동이 만들어지는 초기의 모습일 수도 있고 혹은 운동의 말미에 나타나는 모습일 수도 있다.

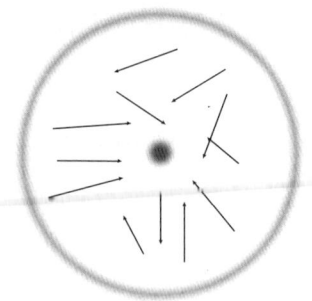

중심은 흐릿하고 가장자리는 흐릿함
모호한 구조

마지막으로 중심 구조다. 이는 경계 구조와 다르다. 이것은 중심에 우물이 있는 호주의 목장과 같다.

중심은 분명하고 가장자리는 흐릿함
중심 구조

이것은 매우 강력한 이념 혹은 문화를 중심에 갖고 있지만 경계는 없다. 이 구조는 **중심이 분명하지만 가장자리는 흐릿하다**. 우리는 새로이 등장하는 전 지구적 문화 속의 선교적 공동체들과 그에 상응하는 선교적 교회의 구조를 위한 진정한 단서가 이 중심 구조에 있다고 제안한다. 중심 구조는 이런 모습이다.

우물과 울타리라는 우리의 은유에서, 가축들을 보호하기 위해 울타리를 친다는 개념은 교회를 세우는 일반적인 생각에 꼭 들어맞는다. 전통적인 교회는 문화적·신학적·사회적 장벽들을 미로처럼 만들어 놓고 사람들이 그 '안'으로 뚫고 들어가기가 매우 어렵게 만든다. 사실 어떤 사람들에게는 '진입'을 위해 엄청난 헌신과 노력이 필요하다. 새로운 사람들이 교회 주위에 쳐진 울타리들을 넘어설 때는 이미 교인들과 비슷하게 사회화되어 자기가 원래 있었던 사회 그룹들과는 연대가 끊기고 마는 것 같다. 교회 내부에 있기를 원하는 경험이 그들을 근본적으로 바꾸어 버렸다. 내부자가 된 그들은 이제 누가 '외부인'이며 왜 그런지에 대해 분명히 이해하게 된다.

우리는 이보다 훨씬 좋고 성경적인 방식은 호주 황야의 목장처럼 조직하는 것이라고 제안한다. 우물을 파라. 당신이 물 근원과 늘 연결되어 있고 다른 이들도 거기에 닿을 수 있게 해 준다면, 당신은 다양한 인생의 행적으로부터 예수님께 나아오는 수많은 사람을 보게 될 것이다. 우리는 사람들이 어떤 방향에서든, 얼마나 멀리서든 예수님께 나아올 수 있도록 한다. 선교에서 우리의 목표는 예수님을 온전히 제시하고 그분과의 살아 있는 관계를 원활하게 하는 것이다. 이것이 제사장적 기능의 정수이며 이것이 진정한 복음 전도다(롬 15:15-16). 예수님의 인격이 우리가 하는 일의 진원지다. 그분이 만물을 빚으신다. 교회는 만물이 예수와 연결되도록 해야 하며, 여기서 나오는 책임 의식이 어떻게 교회로 **존재할 것인지**, 교회가 무엇을 어떻게 **할 것인지**를 결정하는 것이다. 아래의 도표는 근원이신 그리스도로부터(중심) 출발하여 교회를 하는 특정한 형태와 기능에 관한 부수적인 결정에(가장자리)

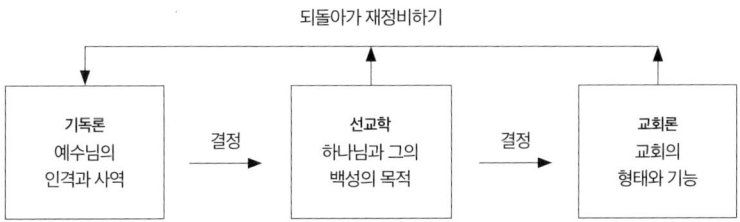

이르는 타협할 수 없는 운동을 잘 보여 준다.

우리의 기독론이 선교학에 영향을 미치고, 이어서 선교학이 우리의 교회론을 결정한다. 순서를 바꾸어 교회론이 우리의 목적 의식과 선교를 결정하게 하면 우리는 결코 예수님의 제자가 될 수 없고 진정성 있는 선교적 교회가 될 수 없다. 이 기본 공식을 잘못 취한 교회들은 선교에 실제적으로 참여할 수 없고 예수님과 관계가 끊기고 만다. 이런 교회들은 예배의 형태, 교회 기물, 예배와 프로그램의 시간대를 토론(혹은 논쟁)하느라 시간을 다 써 버리고, 교회론이 선교 의식에서 자연스럽게 흘러나오는 것이라는 사실을 인식하는 데 실패하게 된다. 이런 교회들은 결과적으로 폐쇄적 방식의 구조가 되어 버리고 중심에 계신 예수님을 경험하는 것은 '그땐 그랬지'라는 식의 기억으로만 남게 된다. 그것은 지금 경험하는 선교가 아니라 과거 역사의 문제가 된다. 교회는 선교를 통해서 예수님과 연결되는 것이지, 교회의 모임을 제대로 한다고 해서 예수님과 연결되는 것이 아니라는 사실을 깨닫는 것이 중요하다.

중심 구조의 또 다른 이점이 있다. 이는 엄청난 다양성을 허용하면서도 예수님에 기초한 그리고 우리 조직의 특징적인 가치를 통해 스며 나오는 더 심오하고도 근원적인 통일성을 허용한다는 것이다. 중심은 분명하고 가장자리는 흐릿한 패러다임은 많은 다양한 사람이 교회를 통해 예수님께 몰려들게 한다.

그렇다면 이것은 어떤 모양일까? '중심이 분명'하려면 어떻게 해야 하는가? 앨런이 원래 섬기는 공동체인 사우스멜버른의 회복 센터(이제는 Red라고 불린다)에서는 중심에 있는 신학적 우선순위들을 다음과 같이 보여 준다.

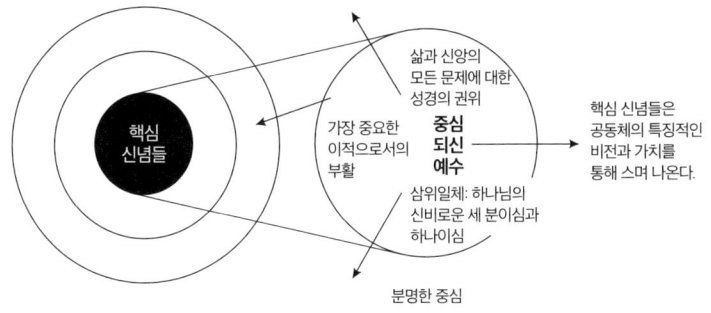

사우스멜버른 회복 공동체의 신학적 구조

신학적으로, 사우스멜버른 공동체는 성경적 신앙(성경의 권위, 부활, 삼위일체)의 핵심에는 열렬하게 헌신했지만, 이런 신념들이 어떻게 표현될 수 있는지는 규정하지 않는다. 이런 핵심적 신앙의 교의들을 분명히 하는 데 리더십이 특별히 필요하다. 그러나 다른 사람들도 이런 신약적 신앙의 측면들을 자신의 것으로 삼기 위해 얼마든지 탐구할 수 있다. 나아가 성경의 좀 더 주변적 가르침들(예를 들면 세례 방식)은 진지하게 다루되 공동체에서 절대적인 것으로 삼지 않고 넓고 다양한 해석을 허용하고 장려한다. 이런 핵심 신념들은 특징적인 비전과 가치와 특별한 목적 의식과 하나님 앞에서 교회가 가지는 선교 의식을 통해 스며나온다. 이 모든 것은 모두가 함께하는 놀라운 추구가 된다. 신앙은 쉬운 공식으로 정리되어 모든 신자에게 주어지거나 미리 다 씹어둔 음식으로 제공되지 않는다. 이로 말미암아 새로이 등장하는 전 지구적 문화 속에서의 선교에 너무나 중요한 바로 그 여정이 시작된다.

특히 우리는 현재 18세에서 35세에 걸친 소위 밀레니엄 세대를 이끄는 한 가지 방식을 제시하기 위해 두 가지 은유를 섞고자 한다. 하나는 고양이들을 몰아가는 것이고 하나는 말들을 물가로 인도하는 것이다. 고양이들을 몰아 본 적 있는가? 이놈들은 단순하게 줄지어 가지 않고 사방에 기어오르고 여기저기 흩어질 것이다. 고양이는 난폭한 개인주의자들이다. 당신이 만일 고양이에 대해 잘 안다면 고양이를 몰고 갈 수 있을 것이다. 그들이 배가 고플 때 음식 접시를 내려놓으면 결국 따라올 것이다. 또 말을 물가에 데리고 갈 수 있지만 마시게 할 수는 없다는 말이 있다. 정말 그럴까? 말에게 소금을 주면 이내 물을 벌컥벌컥 마실 것이다. 이것을 확장하면, 새로이 등장하는 전 지구적 문화 속에서의 리더십은 (1) 제대로 된 음식을 제공하는 것과 (2) 배고픔을 배양하는 것에 초점을 맞출 필요가 있다. 다시 한번 기독론의 문제가 맨 앞에 나오게 된다. 예수님은 항상 대중 설문 조사에서 높은 인기를 얻으신다. 그분은 교회의 주요한 선교적 '자산'이다. 지금은 그분을 다시 한번 교회의 중심에 둘 때다.

생태적 리더십

10장에서 우리는 개척 단계의 조직은 항상 (1) 유기적이며 (2) 재생산 가능하며 (3) 지속 가능한 학습 체제로 기획되어야 한다고 간단하게 언급했다. 우리는 이런 특징들을 에베소서 4장에 제시된 APEST 사역과 함께 제시했다. 여기서 우리가 하려는 일은 이 주제들을 확장하여 새로운 선교적 시도와 교회 개척을 하려고 하는 모든 이에게 기본 출발점으로 제시하려는 것이다. 우리가 이것을 생태적 리더십이라고 하는 것은 이 원리들이 우리가 살고 있는 생태계에서 나왔기 때문이다.

유기적인

여기서 유기적이라는 말은 교회가 기계적인 형식으로 표현되는 구조에 반대하여 역동적이고 살아 있는 유기체로서 그 본질에 충실하다는 단순한 의미다. 이것은 또한 어떤 공동체의 삶·기능·목적의 모든 차원은 서로 연결되고 관계를 맺는다는 점에서 그 공동체가 세워지는 방식을 말한다. 그리고 이것은 기본적으로 환경에 대해 반응하려는 특성을 가진다. 우리는 리더십이 시스템 안에서 실제로 역할을 하기 **전에**, 유기적인 인사 시스템을 의도적으로 구축해야 한다고 생각한다.

불필요하게 문제를 일으킬 뜻은 없지만 우리 두 사람은 모두 후기 크리스텐덤 시대의 선교적 리더십은 교회의 크기나 프로그램과 관련하여 매우 신중할 필요가 있다고 느낀다. 서구의 새로이 등장하는 전 지구적 문화 속에서 분화와 부족화가 일어나고 있으며 더 작고 더 유기적이고 선교적인 단위의 시대가 밝아 오고 있다. 이것이 초대교회 시대와 유사한 것은 놀라운 일이 아니다. 초대교회 역시 선교적 위치에 있었고 후대의 크리스텐덤 교회처럼 자신이 문화의 중심에 있어야 한다는 권리를 주장하지 않았다. 여기서 크기가 문제가 되는 것은, 좀 더 작은 선교 단위들이 서로 다른 하부 문화 속에서 훨씬 유기적으로 그들이 속한 지역 공동체에 정확히 반응하기 때문이다. 이 작은 선교 단위들은 자동화된 조직이 아니다. 이들은 매끈하고 세련되지는 않지만 풍부하고 질감이 있다. 여기에는 진실한 인간성이 있으며, 대형 교회에서는 보기 힘든 수준의 공동체 와 상호 연대 의식이 있다. 우리는 대형 교회의 정당성을 부정하는 것이 아님을 분명히 하고 싶다. 반대로 우리는 새로이 등장하는 전 지구적 문화 속에서 교회의 다양한 모델이 필요하다고 믿으며 거기에는 분명 대형 교회도 포함된다. 요점은 대형 교회는 다만 교회 되기와 교회 하기의 **한 가지** 방식이어야 한다는 것이다. 오래 지속되는 유기적·영적 건강을 위해서는 생태적 다양성이 필요하다.

또한 우리는 교회 개척이라는 것이 대형 교회를 모델로 삼고 교회를 세우는 데 목표를 두어야 한다는 일반적인 전제에 의문을 제기한다. 새로이 등장하는 선교적 교회들을 보면 교회를 이해하고 운영하는 방식에서 그 다양성이 증대되고 있으며, 분명 더 작고 더 리듬감 있고 유기적인 공동체로 가는 경향이 있다. 지금 우리는 가정, 카페, 직장, 댄스 클럽, 공원, 온라인, 기타 다른 통로로 모이는 교회들의 출현을 보고 있다. 우리가 소개할 수 있는 대부분의 더욱 유기적이고 선교적인 교회들은 의도적으로 **작은** 공동체를 만들고 있고 교회 성장보다는 교회 개척을 통해 대위임령을 성취하려고 한다. 우리가 믿기로 이것은 새로운 상황에 더욱 선교적으로 반응하는 것일 뿐 아니라 신약의 교회론과 선교적 실천에 더 가까운 것이다. 가정 교회는 신약의 선교적 공동체의 주요 단위였다. 오늘날의 가정 교회 운동처럼 집에서 모이는가 아닌가는 중요하지 않다. 중요한 것은 특별한 교회 건물을 필요로 하지 않는 더 작고 더 다양하며 덜 조직적이고 삶 지향적이며 선교적이고 관계적인 신앙 공동체를 이루는 경향이 있다는 점이다.

교회 크기에 직접적으로 연관된 것이 프로그램의 문제다. 우리는 수많은 교회가 탁월한 프로그램을 통해 수적으로 성장했지만 진정한 공동체성과 오래 지속되는 유기적인 건강을 잃어버리고 비극적인 값을 치르는 것을 보았다. 핵심 리더들이 자연스러운 공동체 생활을 프로그램화해 버리기 쉽다. 메노나이트 선교학자인 제임스 크레빌(James R. Krabill)은 이렇게 말한다.

더욱 선교적이 된다는 것은 실제로는 일을 더 적게 하는 것을 의미할 수 있다. 남미 속담에 이런 말이 있다. "당신이 어디에서 왔는지, 어디로 가는지 모른다면 아무 버스라도 타라." 어떤 교회는 분명 너무 많은 버스를 타고 있다! 그들에게 필요한 것은 더 이상의 혼란이 아니라 초점이다. 선교적 교회가 되는 훈련은 그런 초점을 제공할 수 있다.[5]

우리는 수적 교회 성장에만 몰두하여 자연과 생물학에서 배운 대로 더 유기적이며 자연적인 성장 방식으로 교회를 번식시킨다는 개념을 놓쳐 버린 듯하다. 그 결과 사람들을 관리해야 하는 대형 교회가 세워지고 행정 프로그램이 점점 더 강조되며, 크고 비싼 건물을 단차원으로만 사용하게 된다. 이런 시스템에 있는 소그룹이란, 교회가 그 유기적인 크기의 최대치를 넘어 성장함에 따라 공동체성을 잃어 가는 현상을 보완하는 유사 공동체(pseudocommunity)의 모습이 되기 쉬울 것이다.

교회의 삶을 제도화하려는 노력은 매우 유혹적인 것(그리고 쉬운 것)이며, 그렇게 자동화된 생산 라인 같은 교회 경험이 만들어진다. 이렇게 하여 우리는 건강한 유기적인 그룹들의 특성인 더 건전하고 혹은 더 혼란스러운 삶의 측면들 중 어떤 것을 잃게 된다. 교회가 수적으로 커지면 커질수록 그 시스템·구조·사회적 모습은 훨씬 더 기계처럼 되고 유기적이 되지 못한다. 교회 성장 이론은 교회가 성장 단계를 따라 나아갈 때 리더십 유형이 변화해야 한다고 말한다. 담임 목사는 풀뿌리 차원의 활동에서 점점 멀어져서 교회 시스템의 CEO가 된다. 이는 기업 조직의 성장 패턴과 다를 게 없으며, 통하기는 하겠지만 한편으로 공동체의 영적이고 선교적인 건강에서는 엄청난 값을 치러야 할 것이다. NCD 연구소(Institute for Natural Church Development)는 생물학적 (유기적) 교회에 대한 방대한 국제적 조사에서, 실제로 좀 더 작은 교회들이 큰 교회들과 대등한 건강성을 가지고 있다는 흥미로운 사실을 발견했다. 게다가 그 작은 교회들은 선교적 성장이나 전도의 면에서 훨씬 효과적인 것 같다.

우리는 사역의 빈 곳을 채워 넣기 위한 수단으로 프로그램을 만드는 것에 대해 상당히 회의적이다. 프로그램은 중요하지만 모든 매체는 그 자체의 고유한 메시지를 가지고 있으며, 우리가 도구를 만들지만 다시금 그 도구가 우리를 만들어 낸다는 것을 기억할 필요가 있다. 진정한 그리스도인 공동체가 발전하고 유지되려면 부드러운 리듬, 사회적 생태, 단순하게 기획하거나 프로그램화할 수 없는 우연한 발견의 요소가 필요하다. 리더들은 또 다른 프로그램을 시작하기 전에 먼저 그것의 정당성을 정말로 입증해야 한다. 자연을 보며 단서를 찾으라. 식물을 잘 키우기 위해서는 식물 고유의 본성과 그 환경을 잘 보아야 한다. 물을 너무 많이 주거나 너무 적게 주든지 거름을 너무 많이 주거나 너무 적게 주든지 하면 식물은 죽게 될 것이다. 식물이 자라고 번식하기 위해 서는 빛과 어둠의 순환적 리듬이 필요하다.

유기적 교회를 만들어 나가기 위한 매우 중요한 또 다른 요소는, 교회를 개척하는 선교사들이 교회가 어떤 모양을 가져야 할지 또 어떻게 조직되어야 할지는 미리 알 수 없음을 인정해야 한다는 것이다. 서로 다른 정원 식물들은 서로 다른 성질을 가지며 그들이 어떤 모습이 될지는 환경이 여러 방식에서 결정한다. 이와 같이 새로이 등장하는 선교적 교회들도 그들만의 본질과 운명 의식(DNA)과 같은 것을 가질 것이며 그들의 특별한 환경이 그들이 취할 형태와 구조를 대부분 결정할 것이다. 교회를 개척하는 선교사들은 그 상황에 매우 주의 깊게 귀 기울이지 않고서 교회가 무엇이며 어떤 모습이어야 하는지 자신이 안다고 생각하지 말아야 한다. 우리는 인턴들에게 이렇게 하라고 가르친다.

- 자신이 속한 혹은 타깃으로 삼은 지역 공동체의 사회적·유기적 리듬을 주목하라.
- 사회적 행동 관습들을 관찰하라.
- 그 지역 공동체의 사회적 중심이 어디에 있는지 물으라. 혹은 로스앤젤레스 '밀레니아 콥'(Millenia Co-op)의 브라이언 올만(Brian Ollman)이 종종 물은 질문도 있다. "어디가 개미가 지나간 자리인가? 그리고 그것은 우리를 어디로 이끌고 있는가?"
- '이 그룹의 사람들에게 교회란 무엇인가?' 그리고 '이 특별한 문화 속의 사람들 가운데서 예수 중심의 신앙 공동체는 어떤 모습이어야 할까?'를 물으라.
- 외부의 인위적인 교회 모델을 수입하지 말라. 그 문화 혹은 하부 문화에 맞는 토착적인 모델을 개발하라.
- '무엇이 이 지역 공동체에 좋은 소식(복음)인가?'를 계속 물으라.

재생산 가능한

교회 성장의 언어에 '덧셈이 아닌 곱셈 번식'(multiplication not addition)이란 개념을 소개한 것은 크리스찬 슈바르츠(Christian Schwarz)와 NCD 연구소다. NCD가 의미한 바는 우리가 교회 개척이나 다른 수단으로 곱셈 번식하기보다 오랫동안 지역 교회에 새로운 교인을 추가하는 방식을 통한 성장에 매진했다는 것이다. 우리는 이 곱셈 번식 개념 대신에 자연이나 역사에서 실제로 일어난 유기적 성장이 어떻게 일어나는지를 묘사하는 '대사적 성장'(metabolic growth)이란 용어를 사용하고 싶다.

영화 〈아름다운 세상을 위하여〉(Pay It Forward)는 이 대사적 성장의 예를 심오한 방식으로 보여 준다. 영화에서 한 교사는 학급에 있는 12세 아이들에게 프로젝트를 제안한다. 그 프로젝트는 바로 세상을 바꾸는 것이다. 헤일리 조엘 오스먼트(Haley Joel Osment)가 연기한 한 학생이, 두 사람에게 선을 행하기로 결심하면서 그 두 사람이 자기에게 되갚지 않고 또 다른 두 사람에게 선행을 행하도록 하는 조건을 걸었다. 즉 되갚는 것이 아니라 '다음 사람에게 갚기'(pay it forward)였다. 영화는 이 단순한 생각이 세상을 바꾸는 영향력을 가진다는 것을 보여 준다. 한 사람이 시작한 선행이 두 사람으로 번식하고 그다음에는 네 사람, 그다음에는 여덟 사람, 열여섯 사람, 그렇게 계속되는 것이다.

체스 게임을 발명한 사람의 유명한 이야기도 있다. 이 업적에 대한 보상으로 인도의 왕은 그에게 한 가지 소원을 들어 주겠다고 제안했다. 가장 '적절한' 보상으로서 그는 체스 판의 첫 번째 칸에 쌀 한 알, 두 번째 칸에는 두 알, 세 번째 칸에는 네 알, 네 번째 칸에는 여덟 알, 이렇게 계속해서 주십사 부탁했다. 처음에는 가볍게 생각하고 웃음을 지었던 왕은 끝내 그 청을 들어 줄 수 없었다. 그는 쌀 낱알을 2^{63}개나 생산해야 했다. 그것은 9,223,372,036,854,780,000개의 낱알 혹은 1530억 톤의 쌀인데 천년 동안 수확을 해서 얻을 수 있는 것보다 많은 양이었다. 이것이 우리가 대사적 성장이라고 말하는 것이며 다음 그림과 같이 나타낼 수 있다.

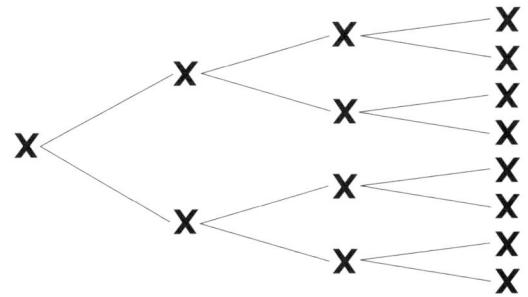

　마케팅의 권위자 세스 고딘(Seth Godin)은 마케팅을 비롯한 일반 개념들 속에서 대사적 성장을 표현하기 위해 **아이디어 바이러스**란 말을 만들어 냈다. 고딘의 개념에서 아이디어 바이러스란 대상 청중 안에서 닥치는 대로 혼란을 일으키는 어떤 큰 아이디어다. 이것은 한 대중 집단의 상상과 생각을 사로잡고 유행하는 개념으로, 이것에 접촉하는 모든 사람을 가르치고 바꾸며 영향을 미친다. 그는 오늘날 즉각적으로 빠르게 변하는 세계에서는 아이디어 바이러스로부터 사업을 세우고, 시작하고, 이윤을 내는 기술과 과학이 첨단 분야가 되리라 주장한다. 당신은 핫메일(Hotmail)을 사용해 보았는가? 그렇다면 그것은 핫메일이 텔레비전 광고를 많이 해서가 아니다(그들은 광고를 하지 않는다). 그것은 이 회사의 가장 핵심에 있는 기본적 상술 때문이다. 핫메일의 선언은 어느 곳에서나 접근 가능한 무료 이메일을 주겠다는 것인데, 이 약속의 매체를 통해 당신에게까지 이르게 된 것이다. 어떻게 그런 생각이 퍼지는지를 아는 것, 그리고 어떻게 빨리 퍼지는지를 아는 것이 아이디어 바이러스 확산의 진수다. 이것이 서구 교회의 선교에서 한 가지 전략적인 사고가 될 수 있고 그렇게 되어야 한다.

　아이디어 바이러스는 말 그대로 바이러스처럼 단순히 어떤 생각을 전염시키는 것이다. 독감 바이러스가 공기를 통해, 혹은 감염된 물건이나 사람들의 접촉을 통해 얼마나 빨리 퍼지는지를 보자. 컴퓨터 바이러스가 인터넷을 통해 일주일 안에 전 세계의 컴퓨터들을 망가뜨리는 것을 본 적 있는가? 이런 것이 실제적인 대사적 성장이며 선교적 리더는 이것을 감히 무시할 수 없다. 덧셈만으로는 더 이상 안 되며, 이 사실을 놓치는 것은 세상을 진정 복음화하는 가능성을 놓치는 것이다.

우리는 유기적 곱셈 번식의 기제를 발견할 필요가 있다. 우리의 다양한 상황에 이것이 던지는 질문은, '이 그룹 혹은 이 문화 속에서 복음의 아이디어 바이러스를 만들어 낼 수 있는 매체는 무엇인가?'이다. 우리는 모든 위대한 아이디어 바이러스가 했던 것처럼, 우리의 메시지를 불어넣어 **미친 듯이** 퍼지게 할 수 있게 하는 전략적인 매체를 찾아내야 한다. 고딘은 이렇게 말한다.

> 책을 전부 읽을 시간이 없다면, 그 요점을 설명해 주겠다. 사람들을 막아 세우는 마케팅은 더 이상 비용 대비 효율적이지 않다. 거대한 집단 속에서 사람들을 찾아내어 그들이 원하지 않는 마케팅 메시지를 보내면서 누군가가 당신에게 돈을 보내 주리라 기대할 수 없다. 그 대신 미래는 관심 있는 사람들이 서로가 시장이 될 수 있는 기반과 과정을 만들어 주는 마케터의 것이다. 소비자 네트워크의 불을 댕겨, 거침없이 그들이 서로 말하게 하라.[6]

계속하여 그는 전략적인 선교 지도자들이 세상을 변화시키는 데 도움이 될 만한 조언을 한다.

한 아이디어 바이러스가 어떻게 스스로를 드러내는가? 그것은 어디에 존재하는가? 어떤 모습으로 보일까? 모든 종류의 아이디어들이 비슷하다고 생각하면 도움이 된다. 이들은 '선언'(manifestos)이라 불릴 수 있다. 아이디어 선언은 강력하고 논리적인 '논설'로, 기존의 생각들의 뭉치를 모아서 새로운 것을 만들어 낸다. 이따금 어떤 선언은 기록된 논설이다. 그러나 그것은 이미지나 노래나 멋진 작품 혹은 과정일 수 있다. 매체는 중요하지 않다. 메시지가 중요하다. 모든 종류의 생각들을 그 형식을 불문하고 다 모아서 같은 범주(선언)로 넣은 것으로, 그 것들을 동일한 것의 다른 버전들로 생각하는 것이 훨씬 쉽다. 사람들이 생각하고 말하고 행동하는 것을 변화시키기 위해 당신의 선언을 사용할 수 있는 한 당신은 가치를 창출하는 것이다. 생각을 옮기기 위해서는 매체 안에 그것을 넣어야 한다. 그것은 그림, 문구, 글, 영화, 심지어 수학 공식($e=mc^2$)일 수 있다. 아이디어 바이러스를 전달하는 데 사용되는 매체는 성장이 얼마나 순탄할지, 그리고 얼마나 빠를지를 결정한다. 요점을 말하자면 모든 아이디어는 선언이며 매개는 그 아이디어가 거하는 실체다.[7]

매체는 입에서 나오는 말일 수도 인터넷일 수도 있고 유기적인 교회 개척일 수도 있고 '다음 사람에게 갚는' 유형의 선행을 베푸는 활동일 수도 있다. 무엇이든 간에 복음의 사상이 우리가 속한 지역 공동체에 전해지도록 하기 위한 수단이면 된다. 요령은 그것을 찾고, 필요하면 만들어 내고, 그것을 사용하여 당신의 생각을 전달하는 것이다. 그렇게 보면 고딘이 아이디어 바이러스를 제때 퍼뜨리는 가장 강력한 수단인 인터넷을 통해 자신의 생각들을 자유롭게 다운로드할 수 있도록 마케팅한 것은 놀라운 일이 아니다.

진정한 의미에서 재생산 가능성(그리고 아이디어 바이러스)이라는 요소는 실제로 유기적 교회라는 개념의 확장이다. 재생산 가능성은 모든 생물학적 체계에 고유한 것이다. 이는 우리 자신의 몸이나 가까이에 있는 나무를 보면 된다. 모든 살아 있는 체계의 근본적인 목표는 어떤 형태로든 자손을 확보하는 것이다. 사과나무는 열매를 생산해 내고 그 열매 속에는 씨앗이 있다. 씨앗에는 미래의 사과나무를 생산하게 하는 모든 것이 들어 있다. 건강한 신앙 공동체를 세우기 위해서는 리더십이 유기적 체계들로부터 매우 진지하게 배워야 한다고 우리는 제안하고 싶다. 우리 목표는 **항상** 재생산 가능성이어야 한다.

선교적 리더는 어떤 새로운 시도를 시작하기에 앞서 재생산 가능성이라는 개념에 진실하게 헌신해야 한다. 그 리더나 선교팀이 재생산 가능성을 최우선적이고 타협할 수 없는 헌신의 영역으로 여기고 출발한다면, 교회의 생태는 재생산 가능성에 대한 헌신을 위주로 설계될 것이고 그것을 부수적인 것으로 여기거나 어떤 부속품으로 덧대려 하지는 않을 것이기 때문이다. 지난 10-20여 년 동안 우리는 이런 현상을 미국과 호주와 영국에서 봤는데 교회는 교회 개척을 다만 성장과 선교를 위한 전략으로 여겼지 그것을 합리화하고 거기에 에너지를 제공하고 지탱할 수 있는 DNA는 부족했다. 진정한 선교적 성장의 모습인 교회 개척에 헌신하는 것은 높이 사겠지만, 주류 교회들이 이 일을 인위적으로 했기 때문에 여러 교회 개척 사업이 뿌리내리지 못했다. 씨앗은 나무를 낳고 나무는 씨앗을 낳는다. 이 모든 것이 DNA에 들어 있다.

재생산 가능성에 관련된 마지막 요소는 열매 맺음(fruitfulness), 혹은 NCD가 기능성(functionality)이라 부르는 것이다. 번식력과 열매 맺음은 인간의 몸을 포함한 모든 생물 체계가 본래 지니고 있는 것이다. 열매 맺음은 실제로 하나님의 창조 세계가 생존하고 성장하는 수단이다. 열매 맺음이 없으면 종족의 생존은 중대한 위협에 처한다. 달리 말해 동물이나 나무가 재생산하지 않으면 무언가 잘못된 것이다. 우리는 동일한 잣대를 교회와 교회의 삶에 적용해야 한다고 생각한다. 우리는 유기적으로 재생산하지 못하는 교회들은 실제로 복음 그 자체에 함축된 의도를 놓쳐 버린 것이라고 믿는다. 복음은 본질상 전달되는 메시지(씨앗, 아이디어 바이러스?)다. 복음이 전달되지 못하면 교회는 주어진 상황 가운데서 불임의 상태에 있는 것이다. 성경은 열매 맺음(그리고 결과적으로 생기는 축복) 혹은 열매 없음(거기에 합당한 심판)과 관련한 이미지들로 가득 차 있다. 예를 들어 요한복음 15장과 예수님의 많은 비유들은 이 문제를 직접적이고 불가피하게 제기하고 있다. 지금 우리의 시스템이 열매를 맺지 않고 있다면 우리는 심각한 문제 제기를 해야 할 것이다.

지속 가능한

지속 가능성은 건강한 선교적 리더십과 구조의 생태를 만드는 마지막 요소다. **유기적 성장**이 선교적 교회에 올바른 내적 삶과 적절한 구조를 확보해 주고, **재생산 가능성**이 교회로 하여금 복음에 진실하여 선교적으로 정직하게 해 준다면, **지속 가능성**(sustainablity)은 교회가 장기적으로 과업을 유지할 수 있도록 보장해 준다.

개척 리더십의 근본적인 전제로서 지속 가능성을 생각한다는 것은, 조직이 뿌리를 내리고 자라며 주어진 상황 속에서 오랫동안 잘 살아갈 수 있는 방법을 진지하게 고민해야 한다는 것을 의미한다. 나아가 리더십은 조직이 그 생명 주기의 모든 국면을 따라 지속될 수 있는 방법을 찾아야 한다는 것을 의미한다. 조직의 지속적인 **반응** 능력(response-ability)을 항상 마음에 두어야 한다. 비즈니스 세계는 이것을 잘한다. 왜냐하면 당연히 그래야 하기 때문이다. 이 영역에서 실패하는 회사는 도태된다. 건강한 기업은 자신이 처하는 고통과 어려움을 훌륭한 교사로 삼아 리더십과 조직으로 하여금 반응하도록 하며 새로운 상황과 도전에 적응하게 한다. 날마다 적극적인 기업 의사 결정에 직면하는 세상의 리더들은 지속 가능성이 '최저선'(bottom line)이라 부르는 것과 바로 연결된다는 것을 알고 있다. 최저선을 가진다는 것은 경영과 리더십이 항상 시장에 민감해야 하며 기업의 기반 구조에 주의를 기울여야 한다는 것을 의미한다. 항상 개선하고 적응하며 반응하지 않으면 기업은 도태되고 만다. 비즈니스의 최저선은 수익성이겠지만, 교회는 그런 회계적 기준이 아니라 오히려 사명을 성취했는가 아닌가의 기준으로 성공을 잴 것이며 그것이 최저선이다. 그 평가는 좀 더 어렵겠지만, 개선하고 적응하며 주변 문화에 반응하는 일에 헌신된 교회는 그렇지 않은 교회보다 더 지속 가능할 것이다.

비록 교회들이 지속 가능성을 수익을 내는 것과 동등하게 보지는 않더라도, 성장하는 건강한 교회나 기관이나 사역팀을 후원하기 위해 건전한 계획을 세우는 것은 교회의 지속 가능성에서 중요한 측면이다. 일반적으로 서구 상황에서 교회들은 사역의 후원을 받는 일에서 기본적이고 분명한 한 가지 형태만을 생각하는데, 그것은 중앙화된 모금 방식이다. 목사 혹은 리더는 지역 교회나 기관에서 모금한 재정에서 사례를 받는다. 그러나 잠시 여기에 문제를 제기해 보자. 이런 후원 구조에서 교회의 사역팀 규모가 교회의 크기에 직접적으로 비례해서

꾸려진다. 교회 공동체의 재정 규모에 따라 다르겠지만 유급 사역자의 비율은 보통은 70인당 한 명이다. 척박한 선교적 상황에서 이것은 실패하는 공식이다. 나아가 중앙 집중적인 재정 구조는 사역자 혹은 리더를 그룹의 주된 관심에 경제적으로 복속시킨다. 자신에게 봉급을 주는 그룹에 대해 선지자적 사역을 하기는 매우 어려운 법이다. 그리고 이렇게 진정한 선지자적 사역을 감당하지 못하게 되면 사역과 교회는 제도화된다. 리더십은 항상 교회 내의 반발 그룹의 볼모가 되고, 변화는 너무나도 어려워진다.

후원 시스템을 유기적으로 생각한다면 상황은 훨씬 나아진다. 우리는 개척하는 리더들이 자기 자신과 자신이 이끄는 사람들에 대한 다른 후원 방식을 생각해 보기를 제안한다. 여기서 우리는 그 유효성이 입증된 세 가지 개인적 후원 방식을 제안한다.

두 개 이상의 직업 혹은 자비량 이 모델에서 리더, 목회자 혹은 선교사는 두 곳에서 일한다. 그 사람은 직접적인 선교적 상황에서의 사역을 스스로 지탱하기 위해 교회 밖의 환경에서 일할 수 있다. 이것은 큰 이점을 가지고 있다.

- 교회나 선교 기관에서 리더로 활동하는 데 특정한 자유를 준다.
- 그룹이 리더십을 조종할 기회가 적다. 사랑의 수고가 있을 뿐이다.
- 기독교 사역자가 비그리스도인들과 항상 의미 있는 상호 관계를 맺고 있기에 선교적으로 정직함을 유지하게 된다.

선교 후원 교회는 보통 이것을 해외 선교와 연관하여 생각하지만 서구적 상황에서의 선교는 잘 생각하지 못한다. 그러나 이것은 장기간에 걸친 선교가 지탱될 수 있는 최선의 방식 중 하나다. 선교 후원 시스템을 마련할 때의 유익은 다음과 같다.

- 선교사는 자신을 후원하는 사람들과 직접적이고 종종 오랜 기간 동안 관계를 맺는다. 이들 중 많은 사람은 기존의 관계 때문에 선교사를 더 잘 후원하려는 가족이나 친구들이다.
- 선교사는 자신이 받는 후원에 대한 책임이 있으며 후원 기반을 유지하는 것은 사역의 일부가 된다. 그럴 때 사역자와 후원 그룹은 기도를 더 많이 하게 된다.
- 선교팀은 비전과 그 팀원을 충원하는 능력에 따라 필요한 만큼 크게 자랄 수 있다. 이처럼 이 시스템은 지속 가능할 뿐 아니라 재생산 가능하며 유기적이다.

중앙 집중식 모금 우리는 이미 이것을 사역 후원의 전통적 형태로 언급했다. 이것은 몇 가지 문제를 지니고 있지만 여전히 실행 가능한 후원 형태다. 선교에 종사하는 사역자들은 이중 직업을 가지거나 후원 팀을 가질 수 있겠지만, 행정 직원들을 후원하는 데는 중앙 집중식 모금 방법을 사용할 수 있다고 본다. 이런 형태의 모금은 교단 차원에서 혹은 '모교회'로부터 올 수 있다.

혼합 어떤 상황에서는 앞에 언급한 방법들을 조화롭게 사용할 수 있을 것이다. 우리는 매우 효과적인 선교 기관들이 그 주요 사역자들을 후원하기 위해 한두 가지 방식들을 채택하여 지속 가능한 방식으로 성장하는 것을 보아 왔다. 멜버른과 방콕에서 빈민 사역을 하는 단체인 '도시 이웃의 희망'(Urban Neighbours of Hope)은 사역자들을 위해 중앙 집중식 모금을 전혀 하지 않고도 많은 교회들을 효과적으로 개척하고 훌륭한 빈민 사역을 했다. 호주와 인도에서 활동하는 '프런티어 서번트'(Frontier Servants)라는 그룹이나 미국, 캄보디아, 베트남의 '이너체인지'(InnerChange)도 마찬가지다. 샌프란시스코와 로스앤젤레스에 있는 우리의 예술-선교 사역 동지 중 몇 명은, 비슷하게 선교 후원과 텐트메이킹에 기반하여 일한다. 그것은 미래의 후원 시스템이다. 지금은 교회 개척자들과 기성 교회들이 이와 같은 식으로 해 보는 것을 고민해 볼 때다. 여기에 지속 가능성과 유기적 성장이 달려 있다.

당신과 같은 사람들을 재생산하라

제1세계에서의 교회 개척과 선교의 과업은 표준적인 사역 훈련의 방식과는 매우 다른 특별한 훈련을 요구한다. 교회 개척자들과 선교사들을 위한 직무 오리엔테이션은 일반 교회 기반 사역과는 다른 접근법이 필요하다. 서구적 상황에서, 선교사와 교회 개척자들이 요구하는 은사 유형과 훈련의 강조점은 특별하다. 만약 우리가 에베소서 4:11-12의 사역 유형과 기술에 대한 묘사(사도, 선지자, 복음 전도자, 목사, 교사)를 교회의 규범으로 받아들인다면, 그것은 각 유형에 대해 현재 행해지고 있는 훈련을 평가하는 분석적 틀을 줄 것이다. 선교적 리더십 개발을 위해 필요한 기술들은 이 본문에서 언급된 사도적·선지자적·복음 전도적 은사들과 연관된 기술 유형과 맞아야 한다는 것은 자명하다. 모든 교단 구조에서 행하는 보편화된 사역 훈련은 주로 목사와 교사에 연관된 은사 유형에 초점을 맞춘다. 그래서 성경, 신학, 윤리, 상담 과목이 우세하다. 물론 이러한 훈련을 얕보아서는 안 된다. 이런 유형의 사역 훈련이 교회의 지속적인 건강에 중요하기 때문이다. 그러나 21세기의 교회 개척이라는 복잡한 과업을 위해서는, 특별한 사역의 혼합 즉 사도적·선지자적·복음 전도자적 은사 유형을 강조하는 혼합을 더 중시해야 한다.

우리는 서구의 포스트모던 문화 속에서 일하는 교회 개척가 혹은 선교사는 신학적이고 사역적인 기술에 덧붙여 다음 기술들이 필요하다고 생각한다.

- 뚜렷한 창의적 기술을 개발하는 더욱 행동적인 접근
- 교회 문화에 반하는 대중문화를 해석하고 다루는 예리한 능력[8]
- 마케팅 유형의 전략을 수행하는 능력
- 기초적인 사회학적 조사 기술과 일반 사회 경향을 해석하는 기술
- '미디어 지식'을 포함한 혁신적인 복음 전도의 의사소통 기술, 그리고 리더십과 팀 개발 기술[9]

'새벽 프로젝트'(The Dawn Project)는 성공적인 개척 리더십 훈련 프로그램을 자극했는데, 앨런과 마이클과 다른 선교적 지도자들이 호주에서 '포지' 선교 훈련 네트워크를 전개하기 시작할 때 마음에 두었던 것이다. 우리는 선교적 리더십을 계발하는 전략적인 과업이 한 상황 속에서 어떻게 성공했는지에 대한 예로서 몇 가지 기본 철학을 여기서 제시하겠다. '포지'에서의 우리 사명 선언은 간단하다. "**호주와 뉴질랜드 그리고 그 너머에서 선교적 교회를 탄생시키고 자라게 하는**

것"이다. 우리는 핵심가치를 아래와 같이 잡았다.

- 선교에 대한 통전적 접근
- 선교적 리더십 계발에 있어서 행동-학습적 접근
- 모든 상황에서 적용하는 타문화적 선교 방법론
- 풀뿌리 운동의 정서
- 접근 방식의 다양성
- 교단을 초월하여 네트워크로 연결된 구조
- 열정적인 행동에 기반한 영성
- 우리가 하는 모든 일에서 창의성, 혁신, 실험을 추구
- 리더십과 선교를 위한 모델링에 우선순위를 둠

우리는 다음 결과를 성취하기를 기대한다.

- 전략적인 우선순위로서 선교를 격려한다.
- 새로운 교회와 선교 프로젝트의 숫자로 성장을 가늠한다.
- 선교적 리더십 계발을 지속적으로 가르친다.
- 호주의 교회를 섬기며 리더십을 제공한다.
- 교회의 선교적 정체성을 계발한다.
- 호주에서 선교사와 교회 개척가들의 능력 있는 네트워크 모임을 만든다.

또한 우리는 이러한 결과를 다음과 같은 방법으로 이루고자 한다.

- 미래 세대의 선교적 리더들을 일으키고 구체화하는 것을 통해
- 특히 개척적인 리더 유형을 개발하는 데 초점을 두는 것을 통해
- 모든 인턴과 학생들로 하여금 독특한 선교사적 정체성을 가지도록 자극하는 것을 통해
- 모든 특별한 상황에 적절한 선교 이론의 개발에 공헌함을 통해
- 어떤 식으로든 혁신과 창의성을 적극적으로 자극함을 통해
- 선교 과업에 초점을 둔 리더와 행동가의 에너지 넘치는 공동체/네트워크를 조정하는 일을 통해

또한 우리는 다음 교육 철학이 효과적인 선교적 리더십을 계발하는 데 매우 중요하다고 믿는다. 우리는 이것을 '포지'의 지도 철학으로 제시하는 것이지 모든 시스템에 규범으로 제시하는 것이 아니다. 그러나 이 모든 것이 일반적으로 리더를 훈련하는 일에 중요한 시사점을 가진다고 말하고 싶다.

행동의 상황이 중요하다 우리는 선교를 그 상황과 분리해서 배울 수 없다고 생각한다. 이는 리더십과 사역에도 똑같이 적용된다. 그러므로 학습과 훈련의 대부분은 학생의 본래 상황 혹은 인턴의 일터 혹은 선교 상황에서 일어나야 한다. 나아가 여러 다른 선교 상황에서 여러 다른 리더십 유형이 등장할 것이다.

상황이 모든 것이다 인턴들은 가장 민감한 학습 환경에 처하게 된다. 우리는 인턴들을 위험한 자리에 두거나 편안한 자리에서 나오게 하여 가장 잘 배울 수 있게 하려고 애쓴다. 그리고 나서 우리는 그들이 필요로

할 때 학습을 제공한다.

행동-성찰 학습 모델   우리는 행동이 성찰을 위한 출발점이며 그러므로 이것이 학습과 제자 훈련 과정에 기본적이라고 믿는다. 그러므로 진정한 학습은 주요한 행동적 요소 없이는 일어날 수 없다.

관계를 통한 능력 부여   우리는 관계가 리더십과 영향력을 전수하는 주요한 수단이며 선교적 리더들을 훈련하는 데 없어서는 안 되는 것이라 주장한다. 그러므로 주 단위 그리고 월 단위의 코칭 시간이 '포지'의 인턴십 과정의 근간을 형성한다.

실천가-교사   우리는 교사들이 개인적으로 <u>알지 못하는</u> 것을 가르치지 못하며 <u>스스로</u> 갈 수 없는 곳으로 학생을 인도할 수 없다고 생각한다. 이 점에서 우리는 전위적인 선교나 교회 개척 혹은 사역 프로젝트에 **현재 직접 참여하고 있는** 리더들이나 실천가들이 인턴들을 가르치도록 한다.

영감이 먼저, 그 다음에 지식   우리는 사람들이 지식으로만 동기를 부여받지 못한다고 생각한다. 진정한 동기 부여는 자신의 기본적인 열정과 소명과 연결될 때 일어난다.…그들은 하나님 나라를 위한 열정으로 **감동되고 영감을 받아야** 한다. 그러므로 우리의 집중 과정은 새로운 지식 정보를 주는 것이 아니라 영감에 초점을 맞춘다.

삶을 지향하는 경험적 학습   우리는 최상의 교육 이론은 학습이 학습자의 삶의 경험과 들어맞을 때 가장 효율적임을 확증한다고 믿는다. 학생들은 지식으로 채워 넣을 수 있는, 아무것도 써 있지 않은 백지라는 생각은 좋지 않은 신학이며 최악의 교육 철학이다. 그러므로 우리는 경험과 학습이 동시에 일어나도록 애써야 한다.

리더십의 원천으로서의 상상력 상상력은 비전과 혁신과 창의성의 기초다. 인턴과 학생들은 교회를 하고 교회가 되는 일에서 개척적이고 혁신적인 방법들을 생각하도록 자극받는다.

단순한 기술 훈련이 아닌 리더십 계발 우리는 리더십이 변화와 선교를 위한 중요한 지렛대의 영역이라고 믿는다. 우리의 주된 초점은 특색있는 **리더십** 자질과 특성들을 계발하고 북돋우는 것이며 그런 다음에 기술을 가르친다.

다면적 리더십 체계 우리는 교회가 진정한 선교적 교회가 되기 위해서는 사도적, 선지자적, 복음 전도자적 기능을 회복해야 한다고 믿는다. 우리의 훈련은 주로 선교와 리더십과 관련하여 이런 기능들을 계발하는 데 초점을 둔다.

'포지'에 무언가 특별한 것이 있다면 그것은 초교파적이고 학교 간 연합을 바탕으로 하며 다중 프로젝트의 성격을 지닌 네트워크라는 것이다. 우리는 인턴들이 그들 자신의 지역적 프로젝트에 계속 참여하면서 선교적 리더십 훈련을 하도록 코치하여 학점도 인정해 줄 수 있다. 우리는 '포지'가 교회를 위험에서 구원하기 위해 보냄받은 기병대라고 생각하지 않는다. 오히려 그것은 호주 교회를 위한 창의적이고 과감하며 혁신적인 새로운 세대의 리더십을 양성하는 겸손한 시도다. 여러분도 각자의 상황 속에서 같은 일을 할 수 있는 방법과 자리들을 찾기를 격려한다.

맺는 말

이 장을 마무리하면서, 그리고 이 책을 마치면서 우리는 19세기의 급진적인 제자 키르케고르가 말한 비유를 소개하려 한다. 이 비유에도 거위가 등장한다. 많은 사람, 특히 시골에 사는 사람들은 봄과 여름을 따라 세계를 다니며 긴 여행길을 떠나는 기러기들의 이동을 목격할 것이다. 독특하게도 기러기들은 날면서 소리를 낸다. 이 야생의 울음소리가 헛간의 먹이와 안전 때문에 위험한 여행을 포기한 길들여진 거위들에게 미치는 영향을 주목할 사람이 있다면, 그는 한 거위가 머리 위로 나는 야생 사촌을 보고 마당을 이리저리 뛰어다니면서 마치 이동하는 기러기들의 열렬한 비행을 흉내라도 내듯이 그 날개를 힘차게 퍼덕이는 모습을 보게 될 것이다. 기러기의 울음소리가 거위의 본성적인 그 무엇, 야생의 기억을 일깨우는 것 같다.

이 이야기는 여러 차원에서 우리에게 일깨우는 바가 있다. 한 차원에서 우리는 야생 기러기가 했던 바로 그 일을 하는 것이 리더십이 할 일이라고 제안한다. 즉 사람들을 선교와 하나님의 이름으로 참여하는 위험한 여행에 불러내기 위해 그들 머리 위로 날아오르는 것이다. 우리 자신이 날아야 하며 위험을 무릅쓰고 대륙을 건너는 긴 여행을 해야 한다. 리더십의 과업은, 확장해 말하면 선교적 리더들을 계발하는 과업은 사람들을 야생으로 불러내는 것, 그들이 자신이 만들어진 목적을 기억하도록 하는 것이다. 또 다른 수준에서 이 이야기는 근본적으로 우리는 예수 그리스도의 제자들임을 상기시킨다. 우리 문화 속 사람들의 머리 위를 날면서 우리가 할 일은 그들을 예수 그리스도를 통해 하나님께로 가는 위험하지만 믿기 어려운 본능적인 여행으로 불러내는 것이다.

이야기의 반전은 이렇다. 야생 기러기가 길들여지는 것은 볼 수 있지만 길들여진 거위가 다시 야생이 되는 것을 보기란 좀체 쉽지 않다는 것이다. 크리스텐덤에 길들여진 비선교적 교회와 안전한 중산층 생활은 우리를 마비시키고 무기력하게 만든다. 이를 주의해야 한다.

우리는 이 책을 "조금씩 바꿀 것인가, 확 바꿀 것인가?"라는 질문으로 시작했다. 우리는 상황이 그 정도로 절박하다고 생각한다. 서구 교회는 점점 더 부적실성과 무능함으로 서서히 진화(혹은 퇴보?)하든지, 아니면 혁명의 나팔에 화답하게 될 것이다. 우리는 서구 세계 속에서 그 번데기를 벗고 나오려 애쓰고 있는 선교적 교회에 정당성을 줄 수 있겠다는 소망으로 이 책을 썼다. 지금 나타나는 것처럼, 우리는 선교적 교회 프로젝트 전체가 더는 주변부적이고 불확실하지 않다고 생각한다. 그러나 그것이 완전히 주류가 된 것은 또 아니다. 지금 현재의 기성 교회나 기독교가 이 전체 프로젝트에 어떻게 반응할 것인지가 관건이다. 이들은 가장 이상한 자리에서 솟아나는 이 깨어지기 쉬운 새롭게 발현되는 교회들의 실험을 허용하며 자리를 내어 줄 것인가 아니면 더 주변부로 몰아낼 것인가? 기성 교회들은 그저 잠시 동안 더 많은 혼란과 불확실성을 견디어야 할 것이다. 혼돈은 항상 창의성과 같이 간다. 획일성은 상황을 통제하고 모든 새로운 시도를 억누르려 한다.

평가는 아직 이르다. 그러나 전략적인 교단 리더십 사이에서 크리스텐덤이라는 큰 배가 잘못 가고 있다는 의견 일치가 확장되고 있는 긍정적 징후가 있다. 비록 새로운 운동이 기존 체계의 생각과 활동에 비판적일지라도 그 등장을 인정하자는 동의가 확산되고 있다.

아마 더 중요하게는, 선교적 교회의 탄생은 충분히 많은 사람이 우리 시대의 중요한 문제들에 기꺼이 반응하려 하고, 새로운 형태의 교회를 꿈꾸려 하고, 그리고 사역과 선교의 새로운 방식을 만들어 내려고 시도할 것이냐 아니냐에 달려 있다. 대부분의 혁명이 그렇듯이 더 젊은 사람들이 실제적인 실험, 혹은 원한다면 '혁명'을 활발하게 이끌고 수행할 것이라고 우리는 믿는다. 필리핀의 '피플 파워' 혁명이나 인도네시아의 수하르토의 실각, 60년대의 꽃의 혁명 등은 모두 젊은이들에 의해 시작되었고 전개되었다. 우리 미래의 많은 부분이, 결단하고 헌신하기를 어려워하는 이 세대의 불확실한 손과 가슴에 달려 있다. 진심으로 기도하기는, 우리의 젊은이들이 습관적이고 익숙한 것의 속박에서 벗어나기 위해 필요한 용기를 가지기를 바라는 것이다. 전 세계 곳곳에서 이런 일이 정말 일어나고 있다는 징후가 있으며, 우리는 이를 기뻐한다.

우리가 파울로 코엘료(Paulo Coelho)의 말을 기억할 수 있기를 원한다. "범선은 항구에 있을 때 가장 안전하지만, 그러나 그렇게 하는 것이 범선이 만들어진 이유는 아니다."[10]

용어

APEST

에베소서 4장에 표현된 5중의 사역 공식을 설명하는 용어. APEST는 사도(Apostle), 선지자(Prophet), 복음 전도자(Evangelist), 목자(Shepherd, 목사), 교사(Teacher)의 첫 자를 따서 만든 말이다. 이 다섯 가지 역할 모두가 지역 교회의 리더십 안에서 활동할 때 그리고 교회가 전체로서 그 공동체적 삶 속에 이 다섯 가지 기능을 포괄할 때 APEST 방식의 리더십이 행사되고 있다고 말할 수 있다. 우리는 이러한 리더십 매트릭스가 몇 명의 지도자들에게 힘을 부여하고 대부분의 그리스도인들의 힘을 빼앗아 가는 삼각형 혹은 계층 모델의 해독제가 된다고 믿는다.

경계 구조 Bounded Set

경계 구조는 틀 안의 사람들과 틀 밖의 사람들을 분리하는 경계로 규정되는 일군의 대상들이다. 우리가 이 용어를 전통적인 교회를 언급하면서 사용할 때, 누가 교회 안에 있는지 또는 바깥에 있는지를 결정하는 법이나 규정을 만들려는 교회의 경향을 언급하는 것이다. 우리는 선교적 교회의 주요한 특질로서 거룩을 강력하게 지지하지만 그런 거룩은 어떤 인위적인 인간적 규칙이 아니라 그리스도를 얼마나 닮아 가는가로 판단되어야 한다.

교회 개척 Church Planting

새롭고 유기적이며 선교적-성육신적 신앙 공동체를 다양한 상황 속에서 시작하고 발전시키는 것. 우리는 모든 진실한 선교는 신앙 공동체의 탄생을 목표로 한다고 확언하고 싶다. 그래서 교회 개척은 진정한 선교적 전략의 본질적인 부분이다. 우리는 교회를 지역으로 나누는 교구 모델에 대한 신념에 제한받지 않기 때문에, 지역 이웃 간에 여러 개의 교회가 있을 수 있고 그 각각이 사회의 여러 계층에게 나아갈 수 있다고 믿는다. 교회 개척이 새로운 중산층 주거 지역에만 제한되어서는 안 된다.

교회론Ecclesiology
전통적으로 이것은 교회의 본질과 삶과 하는 일에 대한 성경적 가르침을 말한다. 교회론은 선교학에서 나와야 하며 선교학은 우리의 기독론에서 나와야 한다고 생각한다.

그리스도 중심적Christocentric
단순히 이것은 그리스도가 중심이시라는 의미다. 그리스도 중심적인 것은 그 조직적인 원리가 그리스도의 인격과 사역이라는 의미다. 이것은 '메시아적'이라는 용어와 같은 의미의 효력이 있다. 이것은 또한 선교적 교회는 그리스도를 중심에 모신 중심 구조가 될 것이라는 우리의 확신을 시사한다.

기독론/기독론적인Christology/Christological
본래 기독론은 메시아 예수님의 그리고 예수님에 관한 성경적 가르침을 포괄한다. 우리가 교회의 삶과 사역의 모든 차원에 기독론이 충만해야 한다고 말할 때 그것은 예수님이 우리의 삶과 교회와 제자로서의 자기 규정에서 처음이요, 최상이 되셔야 한다는 것을 의미한다. 이 단어가 형용사로 사용될 때 그것은 묘사된 요소가 주로 우리의 메시아 예수 경험과 이해를 통해 주로 언급되어야 한다는 것을 의미한다.

끄집어내는Extractional
불신자들을 회심시키는 크리스텐덤 시기의 교회의 행습을 묘사하는 선교학적 용어. 불신자들을 그들의 문화적 상황에서 끄집어내어 교회에 참여하게 하는 것으로, 그 결과 교회는 선교사로서 자기 그룹의 사람들에게 가는 데 비효율적이 되었다. 끄집어내는 방식은 선교적으로 볼 때 그 지배 문화로부터 교회가 단절되는 것을 악화시켰다. 끌어모으는도 보라.

끌어모으는 Attractional

기독교 선교에서, 불신자들을 기독교 공동체의 영향권 안으로 끌어들이기 위해 교회가 프로그램, 모임, 예배, 그 밖에 다른 일거리를 만들어 내는 한 가지 접근법. 물론 신약 교회가 사람들을 끌어당기는 매력적인 요소가 있었고 넓은 지역 사회에서 우호적인 평가를 받은 점이 있었지만 그것은 몇몇 상황에서였고, 현대의 교회는 거의 전적으로 그 지역 사회에 대해 끌어모으는 접근에 의존한다고 생각한다. 우리는 점점 비효율적으로 변해 가는 현재 교회의 선교적 입장을 가리키는 데 이 용어를 채용한다. 우리는 때때로 **끄집어내는**이라는 용어를 같은 의미로 사용한다.

리더십 매트릭스 Leadership Matrix

사역 매트릭스(아래를 보라)에서 추출한 사도적, 선지자적, 복음 전도자적, 목회적(목양하는), 교사적(가르치는) 리더십을 말하는 우리의 용어. 그렇게 볼 때 리더십은 **소명 안의 소명**이다.

메시아적인 Messianic

그리스도 중심적이라는 용어와 비슷하게 쓰인다. 우리가 이 말을 사용할 때 그것은 교회의 영성과 활동을 설명한다. 메시아적이 되는 것은, (1) 예수님이 행하셨던 것과 같이 행하는 것, (2) 본래 예수님의 인격과 관련하여 구성된 것, (3) 어떤 점에서 메시아의 왕국을 넓히는 행동을 말한다. 우리의 행동은 직접적으로 구속적이 되고 세상 속의 하나님의 일하심에 연결된다.

'미츠바' Mitzvah

'선한 행실'을 의미하는 유대 용어. 이것은 단지 도덕적 의미의 선함이 아니라 성결 혹은 거룩함이 그 주된 요소다. 이것은 예배의 행위로서 그리고 하나님의 계명에 순종함으로서 하나님을 향하여 하는 것이기에 거룩한 행위다. '미츠바'가 '카바나'(아래를 보라)를 가지고 행해질 때 그것은 수혜자에게 유익을 줄 뿐 아니라 행위를 하는 행위자에게도 유익이 된다. 거룩한 행동은 유대 영성의 주요한 초점이다. '미츠바'는 유대교의 성례다.

방식Mode

이것도 우리가 좋아하는 용어다. 단순히 이것은 그 대상의 방법, 유형, 태도를 말한다. 예를 들면 초대 교회의 방식은 세상에 대한 그들의 방법론과 입장과 접근법을 말한다(형태, 양식, 모습 등으로도 번역—옮긴이).

사도적Apostolic

우리는 이 용어를 교회의 신학이 아니라 특별히 신약 교회의 방식을 설명하는 데 쓴다. 여기에는 특정한 에너지, 추동력, 경향 그리고 리더십 구조가 있다. 사도적 교회는 신약 교회의 원칙에 사로잡힌 교회다. 사도적 리더십이라 할 때 이는 오늘날 많은 오순절 교회 지도자나 저술가가 선호하는 대형 교회 리더십 혹은 초교파적 리더십 모델과는 다르다.

사역 매트릭스Ministry Matrix

이 말은 사도적·선지자적·복음 전도자적·목회자적·교사적이 된다는 견지에서 묘사되는 전체 교회의 존재 방식이다. 에베소서 4:7에 "**각 사람**에게…주셨나니"라는 말씀과 4:11에 "그가 **어떤 사람**은 사도로, **어떤 사람**은 선지자로, **어떤 사람**은 복음 전하는 자로, 어떤 사람은 목사와 교사로 삼으셨으니"라는 말씀을 보라. 이런 분배 공식은 일반적으로 해석되는 것처럼 단순히 리더십뿐 아니라 전체 교회를 묘사하는 것이다. 지도자들은 교회의 APEST적 본질에서 나와야 한다.

선교적인Missional

우리가 좋아하는 용어로, 우리는 이것을 교회, 리더십과 기독교, 그리고 그밖의 것들을 묘사하는 데 사용한다. 선교적 교회는 그 주된 헌신이 하나님 백성의 선교사적 소명에 있다. 세상 속에서의 하나님의 선교적 목적과 자신을 일치시키려는 것이다. 선교적 리더란 선교를 진지하게 여기고 그것을 모든 교회가 하는 일 배후의 추동하는 에너지로 삼는 사람이다. 선교적 교회란 자신이 보냄받았다고 믿는 그 문화에 상황화하여 교회의 삶과 실천을 만드는 데 결정적인 가치를 둔, 보냄받은 교회다.

선교학/선교학적인Missiology/Missiological

선교학은 선교에 대한 학문이다. 학문으로서 이것은 하나님의 백성이 세상과 관계를 맺게 하는 성경의 주요한 추동력을 확인하려 한다. 이러한 추동력에는 하나님의 선교(missio Dei), 성육신, 하나님의 나라 같은 것이 포함된다. 이것은 또한 진정한 교회가 사회 정의와 관계적 의와 전도에 헌신하는 것을 설명한다. 이처럼 선교학은 세상을 향한 하나님의 의지의 관점에서 교회의 목적을 규정하려 한다. 그것은 또한 이 목적을 성취하기 위한 방법을 성경과 역사 둘 다를 통해 연구하려 한다. **선교학적**이란 용어는 단순히 이런 의미에서 나온 것이다.

성경적-히브리적 Biblical-Hebraic

기본적으로 성경적 계시를 형성했고, 틀을 만들고, 지탱하는 세계관을 말한다. 우리가 **성경적-히브리적**이라고 할 때는 특별히 성경에 나타난 히브리 세계관을 말한다. **히브리적**이란 말은 후대의 유대주의의 관점 역시 포괄할 수 있다.

성육신적인 Incarnational

성육신은 나사렛 예수, 인간으로 피조되어 우주와 인간사의 영역으로 들어오시는 하나님의 행위를 말한다. 선교와 관련하여 그것은 예수님을 따르는 자들이 이와 비슷하게 예수님의 사랑을 가지고 사람들에게 영향을 미치기 위해 지배 문화의 문화와 삶으로 들어가는 것이다. 우리는 또한 그 말을 단순하게 우리의 문화 그룹(교회)으로 와서 복음을 들으라고 불신자를 초청하는 것이 아니라, 목표로 하는 사람들의 그룹으로 **가는** 선교사의 행동을 가리켜 사용한다. 우리는 이것을 교회가 취해야 할 선교적 입장으로 본다. 만약 교회가 성육신적이라면 그 교회는 항상 자신이 속한 지역 사회의 삶으로 들어가는 경향을 갖게 된다. 이런 점에서 성육신적이 되는 것은 끌어모으는 것이나 끄집어내는 것과는 다르다.

운동 Movement

이 책에서 우리는 이 용어를 선교적 교회의 조직적인 구조와 정서(ethos)를 설명하기 위해 사회학적으로 사용한다. 우리는 신약의 교회는 그 자체로 운동이었다고 믿는다. 우리는 선교적 교회는 항상 운동의 모습과 정서를 유지하려고 애써야 한다고 믿는다.

이원론 Dualism

세상은 두 경쟁적인 영역 즉 거룩한(영적인) 영역과 세속적인(물질적인) 영역으로 나누어져 있다는 그리스-로마의 전제. 이런 세계관에서 영적인 것은 높은 곳에 있고, 물질 세계는 의미가 없으며 영적 성숙을 추구하는 사람들이 다만 도망치고 싶어하는 곳일 뿐이다. 이원론은 그 사고방식에서 또 다른 분열들을 낳는데, 성직자(영적)와 평신도(세속적), 교회(영적)와 세상(세속적), 영성과 성(性), 그리고 소위 종교적 관습(기도, 예배)과 소위 세속적인 일(일, 예술, 식사) 등이다. 우리는 이런 이원론이 크리스텐덤 교회의 거의 모든 신조에 깔려 있다고 생각한다(그러므로 선교적 교회의 신조들을 해친다).

중심 구조 Centered Set

중심 구조는 중앙에 있는 대상에 가까운 정도로 규정되는 일군의 대상들이다. 우리가 선교적 교회를 중심 방식이라 말할 때 그것은 교회의 멤버십이 어떤 인위적인 (그리고 종종 사회적으로 규정된) 기준으로가 아니라 예수님께 가까운 정도로 규정되어야 한다는 것을 뜻한다. 그러므로 선교는 그리스도 중심적이어야 한다고 우리는 주장한다.

'카바나' Kavanah

유대 신비주의에서 유래한 용어. 이것은 행동이 내포된 의도성의 단계다. 신중한 영적 훈련인 '카바나'는 행동을 하기 전 의도성을 기르는 데 집중하는 것이 포함되며 이렇게 하여 어떤 사람의 행동에 의미와 목적을 부여한다.

크리스텐덤 Christendom, 기독교 세계

우리가 이 용어를 사용할 때 그것은 콘스탄티누스 대제 이후 시기에 형성된 교회와 선교의 표준화된 형식과 표현을 가리키는 것이다. 우리는 크리스텐덤 교회를 신약 교회와 우리가 진정한 선교적 공동체로 여기는 것과는 근본적으로 다르다고 본다. 크리스텐덤은 다음과 같은 특징들을 가진다.

1. 참여 방식은 선교적/보내는 것에 반대되는 끌어모으는 것이다. 이것은 주변 문화에서 교회가 어떤 중심성을 지닌다고 전제한다. (선교적 교회의 방식은 '가는/보

내는' 것이며 성육신적 태도로 그 일을 수행한다.)
2. 거룩한 전용 건물 혹은 예배 장소에 초점이 있다. '교회'와 건물의 혼용은 근본적으로 교회가 스스로를 인식하는 방식을 변화시킨다. 즉 더욱 정적으로 되고 그 결과 거의 항상 끌어모으는 방식이 된다. 초대교회는 집이나 공동 공간 말고는 전용으로 사용하는 건물이 없었다.
3. 주로 목사-교사의 모양으로 일하는, 제도적으로 인정되고 직업적인 성직자 계급의 출현. 신약 교회에서는 지역 교회 혹은 사도적 지도자에 의해 리더십이 위임되었다. 이것은 기본적으로 교단적·제도적 인가 혹은 기독교 국가에서 우리가 아는 자격증을 주는 것과는 다른 것이다. 이와 같은 자격증은 그리스도인 안에 두 계급 즉 성직자와 평신도를 낳는 결과로 이어졌다. 구별된 성직자라는 개념은 신약 교회에 생소한 것이며 선교적 교회에도 그렇다.
4. 이 패러다임은 은혜가 제도화되는 특징을 가지는데 제도적으로 자격을 얻은 사제들에 의해 집행되는 성례가 그것이다. 신약 교회에서 성찬은 일상의 상황에서 예수님께 드려진 매일의 식사였다.

히브리적 Hebraic

앞의 '성경적-히브리적'을 보라. 원래 성경에 의해 배양된 세계관. 넓은 의미로 히브리적이라는 것은 유대주의와 함께 종족 집단으로서 유대인들의 세계관을 의미한다.

참고 도서

선교적 교회: 기본 교재

Allen, Roland. *Missionary Methods: St. Paul's or Ours?* Grand Rapids: Eerdmans, 1962; London: Lutterworth, 1968. 『바울의 선교 vs. 우리의 선교』(IVP).

Barrett, Lois Y., and Walter C. Hobbs. *Treasure in Jars of Clay: Patterns in Missional Faithfulness.* Grand Rapids: Eerdmans, 2004.

Bosch, David J. *Believing in the Future: Toward a Missiology of Western Culture.* Harrisburg, PA: Trinity, 1995.

Brownson, James V., Inagrace T. Dietterich, Barry A. Harvey, and Charles C. West. *Stormfront: The Good News of God.* Grand Rapids: Eerdmans, 2003.

Conder, Tim, and Dan B. Allender. *The Church in Transition: The Journey of Existing Churches into the Emerging Culture.* Grand Rapids: Zondervan, 2006.

Frost, Michael. *Exiles: Living Missionally in a Post-Christian Culture.* Peabody, MA: Hendrickson, 2006. 『위험한 교회』(SFC출판부).

_____. *The Road to Missional: Journey to the Center of the Church.* Grand Rapids: Baker, 2011.

Guder, Darrell L. *The Continuing Conversion of the Church.* Gospel and Our Culture Series. Grand Rapids: Eerdmans, 2000.

Guder, Darrell L., and Lois Barrett et al. *Missional Church: A Vision for the Sending of the Church in North America.* Grand Rapids: Eerdmans, 1998. 『선교적 교회』(주안대학원대학교출판부).

Hall, Douglas John. *The End of Christendom and the Future of Christianity*. Harrisburg, PA: Trinity Press International, 1997.

Hiebert, Paul. *The Missiological Implications of Epistemological Shifts: Affirming Truth in a Modern/Postmodern World*. Harrisburg, PA: Trinity Press International, 1999.

Hirsch, Alan. *The Forgotten Ways: Reactivating the Missional Church*. Grand Rapids: Brazos, 2006.『잊혀진 교회의 길』(아르카).

Hunsberger, George R., ed. *Bearing the Witness of the Spirit: Lesslie Newbigin's Theology of Cultural Plurality*. Grand Rapids: Eerdmans, 1998.

_____. *The Church between Gospel and Culture: The Emerging Mission in North America*. Grand Rapids: Eerdmans, 1996.

Kenneson, Philip D. *Beyond Sectarianism: Re-Imagining the Church and World*. Christian Mission and Modern Culture Series. Harrisburg, PA: Trinity Press International, 1999.

Murray, Stuart. *Church After Christendom*. Bletchley: Paternoster Press, 2005.

Newbigin, Lesslie. *The Gospel in a Pluralist Society*. Grand Rapids: Eerdmans, 1989.『다원주의 사회에서의 복음』(IVP).

_____. *The Open Secret: An Introduction to the Theology of Mission*. Grand Rapids: Eerdmans: 1978.『오픈 시크릿』(복있는사람).

Rouse, Rick, and Craig Van Gelder, eds. *A Field Guide for the Missional Congregation: Embarking on a Journey of Transformation*. Philadelphia: Augsburg Fortress, 2008.

Roxburgh, Alan. *Missional: Joining God in the Neighbourhood*. Grand Rapids: Baker, 2011.

Taber, Charles R. *To Understand the World, to Save the World: The Interface Between Missiology and the Social Sciences*. Christian Mission and Modern Culture Series. Harrisburg, PA: Trinity Press International, 2000.

Tyra, Gary. *The Holy Spirit in Mission*. Downers Grove, IL: IVP, 2011.

Van Gelder, Craig, and Dwight Zscheile. *The Missional Church in Perspective*. Grand Rapids: Baker, 2011.『선교적 교회론의 동향과 발전』(CLC).

Wright, Christopher J. H. *The Mission of God: Unlocking the Bible's Grand Narrative*. Downers Grove, IL: IVP, 2006. 『하나님의 선교』(IVP).

교회 개척

Benesh, Sean. *The Multi-Nucleated Church: Toward a Theoretical Framework for Church Planting in High-Density Cities*. Portland: Urban Loft Publishers, 2011.

Hjalmarson, Leonard, and Brent Toderash, eds. *Fresh and Re:Fresh: Church Planting and Urban Mission in Canada Post-Christendom*. Eagle, ID: Allelon, 2009.

Stetzer, Ed. *Planting Missional Churches*. New York: Broadman and Holman, 2009.

선교적 리더십

Benner, David. *The Gift of Being Yourself*. Downers Grove, IL: IVP, 2004. 『나, 주님의 사랑에 안기다』(생명의말씀사).

Breen, Mike, and Steve Cockram. *Building a Discipling Culture*. Pawleys Island, SC: 3DM, 2011.

Breen, Mike, and Jon Tyson. *Multiplying Missional Leaders*. Pawleys Island, SC: 3DM, 2012.

Clinton, J. Robert. *The Making of a Leader: Recognizing the Lessons and Stages of Leadership Development*. Colorado Springs: NavPress, 1990. 『영적 지도자 만들기』(베다니출판사).

Creps, Earl. *Off-Road Disciplines: Spiritual Adventures of Missional Leaders*. San Francisco: Jossey-Bass Wiley, 2006.

Easum, Bill. *Leadership on the Other Side: No Rules, Just Clues*. Nashville: Abingdon, 2000.

Ford, Lance. *UnLeader: Reimagining Leadership...and Why We Must*. Boston, MA: Beacon Hill: 2012.

Gibbs, Eddie. *LeadershipNext: Changing Leaders in a Changing Culture*.

Downers Grove, IL: IVP, 2005.『넥스트 리더십』(쿰란출판사).

Guder, Darrell L. "Leadership in New Congregations: New-Church Development from the Perspective of Missional Theology." In *Extraordinary Leaders in Extraordinary Times: Unadorned Clay Pot Messengers*. Vol. 1. Ed. H. Stanley Wood. Grand Rapids: Eerdmans, 2006.

_____. "Walking Worthily: Missional Leadership after Christendom." *The Princeton Seminary Bulletin*, 28, no. 3 (2007): 251 이하.

Halter, H., and M. Smay. *AND: The Gathered and Scattered Church*. Grand Rapids: Zondervan, 2010.

Heifetz, R. *Leadership Without Easy Answers*. Cambridge, MA: Harvard University Press, 1994.

Jacobsen, Eric O., ed. *The Three Tasks of Leadership: Worldly Wisdom for Pastoral Leaders*. Grand Rapids: Eerdmans, 2009.

Mancini, Will. *Church Unique: How Missional Leaders Cast Vision, Capture Culture, and Create Movement*. San Francisco: Jossey-Bass, 2008 (또한 NetLibrary를 통해 틴들 학생들에게는 전문을 제공한다.)

McNeal, Reggie. *Missional Renaissance: Changing the Scorecard for the Church*. San Francisco: Jossey-Bass, 2009.

_____. *Practicing Greatness: 7 Disciplines of Extraordinary Spiritual Leaders*. San Francisco: Jossey-Bass, 2006.

Morse, Marykate. *Making Room for Leadership: Power, Space, and Influence*. Downers Grove, IL: IVP, 2006.

Nouwen, Henri. *In the Name of Jesus: Reflections on Christian Leadership*. New York: Crossroad Publishing, 1992.『예수님의 이름으로』(두란노).

Reese, R., and K. Anderson. *Spiritual Mentoring: A Guide to Giving and Seeking Direction*. Downers Grove, IL: IVP, 1999.『영적 멘토링』(IVP).

Senge, Peter M. *The Fifth Discipline: The Art and Practice of the Learning Organization*. New York: Doubleday/Currency, 1990; Sydney: Random, 1992.『학습하는 조직』(에이지21).

Sheffield, Dan. "The Multicultural Leader: Developing a Catholic Personality.

Clements, 2005"; and "Leadership Requirements for the Multi-Cultural Congregation." *McMaster Journal of Theology and Ministry*, vol. 5 (2002).

Sweet, Leonard. *AquaChurch 2.0: Piloting Your Church in Today's Fluid Culture*. Colorado Springs: David C. Cook, 2008.

Wheatley, Margaret. *Finding Our Way: Leadership for an Uncertain Time*. San Francisco: Berrett-Koehler, 2007.

이머징 문화 속의 교회

Bass, Dianne Butler. *Christianity for the Rest of Us: How the Neighborhood Church Is Transforming the Faith*. San Francisco: HarperSanFrancisco, 2006.

Clapp, Rodney. *A Peculiar People: The Church as Culture in a Post-Christian Society*. Downers Grove, IL: IVP, 1996. 『구별된다는 기쁜 의미』(서로사랑).

Drane, John. *The McDonaldization of the Church: Consumer Culture and the Church's Future*. London: Darton, Longman & Todd, 2000; Macon, GA: Smyth & Helwys, 2001. 『교회의 맥도날드화』(CLC).

Gibbs, Eddie, and Ryan Bolger. *Emerging Churches: Creating Christian Community in Postmodern Cultures*. Grand Rapids: Baker, 2005. 『이머징 교회』(쿰란출판사).

Greig, Peter, and Andy Freeman. *Punk Monk: New Monasticism and the Ancient Art of Breathing*. London: Gospel Light and Regal Books, 2007.

Grenz, Stanley J. *A Primer on Postmodernism*. Grand Rapids: Eerdmans, 1996. 『포스트모더니즘의 이해』(WPA).

McNeal, Reggie. *Missional Communities: The Rise of the Post-Congregational Church*. San Francisco: Jossey Bass, 2011.

Middleton, J. Richard, and Brian J. Walsh. *Truth Is Stranger Than It Used to Be: Biblical Faith in a Postmodern Age*. Downers Grove, IL: IVP, 1995. 『여전히 우리는 진리를 말할 수 있는가』(IVP).

Murphy, Nancey. *Beyond Liberalism and Fundamentalism: How Modern and Postmodern Philosophy Set the Agenda*. Valley Forge, PA: Trinity

Press International, 1996.

Sine, Tom. *The New Conspirators: Creating the Future One Mustard Seed at a Time*. Downers Grove, IL: IVP, 2008. 『하나님 나라의 모략』(IVP).

Sloane, Karen. *Flirting with Monasticism: Finding God on Ancient Paths*. Downers Grove, IL: IVP, 2006.

Smith, James K. A. *Who's Afraid of Postmodernism: Taking Derrida, Lyotard, and Foucault to Church*. Grand Rapids: Baker Academic, 2006. 『누가 포스트모더니즘을 두려워하는가?』(도서출판100).

Wilson-Hartgrove, Jonathan. *New Monasticism: What It Has to Say to Today's Church*. Grand Rapids: Brazos, 2008. 『다시, 그리스도인 되기』(비아).

영성과 선교적 훈련

Ausburger, David. *Dissident Discipleship: A Spirituality of Self-Surrender, Love of God and Love of Neighbour*. Grand Rapids: Brazos, 2006. 『외길영성』(생명의말씀사).

Bass, Dorothy C., ed. *Practicing Our Faith: A Way of Life for a Searching People*. San Francisco: Jossey-Bass, 1997. 『일상을 통한 믿음 혁명』(예영커뮤니케이션).

Brueggemann, Walter. *Cadences of Home*. Louisville: Westminster John Knox, 1997. 『탈교회 시대의 설교』(CLC).

_____. *The Prophetic Imagination*. Philadelphia: Fortress, 1978. 『예언자적 상상력』(복있는사람).

Chittister, Joan. *Wisdom Distilled from the Daily: Living the Rule of St. Benedict Today*. Toronto: HarperCollins, 1991.

Foster, Richard J. *Sanctuary of the Soul: Journey into Meditative Prayer*. Downers Grove, IL: IVP, 2011. 『리처드 포스터의 묵상 기도』(IVP).

Helland, Roger, and Leonard Hjalmarson. *Missional Spirituality: Embodying God's Love from the Inside Out*. Downers Grove, IL: IVP, 2011.

McLaren, Brian. *Naked Spirituality: Life with God in 12 Simple Words*. San Francisco: HarperOne, 2011.

Nouwen, Henri. *Reaching Out: The Three Movements of the Spiritual Life.* New York: Doubleday & Co., 1975. 『영적 발돋움』(두란노).

Ogden, Greg. *The Great Commandment: A Disciple's Guide to Loving God and Others.* Downers Grove, IL: IVP, 2011.

Peterson, Eugene H. *Working the Angles: The Work of Pastoral Integrity.* Grand Rapids: Eerdmans, 1987. 『균형있는 목회자』(좋은씨앗).

Stock, Jon R., and Tim Otto. *Inhabiting the Church: Biblical Wisdom for a New Monasticism.* Eugene, OR: Cascade Books, 2006.

Taylor, John V. *The Go-Between God: The Holy Spirit and the Christian Mission.* London: SCM, 1972; New York: Oxford University Press, 1979.

Vanier, Jean. *Community and Growth.* Trans. Ann Shearer. London: Darton, Longman & Todd, 1979; Homebush, NSW: St. Paul, 1979. 『공동체와 성장』(성바오로출판사).

Willard, Dallas. *The Spirit of the Disciplines.* New York: HarperCollins, 1998. 『영성훈련』(은성).

Wilson, Jonathan R. *Living Faithfully in a Fragmented World: Lessons for the Church from MacIntyre's After Virtue.* Harrisburg, PA: Trinity Press International, 1998.

변화하는 교회, 도시 환경, 교구

Benesh, Sean. *Metrospiritual: The Geography of Church Planting.* Eugene: Resource Publications, 2011.

Carlson, Kent, and Mike Lueken. *Renovation of the Church: What Happens When a Seeker Church Discovers Spiritual Formation.* Downers Grove, IL: IVP, 2011.

Holt, Simon Carey. *God Next Door: Spirituality and Mission in the Neighborhood.* Melbourne: Acorn Press, 2007.

Inge, John. *A Christian Theology of Place.* Farnham: Ashgate Publishing, 2003.

Jacobsen, Eric O. *Sidewalks in the Kingdom: New Urbanism and the Christian*

Faith. Grand Rapids: Brazos, 2003.

_____. *The Space Between: A Christian Engagement with the Built Environment*. Grand Rapids: Baker, 2012.

Roxburgh, Alan. *Missional: Joining God in the Neighbourhood*. Eagle, ID: Allelon, 2010.

Roxburgh, Alan, and Fred Romanuk. *The Missional Leader: Equipping Your Church to Reach a Changing World*. San Francisco: Jossey-Bass Wiley, 2006. 『선교적 교회의 리더십』(CLC).

Scazzero, Peter. *Emotionally Healthy Spirituality*. Nashville: Thomas Nelson, 2006. 『정서적으로 건강한 영성』(두란노).

Swanson, Eric, and Sam Williams. *To Transform a City*. Grand Rapids: Zondervan, 2010.

Van Gelder, Craig. *The Missional Church and Denominations: Helping Congregations Develop a Missional Identity*. Grand Rapids: Eerdmans, 2008.

_____. *The Missional Church in Context: Helping Congregations Develop Contextual Ministry*. Grand Rapids: Eerdmans, 2007.

입문서와 워크북

Dickau, Tim. *Plunging into the Kingdom Way: Practicing the Shared Strokes of Community, Hospitality, Justice, and Confession*. Eugene, OR: Wipf and Stock, 2010.

Halter, Hugh, and Matt Smay. *The Tangible Kingdom Primer*. Missio, 2009.

Hjalmarson, Leonard. *The Missional Church Fieldbook: A Resource for Transition*. Raleigh, NC: Lulu, 2010.

Ogden, Greg. *Discipleship Essentials: A Guide to Building Your Life in Christ*. Downers Grove, IL: IVP, 2007.

Smith, J. B., and Lynda Graybeal *Spiritual Formation Workbook*. San Francisco: HarperOne, 1999. 『영성훈련을 위한 아홉 번의 만남』(두란노).

이 책 저자들의 선교 관련 도서

Frost, Michael. *Exiles: Living Missionally in a Post-Christian Culture*. Peabody, MA: Hendrickson, 2006. 『위험한 교회』(SFC출판부).

_____. *Jesus the Fool: The Mission of the Unconventional Christ*. Grand Rapids: Baker, 2010. 『바보 예수』(IVP).

_____. *The Road to Missional: Journey to the Center of the Church*. Grand Rapids: Baker, 2011.

Frost, Michael, and Alan Hirsch. *The Faith of Leap: Embracing a Theology of Risk, Adventure, and Courage*. Grand Rapids: Baker, 2011. 『모험으로 나서는 믿음』(SFC출판부).

Hirsch, Alan. *The Forgotten Ways: Reactivating the Missional Church*. Grand Rapids: Brazos, 2006. 『잊혀진 교회의 길』(아르카).

Hirsch, Alan, and Tim Catchim. *The Permanent Revolution: Apostolic Imagination and Practice for the 21st Century Church*. Jossey-Bass Leadership Network Series. San Francisco: Jossey-Bass, 2012.

Hirsch, Alan, and Dave Ferguson. *On the Verge: A Journey into the Apostolic Future of the Church*. Grand Rapids: Zondervan, 2011.

Hirsch, Alan, and Lance Ford. *Right Here, Right Now: Everyday Mission for Everyday People*. Grand Rapids: Baker, 2011.

Hirsch, Alan, and Debra Hirsch. *Untamed: Reactivating a Missional Form of Discipleship*. Grand Rapids: Baker, 2010.

주

1. 조금씩 바꿀 것인가, 확 바꿀 것인가?

1 버닝맨에 대한 이 모든 인용은 Molly Steenson의 "What Is Burning Man?"에서 가져왔다. http://burningman.com/whatisburningman/about_burningman/experience.html
2 http://www.gocn.org를 보라.
3 크리스텐덤이 끝났다고 할 때 우리는 이 용어를 신중하게 사용한다. 기독교가 끝났거나 교회가 끝났다고 선언하는 것이 아니다. 예수님은 그분의 교회를 세우시고 지옥의 문이 교회를 이기지 못할 것이라고 약속하셨다. 그러나 교회가 도덕적이고 영적인 문명의 핵심 부분을 휩쓸던 서구 역사상의 바로 그 크리스텐덤은 실질적으로 사라졌다.
4 *Sunday Herald Sun*, Melbourne, Australia, 15, October 2003, p. 3.
5 Sarah Chapman, "Last Orders", *Interact*, SMG (July-September 2001): p. 14.
6 앞의 책, p. 16.
7 앞의 책, p. 17.
8 Douglas Hohn Hall, "Metamorphosis: From Christendom to Diaspora", in Craig Van Gelder, ed., *Confident Witness* (Grand Rapids, Mich.: Eerdmans, 1999), p. 67.
9 일반적인 신학적 관점에 크리스텐덤이 미친 영향은 이 책의 초점이 아니다. 이 논의에서 우리는 주로(그리고 간단하게) 교회에 대한 우리의 개념과 그 사명에 대한 이해에 미친 영향에 초점을 맞추려 한다.
10 다른 시기에 만들어진 공식을 그저 가져다가 적용하는 것이 문제를 해결하기보다 더 많은 문제를 양산한다는 것에 대한 탁월한 연구를 보려면 Joshua Cooper Ramo, *The Age of the Unthinkable: Why the New World Disorder Constantly Surprises Us And What We Can Do About It* (New York: Little, Brown & Co., 2010)을 보라. 『언싱커블 에이지』(알란). 또한 Alan Hirsch and Dave Ferguson, *On the Verge: The Future of the Church as Apostolic Movement* (Grand Rapids: Zondervan, 2011)의 서문을 보라.

11 John Drane, *Evangelism for a New Age: Creating Churches for the Next Century* (London: Marshall Pickering, 1994), p. 13.
12 Martin Robinson, *The Faith of the Unbeliever* (London: Monarch, 1997), p. 13.
13 바르나 연구 그룹의 데이브 키너먼의 최근 연구를 보라. *You Lost Me: Why Young Christians Are Leaving Church…and Rethinking Faith* (Grand Rapids: Baker, 2011).

2. 선교적 교회

1 Stuart Murray and Anne Wilkinson-Hayes, *Hope from the Margins* (Cambridge, England: Grove, 2000), pp. 4-5.
2 Robert Banks, *Redeeming the Routines: Bringing Theology to Life* (Wheaton: Bridgepoint, 1977), pp. 50-65. 『일상생활 속의 그리스도인』(IVP).
3 William Diehl, *Christianity and Real life* (Fortress, 1976), pp. v-vi, 뱅크스의 책 *Redeeming the Routines*, p. 59에서 인용.
4 "가현설은 기본적으로 플라톤과 아리스토텔레스 류의 그리스 철학의 가정에 크게 영향을 받은 기독론의 입장이다. 플라톤은 실재 세계에 등급이 있다는 생각을 가르쳤다. 영이나 마음이나 생각은 가장 고상하고, 물질과 물체는 덜 실재적이다. 실재에 대해 이렇게 존재론적인 등급을 나누므로 윤리적인 등급도 있다는 데까지 이른다. 그래서 물질은 도덕적으로 악한 것으로 여겨졌다. 아리스토텔레스는 부동의 신이라는 사상을 강조했는데 이에 따르면 신은 변하지도 고통받지도 세상에서 일어나는 어떤 것에 영향을 받지도 않는다. 이 두 흐름의 사상은 심대한 차이가 있지만, 그래도 둘 다 보이는 물리적·물질적 세계는 어딘가 원래부터 악한 것이라 주장한다. 둘 다 신의 초월성과 물질 세계와의 절대적인 차이와 독립성을 강조한다." Milliard Erickson, *Christian Theology* (Baker, 1985), p. 713. 『조직신학 개론』(CLC).
5 Rob Warner, *21st Century Church* (London: Hodder & Stoughton, 1993), p. 131.
6 Dan Mayhew and Brad Sargent, *Summit Fellowships Update* (October 1997): p. 67.
7 Gerard Kelly, *RetroFuture* (Downers Grove: InterVarsity, 2000), p. 17.
8 Tom Sine, *Wild Hope* (Crowborough, England: Monarch, 1992), Kelly의 책 *RetroFuture*, p. 17에서 인용.
9 John Gladwin, *Love and Liberty: Faith and Unity in a Postmodern Age* (London: Darton, Longman & Todd, 1998), p. 209.
10 Margaret Walsh, *Here's Hoping!* Urban Theology Unit, New City Special No. 8, 1991.
11 「뉴욕타임스」 2010년 12월 24일자 부고에서 인용했다. http://www.nytimes.com/interactive/2010/12/26/magazine/2010lives.html#view=allan_tibbels.

3. 성육신적 접근

1 David Bosch, *Transforming Mission* (Maryknoll, N.Y.: Orbis, 1991), pp. 190-191. 『변화하고 있는 선교』(CLC).
2 이 용어는 물리학에서 유래한다. **구심적**이란 중심을 향하여 움직이려는 운동이나 경향을, 반면에 **원심적**이란 중심으로부터 밖으로 향하는 운동이나 경향을 말한다.
3 Charles Ringma, *Catch the Wind: The Shape of the Church to Come* (Sydney: Albatross, 1994), p. 61.
4 앞의 책, pp. 61-62.
5 Jürgen Moltmann, *The Open Church: Invitation to a Messianic Lifestyle* (London: SCM, 1978), pp. 27-36.
6 앞의 책, p. 30.
7 앞의 책, pp. 30-31.
8 이 점에서 잘 알려진 엥겔 눈금자를 생각하면 도움이 된다. James F. Engel, *Contemporary Christian Communications: Its Theory and Practice* (Nashville: Thomas Nelson, 1979), pp. 77-83를 보라. 이 눈금자는 한 개인이 그리스도인이 되기 위한 통상적인 과정을 식별하는 것으로, 중심에 가까운 쪽으로 0을, 제일 먼 쪽으로 -10을 둔다. 이는 매우 인지적인 모형이지만 사람들이 그저 지식을 통해서만이 아니라 관계를 통해 중심으로 가까이 가게 된다고 우리는 생각하며 이것은 과정을 통해 움직이는 사람들을 생각하는 유용한 가이드가 된다.
   - 10 초자연에 대한 인식
   -9 기독교에 대한 유효한 지식이 없음
   -8 기독교에 대한 초보적 인식
   -7 기독교에 대한 관심
   -6 복음의 기초적인 사실에 대한 인식
   -5 복음의 함축된 의미를 이해함
   -4 복음에 대한 긍정적인 태도
   -3 개인적 의미에 대한 인식
   -2 도전하고 행동을 결심함
   -1 회개와 믿음
    0 중생
9 Vincent J. Donovan, *Christianity Rediscovered* (Maryknoll, N.Y.: Orbis, 1978), p. vii. 『선교사보다 앞서 가신다!』(가톨릭출판사).
10 호주 시드니 Youth for Christ의 Chris Harding이 이 틀에 도움을 주었다. 그것은 YFC 사역자들의 미출간 정책 자료집에 나온다.
11 우리는 Macquarie 대학의 박사 과정에 있는 John Dicison의 학문적 성과를 인정한다.

그의 미출간된 논문인 "Our Differing Roles in God's Mission"이 이 요점들의 기초가 되었다.
12 Moltmann, *The Open Church*, p. 33.
13 Pete Gilbert, *Breaking the Mould*, Gerald Coates, ed.(Eastbourne, Australia: Kingsway, 1993), p. 125에서 인용.
14 나중에 전도자의 기능에 대해 더 많이 논의하겠지만 여기서 우리는 전도자라는 용어를 빌리 그레이엄과 같은 설교자에 국한하지 않는다는 것을 미리 말해야 할 것이다. 물론 그레이엄 박사가 전 세계 교회에 주신 선물이라는 것을 인정하지만 지역 교회의 전도자들은 강단에서 설교를 잘 못하는 사람들일 수 있다는 것도 우리는 알고 있다. 우리는 그 용어가 공적인 설교자뿐 아니라 자연스럽게 그리고 일반적으로 은사를 드러낼 때 복음을 전하고 비그리스도인들에게서 회개의 반응과 믿음을 이끌어내는 모든 그리스도인들까지 포괄한다고 본다. 한 자리에서 이런 일이 일어날 수도 있지만 대개는 오랜 과정일 것이다. 우리의 개인적인 경험으로 볼 때 많은 전도자들은 설교에 서투르며 때로는 굉장히 별난 성격을 가지고 있지만 하나님의 손이 그들에게 있으며 이들의 사역을 통해 사람들이 믿음으로 나아온다.
15 Robert Banks, *Going to Church in the First Century: An Eyewitness Accounts* (Sydney: Hexagon, 1980, 『1세기 교회 예배 이야기』, IVP)와 *Paul's Idea of Community*, rev. ed. (Peabody, Mass.: Hendrickson, 1994, 『바울의 공동체 사상』, IVP).

4. 선교적 교회의 모습

1 Ashley Barker, *Collective Witness* (Melbourn: Urban Neighbours of Hope, 2000), p. 52에서 인용.
2 Jonathan Campbell, "The Way of Jesus: Patterns for Movement", in *The Baton: Rediscovering the Way of Jesus*, http://www.geocities.com/g_westlake/Baton-Oview.html.
3 앞의 책, p. 3.
4 Brian D. McLaren, *Reinventing Your Church* (Grand Rapids, Mich.: Zondervan, 1998), pp. 49-63.
5 전통적인 교회 건물이 원래 의미가 없다고 말하는 게 아니다. 사실 우리는 몇몇 도시 교회들이 유행을 좇는 젊은이 그룹들 속으로 성육화하고 있다는 것을 알고 있고 웅장하고 고풍스런 성당 같은 건물에서 모임을 가지는 것이 매우 상황에 적절하다는 것을 깨닫게 되었다. 고딕 양식의 건물에서 오직 촛불만 밝히고 그림자와 어두움을 창조적으로 활용하며 어쿠스틱 음악과 예술 작품들과 조각품을 사용하는 것을 이 교회들은 상황화 문제로 보고 있다. 예술가, 영화 제작자, 새로운 미디어에서 일하는 젊은이들로 구성된 공동체들이 고딕적인 분위기에서 큰 영감을 받는다.

6　Howard Snyder, *The Problem of Wineskins* (Downers Grove, Ill.: InterVarsity, 1975), pp. 69-73.『새 포도주는 새 부대에』(생명의말씀사).
7　Warner, *21st Century Church*, pp. 127-130.
8　Jacques Ellul, *The Subversion of Christianity* (Grand Rapids, Mich.: Eerdmans 1986), p. 55.『뒤틀려진 기독교』(대장간).
9　Warner, *21st Century Church*, p. 130.
10　Banks, *Paul's Idea of Community*, p. 41.
11　이 논의가 마치 특정 장소가 어떤 사람에게 특별한 영적 의미를 가진다는 점을 우리가 인정하지 않는 것처럼 들릴 수 있다. 이는 부정확한 가정이다. 우리는 사람들이 가정이건 교회 건물이든 야외건 하나님과 접속되는 데 도움이 되는 어떤 공간을 찾을 수 있다는 것을 충분히 인정한다. 그렇지만 그런 영적 장소를 향유하는 것이 그런 장소에만 하나님이 '거하신다'고 믿는 신호를 보내는 것이 아닐까 우려한다. 비록 일반적인 생각으로는 특정 시간, 특정 장소가 다른 무엇보다 하나님의 임재에 더 잘 이르게 할 수 있으리라고 여길 수 있겠지만, 하나님은 모든 장소, 모든 시간에 함께하신다는 생각이 우리 기독교 영성의 한 부분으로 남아 있어야 한다.
12　Carol Davis, DAWN Report (June 2000).
13　이런 생각과 관련해 멜버른 Urban Neighbours of Hope의 책임자인 Ashley Barker의 작업을 수용한다. 우리 모두에게 엄청난 영감을 준 그는 도시 빈민 사역을 통해 우리로 하여금 선교적 교회의 모습을 이해시켜 준 진실한 선교사다.

5. **상황화된 교회**

1　많은 사람이 신학교 원우회나 단기 선교팀에 참여할 때 바로 교회됨의 특징이라 할 수 있는 것들을 발견한다. 즉 사명, 열정, 구비, 책임, 사랑, 존경과 같은 요소들 말이다. 애석하게도 그들은 자기 모교회가 이런 특징들이 너무 부족하기 때문에 제도적 교회가 제시하는 것에 안주하기보다 그런 잠정적인 공동체에 남기를 원한다.
2　Banks, *Paul's Idea of Community*, p. 37.
3　René Padilla, *Mission Between the Times* (Grand Rapids, Mich.: Eerdmans, 1985), p. 93.『복음에 대한 새로운 이해』(대장간).
4　Charles Kraft, *Christianity in Culture* (Maryknoll, N.Y.: Orbis, 1979), p. 46.
5　Orlando Costas, *Christ Outside the Gate: Mission Beyond Christendom* (Maryknoll, N.Y.: Orbis, 1982), p. 5.『성문 밖의 그리스도』(한국신학연구소).
6　앞의 책.
7　Kraft, *Christianity in Culture*, p. 24.
8　Paul G. Hiebert, "Critical Contextualization", *International Bulletin of Missionary Research*, 2 (3): pp. 104-110.

9 앞의 책.
10 앞의 책.
11 John Travis는 아시아에 있는 무슬림 공동체들 속에서 사역하는 한 교회 개척자의 가명이다. 그의 C1에서 C6에 이르는 스펙트럼은 *Evangelical Missions Quarterly* 34: p. 3(Oct. 1998)에 실린 Phil Parshall의 논문 "Going Too Far?"에 등장했다. 역시 같은 판에 있는 Travis의 논문 "Must All Muslims Leave Islam to Follow Jesus"를 보라.
12 앞의 책, p. 3.
13 앞의 책.
14 앞의 책.
15 무슬림 선교라는 특수한 상황에 대한 논의이기는 하지만 C5 운동에서 혼합주의를 피하기 위한 트레비스의 가이드라인은 주목할 필요가 있다. 트레비스는 이렇게 말한다.
"새신자들과 함께 일하는 자들은 적어도 제자 삼는 과정에서 다음과 같은 것을 강조해야 한다.

> 1. 예수님은 주님이시며 구세주시다. 예수님 외에는 구원이 없다.
> 2. 새신자들은 세례를 받고 다른 신자들과 정기적으로 만나며(이것은 매우 신중하게 행할 필요가 있지만) 성찬을 행한다.
> 3. 새신자들은 '인질'(Injil, 이슬람에서 신약 성경을 말함—옮긴이)을 공부한다[그리고 가능하면 토라(Torah, 오경)에다 자부르(Zabur, 다윗의 시편)를 더해서].
> 4. 새신자들은 비교(秘敎, occultism)나 이슬람의 해로운 민속 행습(즉 샤머니즘이나 성자들에게 기도하는 것, 마법, 저주, 주문 등)을 거부하고 거기서 건져 냄을 받아야 한다.
> 5. 무슬림의 관습이나 전통(즉 금식, 자선, 하례, 모스크 출석, 머리 덮개, 돼지고기와 술을 금하는 것 등)을, 죄 용서를 받기 위한 행위가 아니라 하나님을 사랑하는 표현 혹은 이웃을 존중하는 표현으로 행한다.
> 6. 코란과 무함마드와 전통 무슬림 신학은 성경의 진리의 빛 가운데 검토되고 판단되고 재해석된다. 성경적으로 용납할 만한 무슬림 신앙과 실천은 계속되나 어떤 것은 수정되고 어떤 것은 거부된다.
> 7. 새신자들은 새로운 탄생과 은혜 안에서 자라는 증거(즉 성령의 열매, 사랑이 더함 등)를 보이며 잃어버린 자에게 나아가려는 열망을 보인다. Travis, "Must Muslims Leave Islam?", p. 3.

6. 영혼에 속삭이기

1 Barry McWaters, *Conscious Evolution* (Los Angeles: New Age, 1981), pp. 111-112.
2 Ruth Ostrow, "Call Me Cosmic Any Day", *Weekend Australian* (21 August 1999), p. 30.

3   Marty Kaplan, "Ambushed by Spirituality", *Time* (24 June 1996).
4   Mack Stiles, *Speaking of Jesus* (Downers Grove, Ill.: InterVarsity, 1995), p. 120에 나온 내용을 Leonard Sweet의 *Postmodern Pilgrim* (Nashville: Broadman & Holman, 2000), p. 4에서 인용. 『영성과 감성을 하나로 묶는 미래교회』(좋은씨앗).
5   John Finney, *Finding Faith Today* (London: Bible Society, 1992), p. 25.
6   이 아이디어 또한 시드니 YTC의 Chris Harding에게서 빌린 것이다.
7   Elie Wiesel, *All Rivers Run to the Sea* (London: HarperCollins,1996), p. 164.
8   John Drane, *Faith in a Changing Culture* (London: Marshall Pickering, 1997), p. 63.
9   앞의 책, p. 67.
10 Eugene Peterson, *Leap Over A Wall* (San Francisco: HarperSanFrancisco, 1997), pp. 85-86. 『다윗: 현실에 뿌리박은 영성』(IVP).
11 Leonard Sweet, *Soul Tsunami* (Grand Rapids, Mich.: Zondervan, 1999). 좀 더 요약된 내용은 그의 책 *Postmodern Pilgrims* (Nashville: Broadman & Holman, 2000)이다.
12 Mike Yakonelli가 편집한 *The Door Interviews* (Grand Rapids, Mich.: Zondervan, 1989), pp. 212-213에서 Robert Webber가 인용.
13 Chris Harding, 미출간 보고서, Youth for Christ Australia.
14 Philip Yancey, *The Jesus I Never Knew* (Grand Rapids, Mich.: Zondervan, 1995), p. 50. 『내가 알지 못했던 예수』(IVP).
15 이 이야기는 처음에 Michael Frost의 *Jesus the Fool* (Sydney: Albatross, 1994), p. 19에 등장했다. 『바보 예수』(IVP). 사실 이 책 자체가 주변의 세계관을 재구성하는, 놀랍고 전복적이며 비관습적인 예수님의 태도를 다루고 있다. 이 선정적인 제목은 많은 그리스도인을 불편하게 했고 어떤 기독교 서점은 입고를 거부했다. 오히려 여러 일반 서점이나 뉴에이지 서점이 이 책을 낚아챘는데, 이는 만약 관습적인 교회 만능주의의 옷을 벗어버리기만 한다면 교회 다니지 않는 많은 이들에게도 예수님이 상당한 매력을 지닌다는 우리 주장의 실례가 된다.
16 Yancey, *The Jesus I Never Knew*, p. 50에서 인용.

7. 이스라엘의 하나님과 기독교의 갱신

1   우리는 후에 교회 생활에서 예수님의 본질적 의미를 규정하는 역할과 지속적인 중요성을 탐구하는 책을 썼다. Hirsch and Frost, *ReJesus: A Wild Messiah for a Missional Church* (Grand Rapids: Baker, 2008)를 보라. 『세상을 바꾸는 작은 예수들』(포이에마).
2   이 말이 너무 심하게 여겨진다면 당신의 서가에 있는 책들을 보고 그 책들이 쓰인 상황과 그들의 사역이 비그리스도인들에게 미친 영향을 자문해 보기 바란다. 아마 놀라게 될 것이다.

3   Dietrich Bonhoeffer, *The Cost of Discipleship* (New York: Touchstone, 1959), p. 59. 『현대인을 위한 제자도의 대가』(프리셉트).
4   행위에 의한 구원이냐 은혜로 인한 구원이냐의 문제는 8장 "성례가 되는 행동"에서 다루게 될 것이다. 여기서는 저자들이 은혜로만 구원을 얻는다는 점을 분명히 한다는 것을 언급하는 것만으로 충분하다. 우리가 말하는 것은 우리의 행위가 구원을 주는 것 (salvific)은 아니지만 그 본래적 중요성만큼이나 구속적(redemptive) 중요성을 가진다는 것이다.
5   이 말은 교회의 확장이 그리스-로마의 사상이나 형태와 관련이 없거나 영향을 받지 않았다는 것이 아니다. 다만 근본적인 핵심, 그 DNA가 히브리적이라는 말이다.
6   마르키온은 극단적이기는 하지만 기본적으로 속사도 교회의 반유대적, 이원론적, 가현설적 그리고 매우 헬라적인 본질을 대표한다. 그의 영향력은 오늘날에도 여전히 감지된다. 사실 위대한 교회사가인 Adolf von Harnack도 스스로 마르키온주의자라고 고백했다. 나치 신학자들(Gerhard Kitlel, Otto Weber와 다른 사람들)도 같은 경향성으로 신앙을 비유대화하는 시도를 통해 일종의 신학적 '최종 해법'이라 부르는 작업을 했다. 히브리적 세계관을 송두리째 거부하는 일이 다시 생겨났기 때문이다. 이런 식의 오염이 여전히 우리 가운데 있는 듯하다.
7   성경은 결코 의식적으로 형이상학의 차원에서 하나됨을 말하지 않는다. 그저 추정할 뿐이다. Buber가 말했듯이 "하나님은 자신에 관한 어떤 철학적 진술도 하지 않으시며 아무런 공식도 말하지 않으신다"[Martin Buber, *On Judaism* (New York: Schocken, 1967), p. 91]. Heschel은 이렇게 말한다. "'이스라엘의 하나님'은 이름이지 개념이 아니며 그 차이는 아마도 예루살렘과 아테네의 차이다. 개념은 유사한 특질을 가진 모든 대상에 적용되고, 이름은 개별자에게 적용된다. '이스라엘의 하나님'이란 이름은 모든 인간의 한 분 유일하신 하나님에게 적용된다. 개념은 설명하지만 이름은 무언가를 불러일으킨다. 개념은 일반화를 통해 도달하지만 이름은 친숙함을 통해 얻어진다. 개념은 이해하는 것이지만 이름은 불리는 것이다. 정말이지 '개념'과 '이스라엘의 하나님'이란 용어는 서로 바꾸어 쓸 수 없는 것이다.…이스라엘의 하나님은 삼키는 불이지(신 4:24) 추상이나 일반화의 대상이 아니다"[*Moral Grandeur and Spiritual Audacity* (New York: Noonday, 1996), p. 268].
8   이런 사소하고도 거의 식별하기 힘든 '성경의 가르침' 때문에 후일 로마가톨릭과 동방정교회로 이어지는 서방 교회와 동방 교회의 대분열이 생기게 되었다. 하나님 자신의 본질에 대한 주변적이고 철학적-사변적 개념 때문에 분명한 교회의 일치를 갈라 놓는 것은 도대체 무슨 사고방식인가? 바로 이러한 사소한 교리적 괴팍함이, 헬레니즘적 표현으로 드러난 크리스텐덤 사고 구조다.
9   Yancey, *The Jesus I Never Knew*, p. 49.
10 Gilbert Meilaender의 *The Taste for the Other: The Social and Ethical Thought of*

    C. S. Lewis (Grand Rapids, Mich.: Eerdmans, 1978), p. 22에서 인용.
11 표현이 지나친 것 같겠지만 종교 이론에 따르면 이교주의는 제한 없이 육체를 긍정한다는 사실에 독자들이 관심을 기울이기를 바란다. 많은 관찰자가 포스트모던 문화와 이교주의의 유사성이 몸과 쾌락에 대한 강조에 있다고 바르게 지적했다. 역사적으로 기독교는 육체를 억누르지만 유대주의는 그것을 거룩하게 여기려고 애썼다. 이것이 지금 우리가 하려고 하는 일이 될 것이다.
12 "쾌락은 그 자체로 선한 것이며 고통은 그 자체로 악한 것이라는 사실을 나는 전혀 의심하지 않는다. 그렇지 않다면 천국과 지옥에 대한 모든 기독교 전통과 우리 주님의 열정이 아무 의미가 없게 된다. 쾌락은 좋은 것이다. 그리고 '죄된'(sinful) 쾌락은 도덕 법칙을 어기는 것과 관련된 조건 하에서 제시되고 허용된 일종의 선을 의미한다." C. S. Lewis, "Christianity and Culture", *Christian Reflections* (Grand Rapids: Eerdmans, 1995), p. 21. 『기독교적 숙고』(홍성사). C. S. Lewis의 쾌락에 관한 탁월한 분석은 Gilbert Meilaender의 *The Taste for the Other*, pp. 8-31를 보라.
13 다른 식으로 말하면 성경적 창조 교리는 삶과 세계와 인류를 하나님이 지으셨고 그것들은 본질상 선하다는 중요한 확언으로 시작한다. 이 주요 진리를 제한하는 두 번째 진리가 이 모든 것이 타락하여 깨어졌으며 영혼에 해를 입히게 되었다는 것이다. 죄는 세상을 제한하고 불확실하며 모호하게 만들었지만 하나님의 손과 그분의 사랑을 희석시키지는 못한다.
14 유대주의에 율법주의 경향이 있다는 데는 의문의 여지가 없지만 그것이 유대주의에만 국한되는 문제가 아니라는 점 역시 분명하다. 기독교도 수 세기 동안 적어도 그만큼의 율법주의를 만들었다. 유대주의에서 참된 성경적 관점에 대해 배울 것이 많지만 그렇게 하기 위해서는 유대주의를 그대로 따라 하는 차원을 넘어서야 한다.
15 바울 서신은 율법이 '구원'을 이룰 수 있다는 것을 분명히 반대한다. 율법이 '선하며' 하나님을 지향하는 데 유용하다는 것도 같은 방식으로 분명하게 찬성한다.
16 이 구절들(쉐마)이 하나님의 본질을 이해하는 데 아무런 직접적 의미가 없다는 것이 아니다. 그렇지만 신명기 6:4에서는 본래 맥락상 신학자들이 "영원한 하나님의 존재"라 부르는 것이 아니라 하나님을 보고 경험하는 당시의 방식을 반박하는 진술을 하고 있다.
17 Maurice Friedman, *Martin Buber: The Life of Dialogue*, p. 242를 Roy Oliver, *The Wanderer and the Way* (London: East & West Library, 1968), p. 13에서 인용.
18 Martin Buber, *On Judaism*, p. 106. 혹 이것이 복음주의적 귀에 너무 낯설게 들린다면, 사물에 대해 놀라우리만큼 비슷한 견해를 갖고 있는 C. S. Lewis가 쓴 에세이 "The Weight of Glory", *The Weight of Glory and Other Addresses* (Grand Rapids, Mich.: Eerdmans,1965), p. 4에 귀를 기울여 보라. 『영광의 무게』(홍성사).
19 Issac Bashevis Singer, *Love And Exile* (Garden City, N. Y.: Doubleday, 1984), p. 19.
20 Martin Buber, *Tales of Hasidism*, Vol.1, Early Masters (New York: Schocken,

1955), p. xi.

21 하나님께 영적으로 깨어 있기 위한 훈련으로서 거룩한 의도를 발전시키는 일에 대해서 나중에 더 다룰 것이다. 여기서 주목할 것은 행동에 그 내적 의미를 주는 의도의 요소가 될 것이다.

22 Abraham Heschel의 유명한 책 *God in Search of Man: A Philosophy of Judaism* (New York: Harper & Row, 1955), p. 316를 보라. 『사람을 찾는 하느님』(한국기독교연구소). 314-318면에서는 이 흥미로운 주제를 다루고 있다. Maurice Friedman은 Martin Buber의 전기 최종판에서 "카바나(유대 신비주의 형태의)는 의지의 의도적인 집중을, 그리고 수행된 행위의 특징보다 훨씬 더 실제적인 내적 태도를 의미한다"라고 말한다. Martin Buber, *A Life of Dialogue*, p. 18. 하시디즘(18세기 폴란드에서 일어난 유대 신비주의—옮긴이)의 형태에서 이것은 마술적인 의도가 아니라 사람들이 모든 행동에 적용할 수 있는 일반적인 구별 혹은 내적인 헌신으로 변화되었다. 하시디즘의 '카바나'는 "특정한 목표에 도달하는 것에 집중된 의지의 노력이라기보다는 한 사람의 본성 깊은 곳에서 솟아나는 모종의 감정과 일치되는 전 존재의 의도적인 방향을 의미한다. '카바나' 없이는 하나님께 대한 어떤 섬김(*abonah*)도 아무런 가치가 없다. 왜냐하면 바른(도덕적) 행동은 내적인 종교적 감정의 강렬함에 의존하기 때문이다. 그래서 하시디즘은 종교와 윤리, 하나님과의 직접적인 관계와 다른 동료와의 관계 사이의 어떤 분열도 인정하지 않으며 윤리를 미리 정해 둔 행동이나 특정한 행동에 국한시키지도 않는다"(앞의 책, p. 21).

23 Martin Buber, *Mamre* (Melbourne: Melbourne University Press, 1946), p. 78.
24 앞의 책, p. 173.
25 앞의 책, p. 48.
26 앞의 책, p. 82. Maurice Friedman은 이렇게 쓴다. "열정이란 어떤 사람이 스스로 다른 사람과 관계를 맺으려고 할 때 자신의 인간성을 억제하지 않는 것이다. 오히려 자신의 '악한' 충동을 관계 속으로 이끌고 오되 악한 부분은 없애고 다만 그 동력은 잃지 않은 채 관계를 맺는 것이다." *Religion and Psychology: A Dialogical Approach* (New York: Paragon, 1992), p. 23.
27 Paul Ramsey, *Christianity and Society* (1943 viii): p. 31.
28 Martin Buber, *Israel and the World: Essays in a Time of Crisis* (New York: Schocken, 1963), p. 18.
29 C. S. Lewis, *The Great Divorce* (New York: Collins, 1946), pp. 97-98. 『천국과 지옥의 이혼』(홍성사). 기독교는 우리 행동이 하나님을 향할 필요가 있음을 인정하는 사람들 없이는 존재할 수 없다. 십자가의 성 요한은 그의 시 "갈멜의 산길"에서 이렇게 말한다. "영혼의 힘은 능력(faculties)과 열정(passions)과 욕망(appetites)으로 구성된다. 이 모든 힘은 의지의 지배를 받는다. 의지가 이 능력과 열정과 욕망을 모든 하나님이 아닌 것

으로부터 돌이 켜 하나님을 향하여 인도할 때 영혼은 하나님을 위한 힘을 발산하고 모든 힘을 다하여 하나님을 사랑하게 된다." *The Collected Works of Saint John of the Cross*, translated by Kieran Kavanaugh and Otilio Rodriguez (Washington: ICS, 1991), p. 292. 일반적인 차이라면, 서구 기독교에서 지도가 필요한 부분은 일상의 행동들이 아니라 항상 영적인 행동이라는 것이다. 일상의 행위들은 성도들의 종교적 목적에는 별 의미가 없다.

30 "당신이 사물들과 제한된 존재의 삶을 탐구한다면 불가해함에 이르게 된다. 당신이 사물들과 제한된 존재의 삶을 무시한다면 무(無) 앞에 서게 된다. 당신이 이 삶을 거룩하게 한다면 살아 계신 하나님을 만난다." Martin Buber, *I and Thou*, trans. R. G. Smith (New York: Collier, 1958), p. 79. 『나와 너』(대한기독교서회).

31 Buber, *Mamre*, p. 178.

32 Martin Buber의 말, 출처 미상.

8. 성례가 되는 행동

1 Buber, *On Judaism*, p. 86.

2 Ellie Wiesel, *Twilight* (Suffolk: Viking, 1988), p. 69. 『새벽』(가톨릭출판사).

3 Buber, *On Judaism*, p. 112.

4 우리 저자들이 새로운 형태의 유대교 개종자들을 대변하고 있는가? 오직 바울이 유대교 출신의 개종자였다는 것과 같은 식으로는 그렇다. 바울은 히브리적 세계관에 깊이 뿌리내린 종교적으로 심오한 유대인이었는데 그는 유대 메시아에 관한 메시지를 지닌 유대 종교를 취하여 그것을 비유대적 세계에 접근 가능하게 만든 사람이다. 우리가 하려는 것은 그 메시지를 원래의 상황으로 되돌려서 그것을 오늘날 우리를 위해 되살리는 일이다.

5 1912년에 쓰인 Agnon의 책은 영어로 번역되지 않았다. 우리는 그의 유명한 이야기를 Rabbi Harold Kushner의 *How Good Do I Have To Be?* (Boston: Little, Brown & Co.,1996), p. 171에서 우연히 보았다.

6 Heschel, *God in Search of Man*, p. 296.

7 앞의 책, p. 306.

8 Buber, *On Judaism*, pp. 110-111. 그는 이렇게 덧붙인다. "되풀이하거니와 유대주의의 과제는 개념으로서의 진리도, 모양과 형태로서의 진리도 아닌 행 위로서의 진리다. 그 목적은 철학적 원리나 예술 작품을 만드는 것이 아니라 참된 공동체를 세우는 일이다."

9 Heshel, *Moral Grandeur*, p. 278.

10 Buber, *On Judaism*, p. 93.

11 성경의 많은 부분이 행동과 비행동에 강조를 둔다. 고전적 예가 마태복음 25장이다. 이 장은 사실상 매우 심란한 이야기인 양과 염소 비유로 정점에 이르는 심판에 관한 일련의 비유로 구성되어 있는데, 양과 염소 비유는 심판의 계량기로서 행동과 비행동에 대

해 강조하고 있다. 그 비유나 혹은 그와 같은 많은 비유에 끄떡하지 않는 그리스도인들은 분명히 이를 인정하지 않으려 하고 오히려 본회퍼가 '값싼 은혜'라고 불렀던 입장에서 바울을 인용하려 들 것이다. 이런 식으로 바울을 갖다 붙여서는 절대로 안 된다. 아마 바울도 진저리를 칠 것이다. 선교적 교회의 주 텍스트는 복음서다.

12 Buber는 *The Life of the Hasidim*에서 "모든 행동에서 천사가 탄생한다. 그것은 좋은 천사이거나 나쁜 천사"라고 썼다. "그러나 의미 없이 혹은 능력 없이 마음 내키지 않고 행한 혼란한 행위들로부터는 다리가 꼬이거나 머리나 손이나 발이 없는 천사가 태어난다." Maurice Friedman, *Religion and Psychology*, p. 6.
13 Richard Bode, *First You Have to Row a Little Boat* (New York: Warner, 1995), p. 53.
14 Buber, *On Judaism*, p. 35.

9. 매체가 곧 메시지다

1 우리는 사역을 목표로 삼으면 선교를 이루기가 좀처럼 어렵다고 생각한다. 그렇지만 선교를 목표로 삼는다면, 선교를 이루기 위한 수단으로서 사역은 해야 할 것이다. 기성 교회는 대개 이 점에서 잘못하고 있다. 대부분의 교회가 '구원받은 사람들'에만 주로 초점을 맞추기 때문에 진짜 외부인을 위한 진정한 선교에 이르지 못한다. 우리는 이것이 진정한 신약적 신앙과 실천의 왜곡이라 생각한다. 교회는 그 자신을 위해 존재하지 않고 사명을 위해 존재한다. 자주 인용되는 경구에서 Emil Brunner가 말했듯이, "마치 불이 타기 위해 존재하듯이, 교회는 선교를 위해 존재한다."
2 Marshall McCluhan, *On Media* (London: Abacus, 1964), 그리고 Marshall McCluhan과 Quentin Fiore, *The Medium Is the Message: An Inventory of Effects* (Watford: Penguin, 1967). 『미디어는 마사지다』(커뮤니케이션북스).
3 이 진술의 신빙성을 시험하기 위해 지난 주일 설교를 기억해 보라. 또 그 전주의 설교를 기억해 보라. 그것도 별로 문제가 되지 않으면 3주 전의 설교를 기억해 보라. 무슨 말인지 알 것이다. 미국과 호주에서 행해진 연구 조사에서 피조사자에게 "교회에 가는 주된 이유가 무엇인가"라고 물었을 때, 일반적으로 '공동체'가 첫 번째로 기록했고 설교는 일관되게 한참 하위에 위치했다. 이 사실은 심각하게 다루어져야 한다. 그렇지 않다면 우리는 바보들의 낙원에 사는 꼴이 될 것이다. 더구나 대개 그것은 낙원이 아니다. 적어도 호주에서는, 선교적으로 말하자면 불신자가 우리 교회에 지루한 경험(즉 설교―옮긴이) 때문에 오지는 않는다. 설교라는 황제는 옷을 입고 있지 않다(벌거벗은 임금님의 우화를 생각해 보라―옮긴이). 대신에 우리는 여러분이 대화해 볼 것을 제안한다. 사람들이 배우는 경험에 참여하고 자신이 무언가 기여하게 될 때 그것이 새로이 등장하는 전지구적 문화와 포스트모던 사람들에게 확실히 더 잘 맞는 것이 될 것이다.
4 Frederick Sontag, *A Kierkegaard Handbook* (Atlanta: John Knox, 1979), pp. 42-43.
5 Søren Kierkegaard, "Training in Christianity", Abraham Heschel, *A Passion*

for Truth (London: Seckler & Walbury, 1973), pp. 163-164에서 인용. 『진리를 향한 열정』(종로서적).
6   우리 친구 중 하나인 Mark Collier는 자신이 서로 다른 세 장소에서 같은 사람이 될 수 있다면 거룩을 이룬 것이라고 말한다. 교회와 일터와 가정에서 같은 사람이 되는 그 도전 말이다.
7   아마 이것을 신학자들에게 표현하는 다른 방법은 "명령형(the imperative)은 서술형(the indicative) 속에 내포되어 있다"라고 할 수 있을 것이다.
8   강조는 저자 표기. Buber, *Mamre*, pp. 79-80.
9   Buber, *On Judaism*, p. 92.

10. APEST의 발견

1   Alan Hirsch and Tim Catchim, *The Permanent Revolution: Apostolic Imagination and Practice for the 21st Century Church* (San Francisco: Wiley, 2012).
2   우리가 '포지'를 만든 일도 이를 염두에 둔 것이었다. 완전히 새로운 종류의 리더를 **개척적이고 선교적인** 방식으로 훈련시키고 계발하려는 의도였다. 더 광범위한 선교적-사도적 훈련과 계발의 철학에 대해서는 12장을 보라.
3   순전히 이념적 전제에 기초하지 않고서는 이 본문의 범위를 단순히 초대교회에만 제한하는 신약 해석학의 원리는 없다.
4   **평등주의**(egalitarian)라는 용어를 사용하고 싶지 않은 이유는, 그것이 역사적인 함의를 너무나 많이 지닌 계몽주의적 이상이기 때문이다. 우리는 신약이 단순히 민주주의적 의미로 리더십을 생각한다고 보지 않는다. 그것은 훨씬 미묘한 것으로, 오히려 은사와 성품 그리고 특별히 부르심에 대한 것이다. 그러나 우리는 이보다 더 나은 용어를 제시할 수가 없다.
5   여기서 카리스마적이란, '은사 운동'이라는 사회 현상으로 규정되는 용어가 아니라 주로 그 신학적 의미로, 즉 하나님이 사역을 위해 가능케 하시고/힘 주시는(enabling/empowering) 은혜라는 관점에서 카리스마적이라는 것이다. 근본적으로 *Charis*(은혜-옮긴이)는 모든 *Charisma*(은사-옮긴이)의 뿌리에 있고, 따라서 사역의 핵심에 있다.
6   만일 이것이 인정된다면 사도적 섬김과 사역의 지속적인 유효성과 관련하여 열두 제자의 독특한 역사적 기능에 대한 불필요한 역사적 논쟁을 피할 수 있을 것이다. 분명, 이후의 어떤 사도적 사역도 원래 열두 제자의 근본적인 증인으로서의 역할을 대체할 수 없다. 사역에 대한 사도적 차원을 주장하면서 우리는 결코 원래 사도들의 사도적 직분을 수복하자고 제안하는 것이 아니다.
7   이 실제적인 정의를 만들어 내면서, 호주와 영국과 뉴질랜드의 그리스도교회 국제선교팀(IMT) 동료들에게 감사한다. IMT는 APEST를 충분히 진지하게 받아들여 교단 시스템 속에서 제대로 실행해 보려고 애쓴 전략적인 조직의 한 예다.

8   Dwight Smith의 도표를 수정하고 책에 맞게 변경하였다.
9   본문에 대한 이 두 차원의 이해를 소개하면서, 영국 셰필드의 세인트존스 교회 리더십 팀에게 감사드린다. 이들은 선교적 교회의 징후를 보기 위해 영국을 찾은 한 무리의 호주인들과 엄청난 시간을 함께 보냈다.
10 이 문구에 대해 세인트존스 교회의 Mike Breen에게 감사한다.
11 모든 혁명이 그렇듯이 선교적 교회 혁명의 어떤 부분은 옛 체제를 강요하는 지배적인 이념 체계를 파괴해야만 할 것이다. 새로운 운동이 시작되고 꽃 피는 것을 보려면 성직**주의**의 능력을 부수어야 한다. 왜 그런가? 성직주의(안수받은 성직자 계급의 지배)는 구 체제를 보존하며 새로운 체제에서는 잃을 것이 많기 때문이다. 성직주의는 자신을 합법화하는 체제를 교란할 만한 변화들에 저항할 것이다. 다시 한번 우리는 독자들에게 일반적인 운동들의 연구에 주목하기를 요청한다. 공식적 지위를 가진 지배욕 강한 지도자들은 항상 새로운 운동을 핍박해 왔다. 신약의 예수님과 바울의 예를 보라. 교회의 위대한 선교적 운동들인 초기 교회 수도원 운동이나 프란체스코나 루터, 웨슬리, 부스(Booth), 마틴 루터 킹, 오순절 운동 등을 보라. 그러나 예수의 혁명가로서 우리는 우리와 그리 다르지 않은 상황 가운데 자신의 제자들에게 하신 그분의 오래된 경고에 주의를 기울여야 한다. "뱀같이 지혜롭고 비둘기같이 순결하라."
12 명사와 형용사: 교회의 APEST식 본질을 명사 형태보다 부사 형태로 설명하는 것이 더 좋을 것 같다. 사도보다는 **사도적**, 선지자보다는 **선지자적**하는 식으로 말이다.
13 다시 한번, 논쟁이 사도와 선지자와 복음 전도자의 용어와 역할을 둘러싼 것이었지 목사(목자)나 교사의 기능과는 전혀 관련이 없었다는 것이 흥미로운 점이다. 호기심이 생기지 않는가? 이것은 기존의 리더십 유형과 서열에 대한 일반적인 의식에 대해 무엇을 말해 주는가? 왜 그들은 이런 역할들을 그렇게 두려워하는 것 같은가? 그런 역할들이 본래 크리스텐덤의 정태적 제도의 안정이나 현상 유지에 도전하기 때문이 아닌가?
14 Richard Tanner Pascale, *Managing on the Edge: How Successful Companies use Conflict to Stay Ahead* (London: Viking, 1990).
15 조직의 생명 주기에 대한 이 자료와 관련하여 호주의 '기독교 자료 사역'(CRM: Christian Resource Ministires) 책임자인 Steve Addison에게 감사를 전한다.
16 Søren Kierkegaard, "The Tame Geese: A Revivalistic Meditation", ed. Robert Bretall, *A Kierkegaard Anthology* (Princeton, NJ: Princeton University Press, 1946; paperback, 1973), p. 433를 보라.

11. 상상력과 리더십의 과제

1   복음주의를 독특한 신학적 표현이 아니라 문화적 표현으로 평가해 보는 것은 실제로 유용한 훈련이다. 우리는 너무나 자주 문화와 그것을 지탱하는 신학을 혼동한다. 이로 인해 특히 영국에서는 복음주의(evangelicalism)와 소위 후기 복음주의(postevangelical-

ism) 간의 논쟁이 있었다. 우리가 볼 때 핵심 이슈는 복음주의 신학 관점을 포기하는 데 있는 것이 아니라 복음주의 세계에 편만해 있는 문화를 거부하는 것이었다. 복음주의 문화는 주변적 혹은 무정형의 문화적 표현에 대해서는 여지가 적거나 전혀 없는, 무언가 꽉 막히고 중산층적이며 때로는 몹시 감상적이고 단조로운 문화적 유형으로 보인다.

2   어떤 이는 '초보적 정신'(elemental spirits, RSV) 혹은 '초등원리'(elemental principles, NIV)에 관한 갈라디아서 4:3, 9 그리고 골로새서 2:8에서 나오는 바울의 경고를 떠올릴 수 있을 것이다. 이 *stoixeia*(초등학문)는 인간의 행동을 인간 제도 전통, 사고, 종교적 철학을 통해 지배하여 그리스도를 통하여 복음 안에서 얻게 된 우리의 자유를 제약하게 만든다. James F. Cobble Jr., *The Church and the Powers: A Theology of Church Structure* (peabody, Mass.: Hendrickson, 1988)를 보라.

3   자주 논의되는 것처럼 예술(art)은 형태와 본질 혹은 외적 표현과 내적 의미 사이의 팽팽한 씨름이다. 사역과 예배는 차치하고 선교의 기술(art)은 이런 점에서 다름 아닌 예술적 형태여야 한다. 우리는 항상 복음을 새로운 형태로 표현하기 위해 애써야 한다. 이런 예술의 실종은 대부분의 교회들이 무미건조해진 직접적인 원인이다.

4   크리스텐덤 패러다임으로 빚어진 서구 교회의 리더십 유형은 대부분 목사-교사(혹은 제사장적) 형태인 경향이 있다. 이것들이 좀 더 다차원적인 리더십 유형에서 나온다면 교회의 전체적 건강에 필수적이기는 하지만, 이런 **유형**의 리더들은 교회의 혁신적인 형태의 생산자로 그리고 새로운 사명을 위한 개척자로 존재하기보다 현상을 유지하는 역할로 존재하는 경향이 있다. 10장의 사역과 리더십 매트릭스에 관한 부분을 보라.

5   John Kao, *Jamming: The Art and Discipline of Business Creativity* (Glasgow: HarperBusiness, 1997), p. xvii.

6   Alan이 공동 저술한 두 권의 책은 선교적으로 동기부여된 혁신과 기업가 정신의 본질을 깊이 탐구한다. 그 책들은 *On the Verge*(3장)와 *The Permanent Revolution*(3부)이다. 독자들에게 이 책들을 통해 깊이 탐구해 보기를 권한다.

7   분명 상상(imagination)과 공상(fantasy) 사이의 경계는 확실치 않다. 상상으로 먹고 사는 삶에는 보장이 없다. 그것은 위험한 사업이다. 그러나 선교적 상상력의 자양분을 피한다면 우리는 단순한 공상으로 뒷걸음치게 될 것이다. 상상력의 불확실성을 피하려 하면 할수록 우리는 더 공상적이 되는 것 같다. Whitehead가 썼듯이 "상상력은 대(大)화재를 수없이 일으킨 위험한 선물이다." 상상력은 창의적인 반면 공상은 그렇지 않다. 그 위험이 무엇이든 간에 상상력 없이는 새로운 선교적-성육신적 교회란 없을 것이다. Urban Holmes, *Ministry and Imagination* (New York: Seabury, 1981), p. 103.

8   "The Redesigning of America", *Time Megazine*, 20 March 2000.

9   Edward de Bono, *New Thinking for the New Millenium* (St Ives: Viking, 1999), p. ix(강조는 저자들의 것).

10 Bosch, *Transforming Mission*, p. 519.

11 New York: Simon&Schuster, 1989; Melbourne, The Business Library, 1989.
12 이것은 Blaise Pascal의 기본적 생각이다. 신앙은 도그마의 무기력한 수용이 아니라 모든 사상가들이 인정하는 것처럼 도박의 성격을 지닌 무엇이다. 성경적인 관점에서 신앙은 관습적인 행동 기준을 받아들이는 것도 아니고 우리 자신의 보잘것없는 영혼을 구하기 위한 노력이 주가 되는 것도 아니며, 하나님이 정말로 계시며 이곳은 하나님의 세계이며 하나님은 예수 그리스도와 같다는 사실을 걸고 흥미진진한 신앙의 모험을 하는 것이다. 도박하는 자가 잃기도 하고 따기도 하는 것, 옳기도 하고 그르기도 한 것이 도박의 본질이다. 그러므로 예수 그리스도의 인격과 사역을 믿는 것이 우리에게 제시된 최고의 도박이다. 우리의 신앙은 실재에 부합할 수도 있고 아니면 끔찍한 망상일 수도 있다. 만약 그게 사실이 아니라면 그것은 악이다.
13 Bill Easum, *Leadership on the Other Side: No Rules, Just Clues* (Nashville: Abingdon, 2000), p. 39.
14 Thomas Kuhn, *The Structure of Scientific Rovolutions* (Chicago: University of Chicago Press, 1962), 『과학 혁명의 구조』(까치글방).
15 Easum, *Leadership on the Other Side*, p. 31에서 인용함.
16 사실 이것은 광고 산업에서 사용되는 전복적인 관습들 중 하나다. 그들은 불만족감을 만들어 내어(대부분은 우리의 탐욕스런 본성에 거룩하지 않은 호소를 하여) 사람들이 실제로는 원하지 않는 것들을 사게 한다.
17 중산층에 대한 가장 귀에 거슬리는 통찰의 하나는 Douglas Coupland가 최근에 쓴 선구적인 책 *Generation X*에 있다. 거기에서 그는 이렇게 말한다. "당신이 중산층이라면 역사가 당신을 무시할 것이라는 사실을 안고 살아야 한다. 역사는 결코 당신의 편이 되지 않을 것이고 역사는 당신에게 미안함을 느끼지 않을 것이다. 이것이 매일의 위안과 침묵을 위해 치러야 할 값이다. 이 값 때문에, 모든 행복은 무료이며 모든 슬픔은 가엾지 않은 것이 된다." Douglas Coupland, *Generation X* (London: Abacus, 1991), p. 171.
18 John Stuart Mill, *On Liberty* (Mineola, NY: Dover Publications, 2002), p. 56. 『자유론』(책세상).
19 예를 들어 다음과 같은 그의 책들을 보라. *Conflict: A Better Way to Resolve Them* (New York: Viking Penguin, 1986); *Eureka!* (New York: Holt, Rinehart & Winston, 1974); *The Greatest Thinkers* (New York: Putnam, 1976); *Thinking Course* (New York: Facts on File, 1985, 『생각의 공식』, 더난출판사).
20 James C. Collins and Jerry I. Porras, *Built to Last* (London: Century, 1996). 『성공하는 기업들의 8가지 습관』(김영사). 창의성을 자극하는 것에 대한 이들의 생각은 유용하지만 이들은 모든 진화가 진보를 의미한다는 과학적으로 순진한 견해를 주장한다. 진화는 진보가 될 수 있지만 동시에 퇴보가 될 수 있다. 진보가 진화적 과정에서 온다고 말하는 것은 가치에 대한 진술이다.

21 Edward de Bono, *Serious Creativity* (London: Fontana, 1993), pp. 71-85. 『드 보노의 창의력 사전』(21세기북스).

22 Gary Hamel, *Leading the Revolution* (New York: Plume, 2002), p. 29. 『꿀벌과 게릴라』(세종).

12. 혁명을 조직하기

1 다시 한번, 우리는 호주의 '기독교 자료 사역'(Church Resource Ministries) 대표인 Steve Edison이 운동이라는 주제에 대한 우리의 생각에 말할 수 없는 공헌을 했다는 것을 인정해야겠다. Steve의 책 *Movements That Change the World*는 선교의 역동적인 조직 회복에 크게 기여한다.

2 갱신 운동들은 우리에게 종종 교회 주변부 혹은 경계에서 시작되는 깊은 갱신을 보여 준다. Howard Snyder, *Decoding the Church: Mapping the DNA of Christ's Body* (Grand Rapids: Baker, 2002). 『교회 DNA』(IVP).

3 Howard A. Snyder, *New Wineskins: Changing the Man-Made Structures of the Church* (London: Marshall, Morgan and Scott, 1978).

4 Luther P. Gerlach and Virginia H. Hine, *People, Power, Change: Movements of Social Transformation* (Indianapolis: Bobbs-Merrill, 1970).

5 James R. Krabill, "Does Your Church Smell Like Mission?: Reflection on Becoming a Missional Church", *Mission Insight* 17 (Elkhart: Mennonite Board of Mission, 2001).

6 Seth Godin, *Unleashing the Ideaviruses* (www.ideavirus.com), p. 6. 『아이디어 바이러스』(21세기북스).

7 앞의 책, p. 13.

8 교회의 사고 방식은 교회를 다니지 않는 사람들의 마음 자세(mindset)와는 다르다. 교회 활성화를 위한 사역 훈련은 교회와 그리스도인들을 변화시키는 데 초점을 둔다. 교회 개척자는 이와는 다른 '고객'들을 상대로 일한다.

9 교회 개척자는 교회나 팀이나 건물로 시작하지 않는다. 아무것도 없는 데서 시작해야 한다. 이것은 새롭게 개발해야 하는 전혀 다른 능력들을 필요로 한다.

10 Paulo Coelho, *The Pilgrimage* (New York: HarperCollins, 1922), p. 22. 『순례자』(문학동네).

옮긴이 후기

지성근
2009년 3월

전환점

1988년 해양대학교 개척 사역으로 시작한 지난 20년간의 IVF 사역을 통하여 얻은 유익이 한두 가지가 아니겠지만, 1998년 가을부터 2001년 여름까지 3년간 가졌던 안식년은 제 삶과 사역에 커다란 전환점을 가져다 주었습니다. 안식년 이전의 사역이 캠퍼스의 학생들을 위주로 한 사역이었다면 안식년 이후의 사역은 졸업생 학사들을 위한 사역으로 바뀌었습니다. 안식년 이전에는 뭔가 명쾌한 대답을 던져 주는 사역을 하려 했다면, 안식년 이후에는 모호한 삶 가운데서 하나님을 신뢰하는 것이 무엇인지 고민하며 걸어가는 사역을 하고 있습니다. 안식년 이전의 삶과 사역의 여정에는 "정직한 질문에 정직한 대답을"이란 모토를 항상 되새기게 한 프란시스 쉐퍼(Francis Schaeffer)와, "Your mind matters"(그리스도인의 사고 활용과 성숙)를 외치게 해 준 존스토트(John Stott)가 동반자가 되어 주었다면, 안식년 이후의 삶과 사역에는 레슬리 뉴비긴(Lesslie Newbigin)과 브라이언 맥클라렌(Brian D. McLaren), 그리고 라이트(N. T. Wright) 같은 이들의 책이 동반자가 되어 주고 있습니다.

세 만남

이런 제 삶과 사역의 전환은 안식년 동안의 세 가지 만남을 통해 가능했습니다. 우선 그 전부터 교제했지만 더 가까이에서 삶과 사역을 들여다볼 수 있었던 리젠트 칼리지의 폴 스티븐스(R. Paul Stevens) 교수와의 만남을 통해, 일상 생활이 어떻게 하나님께 예배가 되며 이웃을 섬기는 봉사가 될 수 있을까 하는 고민을 심화하는 계기가 되었고, 결국 안식년 이후 6년간의 학사 사역과 현재의 '일상생활사역연구소'를 섬길 수 있게 해 주었습니다.

두 번째는 캐리 신학교의 고(故) 스탠리 그렌츠(Stanley J. Grenz) 교수와의 만남입니다. 그렌츠 교수님은 포스트모던을 위기로만 여기고 호들갑을 떠는 복음주의 흐름 속에서 포스트모던이 기독교 복음 전파의 기회가 될 수 있다는 사실을 차분하면서도 단호하게 가르쳐 주신 분입니다. 미국 IVF와 90년대 초반에 이 문제에 대해 상호 교감하면서 고민을 신학적으로 정리하셨고, 브라이언 맥클라렌과 같은 분들에게 신학적인 기초를 제공해 준 분이 바로 그렌츠 교수님이셨습니다. 2005년 3월 교수님을 뵙고 온 지 한 주 지난 어느 날 청천벽력같이 전해진 그렌츠 교수님의 부고 소식은 그래서 더욱 안타까움을 안겨 주었습니다. 그분의 장례식이 진행되는 것을 부득이하게 인터넷 실시간 중계로 지켜보면서 먼저 가신 교수님의 취지를 받들어 사역하는 것이 나에게 맡겨진 일이라는 다짐을 했던 것을 지금 다시 기억하게 됩니다.

　세 번째 만남은 2000년 캐리 신학교에서 열렸던 Gospel and Our Culture Network(GOCN.org) 컨설테이션이었습니다. 앨런 록스버그(Alan Roxburgh)와 팻 키퍼트(Pat Keifert)가 인도한 이 모임을 통해 저는 missional church(보냄받은 교회, 본서의 본문 내용에서는 모두 '선교적 교회'로 통일해서 번역했음) 운동을 만나게 되었습니다. 그리고 이 missional church 관점이 '일상생활사역'과 새로이 등장하는 이머징 세대를 위한 사역 모두를 통합하는 기초 혹은 준거 틀을 제공해 준다는 것을 발견하게 되었습니다.

용어 정리

이 지점에서 용어 정리의 필요를 느끼게 됩니다. 우선 '일상생활사역'(Ministry in Everyday Life)이란 말과 '직장 사역' 혹은 '일터 사역'이라고 풀이되는 marketplace ministry의 관계입니다. 둘은 범주상 서로 아우르는 관계임이 분명합니다. 1990년대 중반까지만 하더라도 IVF는 피트 해먼드(Pete Hammond)의 주도로 marketplace ministry라는 용어로 졸업생들의 삶에 도전했지만, 90년대 중반 이후 사역의 이름을 '일상생활사역'(Ministry in Everyday Life)으로 바꾸게 된 것은 졸업생들이 직업이나 일터를 넘어서는 한층 포괄적인 생활의 문제로 고민하기 때문이었습니다. 하지만 이 두 용어는 대부분 서로 바꾸어 써도 다를 바 없는 함의를 제공하고 있다고 볼 수 있을 것입니다.

　두 번째로 이머징(emerging)이란 용어 사용과 관련된 생각입니다. 최근 가장 번역하기 힘든 단어 중 하나로 꼽히는 이 단어가 어떻게 사용되었는지 제가 스탠리 그렌츠 교수님을 통해 듣게 된 견해는 이렇습니다. 원래 1990년대 초 미국 IVF 간사진에서 스탠리 그렌츠 교수님께 포스트모던 문화에 대한 강의를 부탁했고 이들이 함께 강의와 대화를 진행해 나가는 중, 새로운 세대들의 문화가 포스트모더니즘의 영향을 받기는 하지만 '포스트모던'이란 말이 가지고 있는 철학적 함의가 너무 짙기 때문에 그 용어의 사용을 지양하고 새로 등장하는 세대들의 문화라는 의미에서 중립적인 의미로 '이머징 세대'(emerging generation) 혹은 '이머징 문화'(emerging culture)라는 단어를 사용했습니다. 이미 2000년 어바나 선교 대회의 지도자 트랙에서는 이 '이머징 문화'(emerging culture)와 '보냄받은 교회'(missional church)가 두 가지 중요한 이슈로 다루어지고 있었습니다. 'Emergent'라는 말은 이런 캠퍼스 사역 속에서의 변화가 교회와 목회 현장에서 드러나는 것에 대한 반응으로 만들어졌습니다. 2001년 6월 브라이언 맥클라렌과 덕 패깃, 팀 킬, 토니 존스 같은 인물들이 동일한 경험 속에서 만든 네트워크의 이름이 이머전트입니다(Tony Jones, *The New Christian*, Jossey-Bass, 2008 서문 참조).

최근 emerging 관련 용어 사용의 혼동 때문에 심지어 초기 선구자들까지도 이 용어의 사용에 유보적인 자세를 취하고 있다는 점도 주목할 필요가 있습니다(http://www.the-next-wave-ezin.info 2009년 1월 판 참조). 요컨대 포스트모던, 이머징, 이머전트라는 말들은 무엇보다도 18세에서 30세 사이의 젊은이들이 교회를 떠나고 있는 현상에 대한 거의 비슷한 고민이 그 밑에 깔려 있습니다. 그렇기에 서로 바꾸어 쓸 수 있겠지만 그럼에도 불구하고 조금씩의 강조점과 관점의 차이가 없지 않다는 점을 유념해야 할 것입니다.

세 번째로 Missional Church에 대한 번역의 문제입니다. 본서에서는 편집진과 협의 하에 '선교적 교회'로 번역이 되었습니다. 그 이유는 현재 이미 나온 책들에서 이 단어를 대개 '선교적 교회'로 번역하여 사용하고 있기 때문에 그것들과 혼선을 빚지 않기 위함이었습니다. 그러나 제 생각은 반드시 이 용어는 '보냄받은 교회'라고 번역하는 것이 옳다고 생각합니다. 그 이유는 우선 우리 실정에서 '선교적 교회'의 '선교'라는 말이 이 책에서 이야기하고 있는 크리스텐덤 사고에 가장 많이 젖어 있는 용어일 수 있다는 생각 때문입니다. 그런 점에서 이 단어의 어원(missio: 보내다)에 합당할 뿐 아니라 이 단어가 사용되는 각종 상황에 넣어도 어색하지 않을 번역으로서 '보냄받은 교회'가 적절하다고 생각하고 지난 8년간 각종 사역 현장에서 제가 선호하여 사용하던 단어가 바로 '보냄받은 교회'입니다. 그러므로 이 책을 읽으시면서 '선교적'이라는 말이 나오면 대신 '보냄받은'이란 말을 넣어서 읽어 보시는 것도 유익하리라 믿습니다.

이 책을 통해

마이클 프로스트와 앨런 허쉬의 『새로운 교회가 온다』는 이 세 가지 화두를 자연스럽게 한 권의 책에서 다루고 있습니다. 일상생활을 살아가는 현대인들, 그리고 포스트모던 시대를 살아가는 세대들에게 보냄받은(선교적) 교회의 시각으로 사역한다는 것이 무엇인지 이 책보다 이론적으로나 실제적으로 잘 풀어내고 있는 책이 없다고 여겨집니다. 무엇보다도 실제적으로 우리가 살고 있는 21세기라는 환경 속에서 교회가 어떤 모습이 될 수 있을지에 대해 구체적으로 밝혀 주고 있어서 저 자신이 새로운 교회 개척을 시도할 수 있게 용기를 준 책이기도 합니다. 물론 대부분의 예가 서구적인 정황이라는 한계를 가지고 있지만 그럼에도 불구하고 원리적으로 원용할 수 있는 통찰들을 많이 얻을 수 있었습니다.

감사

처음 출간되는 번역서이기 때문에 부끄러움을 무릅쓰고 감사를 표하고 싶은 분들이 계십니다. 동시대를 살며 한 정신으로 사역하고 있는 IVF(ivf.or.kr)의 모든 사역자들과 IVF 일상생활사역연구소(1391korea.net) 동역자들, 이 시대에 그대들과 동역하고 있다는 것은 무엇보다 큰 행복입니다. '함께하는공동체교회'(facebook.com/groups/bewithcom) 식구들에게, 한국이라는 상황 속에서 보냄받은 교회가 된다는 것이 무엇인지 어설프긴 하지만 고민하고 실험하는 현장에 동참해 준 여러분에게 경의를 표합니다. 사랑하는 양가 부모님들께, 부모님들의 다함없는 기도와 이해심으로 제가 여기에 있습니다. 사춘기를 보내고 있는 세 아이들에게, 늘 바쁘다는 핑계로 자주 같이 있어 주지 못하고 함께 있을 때는 엄하기만 한 아빠는 그래도 너희들을 정말 사랑한단다. 그리고 마지막으로 사랑하는 아내에게, 지속되는 가난과 모험을 자처하는 삶, 학생선교단체 간사의 삶, 개척하는 교회에서 기쁨도 눈물도 함께하며 인내의 여정을 묵묵히 걸으면서 늘 곁에 있는 당신에게 한없는 경의와 감사와 사랑을 보냅니다.

옮긴이 지성근은 일상생활사역연구소 소장이자 미션얼닷케이알(missional.kr)대표다. 부산대학교 사학과(B. A.)와 총신대학교 신학대학원(M. Div.)을 졸업한 뒤, IVF(한국기독학생회) 캠퍼스 간사와 IVF 부산지방회 대표간사, IVF 부산 지역 학사회 대표간사를 역임했다. 캐나다 트리니티웨스턴 대학교(Trinity Western University)에서 신학을 공부했으며(M. T. S.), 밴쿠버 캐리 신학교(Carey Theological Seminary)에서 목회학 박사 과정(D. Min.)을 수료했다. 지난 2005년 개척하여 목회한 함께하는교회에서 2015년에 미션얼 선교사로 파송받아 '미션얼 운동'에 헌신해 왔으며, 현재 처치엠(Church M) 개척 멤버로 참여하고 있다. 처치엠은 월 1회 성서일과와 성찬, 서클을 통한 대화를 나누고 흩어져 일상의 신앙을 살아가는 모임으로, 1인교회·가정교회·청년교회 및 교회를 떠난 '가나안'들을 위한 실험적 탈교회 공동체다. 저서로는 『새로운 일상신학이 온다』(비전북), 『탈교회: 탈교회 시대, 교회를 말하다』(느헤미야, 공저)와 『겸직목회』(솔로몬, 공저)가 있다.

새로운 교회가 온다 개정판

초판 발행_ 2009년 3월 25일
초판 10쇄_ 2021년 2월 15일
개정판 발행_ 2023년 10월 20일

지은이_ 마이클 프로스트·앨런 허쉬
옮긴이_ 지성근
펴낸이_ 정모세

펴낸곳_ 한국기독학생회출판부
등록번호_ 제2001-000198호(1978. 6. 1)
주소_ 04031 서울시 마포구 동교로 156-10
대표 전화_ (02)337-2257 팩스_ (02)337-2258
영업 전화_ (02)338-2283 팩스_ 080-915-1515
홈페이지_ http://www.ivp.co.kr 이메일_ ivp@ivp.co.kr
ISBN 978-89-328-2206-8

ⓒ 한국기독학생회출판부 2009, 2023

책값은 뒤표지에 있습니다.
무단 전재와 복제를 금합니다.